Volker Schumpelick (Hrsg.)

Klinische Sterbehilfe und Menschenwürde

Volker Schumpelick (Hrsg.)

Klinische Sterbehilfe und Menschenwürde

Ein deutsch-niederländischer Dialog

Akten des Symposiums
vom 5.–8. Oktober 2002 in Cadenabbia

Herausgegeben im Auftrag
der Konrad-Adenauer-Stiftung e.V.

HERDER

FREIBURG · BASEL · WIEN

Gedruckt auf umweltfreundlichem,
chlorfrei gebleichtem Papier

Originalausgabe

www.herder.de
Satz: Barbara Herrmann, Freiburg
Druck und Bindung: fgb · freiburger graphische betriebe 2003
www.fgb.de
Umschlaggestaltung: Media Consulta, Köln
ISBN 3-451-20443-6

Inhalt

I.

Vorwort 13
Bernhard Vogel

Autorenlesung „Leben und Tod"
Einführung 17
Birgit Lermen

Lesung 22
Thomas Hürlimann

II.

Der Tod aus theologischer Sicht 35
Josef Schuster

Tod und Sterben in philosophischer Sicht 41
Ludger Honnefelder

Wann stirbt ein Mensch?
Der Tod aus philosophischer Sicht 49
Anselm Winfried Müller

Der Tod aus medizinischer Sicht (unter besonderer Berücksichtigung des isolierten Hirntods) 62
Eckhard Nagel, Tobias D. Gantner

Zur Definition des Todes aus juristischer Sicht und zu den Rechtsgrundlagen der Sterbehilfe ... 74
Klaus Bernsmann

Hilfe zum Sterben: mehr Pros als Contras. Hilfe zum Sterben und Palliativmedizin in den Niederlanden – eine allgemeine Übersicht ... 86
Cornelis Spreeuwenberg

Historische Reflexionen zur Sterbehilfe ... 97
Klaus Bergdolt

Leid und Mitleiden aus theologischer Sicht ... 120
Josef Schuster

Leiden und Mitleiden aus ethischer Sicht ... 130
Guy A. M. Widdershoven

Aktive und passive Sterbehilfe, Tötung auf Verlangen, assistierter Suizid ... 144
Klaus Kutzer

Sterbebegleitung und Selbstbestimmungsrecht ... 156
Eggert Beleites

Die (straf)rechtliche Situation der Sterbehilfe in den Niederlanden ... 169
Jürgen Wöretshofer

Medizinische Entscheidungen zur Lebensverkürzung: Fakten und Konzepte ... 205
Gerrit Van der Wal

Klinische Sterbehilfe im Alltag in Deutschland ... 217
Volker Schumpelick, Andreas Tittel, Stefan Willis

III.

1. Fall. Vital bedrohliche Zweiterkrankung im Endstadium eines Malignomleidens (Ileus bei metastasierendem Pankreas-Ca) ... 229

2. Fall. Potentiell letale Komplikation bei Grunderkrankung mit infauster Prognose (Anastomoseninsuffizienz und Multiorganversagen bei metastasierendem Rektum-Ca) ... 244

3. Fall. Akute Erkrankung mit infauster Prognose und vital bedrohlicher Zweiterkrankung (suizidale, schwerstgradige Verbrennung mit nachfolgender Cholecystitis) ... 253

4. Fall. Schwerste chronische Erkrankung ohne effektive Behandlungschance (schwerste, chronisch obstruktive Lungenerkrankung mit Pneumonie und drohendem respiratorischen Versagen) ... 264

5. Fall. Therapieablehnung durch Patientenverfügung bei schwerer, aber nicht infauster Erkrankung (Bauchfellentzündung bei Darmperforation) ... 280

6. Fall. Therapieablehnung durch Patienten bei schwerer, aber nicht infauster Erkrankung (hoher Querschnitt, gastrointestinale Blutung) ... 290

IV.

Perspektiven der klinischen Sterbehilfe aus der Sicht des Sozialethikers ... 301
Dietmar Mieth

Perspektiven der klinischen Sterbehilfe aus der Sicht des katholischen Moraltheologen ... 327
Karl-Wilhelm Merks

Perspektiven der klinischen Sterbehilfe aus der Sicht eines evangelischen Theologen ... 354
Martin Hein

Perspektiven der klinischen Sterbehilfe aus der Sicht des Verfassungsrechtlers ... 363
Wolfram Höfling

Perspektiven der klinischen Sterbehilfe aus der Sicht des Mediziners ... 379
Erland Erdmann

Perspektiven der klinischen Sterbehilfe aus der Sicht der Deutschen Gesellschaft für Chirurgie ... 392
Hartwig Bauer

Perspektiven der klinischen Sterbehilfe aus der Sicht des Journalisten ... 397
Wolfgang Thielmann

Perspektiven der klinischen Sterbehilfe aus der Sicht der gesetzlichen Krankenversicherung ... 402
Gert Nachtigal

Perspektiven der klinischen Sterbehilfe aus der Sicht des Politikers ... 408
Edzard Schmidt-Jortzig

Perspektiven der klinischen Sterbehilfe aus der Sicht des Politikers ... 416
Dagmar Schipanski

V.

Menschenwürde und Sterbehilfe
Die Bedeutung des christlichen Menschenbildes für die Entscheidungen der Politik ... 427
Christoph Böhr

Sterben in einer humanen Gesellschaft oder: Wem gehört das Sterben? ... 436
Jürgen Mittelstraß

Schlusswort ... 459
Gauke Kootstra

Autorenverzeichnis ... 461

I.

Vorwort

Bernhard Vogel

Obwohl Sterben und Tod untrennbar mit dem Leben verbunden sind und obwohl der Mensch – wahrscheinlich als einziges Lebewesen – in der Lage ist, über seine begrenzte Lebenszeit und sein biologisches Ende zu reflektieren, werden in unserer Gesellschaft das Lebensende und die damit verbundenen existentiellen Ängste weitgehend ausgeblendet. Eigentlich müsste dieses Thema stärker in den Vordergrund treten, verbinden sich doch damit grundlegende ethische, soziale und kulturelle Fragen des Menschseins.

Der Umgang mit sterbenden Menschen ist ein Gradmesser für die Humanität einer Gesellschaft; an ihm wird deutlich, welcher Stellenwert Menschen zugemessen wird, die nicht mehr auf der Höhe ihrer Leistungsfähigkeit sind, sondern ganz im Gegenteil des intensiven mitfühlenden und helfenden Beistands der Mitmenschen bedürfen. Ähnlich wie am Lebensbeginn, so stellt sich auch am Lebensende die Frage der Menschenwürde und des Lebensschutzes in besonders prägnanter Weise. Im Hinblick auf die zunehmenden Handlungsmöglichkeiten der Biotechnologie und Medizin sowie die damit verbundenen neuen Erwartungshaltungen in der Gesellschaft muss immer wieder neu reflektiert werden, wo die ethischen Grenzen liegen: Soll das Humane in unserer Gesellschaft in Zukunft gewahrt bleiben, darf nicht alles, was wissenschaftlich-technisch möglich ist, auch realisiert werden. Dies gilt auch im Hinblick auf Sterben und Tod.

In unserer Leistungsgesellschaft scheint es keinen Platz für Schwache und Leistungsunfähige zu geben. Der vielfach unreflektierte und überzogene Körper-, Fitness- und Jugendkult befördert den Trend hin zum Ausblenden von Altern, Krankheit, Leid und Tod. Ein hohes Alter, ohne zu altern, und eine robuste Gesundheit bis zum Schluss sind die Visionen vieler Menschen, die sich von den Heilsversprechungen und Verheißungen der Anti-Aging-Medizin bestätigt fühlen. Wo bleibt noch Platz für Fragen zu Sterben und Tod? Umfragen bestätigen, dass die meisten Menschen am liebsten zu Hause in ihrer gewohnten Umgebung sterben wollen. Die Zahl der häuslichen Sterbefälle ist jedoch rückläufig, der Anteil derer, die in Krankenhäusern sterben, nimmt dagegen zu. Das Sterben wird dadurch aus dem „normalen" Leben verbannt und zu einer Spezialaufgabe des ärztlichen, pflegerischen und seelsorgerischen Personals in Krankenhäusern gemacht. Damit geht ein allgemeiner Kompetenzverlust in unserer Gesellschaft angesichts dieser Lebensfrage einher.

Mit dem „guten Tod" und der „Kunst des Sterbens" haben sich die Menschen seit der Antike befasst. Erst in unserer Zeit erfährt beides einen dramatischen Wandel; die „Kunst des Sterbens" erscheint nicht mehr länger als ein Teil der umfassenderen „Kunst des Lebens", sondern wird mehr und mehr medizinisch-technisch bestimmt, und der „gute Tod" („eu-thanatos") wird zunehmend verkürzt auf die „Euthanasie", die aktive Sterbehilfe. Im Verständnis vieler Menschen wird ein guter Tod mit einem schmerz- und leidfreien Tod gleichgesetzt. Die Angst, am Lebensende qualvoll dahinsiechen zu müssen, bestimmt die Diskussionen in der Öffentlichkeit. Es geht die Sorge um, dass palliativmedizinische und seelsorgerische Maßnahmen alleine nicht mehr ausreichen könnten, das Sterben erträglich zu gestalten – daher der verbreitete Ruf nach aktiver Sterbehilfe, mit der das Leben absichtlich und gezielt beendet werden kann.

Im Jahr 2002 wurde in zwei europäischen Ländern, nämlich in den Niederlanden und in Belgien, die aktive Sterbehilfe durch Gesetze legalisiert und damit eine Schwelle überschritten, die nach unserem Werteverständnis den Lebensschutz am Ende des menschlichen Lebens ernstlich gefährdet. Es ist zu befürchten, dass daraufhin auch in Deutschland und in weiteren Ländern Forderungen nach einer Legalisierung der aktiven Sterbehilfe laut werden.

Aktive Sterbehilfe widerspricht dem christlichen Menschenbild und ist im Hinblick auf die grundgesetzlich verankerten Prinzipien der Menschenwürde und des Lebensschutzes nicht zu rechtfertigen. Insbesondere auch vor dem Hintergrund der historischen Erfahrungen in Deutschland sollte das Thema „Euthanasie“ mit besonderer Umsicht behandelt werden. Hinzu kommt, dass auch aus ärztlicher Sicht die aktive Sterbehilfe als äußerst problematisch bewertet wird, da eine gezielte Herbeiführung des Todes dem ärztlichen Auftrag, so wie er z. B. von der Bundesärztekammer formuliert wird – „Gesundheit zu schützen und wiederherzustellen sowie Leiden zu lindern und Sterbenden bis zum Tod beizustehen“ –, widerspricht. Aus Sicht christlich-demokratischer Politik ist es daher eine vorrangige Aufgabe, die Alternativen zur aktiven Sterbehilfe, die unter dem Begriff „humane Sterbebegleitung“ zusammengefasst werden können, weiter zu entwickeln. Insbesondere gilt es, die Palliativmedizin und die Hospizidee zu stärken.

Schon seit langem engagiert sich die Konrad-Adenauer-Stiftung in bioethischen und medizinethischen Fragen, zu denen auch der Themenkomplex „Sterbehilfe und Sterbebegleitung“ gehört. Ziel ist es, zur politischen Meinungsbildung in diesem schwierigen Politikfeld beizutragen. Die Ambivalenz des biologisch-medizinischen Fortschritts erfordert sachlich fundierte Analysen sowie Bewertungen, die auf einem tragfähigen Wertefundament basieren. Das christliche Menschen- und Weltbild und die im Grundgesetz verankerte Menschenwürde sind für uns Ausgangspunkt und Maßstab für die Beantwortung der drängenden bio- und medizinethischen Fragen.

„Klinische Sterbehilfe und Menschenwürde" lautete das Thema eines Symposions, das die Konrad-Adenauer-Stiftung in Zusammenarbeit mit Prof. Dr. Volker Schumpelick, Direktor der Chirurgischen Universitätsklinik Aachen, und Prof. Dr. Gauke Kootstra, Dekan der Medizinischen Fakultät der Universität Maastricht, in der Zeit vom 5. bis zum 8. Oktober 2002 in Cadenabbia am Comer See durchgeführt hat. In einem interdisziplinären Kreis renommierter Fachleute – Theologen, Philosophen und Ethiker, Mediziner und (Medizin-)Historiker, Juristen – wurden zentrale Fragen der Sterbehilfe diskutiert, und zwar aus den unterschiedlichen Perspektiven der beteiligten Disziplinen. Der Dialog über Fachgrenzen hinweg sowie die Konkretisierung der Fragestellungen anhand von Fallbeispielen aus der klinischen Praxis haben sich besonders befruchtend auf die Ergebnisse dieser Tagung ausgewirkt. Diese Ergebnisse – Vorträge und Diskussionsbeiträge – sind in dem vorliegenden Band dokumentiert.

Mein besonderer Dank gilt schließlich Professor Schumpelick und Professor Kootstra. Mit ihrem Engagement haben sie sehr zum Gelingen dieses Projekts beigetragen.

Autorenlesung „Leben und Tod"

Einführung

Birgit Lermen

Als Thomas Hürlimann 1997 in Weimar den Literaturpreis der Konrad-Adenauer-Stiftung erhielt, charakterisierte der Bayerische Staatsintendant August Everding ihn in der Laudatio als einen Dichter, „dessen *persona dramatis* der Tod" sei, „nicht der einschläfernde, der erlösende, sondern der kalte", „der im Steinhaus klopft, mit allen tickenden Uhren und Weckern". Hürlimann, der seine Erfahrungen mit dem Tod ohne jede Larmoyanz, mit bestürzender Realistik und in einer geradezu lakonischen Sprache formuliert, entwickelt dieses zentrale Thema seines Werkes aus der nüchternen und präzisen Beobachtung von Geschehnissen auf der Folie der eigenen Vergangenheit.

Thomas Hürlimann, am 21. Dezember 1950 als Sohn des Rechtsanwalts und späteren Bundesrats, Innenministers und Bundespräsidenten Hans Hürlimann in Zug geboren, genoss in der Klosterschule von Einsiedeln eine vorzügliche humanistische Bildung. Er scheuerte sich zwar wund an den Zwängen und Abrichtungen der geschlossenen Ordnung, emanzipierte sich aber bereits mit fünfzehn Jahren, indem er demonstrativ den „Club der Atheisten" gründete, in den aufgenommen wurde, wer sonntags während des feierlichen Hochamtes in den „Dachstuhl der Klosterkirche" stieg und durch die kleine Öffnung der so genannten „Weihnachtskuppel" ein mit einem Nietzsche-Wort beschriftetes Papierflugzeug ins Kirchenschiff hinunterstieß.

Nach der Matura studierte er in Zürich und Berlin Philosophie, brach aber nach vierzehn Semestern das Studium ab und arbeitete drei Jahre als Regieassistent und Produktionsdramaturg am Schiller-Theater.

Mitte der achtziger Jahre kehrte er in die Schweiz zurück, um seinen Bruder Matthias zu betreuen, der im Alter von sechzehn Jahren an Krebs erkrankte und vier Jahre mit dem Wissen lebte, dass es die „Krankheit zum Tod" sei. Der Tod des Bruders war ihm Anstoß und tieferer Beweggrund zum Schreiben, ein Schlüsselerlebnis, das ihn zum Schriftsteller machte.

Seither erkundet Hürlimann mit großer Sensibilität die Grenzsituationen des Daseins, tastet er sich schreibend „an die Wahrheit heran, an seine eigene und an die seiner Umwelt". Sein Nachsinnen über den Tod hat sich sowohl in seinem dramatischen als auch in seinem erzählerischen Werk niedergeschlagen, das ihn als eine Doppelbegabung ausweist. Er ist sowohl ein großer Erzähler als auch ein Dramatiker von Rang, der – wie August Everding hervorhebt – seine Stücke „in enger Berührung mit der Theaterpraxis" erarbeitet und „das Theater als eigenständiges künstlerisches Ausdrucksmittel mit autonomen künstlerischen Gesetzen" betrachtet.

Da der Autor aus epischen Texten lesen wird, soll der Blick nur auf einige seiner erzählerischen Werke gelenkt werden.

Sein erstes Buch *Die Tessinerin*, das 1981 mit dem Aspekte-Literaturpreis ausgezeichnet wurde, enthält sechs Geschichten, in denen Hürlimann mit seiner persönlichen Erfahrung gegenwärtig ist und in die verborgensten Schichten der Realität vordringt. Am eindrucksvollsten geschieht dies in der Titelerzählung *Die Tessinerin*, die – den frühen Krebstod seines Bruders Matthias verfremdend – vom langsamen und qualvollen Sterben einer Lehrersfrau erzählt, die als Tessinerin in einem kleinen innerschweizerischen

Dorf eine Fremde blieb. Die Frau leidet an Knochenkrebs, stirbt aber in Wahrheit an innerer Auszehrung – wie ein Vogel, dem man die Flügel gebrochen hat.

In die Beschreibung des Todeskampfes eingefügt ist ein autobiographischer Bericht über das Sterben des Bruders, der als persönliches Bekenntnis wie ein Fremdkörper wirkt, aber um so schmerzlicher aus dem Text hervorbricht:

> „Mein Bruder ... hat den Todeskampf, das letzte, grausamste Stück der Sterbearbeit, als Todeskampf wahrgenommen. Er hat, immer wieder zu klarem Bewusstsein erwachend, über das Verenden gesprochen. Wenn ein Mensch verende, sagte er, verende alles. In allem, was sei, werde das Verenden sichtbar, nur noch das Verenden sei wirklich."

Diese Textstelle lässt die existentielle Fremdheit erahnen, die mit dem Sterben einhergeht. Hürlimann weiß, wovon er spricht. Er kennt sich aus in den „letzten Dingen" und versteht es, den Schrecken und die Ohnmacht angesichts der „feierlichen Stille", die ein Sterbender erzeugt, hörbar und sichtbar zu machen, so dass man den Tod mit allen Sinnen wahrnimmt.

Die meisterhaft gebaute Novelle *Das Gartenhaus*, die 1989 als bestes deutschsprachiges Buch des Jahres ausgezeichnet wurde, handelt von einem alten Ehepaar, das stumm gegeneinander Krieg führt und in der Trauer um den verstorbenen Sohn die seltsamsten, absurdesten und lächerlichsten Züge offenbart. Vor allem im Konflikt über die Grabgestaltung wirkt sich lang Unterdrücktes zum Verhängnis aus.

Die dramaturgische Strategie schafft gleichzeitig Nähe und Distanz, balanciert kunstvoll zwischen Pathos und Komik, zwischen Vergeblichkeitsbewusstsein und satirischem Witz.

Die Geschichtensammlungen *Die Satellitenstadt* (1992) und *Das Holztheater* (1997) führen in die Welt der Schlafsilos und Supermärkte und entlarven die längst als normal empfundenen Entstellungen unseres Alltagslebens. Sie bieten Einblicke in unsere verkabelte, „zerzappte" Realität, über der sich langsam, aber sicher ein Verhängnis zusammenzubrauen scheint, das der Erzähler satirisch und pointiert und mit geradezu konspirativem Humor aufzuhalten bemüht ist.

Hürlimanns erster, 1998 erschienener Roman *Der große Kater* ist ein weitgehend authentisches Werk, in dem die autobiographischen Details nur der äußere Anlass sind, um eine Geschichte zu erzählen, die über das Autobiographische weit hinausreicht. Die Fragen, die in diesem Roman aufbrechen, zielen in die existentiellen Grenzbereiche des Daseins: Sie entlarven die Korrumpierbarkeit politisch verantwortlicher Instanzen, prangern die fragwürdigen Ansprüche und Zwänge kirchlicher und politischer Moral an, demaskieren die aus Ehrgeiz und Lebenslügen gefügte Welt bürgerlicher Wohlanständigkeit und enthüllen auch das Abgründige menschlicher Existenz. Der Roman zeichnet aus ironischer und doch zugleich mitfühlender Distanz das hektische und leere Dasein eines Politikers, der Sklave seines Amtes geworden ist und zwischen privatem und öffentlichem Interesse hin- und hergerissen wird. Er ist komponiert wie ein Rondo, in dem verschiedene Motive ineinander verwoben sind und der Autor sich in immer neuen Erzählschleifen seinem Protagonisten nähert, indem er behutsam mehrere Netze um ihn herumspinnt und ihn mit dem Blick des witternden Katers in die Zukunft schauen lässt.

Die vieldiskutierte, im Frühsommer des Jahres 2001 erschienene Novelle *Fräulein Stark* ist eine Art „Entwicklungsroman im Kleinformat". Es ist sowohl die Geschichte einer wunderbaren Klosterbibliothek als auch die Geschichte eines zwölfjährigen Jungen, der vor seinem Eintritt in die Klosterschule bei seinem Onkel, dem Stiftsbibliothekar, und dessen Haushälterin Fräulein Stark die Sommerferien verbringt und auf der Schwelle zum Erwachsenwerden seine Sexualität und seine jüdische Herkunft erkundet.

Die Novelle ist ein meisterhaft erzähltes Werk, das sich auswächst zu einer Parabel über das Fremdsein im Eigenen, aber auch über Askese und die Fülle des Lebens.

Hürlimanns aus der deutschsprachigen Gegenwartsliteratur herausragende epische Werke, in denen Sprachkompetenz und Gestaltungskraft, Sensibilität und Humanität wegweisenden Ausdruck gefunden haben, zeigen autobiographische Züge. Dennoch sind es fiktionale Texte, bewusst geformte Kunstgebilde, die präzise Beobachtungen, autobiographische Erinnerungen und Reflexionen über Geschehenes oder Erlebtes verbinden mit phantasievollen Erfindungen und originellen Einfällen. Indem der Autor sich einerseits dem Fluss des in der eigenen Biographie Erfahrenen und andererseits dem fiktionalen Gedankenspiel überlässt, schafft er, was Goethe treffend mit „Dichtung und Wahrheit" charakterisiert.

Wie in Büchners *Lenz* ist für ihn der „Gang durchs Gebirg" Emblem der existentiellen Gratwanderung, Symbol des Versuchs, die Grenzen zu überschreiten, angesichts einer Welt, in der Gleichgültigkeit und Sinnlosigkeit dominieren. Er ist kein Zyniker, der sich am Sinnlosen ergötzt, sondern ein Skeptiker, der sich danach sehnt, dass doch noch „das Unglaubliche, das Unerhörte" geschieht.

Wie sein Ich-Erzähler in der Titelgeschichte der *Satellitenstadt* ist Hürlimann ein „Verhängnisforscher", der das Terrain der Verwirrungen und Verunstaltungen der zeitgenössischen Gesellschaft aufmerksam erkundet und den Bankrott aller einstmals gültigen Werte und Ideale diagnostiziert. In seiner Dankrede anlässlich des Marieluise-Fleißer-Preises erklärte er:

> „Wir sind unserer Herkunft entflohen. Wir haben die Mythen, Werte und Bilder des christlichen Abendlandes zu Schrott erklärt, zu Geschichtsmüll."

Die Literatur hat nach seiner Meinung „die Pflicht, Identitäten zu schaffen, im Grenzenlosen kleine Räume und Inseln zu bauen". Sie sei – so erklärte er 1998 in seiner Eröffnungsrede zu den Zürcher Festspielen –

> „der riskante Versuch, in die Wildnis zurückzukehren, in die Wildnis von Erfahrungen, in die Wildnis der eigenen Seele, jedenfalls ins Fremde, ins Ausgesonderte, an die Grenze des Universums und ins Innere der Dinge".

Das „Innere der Dinge" ist in seinem literarischen Werk „die verschwiegene Mitte, um die alles kreist", die „unsichtbare Leerstelle", die „nicht wortreich ins Licht gezerrt" wird, aber an den „Bruchstellen", an den „Reibungen mit der Außenwelt" erkennbar ist.

Lesung

Thomas Hürlimann

(Auszüge aus der Erzählung *Die Tessinerin*, Zürich 1996, 5–12, 41–44, 69–71, 84–93)[1]

Um zehn Uhr abends bat sie ihn, er möge in der Stube auf dem Kanapee schlafen. Sie könne das Jammern und Stöhnen nicht mehr verbeißen, und sie wisse doch, wie nötig der Lehrer den Schlaf habe. Der Lehrer nahm seine Decke; wortlos ging er hinaus. In der Nacht hatte sie Träume, sie schwitzte, aber der Schmerz war erträglicher als in den Nächten zuvor. Morgens um sechs hörte sie in der Stube den Wecker schellen. Jetzt müsse man, dachte sie, dem Lehrer den Milchkaffee machen. Sie hatte sich aufgesetzt, es fror sie, der Körper schlotterte. Sie lüpfte mit beiden

Händen erst das eine Bein, dann das andere Bein über den Bettrand. Vornübergebeugt blieb sie sitzen. Jetzt, sie wußte es, würde der Schmerz wieder kommen, und wie. Am Brustkasten waren die Rippen sichtbar geworden, ihre Hüftknochen stachen hervor, und ihre Brüste, die einmal schön gewesen waren, hingen als verschrumpelte Fladen ins nasse Hemd.

Sie war, wie man hier oben sagt, vom Fleisch gefallen. Man hatte im Dorf darüber geredet, man wußte Bescheid. Im November hatte sie ein paar Tage im Bezirksspital in Einsiedeln gelegen. Man hatte sie untersucht. Eine Operation, hatte man gesagt, käme nicht mehr in Frage. Man gab ihr Tropfen gegen die Schmerzen – dreimal täglich sollte ein fingerhutkleiner Plastikbecher bis zu einem eingeritzten Zeichen gefüllt werden. Mitte Dezember nahm sie die Tropfen öfter als erlaubt, auf das Zeichen gab sie nicht mehr acht. Als ihr der Lehrer am Neujahrsmorgen ein glückhaftes Neues entbot, sagte sie, sie sei ziemlich müde und sie habe die Bitte, daß man ihr sofort – aber sofort! schrie sie, ein neues Fläschchen hole. Fortan fuhr der Lehrer einmal in der Woche mit der Post nach Einsiedeln, um in der Engel-Apotheke die Tropfen zu besorgen.

Das Rezept hatte der „Türk" ausgestellt, ein Doktor Mehmet Asan, der im nahen Willerzell eine Praxis betrieb. Hie und da, ohne daß der Lehrer darum ersucht hatte, kam der Türk ins Lehrerhaus. Die Frau lag jetzt meistens im Bett, nur noch selten ging sie an zwei Krücken in die Küche. Die Krücken hatte sie bei der ehemaligen Hebamme des Dorfes, der alten Friedel, geliehen. Im Dorf war die Frau des Lehrers – man nannte sie die „Tessinerin" – schon lang nicht mehr gesehen worden. An einem Samstagnachmittag hatte sie, früher als sonst, das Schulhaus verlassen – mit der einen Hand schleppte sie den Putzkübel, und mit der anderen stützte sie den Körper auf der Krücke ab und schleppte sich selbst. Seit diesem Samstag blieb die Schulstube ungeputzt, und eine Zeitlang hieß es, die Tessinerin kehre wieder einmal die Bessere heraus.

Weil der Lehrer bei den Besuchen des Arztes immer anwesend war, steckte dieser die Schachtel unters Kissen, oder er schob sie, mit dem Lehrer plaudernd, ins Nachthemd der Frau. Sie war so froh, daß der Lehrer von der Schachtel nichts wußte – die Zäpfchen nahmen dem Schmerz den Stich, sie dumpften ihn ab. Aber der Lehrer, der die Einnahme der Tropfen genau überwacht hatte, war ihr nicht mehr böse. Er hatte eingesehen, daß sein Kontrollieren sinnlos geworden war, und den Apotheker um ein zusätzliches Fläschchen angebettelt, das er der Frau, wie ein Geschenk, eines Abends auf das Nachttischlein stellte. Es tue ihm leid, sagte der Lehrer, er habe es gut mit ihr gemeint. Er habe halt die Hoffnung gehabt, daß sie wieder gesund werde. Ja, sagte die Frau und lächelte, das hoffe sie auch.

Ende Januar hatten Tropfen und Zäpfchen keine Wirkung mehr. Wenn der Lehrer in der Schule war, schrie sie manchmal auf, sie stopfte das Laken in den Mund, oder sie packte, um den Schrei zu ersticken, ihr Missale zwischen die Zähne. Trotzdem wurde ihr Schreien gehört. Die Tessinerin, sagten sie, mache es bestimmt nicht mehr lang. Sie sagten es leise und nickten mit dem Kopf zum Lehrerhaus: Die Auszehrung sei's oder die Schwindsucht. Der arme Lehrer – die Frau sterbe ihm weg.

Mit der linken Hand griff sie nun an die marmorne Nachttischplatte; ihre andere Hand war um den runden Rand der Matratze gekrallt. Ihr Schatten blieb auf dem Laken zurück, naß und grau. Sie hatte ihn während der Nacht herausgeschwitzt. Mit den Zehen suchte sie die Finken. Noch immer saß sie vornübergebeugt. Die Finken ließen sich nicht finden; vielleicht hatte sie der Lehrer unters Bett gestellt. Sie lächelte müde. Er hatte es gut gemeint, der Lehrer, oh ja. Auch das Lächeln tat ihr weh – alles, was sie tat, verbrauchte sehr viel Zeit, und Kraft hatte sie nicht mehr viel. Dann hörte sie das Röhren von Pater Maria Cyprians Opel, der Motor wurde abgestellt, das Scheinwerferlicht, das ihre Kammer fahl erhellt hatte, erlosch, die Glocken begannen zu läuten, und die Haustür wurde von außen abgeschlossen. Jetzt würde der Lehrer durch den Schnee über den Platz stapfen, dachte sie. Er würde in die Hände pusten und Ausschau halten nach den Kindern. Man müßte, dachte sie, das Licht anzünden und dem Lehrer zeigen, daß man aus dem Bett heraus sei und den Milchkaffee bald fertig habe. Da fiel es ihr ein – als sei's ein Geheimnis oder ein großer Gedanke: Niemals, nie in all den Jahren, hatte der Lehrer nach seiner Frau sich umgedreht. An jedem Mittwochmorgen hatte sie in der Küche am Fenster gestanden, hatte ihm nachgeblickt, die rechte Hand in die Weiche gestützt, und über den Arm hing ihr der Mantel des Lehrers. Den Mantel zog der Lehrer, mochte es nun schneien, regnen oder Katzen hageln, nicht an. Er ging im Kittel. Er, sagte er, habe nicht kalt. Die Stufen zur Sakristeitür nahm er im Sprung, und pünktlich riß ein zum Gruß gebückter Sigrist Kälin die Tür auf. Dann hatte die Frau den Mantel um ihre Schultern gelegt und sich am Küchentisch niedergelassen. Sie fand sein Orgelspiel schön. Den Kaffee, den er stehenließ, trank sie aus.

[...]

Wer in einem Sterbehaus an einem Sterbebett jemals gesessen hat, weiß, daß unsere Uhrzeit ihre selbstverständliche Gültigkeit verlieren kann.

Wer in einem Sterbehaus an einem Sterbebett sitzt, wer in seinem Hirn nach Wörtern sucht, um nicht verrückt zu werden und zu grinsen wie ein Blöder, der erfährt, ob er nun der Euteler Lehrer sei am Bett seiner Frau oder ich am Bett meines Bruders (worüber ich schreiben wollte und nicht schreiben kann), daß ein sterbender Mensch einem fremd wird, weil er Stille erzeugt – eine feierliche Stille.

Wer je vor einem Sterbenden anwesend war, der hat, auf seine Weise, die Totenstille – jawohl: gehört!

Man sitzt da, man schaut ab und zu auf die Uhr, und man wundert sich, daß auf dieser Uhr, ohne daß man es gemerkt hätte, Stunden vergangen sind. Oder man ist überzeugt, man habe lange, bittere Stunden am Sterbebett abgesessen, und auf der Uhr sind es nur ein paar kurze Minuten, man schüttelt den Arm, die Uhr, meint man, sei stehengeblieben, man halte, denkt man, diese Stille nicht mehr aus, will schreien, etwas tun, von Sterben und Tod nichts mehr wissen. Man vertue bloß seine Zeit, sagt man sich. Und erschrickt. Das Sterbehaus ist ein Steinhaus – aber in der Wand hört man es klopfen? Ein Klopfen – als poche der Tod an? Man grinst. Man sagt sich, daß man in der Stille Geräusche höre, die der geschäftige Alltag überdecke. Man vermutet, das Pumpwerk der Zentralheizung zu hören, und steigt hinunter in den Keller, um das Ohr an den Heizungskessel zu legen. Oder man schiebt sich, die Hände erhoben, einer Wand entlang, horcht sie ab, Schritt für Schritt – man höre nichts, sagt man sich, kein Heizungs- oder Wasserpumpen, und man setzt sich wieder auf den Platz am Bett. Und dann, eines Nachts, hört man das Ticken eines einzigen Weckers. Es wird so laut und so rasend wie das Ticken und Tacken in einem Uhrenladen voller Uhren und Wecker. Man werde damit schon fertig, sagt man sich. Man hält sich die Ohren zu oder beißt krachend in einen Apfel. Obwohl man weiß, was man tut, wird man sich irgendwann die Erlaubnis erteilen, den Wecker aus dem Sterbezimmer zu entfernen. Und wie man bald einmal das Klopfen so gründlich vergessen hat, daß man nicht mehr zu sagen weiß, ob's gerade geklopft hat oder nicht, vergißt man auch das Beobachten der fallenden Tropfen im Infusionsschlauch, man blickt mit Augen, die nichts mehr sehen, auf dieses und jenes.

[…]

Zug, den 19. Februar 1981

Mein Bruder war tagelang, nächtelang am Verenden. Fast vier Jahre war er krank. Er wußte, daß es die Krankheit zum Tod war. Er hat den Todeskampf, das letzte, grausamste Stück der Sterbearbeit, als Todeskampf wahrgenommen. Er hat, immer wieder zu klarem Bewußtsein erwachend, über das Verenden gesprochen. Wenn ein Mensch verende, sagte er, verende alles. In allem, was sei, werde das Verenden sichtbar, nur noch das Verenden sei wirklich. In jedem Atemzug höre der Sterbende seinen letzten Atemzug, im Einbrechen der Nacht breche die Nacht herein, wenn er erwache, müsse er sich im Zimmer vorsichtig umsehen. Er könne alle seine Träume, wenn er nachdenke, sofort verstehen. Manchmal stelle er fest, daß er, vielleicht stundenlang, nicht gedacht habe, nichts – was er wiederum einordnen könne in das immer geheimnislosere, immer dichter werdende, sozusagen plumpe Wahnsystem. Sterben sei Wahnsinn. Wie ein Wahnkranker fühle der Sterbende sich verfolgt. Alles, was er denke, träume, fühle, sehe, höre – es sei bestimmt von dieser einen, wahnsinnigen Idee: Du stirbst! Du! Diese Idee mache ihn groß und bedeutend, was niemand verstünde. Niemand anerkenne seine Sterbegröße, niemand vermöge seinen Todeskampf als Bravourstück zu bewundern. Spiele einer am Bett den Mitleider, sei dieser Mensch für ihn gestorben. Zwangsläufig sterbe alles, alles um ihn herum. Sogar die Zeit vergehe, sie zerfalle, er ahne es.

Matthias. 26. September 1959 – 7. Februar 1980.

[...]

Tagelang und nächtelang hatte er, der Lehrer, auf ein Wort seiner Frau gelauert. Er hatte gehofft und gebetet und Gebet und Hoffnung wieder fahrenlassen. Heute, im frühen Nachmittag, war es dann soweit. Er war auf alles gefaßt gewesen. Er hätte ihr sogar erklärt, warum er sie nie, nie in all den Jahren, in den Leuen mitgenommen hatte. Früher einmal hatte sie gesagt: Nimm mich mit. Ich möchte gern sehen, wie sie heute den Service machen. Wenn ich den Service gemacht habe, haben mir die Herren einen Kognak spendiert. Dann habe ich Most in ein Schwenkglas gefüllt, und das Glas habe ich den Herren gezeigt. Die kann saufen, haben die Herren gesagt. – Ja, auf alles war er vorbereitet, aber nicht auf das, was heute nachmittag geschehen war. Plötzlich war sie wach gewesen, munter, in richtiger Plauderlaune. Er hatte sich gefreut. Schon mancher, heißt es, hat den Herren von der Wissenschaft ein Schnippchen geschlagen und ist geläutert und lächelnd retourgekommen. Ja, er fand es schön, daß eine Besserung ihres Zustandes eingetreten war. Und dennoch – ihr Erwachen hatte den Lehrer nur halb überzeugt. Noch einmal flackern die Lebensgeister auf, sind Feuer und Flamme, ein Feuerwerk, das platzend und strahlend in die Finsternis emporsteigt, herabfällt, erlischt. Dann ist die Nacht so dunkel wie nie zuvor, der Traum ist ausgeträumt, das Leben verwirkt. Italienisch hatte sie geredet, italienisch ...! Mutter, hatte er gerufen, Mutter! Mit mir kannst du immer noch deutsch reden, Mutter, hörst du?! Und sie – was sagt sie? Si Signor. Si Signor ... als hätte er ein Bier oder einen Grappa bestellt. Die Tessinerin war noch einmal erwacht.

Er sah in der Scheibe sein dünnes Gesicht, die Stoppeln, die wäßrigen Augen. Kälte stand ab, so daß sein Atem in die Spiegelung einen milchigen Teich schlug und den Lehrer vor sich selber verbarg. Da legte er die Stirn an das eisige Glas, drückte die Knie an die Ofenrippen, verkrampfte die Hände zu Fäusten. Stündlich verpaßte ihr der Türk eine Spritze, und einmal, es mochte nun drei oder vier Stunden her sein, hatte er gesagt: Frau gutt ... Schmerzen vorbei. Frau gesund? hatte der Lehrer gefragt, wollte auf ihn zugehen, den Türk in die Arme nehmen. Ist es denn möglich, dachte er, daß sie noch einmal gesund wird?

Draußen dunkelte es. Die letzte Post war schon abgefahren. Einmal rumpelte ein Lastwagen talauf, mit dem Pflug über den Teer fräsend. Zwei Männer schaufelten Salz von der Ladebrücke. Vielleicht fiel weiter unten schon Schnee. Dann trug der Knecht vom Huggeler-Hof seine Tanse zu Habernolls Molkerei, und der Knecht ging wieder heimwärts, und er ging so gebückt wie vorher, da die Tanse voll gewesen war. Er hatte eine Zipfelmütze auf dem Kopf, im Mund eine Pfeife. Und der Lastwagen fuhr wieder talab. Die beiden Männer, ihre Schaufeln wie Gewehre zwischen den Knien, hockten an der Rückwand der Fahrerkabine. Das Licht, das aus den Laternen hing, war gelb geworden.

Die alte Friedel, die Hebamme des Dorfes, strählte der Frau die verfilzten Haare aus der Stirn, ihre Finger umwickelte sie mit einem Rosenkranz. Aber die Finger lösten sich wieder. Langsam rutschten die Arme, die dünn wie Stecken geworden waren, vom Deckbett. Unter den Augen wurde der Kopf sehr schmal, der kleine Mund war geöffnet. Von Zeit zu Zeit gab er eine schmutzige Flüssigkeit heraus. Die Lunge – flüsterte die Friedel den alten Frauen zu. Das Lungengewebe löse sich auf. Der Türk hatte die letzte Spritze schon gemacht, sein Köfferlein gepackt. Trotzdem kam er hie und da noch vorbei. Er klaubte einige Brocken aus ihrem Hals, pinselte den Gaumen. Frau gutt! sagte er, Frau gutt!

Von einer geweihten Kerze, die auf dem Tisch in einem Teller stand, war die Stube wie ein Höhlenraum beleuchtet. Sie spürte den Schmerz nicht – sie hatte keinen Körper mehr. Nur noch ihr Kopf lag im Kissen, das Schlucken wurde ihr schwer. Sie war so froh, daß die Mutter jetzt im Haus war. Es gab noch so vieles zu bedenken und zu tun. Man solle dem Lehrer bitte den Mantel anlegen; am offenen Grab sei es kalt, und schon mancher habe sich den Tod an einer Leiche geholt. Das Sonntagsgewand des Lehrers hänge im Schrank. Es müsse ausgebürstet und eine

Stunde lang an die Luft gehängt werden. Sonst stinke der Lehrer nach Mottenkugeln und Kampfer. Und vergeßt bitte den Kari nicht! Das Porto sei zwar teuer, aber der Kari in Neuseeland sei ihr Bruder. Das Wort Neuseeland gefiel ihr. Es riß sie wie Bäche dahin, bekam eine Ausdehnung – das Wort wurde zum Land, das es bezeichnet. Fern hörte sie hie und da noch ein Karcheln, und laut hörte die Frau das Pumpen ihres Herzens. Später wurde das Klopfen leiser. Es war ihr, als nähme die Mutter ihr Herz aus der Brust und trüge es hinaus in die Küche. Das Klopfen und die Schritte entfernten sich, und nun blieb es eine geraume Weile still, niemand rührte sich vom Fleck, und erst als die alte Friedel von ihrem Stuhl sich erhob, kam wieder Leben ins Lehrerhaus. Jemand ging hinüber in den Leuen, um dem Doktor Bescheid zu geben. Die Friedel schloß ihr die Augen, die Lider wurden mit Heftpflaster festgeklebt. Dann kluppte sie die beiden Schläuche ab. Infusionsständer und Harntasche wurden in die Küche geschafft. Dort, auf dem Tisch neben der Stubenuhr, lagen die Totenkerzen schon bereit. Die Frau des Lehrers hatte das Zeitliche gesegnet.

Nachdem sie im Leuen das Armenseelengebet laut gesprochen hatten, sagte der Habernoll zum Wirt: Die Willerzeller haben ja bald ihren atomsicheren Bunker. Die können mir gestohlen bleiben, Leuenwirt, mitsamt ihrem Bunker!

Jawohl, sagte der Wirt, auch ich, Habernoll, verreckte dereinst lieber ob dem Boden als unten im Atombunker. Unter dem Boden, Habernoll, wohnt der Mensch noch lange genug. Dann goß er den Roten in die vier geleerten Gläser ein, die auf dem Stammtisch standen.

Der Sigrist ließ die Totenglocke drei Vaterunser lang läuten. Währenddessen schrieb er die Telefonnummer des Klosters ab; sie war auf der ersten Seite des Meßbuches vermerkt. Morgen früh mußte telefoniert werden. Es war soweit – am Donnerstagmorgen brauchten sie den Pater für eine Beerdigung. Dann spazierte er, nicht übel gelaunt, zurück in den Leuen. Heut nacht würde der Wirt überhocken lassen. Man würde die Runden beim Jaß ausmachen, dem Türk das Geld abknöpfen! Eigentlich gar kein so dummer Gedanke, daß der Habernoll, der alte Fuchs, den Platz des Lehrers schon vererbt hatte. Das Fenster des Totenzimmers stand weit offen, und er hörte, wie dort drinnen ein Lappen ins Wasser getunkt und ausgewrungen wurde.

Setz dich zu, Sigrist, sagte der Habernoll, der Mehmet schreibt noch den Totenschein, dann sind wir komplett. Weder der Wirt noch der Sigrist sagten ein Wort. Sie saßen da. Hinter dem Büffet lappte Habernolls Hund seinen Teller aus, und draußen in der Küche blätterte die Wirtsfrau die Zeitung um.

Anmerkungen

1 Mit freundlicher Genehmigung des Autors und des Ammann Verlages, Zürich.

II.

Der Tod aus theologischer Sicht

Josef Schuster

Der Tod ist einerseits ein *biologisches Ereignis*, dessen Ursache in der organischen Verfassung des Lebens liegt. Zu ihm kann sich der Mensch zwar unterschiedlich verhalten, aber er kann ihn nicht abschaffen: Die Notwendigkeit des Sterbens ist ein Gesetz der Natur. Diese Notwendigkeit ist freilich nicht auf den Todeszeitpunkt zu beziehen – man kann sehr jung und sehr alt sterben – und auch nicht auf die je individuellen Ursachen für das Sterben eines Menschen; sie bezieht sich auf die prinzipielle Endlichkeit jedes Lebewesens einschließlich des Menschen.

Mit der biologischen Endlichkeit des Menschen ist jedoch nicht alles gesagt, wenngleich das wissenschaftliche Verständnis des Todes heute eine wesentliche Rolle für die Einstellung zum Tod spielt. Bis zum frühen Mittelalter galt der Tod als Übergang in eine bessere Welt. Diese Überzeugung, genährt aus der christlichen Auferstehungshoffnung, ermöglichte eine Koexistenz mit dem Tod, die einen öffentlichen Umgang mit Sterben und Tod förderte: Gestorben wurde im Beisein der Familie, der Freunde und Nachbarn. Die Katastrophen des Spätmittelalters – Kriege, Hungersnöte und Seuchen – führten zu einem Wandel: Der Tod wurde nun vornehmlich in seiner Bedrohlichkeit erfahren. Darum wurde es als dringlich empfunden, sich auf das eigene Sterben vorzubereiten. Es entwickelte sich eine *ars moriendi*. Der Tod ist nicht mehr nur das natürliche Ende, er tritt vielmehr oft unerwartet und schnell ein. Nach dem Dreißigjährigen Krieg wird der Tod zum Schauspiel. Trauergebräuche und Trauerkleidung kommen auf. Die Kultur der Friedhöfe entwickelt sich. Im 20. Jahrhundert ist der Tod an den Rand des öffentlichen Bewusstseins gedrängt. Der „verbotene Tod" kennzeichnet den Geist der Zeit. Das Sterben findet weitgehend im Krankenhaus statt und wird der wissenschaftlichen Medizin überantwortet. In deren Perspektive gilt er aber vielfach als Scheitern.

1. Theologische Deutung des Todes

Die Theologie anerkennt den Tod nicht nur als unerbittliches Faktum, sondern sie hat stets versucht, dieses Faktum im Licht des Glaubens zu deuten. Der Tod wird bereits im ersten Buch der Heiligen Schrift und dann bei Paulus als Folge der Sünde verstanden (vgl. Gen 2–3; Röm 5, 12) und erhält auf diese Weise Strafcharakter. Diese Deutung lässt sich unter heutigen denkerischen Voraussetzungen allerdings nur aufrechterhalten, wenn Sünde als *aversio a deo* (Abwendung von Gott) und *conversio ad creaturam* (Hinwendung zur Kreatur) in der Verabsolutierung des Menschseins besteht. Eine derartige Selbstbezogenheit treibt den Menschen angesichts seiner Endlichkeit in einen Selbstwiderspruch, der im Tod offenbar wird.

Der Tod als Ende des Lebens wird zugleich auch als Vollendung des Lebens angesehen. Diese Deutung findet sich im AT vor allem in der sog. Priesterschrift. Die Genealogie in Gen 5 stellt uns Menschen vor, die alle sehr alt werden und lebenssatt sterben. In diesen Kontext gehört auch das Bemühen, den Tod der Erzväter Israels als trostreiches Geschehen zu schildern, das unter dem Segen Jahwes steht.[1]

Vor der *Aufgabe*, die eigene Endlichkeit und damit auch den Tod anzunehmen, steht jeder Mensch: Die Vorbereitung auf den Tod ist kein Vorrecht des Christen. Doch sieht dieser im Tod nicht nur das unwiderrufliche Ende seines

Lebens, sondern zugleich den Durchgang zu einem neuen, unvergänglichen Leben. Zu dieser Hoffnung angesichts des Todes ermächtigt ihn der Glaube an die Auferstehung Jesu Christi (1 Kor 15), an der er schon jetzt durch die Taufe Anteil hat (Röm 6). Damit wird die Annahme des eigenen Todes zu einem Akt des Gehorsams und vor allem der Hoffnung gegenüber Gott – so wie in urbildlicher Weise Jesus Christus selbst sein Leiden und Sterben freiwillig angenommen hat.

Die Endlichkeit menschlichen Lebens, die sich im Faktum des Sterbenmüssens zeigt, weist zugleich auf die Bedeutung hin, die der dem Menschen von Gott gewährten unwiederbringlichen Lebenszeit innewohnt. Angesichts der limitierten Zeitspanne gilt es, „die Zeit auszukaufen" (Eph 5, 16), d. h. in der Zeit die eigenen Möglichkeiten und Fähigkeiten in Freiheit zu realisieren, um so dem Leben eine Gestalt zu geben. Bleibt auch angesichts menschlicher Begrenztheit und vielfältigen Versagens das Lebenswerk „Stückwerk", so glaubt der Christ, dass die letzte Vollendung seines Lebens bei Gott liegt.

Es gibt eine doppelte Verantwortung für die Zukunft: eine weltliche und eine geistliche. Die geistliche Verantwortung bezieht sich auf die letzte Zukunft, die den Sinn und die Bedeutung aller Geschichte verbürgt und enthüllt. Sie unterscheidet sich von der Zukunft, die dieser letzten Zukunft vorangeht und die sich innerhalb derjenigen Zeit zeitigt, in der jeweils Zukunft in Gegenwart übergeht. Die letzte Zukunft ist in Leben, Tod und Auferstehung Jesu Christi bereits zugunsten des Menschen entschieden. Damit ist der Mensch von der für ihn nicht lösbaren Aufgabe einer letzten Sinngebung entlastet und frei, die je bevorstehende Zukunft verantwortlich zu gestalten. Einfach ausgedrückt: Wir haben nicht die Aufgabe, aus unserer Erde ein Himmelreich zu machen, aber wir haben die Verantwortung dafür, dass die von uns gestaltete Zukunft wenigstens eine nicht gänzlich missratene Analogie zur endgültigen Vollendungsgestalt dieser Welt wird.

2. *Zum Begriff des natürlichen Todes*

Nicht nur in der Theologie, sondern auch in der Rechtswissenschaft und natürlich in der Medizin spielt der Begriff des natürlichen Todes eine wichtige Rolle. Franz-Josef Bormann schlägt in seinem jüngst erschienen Beitrag *Ein natürlicher Tod – was ist das?*[2] folgende Definition vor:

> „*Natürlich* sind Sterben und Tod des Menschen ... immer dann, wenn sie infolge einer Erkrankung eintreten, die bereits so weit fortgeschritten ist, dass es zu einer definitiven, d. h. mit dem verhältnismäßigen Einsatz medizinisch-therapeutischer Maßnahmen nicht mehr zu revidierenden Zerstörung jener somatischen (insbesondere cerebralen) Wirkungsabläufe gekommen ist, die die Bedingung der Möglichkeit eines wenigstens minimalen personalen Selbstvollzuges darstellen. *Nicht natürlich* ist ein Tod dagegen genau dann, wenn er entweder *vor* dem natürlichen Todeszeitpunkt (z. B. als Folge von Unfall, Verbrechen oder Nichtbehandlung einer behandelbaren Erkrankung) oder wenn er (z. B. durch den unverhältnismäßigen Einsatz intensivmedizinischer Maßnahmen) *nach* dem natürlichen Todeszeitpunkt erfolgt."

Wichtig an dieser Definition ist u. a., dass in ihr kein Gegensatz zwischen Kultur und Natur, Technik und Natur oder Rationalität und Natur konstruiert wird. Ferner wird auch nicht von einer romantischen Vorstellung eines irgendwie archaischen Dahinscheidens ausgegangen, als ob sich ein natürliches Sterben und ein natürlicher Tod jenseits der Errungenschaften moderner Medizin vollzöge.

In der gebotenen Kürze sei ein weiterer Definitionsversuch vorgestellt, der stärker an normativen Vorgaben orientiert ist:[3] Der Mensch stirbt eines „natürlichen" Todes dann, wenn dieser ihm als Menschen gemäß, d. h. seiner würdig ist. Hierzu gehört nicht, dass sein Tod „friedlich" oder „leicht" ist, sondern dass es sein eigener ist, insofern er der Einmaligkeit seines Daseins entspricht. Nicht „natürlich" ist jener Tod, der dem Menschen nicht gemäß ist – und das ist der „unzeitige" Tod. Deshalb kämpft die Medizin auch gegen den „unzeitigen" Tod. „Unzeitig" kann der Tod in zwei Fällen sein: (1) wenn das Leben abrupt abgebrochen wird und (2) wenn es unnötig verlängert wird.

Jedes geschaffene Leben ist endlich. Daraus ergibt sich die Aufgabe, sich dieser Wahrheit des eigenen Lebens zu stellen. Mit dieser Wahrheit zu leben, bedeutet freilich nicht, über dieses Ende selber verfügen zu sollen, sondern es als zugeschickt anzunehmen. Gegenüber dem fremden Tod bedeutet das: Auch die Medizin hat die Endlichkeit des Menschen zu respektieren, d. h. therapeutische Maßnahmen sind dann zu beenden, wenn ein Mensch im Sterben liegt. Dann ist Sterbebegleitung und Hilfe beim Sterben – seelsorglich, menschlich und medizinisch – angesagt. Zum menschenwürdigen Tod gehören auch menschliche Nähe und Begleitung.

In diesem Kontext ist anzumerken, dass die Theologie mit ihren Mitteln nicht in der Lage ist, jenen Zeitpunkt zu markieren, an dem das Sterben eines Menschen einsetzt. Die Möglichkeiten der modernen Intensivmedizin sowie die Fokussierung auf das Funktionieren bzw. Nicht-Mehr-Funktionieren bestimmter Organe scheinen das Problem eher zu verschärfen als es einer Lösung zuzuführen. Vielleicht wäre bei der Bestimmung des Beginns der agonalen Phase bei einem Menschen wieder mehr der Alltagserfahrung jener zu vertrauen, die im Umgang mit Sterbenden unter pflegerischer und seelsorglicher Rücksicht erfahren sind.

3. Ausblick

Wer nicht selbst über das Ende seines Lebens verfügen will, anerkennt die seinem Leben gesetzte Grenze. Für den Christen gründet dieser Verzicht in dem Vertrauen, dass die Liebe Gottes in Jesus Christus ihn im Leben und Tod hält, so dass er nicht ins Nichts sinken kann (vgl. Röm 8, 31–39). Diese Hoffnung wider den Tod befreit zu einer Ethik der Lebensbejahung und der Weltverantwortung. Nach biblischem Zeugnis zeigt diese Hoffnung ihre Früchte in der Liebe zu den Nächsten (1 Joh 3, 13) und in der Sorge für die Hungrigen, Nackten, Gefangenen und Kranken (Mt 25, 31 ff). Angesichts des Todes erschöpft sich die Aufgabe des Menschen nicht in der Sorge um das eigene Dasein und dessen Ende, sondern er soll sich in den Dienst des Lebens stellen im Engagement für die Nächsten.

Literatur

E. Jüngel, *Tod*, Gütersloh ^{4}1990.

V. Lidz/K.K. Young/R.W. Momeyer/L.D. Kliever/T. Parsons, *Death*, in: *Encyclopedia of Bioethics* I, 477–529.

J. Schwartländer (Hrsg.), *Der Mensch und sein Tod*, Göttingen 1976.

G. Virt, *Leben bis zum Ende. Ethische Fragen um Sterben und Tod*, Innsbruck 1998.

Anmerkungen

1 Vgl. Gen 15, 15: Verheißung an Abraham: „Du wirst in Frieden zu deinen Vätern heimgehen; in hohem Alter wirst du begraben werden." – Gen 25,8 als Erfüllung dieser Verheißung; Gen 35,27 ff – Tod Jakobs; Ri 8, 32 – Tod Gideons; 1 Chr 29,28 – Tod Davids.

2 In: ZME 48 (2002), 29–39, hier 33 f.

3 Vgl. Alfons Auer, *Die Unverfügbarkeit des Lebens und das Recht auf einen natürlichen Tod*, in: Alfons Auer u. a., *Zwischen Heilauftrag und Sterbehilfe. Zum Behandlungsabbruch aus ethischer, medizinischer und rechtlicher Sicht*, Köln u. a. 1977, 1–51, hier 34–38.

Tod und Sterben in philosophischer Sicht

Ludger Honnefelder

Der Mensch ist ein Lebewesen, das nicht – wie viele andere Lebewesen – einfach *lebt*, sondern zu dessen Natur es gehört, *sein Leben zu führen*. Diese Verfassung, die sein Leben kennzeichnet, bestimmt auch sein Sterben und macht den Tod zu einem Ereignis seines Lebens. Es ist der Blick auf die *conditio humana* (1), so wird sich zeigen, der die Weise verständlich macht, wie der Mensch den Tod erfährt (2), und der es erlaubt, die Fragen zu beantworten, was der Tod für den Menschen bedeutet (3), wie er sich zu ihm zu verhalten vermag (4) und warum die Begleitung im Sterben für den Menschen eine solche Wichtigkeit besitzt (5).

1. Conditio humana

Was den Menschen vor anderen Lebewesen auszeichnet, ist die Weise, in der er sich zu seinem Leib und damit zu sich selbst verhält. Zwar gilt für ihn wie auch für andere zentrisch organisierte Lebewesen, dass er sein Körper *ist* und ihn zugleich als Leib *hat*. Doch während die anderen ihm verwandten Lebewesen darin aufgehen, selbstvergessen aus ihrer organischen Mitte heraus zu leben und ihren Körper als Leib zu haben, ist der Mensch als das seiner selbst bewusste Wesen, d. h. als ein „Ich", darauf verwiesen, zu seiner Mitte und seiner Beziehung zum Leib selbst noch einmal ein Verhältnis einzunehmen und dieses Sichzu-sich-Verhalten als eine Spannung wahrzunehmen, die er selbst zum Ausgleich zu bringen hat. Als ein Lebewesen, das sich als ein solches „Ich" zu sich und seinem Organismus verhält, besitzt er – wie H. Plessner es ausdrückt – die Struktur einer *exzentrischen Positionalität.* Seine Natur ist ihm zugleich *vorgegeben* und *aufgegeben.*

Diese anthropologische Struktur zeigt sich bereits im aufrechten Gang, den der Mensch als eine eigene Leistung zu erlernen und zu vollziehen hat, und äußert sich in einem durchgehenden Zwang zur *Verkörperung.* Sie reicht von der Mimik und Gestik über den Werkzeuggebrauch und die Sprache bis hin zu allen Formen kulturellen Handelns und stellt die gesamte Existenz – wie Plessner zeigt – unter das Prinzip der Expressivität bzw. unter die anthropologischen Grundgesetze der vermittelten Unmittelbarkeit und der natürlichen Künstlichkeit.

Das aber bedeutet, dass die Lebensform des Menschen durch eine Grundspannung, eine „Dialektik" von Gegensätzen gekennzeichnet ist:

- Anders als das Tier, das in der artspezifischen Korrelation von Bauplan, Umwelt und Verhalten aufgeht und lebt, ohne um all dies zu wissen, begreift der Mensch das ihn umgebende Medium als „Welt", nämlich als das Wirkliche, das vor dem leeren Hintergrund des Nichts steht. Jede Erkenntnis der Realität ist zumindest implizit von der Erkenntnis ihrer möglichen Nichtigkeit begleitet.
- Als körperbesitzendes und -beherrschendes Ich erfährt sich der Mensch als souverän und mächtig, als mit diesem Körper identisches und von seinen Möglichkeiten und Befindlichkeiten betroffenes Ich erfährt er sich zugleich als gefangen und ohnmächtig.
- Seine Psyche empfindet er als etwas, das aktiv sein Erleben bestimmt, und zugleich als etwas, das passiv durch diese Erlebnisse bestimmt wird.

- Auch die eigene personale Identität erscheint ihm in diesem Doppelaspekt: Er weiß um seine Einmaligkeit und Unersetzlichkeit, zugleich aber auch um seine Austauschbarkeit durch jeden anderen und damit um seine Beliebigkeit.
- Jede Erfahrung soziokulturell vermittelten Sinns ist ferner von der Erfahrung der Möglichkeit des Gegenteils begleitet. Der Mensch weiß um die Zerbrechlichkeit der kulturellen Ordnungen und fürchtet deshalb nichts so sehr wie die Anomie, den Mangel an jeder Sinn- und Ordnungsvorgabe.

2. Die Erfahrung des Todes

Besonders deutlich wird die Erfahrung dieser Dialektik in der Art und Weise, in der der Mensch die *Zeit* erlebt. Denn anders als alle anderen Lebewesen existiert der Mensch in der Zeit zugleich auch im Wissen um die Zeit. Er erfährt die Gegenwart als das je Vergängliche und sich selbst als das in der Zeit sich vollziehende, das „sich zeitigende" Wesen. Sorge und Angst sind deshalb nach Martin Heidegger als Grundbefindlichkeiten des Menschen zu betrachten, wobei Angst nicht die Furcht vor diesem oder jenem bedeutet, sondern die Ungesichertheit, die der Mensch im Hinausgehaltensein ins Nichts erfährt.

Für ein Wesen solcher Struktur und Befindlichkeit nimmt das Wissen um die eigene Sterblichkeit eine besondere Bedeutung an. Der Tod muss für den Menschen, so Heidegger, zur „eigensten, unbezüglichen, unüberholbaren Möglichkeit" werden; denn er stellt den Menschen vor die Frage nach dem Ganzen seines Daseins, und das bedeutet: vor die Frage nach seinem ureigensten Seinkönnen. „Die Angst vor dem Tode ist Angst ‚vor' dem eigensten, unbezüglichen und unüberholbaren Seinkönnen."[1] Zur Struktur der menschlichen Existenz, zum Seinkönnen des Menschen gehört also nicht nur die Verkörperung, sondern auch ihr Gegenteil, d. h. – um mit Plessner zu sprechen – die „Entkörperung".

Hält man sich dies vor Augen, so wird begreiflich, warum der Mensch die Grenzen seines biologischen Lebens anders erfährt als die anderen Lebewesen. Auch Tiere erleben die Verletzungen oder Störungen ihres biologischen Systems als Schmerz, und zwar umso mehr, je höher ihre zentrale Organisation und damit die Rückmeldung der Reize in den Organen an das Zentralorgan ausgebildet ist. Doch erst wo ein Lebewesen noch einmal ein reflexives Verhältnis zur Erfahrung des Schmerzes hat, wie dies beim Menschen der Fall ist, wird der Schmerz als Leid erfahren, nämlich als Grenze der eigenen Macht, als Auslieferung des Ichs an den Leib, ja möglicherweise als Grenze des Lebens überhaupt. Je ohnmächtiger sich der Mensch angesichts von Schmerzen erfährt, umso mehr erlebt er sie als Kontingenz, nämlich als einen über ihn hereinbrechenden und von ihm, wenn überhaupt, so nur begrenzt beherrschbaren Zufall.

Ihre schärfste Zuspitzung erfährt diese Problematik beim Phänomen des *Todes*. Anders als das Tier, das seinen herannahenden Tod allenfalls erahnt und sich instinktiv in einen abgelegenen Winkel verkriecht, ist der Mensch das Wesen, das vom Beginn seines bewussten Lebens an um den Tod weiß. Er kennt den Tod nicht nur als das abstrakte Datum des Lebensendes, wie es alle Lebewesen ereilt, sondern er weiß um ihn als die zu ihm gehörende ureigene Möglichkeit, ohne doch diese Möglichkeit selbst schon erfahren zu haben. Was wir aus Erfahrung kennen, ist nur der Tod der anderen, nicht der eigene, und erst dessen Erfahrung wäre Erfahrung des Todes im vollen Sinn. Auf die Frage, was der Tod ist, können wir deshalb keine endgültige, umfassende Antwort erwarten.

3. Die Bedeutung des Todes für das Leben des Menschen

Versteht man Leben als das Leben, das der Mensch führt, dann ist der Tod mehr als das Zu-Ende-Sein des biologischen Lebens. Bedeutsam ist er offensichtlich nicht als der Zustand des Totseins, sondern als der Prozess des Übergangs vom Leben in das Totsein. Denn da wir vom Totsein keine mögliche Erfahrung haben, ist nicht der eingetretene Tod die für uns entscheidende Realität, sondern der bevorstehende, also das Sterben, nicht das Totsein.

Was aber der Tod als der Prozess des Sterbens für uns bedeutet, zeigt sich, wenn wir uns fragen, was wir unter dem Prozess des Lebens verstehen. Mit ihm verglichen erscheint der Tod zunächst als das schlechthin Andere zu dem Leben, das wir führen. Ist nämlich Leben für den Menschen in spezifischer Weise Verkörperung in allen relevanten Dimensionen: im Leib, in der Kommunikation mit anderen, im kulturellen Daseinsentwurf, in der gewonnenen personalen Identität und im funktionalen gesellschaftlichen Rollenspiel, dann ist der Tod Auflösung dieser Verkörperung – Gegenbewegung zur Individuation, Trennung von den anderen, Zerfall des Sinns, Entmächtigung des Subjekts, kurz: *Entkörperung*. Für ein Wesen, das nur lebt, indem es sein Leben führt, muss der so verstandene Tod das äußere Gegenteil zum Leben darstellen, das Ende aller Aktivität, der Übergang in die völlige Ohnmacht und Einsamkeit. Und ein solches Wesen muss in dem Maß, in dem es um das Leben weiß, auch um den Tod als die Gegenfolie zu dem Leben wissen, das es führt.

Der Mensch hat seiner Struktur nach nicht nur die *Möglichkeit*, sich zum Tod zu verhalten; diese Möglichkeit gehört *notwendig* zur Struktur seines *Lebens*. Wenn ich nun aber vorweg von meinem Tod weiß und ausgesprochen oder unausgesprochen zu ihm Stellung nehme in der Art und Weise, in der ich lebe, dann ist der Prozess des Todes nicht nur ein äußeres Erleiden des Ichs, sondern zugleich dessen äußerste Tat. Er ist für den Menschen die „eigenste Möglichkeit des Daseins" (Heidegger), nicht nur das Faktum des Endes, sondern die Möglichkeit der Vollendung.

4. Der Tod und die Frage nach dem Sinn des Lebens

Wie aber ist es überhaupt möglich, zum Tod als dem ganz und gar Anderen des Lebens, das vom Menschen nicht aus der Welt geschafft werden kann und das Kontingente schlechthin darstellt, noch einmal ein Verhältnis zu gewinnen? Die Versuche einer Antwort finden sich bereits in den frühesten Belegen der Kulturgeschichte des Menschen in Form von Ahnen- und Totenkult. Auffallend ist das Bemühen, den Tod zu neutralisieren durch das Streben nach Fortleben in den eigenen Nachkommen oder den im Leben geschaffenen Werken. Charakteristisch für die Moderne ist der Versuch, den Tod zu verdrängen durch Tabuisierung und Verbannung aus der Öffentlichkeit und/oder ihm nicht nur durch eine Verlängerung, sondern durch eine extreme Steigerung des vitalen Lebens zu begegnen, die zugleich die Möglichkeit einer Besinnung beseitigt, die mit dem Tod konfrontieren könnte.

Doch kann gerade der Versuch der Überwindung des Todes durch die Steigerung des vitalen Lebens nicht gelingen. Denn das menschliche Leben geht – wie Georg Simmel vermerkt – nicht im „Mehr-Leben" auf, sondern im „Mehr-als-Leben". Was aber kann dieses „Mehr-als-Leben" sein? Wenn es richtig ist, dass sich der Mensch gemäß der anthropologischen Grundstruktur nur im Umweg über andere und über anderes selbst zu finden vermag, bedarf es eines auf den Menschen zukommenden Angebotes von Sinn, um die Frage nach dem Sinn des eigenen Lebens beantworten zu können. Um die Frage nach dem Tod als dem schlechthin Sinnlosen und Kontingenten beantworten zu können, ist freilich ein Sinnzusammenhang erforderlich, der selbst nicht noch einmal dem Verdacht der Sinnlosigkeit bzw. der Kontingenz ausgesetzt ist. Nicht ohne Grund wird daher die Antwort auf die Frage nach dem Umgang mit dem eigenen Sterben und Tod im Horizont der *Religion* gesucht, die den Menschen in die Lage versetzt, sich als das sterbliche und kontingente Wesen über ein göttliches, den Tod transzendierendes Gegenüber zu interpretieren und anzunehmen.

5. Sterbebegleitung

Der anthropologischen Struktur, sich selbst nur im Umweg über andere und anderes finden zu können, entspricht es, dass der Mensch in kaum einer anderen Situation so sehr des Beistands und der Nähe anderer Menschen bedarf wie in der Situation des Sterbens. Dabei geht es nicht nur um Pflege und Schmerzlinderung, sondern um die Erfahrung einer Nähe, die Trost spendet. Denn wenn das Sterben der Schritt in eine zunehmende Ohnmacht ist, der aller Verkörperung und aller Kommunikation ein Ende setzt und in eine letzte Einsamkeit führt, dann ist die Erfahrung der Nähe von Menschen, in der sich der Sterbende als begleitet und angenommen erfährt, die Brücke, die ihn fähig macht, Vertrauen in einen den Tod transzendierenden Sinn zu fassen und das eigene Sterben anzunehmen.

Eine solche Begleitung des Sterbenden kann in unterschiedlicher Form geschehen. Sie wird im Idealfall Sache der dem Sterbenden nahe stehenden Menschen sein, denen er aufgrund einer verwandtschaftlichen, freundschaftlichen oder seelsorgerlichen Beziehung besonderes Vertrauen entgegenbringt. Sie kann aber ergänzend oder gar stellvertretend auch zur Pflicht der Ärzte oder des Pflegepersonals werden. In jedem Fall gehört zum Sterben im institutionellen Kontext von Krankenhaus, Hospiz, Alten- oder Pflegeheim, dass neben der Palliation einer Sterbebegleitung ihr gebührender Platz eingeräumt wird. Einen Sterbenden zu begleiten wird aber nur gelingen, wenn der Begleitende selbst Tod und Sterben nicht aus seinem Leben verdrängt hat, sondern selbst ein Verhältnis zum Leben gewonnen hat, das Sterben und Tod einschließt.

Literaturhinweis

Zum gesamten Zusammenhang vgl. ausführlicher und mit Einzelbelegen L. Honnefelder, *Das Verhältnis des Menschen zu Leben, Leiblichkeit, Krankheit und Tod. Elemente einer philosophischen Anthropologie*, in: L. Honnefelder/G. Rager (Hrsg.), *Ärztliches Urteilen und Handeln. Zur Grundlegung einer medizinischen Ethik*, Frankfurt a. M. 1994, 104–134.

Anmerkungen

1 M. Heidegger, *Sein und Zeit*, Tübingen [15]1984, 251.

Wann stirbt ein Mensch?
Der Tod aus philosophischer Sicht

Anselm Winfried Müller

1. Zwei Fragen

Die erste Frage, der ich in diesem Beitrag nachgehen möchte, lautet: *Worin besteht* der Tod eines Menschen? Auf dem Hintergrund einer, wie ich meine, plausiblen Antwort auf diese Frage will ich sodann am Beispiel der Hirntod-Debatte der Frage nach *Kriterien* nachgehen.

Ich werde also nicht danach fragen, ob sich im Tod des Menschen eine unsterbliche Seele von ihrem Leib trennt; oder was sich aus der Unausweichlichkeit des eigenen Todes für die Orientierung des Lebens ergibt; oder ob bzw. wie man als Handelnder, speziell als Arzt, zum Tod des Mitmenschen beitragen darf. Auch diese und andere Fragen beschäftigen die Philosophie. Und ihre Beantwortung mag teilweise mit der Frage zusammenhängen, worin der Tod des Menschen bestehe. Im Folgenden geht es aber nur darum: *Was* sagen wir von einem Menschen, wenn wir von ihm sagen, er sei gestorben? Und: Woran lässt sich *erkennen*, dass er gestorben ist? – Ich beginne mit methodologischen Überlegungen.

2. Wege zur Antwort

Wie soll man die Frage, was den Tod eines Menschen ausmacht, angehen? – Dieser Tod ist der Beobachtung zugänglich, oder jedenfalls der empirischen Feststellung. Was ihn aber ausmacht, worin er besteht, das lässt sich nicht beobachten: Es muss vielmehr bereits entschieden sein, bevor und damit man die empirische Feststellung treffen kann.

Bei jeder Frage der Form „Was ist X?" oder „Worin besteht X?" muss die Beantwortung *beginnen* mit einer Besinnung darauf, was mit dem jeweiligen „X" *gemeint* ist.

Bezogen auf unsere Frage bedeutet dies: Was „Tod" *heißt*, muss einem bekannt sein, damit man feststellen kann, ob dieser oder jener Mensch jetzt tot ist oder noch lebt. Und was einem da bekannt ist – der Begriff des Todes – muss so gut wie möglich *artikuliert* sein, bevor man (auf der Basis medizinischer Forschung) im Hinblick auf die medizinische Praxis entscheiden kann, *welche Kriterien und beobachtbaren Anhaltspunkte* mit dem Todesbegriff korrelieren.

Wie aber soll die begriffliche Besinnung aussehen? Wie lassen sich Was-ist-X-Fragen klären? – Das hängt davon ab, wo der jeweilige Begriff *zu Hause* ist. Handelt es sich um einen rein wissenschaftlichen Terminus, so ist es Sache der jeweiligen Wissenschaft, darüber Auskunft zu geben, wie sie den Ausdruck „X" verwendet. Für den Begriff des Todes gilt das aber offenkundig nicht. Zunächst jedenfalls ist er nicht in der Medizin oder in der Biologie zu Hause, sondern im alltäglichen Denken, Reden und Handeln der Menschen.

Daher ist grundsätzlich jeder von uns *first hand authority,* wenn es darum geht, den Begriff des Todes zu klären. Nicht deshalb, weil wir diese oder jene einschlägige *Disziplin* so kompetent vertreten würden, sondern weil *Tod* ein Begriff aus der *Lebenswelt* ist, die wir teilen. Wie alle normalen Erwachsenen haben wir den Umgang mit Ausdrücken wie „sterben", „tot" usw. *gelernt.*

Welche Aufgabe haben dann aber die Bio-Wissenschaften, und welche Aufgabe hat die Philosophie, im Hinblick auf die Frage, was den Tod ausmacht?

3. *Der Beitrag der Philosophie*

Beginnen wir mit der Aufgabe der Philosophie.

Sie hat hier zunächst einmal das zu leisten, was sie nach Sokrates, dem Sohn einer Hebamme, immer zu leisten hat: *Geburtshilfe*. Denn *implizite* – sozusagen schwangerschaftliche – Begriffskenntnis zeigen wir alle: darin nämlich, wie wir die einschlägigen Ausdrücke in unproblematischen Zusammenhängen verwenden. Der Vorsprung des *Philosophen* besteht vor allem darin, dass er aufgrund von Erfahrung und Übung dafür zu sorgen versteht, dass diese Kenntnis *das Licht der Welt erblickt*. Seine Aufgabe ist es, sie zu *artikulieren*, *explizit* zu machen – im Idealfall (wenn auch nicht notwendigerweise) durch eine Definition.

Freilich ist damit die Aufgabe der Philosophie noch nicht erledigt. Anderes kommt hinzu. Um unsere Begriffe wirklich zu verstehen, muss man ihre *Bezüge* studieren – ihre Bezüge untereinander, zur Praxis des Lebens, in dem sie eine Funktion haben, zu der besonderen kulturellen Tradition bzw. der Wissenschaft, in der sie zu Hause sind. Außerdem gilt es mitunter, die Konsistenz von Begriffen zu prüfen; und auch: das gewonnene Verständnis der Zusammenhänge zu überblicken und in einer begründeten, wenn auch immer partiellen Sicht der physischen, seelischen, geistigen, moralischen Welt zu artikulieren, in der wir uns bewegen.

Leider ist aber noch eine weitere Aufgabe der Philosophie zu erwähnen: die Bekämpfung ihrer eigenen Irrtümer. Gerade beim Thema Tod sind zweifellos philosophische Irrtümer verbreitet. Das geht schon daraus hervor, dass die einschlägigen Positionen einander gründlich und vielleicht folgenschwer widersprechen.

Leider sind sich die Philosophen im Verständnis des Todes nicht einig. Das könnte man für belanglos halten: „Die Bedeutung eines Wortes ist doch immer eine Frage der Konvention! Warum also sollten nicht mehrere Todesbegriffe nebeneinander existieren dürfen? Und warum sollte nicht, den verschiedenen Begriffen entsprechend, beispielsweise für medizinische Zwecke das Kriterium des Hirntods, im Alltag aber das des Herzstillstands oder auch ein diffuses Konglomerat von Anhaltspunkten angemessen sein?"

Die Antwort muss lauten: Freilich kann man beliebigen Ausdrücken beliebige Definitionen geben. Definiert man jedoch einen Ausdruck, der *bereits im Gebrauch* ist, so steht man vor einer Wahl. Man muss *entweder* nachweisen, dass die eigene Definition dem etablierten Gebrauch gerecht wird, *oder* aber deutlich machen, dass sich unter der vertrauten Bezeichnung ein neues Produkt verbirgt. – Ist man sich dieser Alternative nicht bewußt, so besteht die Gefahr, dass der Philosoph – sokratisch gesprochen – nur scheinbar Geburtshilfe leistet, in Wirklichkeit aber den eigenen Sprößling unterschiebt.

Diese Gefahr ist u. a. deshalb von Belang, weil mit der Anwendung von Begriffen *praktische Konsequenzen* verbunden sind. Zum Beispiel ist damit zu rechnen, dass vor dem Hintergrund einer *bestimmten* Definition von „gestorben" der *Hirntod* als medizinisches Kriterium des Todes gelten kann. Dem hirntoten Körper dürfen dann, so scheint es, grundsätzlich beliebige Organe zwecks Transplantation entnommen werden. Sollte dieser Körper aber *nur* im Sinne jener Definition, nicht aber im üblichen Sinne tot sein, dann wäre solche Entnahme vermutlich unerlaubt.

Kurz: Aus der Tatsache, dass wir mit dem lebensweltlichen Todesbegriff bestimmte *ethische Implikationen* verbinden, ergibt sich die Notwendigkeit, in die medizinische Begrifflichkeit keine Definition des Todes einzuschleusen, die etwas *anderes* als eben diesen lebensweltlichen Todesbegriff artikuliert. – Diese Einsicht ist für meine weiteren Überlegungen von entscheidender Bedeutung.

4. Die Zuständigkeit des Mediziners

Es ist Zeit zu fragen, ob denn nicht vor allem Humanbiologie und insbesondere Medizin gehört werden müssen, wenn es zu klären gilt, worin der Tod besteht. Schließlich sind es Mediziner, die – auch juristisch gesehen – dafür zuständig sind, den Tod eines Menschen verbindlich festzustellen.

Nehmen wir also diese Kompetenz des Mediziners etwas genauer in den Blick. Wir tun das am besten, indem wir vier Ebenen eines angemessenen Todesverständnisses unterscheiden.

Ebene 1: Alltagsbegriff. Da ist zunächst einmal die Fähigkeit des Mediziners, von *tot* und *lebendig* so zu sprechen, wie wir es alle im Rahmen einer *lebensweltlichen Begrifflichkeit* tun.

Ebene 2: philosophische Analyse. Zweitens kann er sich – das wäre ein Stück philosophischer Analyse und Artikulation – die Merkmale dieses alltäglichen Todesbegriffs *explizit* – noch besser in einer Definition – bewusst machen.

Ebene 3: medizinisches Kriterium. Drittens – und das ist die Basis einer im engeren Sinne *medizinischen* Kompetenz – ist dem Mediziner bekannt, was in seinem Fach als *Kriterium* für den Tod eines Menschen gilt (irreversibler Herz- oder Atemstillstand? Ausfall aller oder bestimmter Gehirnfunktionen? irreversibler Bewusstseinsverlust? …).

Ebene 4: medizinische Anhaltspunkte. Viertens schließlich ist der Mediziner als solcher kompetent, sein Kriterium *anzuwenden*. Zum Beispiel kann er klinische *Tests* vornehmen und *Indizien* oder *Symptome* auswerten, die ihm effektiv darüber Aufschluss geben, ob in einem gegebenen Fall das medizinische Kriterium für den Eintritt des Todes erfüllt ist oder nicht.

Diese letzte, eher diagnostisch-technische Ebene soll uns hier nicht weiter beschäftigen. Entscheidend sind die

Ebenen 2 und 3. Denn das *medizinische* Kriterium des Todes steht unter dem Anspruch, genau da erfüllt zu sein, wo die angenommene *Definition* des Todes zutrifft. Und diese *Definition* steht unter dem Anspruch, unseren *lebensweltlichen Todesbegriff* zu repräsentieren.

Dass nicht jede philosophische Todesdefinition – der Schritt von Ebene 1 zu Ebene 2 – diesem Anspruch genügt und warum das verhängnisvoll sein kann, habe ich bereits gesagt (Abschnitt 3). Jetzt wird sich zeigen, dass auch der Schritt von Ebene 2 zu 3 mit Risiken verbunden ist. Auch nachdem man sich das, was wir alle unter Tod verstehen, in einer adäquaten Definition (oder wenigstens Erläuterung) des Begriffs bewusst gemacht hat, stellt sich nämlich noch die Frage: Wird das Todes*kriterium*, das der Mediziner akzeptiert und seiner Praxis zugrunde legt, diesem Begriff tatsächlich gerecht?

5. Definitionen und Kriterien

(1) Der Ausgangspunkt: Tod als Ende organischer Integration

Wie lässt sich der lebensweltliche Todesbegriff angemessen explizieren? – Meine Antwort muss hier ziemlich dogmatisch ausfallen. Sie lautet: Wir erklären einen Menschen dann für tot, wenn sein Körper nicht mehr die Einheit eines organisch (genauer: organismisch) integrierten Ganzen aufweist – wenn er also endgültig aufgehört hat, aufeinander abgestimmte Lebensäußerungen zu zeigen.[1]

Diese Definition des Todesbegriffs wirft einerseits eine Menge von Fragen auf.[2] Andererseits mag sie uns trivial vorkommen. Sie scheint mir aber in der Literatur verbreitet zu sein und vor allem dem zu entsprechen, was wir vor aller wissenschaftlichen Reflexion mit Ausdrücken wie „lebendig“ und „tot“ verbinden.

Es ist also davon auszugehen, dass diese oder eine äquivalente *philosophische Definition* als Maßstab für die Eignung *medizinischer Kriterien* dienen kann.

Natürlich denke ich dabei insbesondere an das *Hirntod*-Kriterium in seinen verschiedenen Varianten. Unter den Vertretern dieses Kriteriums kann man zwei Gruppen unterscheiden, die *Personisten* und die *Integristen.*

Über beide Gruppen will ich abschließend etwas sagen. Zunächst über die Personisten, die nach meiner Auffassung dem Begriff des Todes eine inkorrekte Deutung geben (Fehler auf Ebene 2). Und dann über die Integristen, die zwar die soeben skizzierte Definition des Todes akzeptieren, ihr aber vielleicht mit der Hirntod-These ein unangemessenes medizinisches Kriterium zuordnen (Ebene 3).

(2) Personismus: Das Gehirn als Basis des Bewusstseinslebens

Personisten behaupten: Vom Leben der Person kann nur die Rede sein, wo ein Minimum an Bewusstseinsleistungen vorliegt. Da nun der Hirntote – oder bereits der Teilhirntote – zu diesen Leistungen nicht mehr in der Lage ist, folgern sie, dass er nicht mehr als lebende menschliche Person zu gelten hat.

Der Irrtum dieser Position liegt in Folgendem: Sie verkennt, worauf sich der Begriff des Todes, auch beim Menschen, überhaupt primär bezieht. Er bezieht sich *nicht* auf das Ende einer bestimmten, irgendwie *dominanten Teil-Funktion* des Organismus – einer Funktion, die tatsächlich an ein bestimmtes Organ, das Gehirn, gebunden sein mag. Vielmehr bezieht sich der Todesbegriff auf das Ende jener *komplexen Funktion* des ganzen *Organismus*, die wir als „Leben" bezeichnen (vgl. die erste Anm.). Auch beim Menschen ist der Tod das Ende eines *Organismus* bzw. seiner Fähigkeit, *als solcher* zu funktionieren.

Vielleicht kann man aufhören, *als Person behandelt* zu werden – wie man aufhören kann, als Sexualpartner behandelt zu werden. Aber man *stirbt* nicht „als" dies oder das – als Person genauso wenig wie als Sexualpartner.

Die Wurzel des personistischen Irrtums ist ein Missverständnis des *Personbegriffs*. Personsein wird als Eigenschaft eines menschlichen Organismus aufgefasst, die ihm *eine Zeit lang zukommt* – nicht viel anders als, sagen wir, das Arzt-Sein. Hier werden 1. die *teleologische* und 2. die *zeitlich-dynamische* Struktur des Lebens verkannt.

Erstens nämlich ignoriert der Personist, dass auch die *Bewusstseinsfunktionen*, die die menschliche Lebensform auszeichnen, durch die *Rolle* mitbestimmt sind, die sie *im Ganzen* eines menschlichen Lebens spielen. Und zweitens ignoriert er, dass diese Funktionen in einen *Lebensverlauf* eingebunden sind, zu dem eine für den Menschen kennzeichnende *Entwicklung* gehört. An deren *Anfang* stehen zwar *keine* Bewusstseinsvollzüge, wohl aber charakteristische „Programme", Tendenzen und Lebensvollzüge, die ihrer Funktion nach *auf Bewusstseinserwerb und auf Bewusstseinsvollzüge ausgerichtet* sind.[3] Und das *Ende* eines jeden Lebensverlaufs beginnt in typischen Fällen damit, dass diese oder jene Teilfunktionen – und das *können* beim Menschen natürlich Bewusstseinsfunktionen sein – unwiderruflich ausfallen.

Im Übrigen gilt: Selbst *wenn* das Personsein eine vorübergehende Eigenschaft des menschlichen Organismus wäre wie das Arztsein, so *stürbe* die Person mit dem Verlust der Bewusstseinstätigkeit genauso wenig, wie der Arzt mit der Aufgabe seiner Praxis *stirbt*.

(3) Integrismus: Das Gehirn als zentrale Organisationsinstanz

Nun zu den Integristen. Sie vermeiden den personistischen Irrtum und nehmen die Rolle des Gehirns im Leben des Organismus als ganzen in den Blick. Sie akzeptieren das vormedizinische Todesverständnis, demzufolge ein Mensch gestorben ist, wenn er endgültig aufgehört hat, aufeinander abgestimmte Lebensäußerungen zu zeigen.

Sie behaupten aber, diese Integrität des menschlichen Organismus sei auf die organisierende, koordinierende Funktion speziell des *Gehirns* angewiesen. Der Mensch sei gestorben, sobald diese integrierende Leistung und damit die Integration des Organismus nicht mehr stattfinden könne. *Genau dieser Ausfall aber sei beim Hirntoten eingetreten.*

Trifft diese letzte Behauptung, die integristische Hirntod-These, zu, dann kann der Hirntod als legitimes medizinisches Todeskriterium gelten. Zu klären, *ob* sie zutrifft, ist gewiss nicht die Aufgabe der Philosophie allein. Die Philosophie hat hier aber mitzureden – wie auch sonst, wo es darum geht, ob ein von Wissenschaftlern vorgeschlagenes *Kriterium* für das Vorliegen einer Sache dem *Begriff* dieser Sache tatsächlich entspricht.

Zweifel an der Hirntod-These manifestieren sich zunächst implizit in der spontanen Reaktion von Menschen, die den Hirntoten nicht als tot erleben.[4] Darüber hinaus jedoch werden auch von medizinischer Seite Zweifel angemeldet. Und deren Berechtigung muss im Dialog zwischen Medizin und Philosophie geklärt werden.

Ich verweise in diesem Zusammenhang lediglich auf die Arbeiten von D. Alan Shewmon, Professor für Pädiatrische Neurologie an der Medical School der University of California in Los Angeles. Unter „Tod" versteht er „loss of integrative unity of the body". Seine Argumentation gegen den Integrismus stützt sich auf eine Reihe empirischer Daten.[5]

Shewmon legt seinen Überlegungen ca. 175 Fälle von Patienten zugrunde, die nach dem in Großbritannien angewandten Hirnstamm-Kriterium gestorben waren, aber noch wenigstens eine Woche lang weiterlebten, vier von ihnen jahrelang. („Sie lebten" heißt natürlich: sie zeigten keine organismische Desintegration.) Vor allem, so Shewmon, weist der menschliche Organismus zahlreiche integrative Funktionen auf, die er auch bei völliger Zerstörung des Gehirns *ceteris paribus* weiterhin manifestiert: Heilung von Wunden, Überwindung von Infektionen, verschiedenartige homöostatische Funktionen[6], Aufrechterhaltung einer (wenn auch subnormalen) Körpertemperatur, Wachstum und Reifung (bei Kindern), Fortsetzung von Schwangerschaften u. a. m. Bei Atmung und Ernährung hängt zwar die Motorik, nicht aber der integrative chemische Prozess von koordinierenden Gehirnfunktionen ab. Hirntote kommen ohne viel medizinische Intervention aus; auf Intensivstationen sind sie häufig weniger auf kompensatorisch-stützende Maßnahmen angewiesen als etwa Patienten mit Nieren-, Herz- oder Leber-Versagen. Schließlich ist der menschliche Embryo, der sich anfangs ohne Gehirn entwickelt, ein nicht nur durch mütterliche Steuerung integrierter Organismus.

So weit Shewmons Sicht der Dinge. Er kommt zu dem Ergebnis, das Gehirn sei keineswegs die zentrale Integrationsinstanz, ohne die aus dem Körper eine bloße Ansammlung von Organen werde. Vielmehr sei es dafür zuständig, eine somatische Einheit *mit*-zutragen und insbesondere zu optimieren und zu schützen. Diese Einheit sei aber nicht Resultat einer organisch lokalisierbaren Koordinierungsfunktion, sondern Ergebnis der *Wechselwirkung zwischen allen Teilen* des Organismus.

An die Stelle medizinischer Todeskriterien wie Hirntod, aber auch Herz- oder Atemstillstand, muss nach Shewmon so etwas treten wie: irreversible Unterbindung der erwähnten integrativen Wechselwirkung zwischen den Organen, herbeigeführt durch einen bestimmten Grad an *Schädigung von Mikrostrukturen im ganzen Körper*.[7]

6. Die Frage nach Konsequenzen

Als medizinischer Laie kann ich Shewmons Befunde und Ergebnisse nicht beurteilen. Ich finde sie aber eindrucksvoll und aufregend. Was ergibt sich aus ihnen, falls er Recht hat, für die Ethik – insbesondere für die Ethik der Organ-Transplantation?

Shewmon selbst ist interessanterweise der Meinung, seine Auffassung lasse z. B. für Herz-Transplantation durchaus Raum. Denn die Explantation geschehe zwar nicht erst nach dem Tod des Patienten; sie sei aber auch nicht die Ursache seines Todes.[8]

Wichtig bleibt: Auf dem Hintergrund der unterschiedlichen Ebenen, auf denen sich die Frage nach dem Eintritt des Todes stellt, muss zumindest die zweite der eingangs gestellten Fragen weiter verfolgt werden. Sie betrifft vor allem den Schritt von Ebene 2 zu Ebene 3. Hier haben Mediziner und Philosophen immer noch einiges zu klären: Welche Voraussetzungen muss ein menschlicher Körper erfüllen, damit ihm ein bestimmtes Organ entnommen werden darf? Und, wo der Tod zu diesen Voraussetzungen gehört: Ist er tatsächlich eingetreten, wenn die heute praktizierten medizinischen Todeskriterien erfüllt sind?

Literatur

Müller, Anselm W.: *Tötung auf Verlangen – Wohltat oder Untat?*, Stuttgart 1997.

Reuter, Michael: *Abschied von Sterben und Tod? Ansprüche und Grenzen der Hirntodtheorie.* Stuttgart 2001.

Shewmon, D. Alan: *Recovery from ‚Brain Death': A Neurologist's Apologia*, Linacre Quarterly 64 (1997), 30–96.

Shewmon, D. Alan: *‚Brainstem Death', ‚Brain Death' and Death: A Critical Re-Evaluation of the Purported Equivalence*, Issues in Law and Medicine 14/2 (1998), 125–145.

Anmerkungen

1 Ich folge hier Shewmon 1998. Er spricht von „*loss of integrative unity of the body.* This is species *non*-specific and corresponds to the ordinary understanding of ,death.' It is harmonious with the Judeo-Christian heritage and underlies the mainstream theory of ,brain death.'" (130). Entscheidend ist, dass beim Tod des Menschen die Materie, aus der er bestanden hat, aufhört, in bestimmter Weise *organisiert* zu sein: zu einer *Einheit* nämlich, die – wenn auch vielleicht medizinisch unterstützt – die *Vitalfunktionen aufrechterhält,* die dieser Mensch bislang gezeigt hat.

2 Ich kann diesen Fragen hier nicht nachgehen und verweise auf Reuter 2001, vor allem Abschnitte 2.4 und 6.1–4.

3 Das einen Monat alte Affenbaby ist zweifellos pfiffiger als ein menschlicher Säugling in diesem Alter. Es zeigt jedoch in seinen Dispositionen und Vollzügen *keine natürliche Tendenz oder Ausrichtung,* das zu lernen und das zu werden, was der Säugling lernt und was der Säugling wird. Dieser Unterschied der *Tendenz* betrifft ein *naturgesetzliches Merkmal der jeweiligen Lebensform.* Er ist nicht lediglich ein Unterschied der *Potenz,* des Vermögens. Vielmehr *liegt* im Menschen – wie im Affen – von Beginn seiner vorgeburtlichen Existenz an *fest,* was für Lebensfunktionen er unter normalen Bedingungen tatsächlich ausbilden wird. – Zur Kritik des Personismus vgl. Müller 1997, 163–188, sowie Reuter 2001, 189–195.

4 Zur Bedeutung solcher Zweifel vgl. Reuter 2001, vor allem 2.2 und 6.1–3.

5 Vgl. die erste Anm. – Shewmon 1997, 133 f: „Let us, then, accept loss of somatic integrative unity as the concept of death and examine the empirical evidence whether destruction of the entire brain instantiates that concept. If not, then *a fortiori* neither does destruction of only the brainstem."

6 Zu erwähnen ist insbesondere die kardiovaskuläre Stabilität des Organismus, die bei Herztransplantationen eine große Rolle spiele: „the very feature intended to assure us that heart donors are dead is itself a contraindication to heart donation; and conversely, the best hearts for transplantation come from donors with intrinsic somatic integration not deriving from the brain and who are therefore alive despite being ,brain dead.'" (Shewmon 1997, 139).

7 „The *clinical tests* correspondingly shift from those implying loss of brain function to those implying thermodynamically supracritical microstructural damage diffusely throughout the body"

(Shewmon 1997, 130). – Damit ist ein neues Todeskriterium im Sinne von Ebene 3 (s. o. Abschnitt 4) vorgeschlagen. Aus ihm leitet Shewmon dann für Ebene 4 das folgende Ergebnis ab: „A clinical test for the ‚point of no return' is therefore sustained cessation of circulation of oxygenated blood. ... Although ‚circulatory-respiratory' sounds similar to the old-fashioned phrase ‚cardio-pulmonary,' they are not synonymous. Neither spontaneous heartbeat nor breathing through the lungs is essential for life (as cardiopulmonary bypass machines effectively prove), but circulation and chemical respiration *are*" (142).

8 Shewmon 1997, 128 f.

Der Tod aus medizinischer Sicht (unter besonderer Berücksichtigung des isolierten Hirntods)

Eckhard Nagel, Tobias D. Gantner

1. Allgemeines zu Tod und Sterben

Unter „Sterben" verstehen wir im Folgenden einen Prozess, der sich über eine gewisse Zeit erstreckt, unter „Tod" hingegen ein Geschehen zu einem bestimmten Zeitpunkt, dem dann freilich noch weitere physiologische und morphologische Prozesse folgen.

Die Thanatologie (die Lehre vom Tod) befasst sich u. a. mit begrifflichen Unterscheidungen im Zusammenhang mit dem Tod, also mit Termini wie „Scheintod", „klinischer Tod", „endgültiger Tod" oder „Hirntod". Ferner geht es im Folgenden um die Vorgänge, die sich im Organismus vor dem Tod abspielen, wie etwa die Agonie (also die Sterbephase mit reduzierten Lebensvorgängen als Vorstadium des Exitus letalis).

Die Bedürfnisse der Praxis legen es nahe, mehrere (manchmal nicht eindeutig voneinander abgegrenzte und abgrenzbare) Todesbegriffe einzuführen. Dazu gehört der *Individualtod* (der manchmal, aber nicht unumstrittenerweise mit dem Hirntod gleichgesetzt wird), weiter der klinische Tod mit völligem Kreislaufstillstand, dem Fehlen von Karotispuls und Atmung, maximaler Pupillenerweiterung und zyanotischer Verfärbung von Haut und Schleimhäuten mit potentieller, durch Reanimation allerdings reversibler Aufhebung jeder Großhirnaktivität.[1] Der *endgültige Tod* dagegen zeichnet sich durch einen irreversiblen Stillstand der Kreislauffunktionen aus. Schließlich ist es (intensivmedizinisch) sinnvoll und (transplantationsethisch) notwendig, den *Hirntod* als eigene Entität vom Individualtod und vom endgültigen Tod zu unterscheiden.

Ein zentrales Thema bei der Todesfeststellung stellen die sog. sicheren und unsicheren Todeszeichen dar. Sie müssen bereits an dieser Stelle genannt werden, weil im Folgenden immer wieder auf sie Bezug genommen wird. Unsichere Todeszeichen sind:

- Totenblässe
- Leichenkälte
- Atemstillstand
- Fehlen von Herz- und Pulsschlag
- Weichwerden der Bulbi
- Austrocknung der Kornea
- Ausbleiben der Hautrötung bei Hitzereiz oder künstlicher Stauung.

Sichere Todeszeichen in der Reihenfolge des üblichen Auftretens sind:

- Totenflecken (Livores)
- Totenstarre (Rigor mortis)
- Autolyse und Fäulnis.

2. *Begriffsklärungen*

(1) Scheintod

Der Scheintod kommt im medizinischen Alltag nur relativ selten (z. B. bei Opfern von Erfrierungen) vor. Dabei sind wichtige Lebensäußerungen, nämlich Atmung, Puls, Körperwärme und Reflexe nicht mehr wahrnehmbar (Vita reducta bis Vita minima).

Es fehlen jedoch sichere Todeszeichen. Dadurch ist eine Unterscheidung von Scheintod und endgültigem Tod (den der Leichenschauer festzustellen hat) möglich. (Eine bei ausgekühlten Scheintoten vorkommende Starre der Gliedmaßen darf freilich nicht irrtümlich als Totenstarre gewertet werden.) Auch ein EKG kann eine Entscheidungshilfe sein.

Die aus der medizinischen Historie bekannten sog. Lebensproben, bei denen geprüft wurde, ob bei Auftropfen von heißem Siegellack auf die Haut eine Rötung der Haut eintritt oder ob ein vor Mund und Nase gehaltener Spiegel beschlägt, haben heute keine praktische Bedeutung mehr.

(2) Agonie

Der bevorstehende Tod kündigt sich in einer Phase von unterschiedlicher Dauer, der sog. Agonie, durch Beeinträchtigung von Atem-, Kreislauf- und Herzfunktion an.

Eine kurze Agonie sieht man z. B. bei Aortenruptur oder Reflextod.

Minutenlange Agonie tritt u. a. bei Verbluten, Ersticken oder manchen Vergiftungen auf.

Eine lange Agonie ist beispielsweise bei Schädel-Hirn-Traumata und Entzündungsprozessen zu finden.

Weil sie oft durch intensivmedizinische Maßnahmen und medikamentöse Kupierung von Körperreaktionen gleichsam überdeckt wird, wird die Agonie allerdings vom (ohnehin nicht darauf geschulten) medizinischen Personal häufig gar nicht mehr als Phase *sui generis* erkannt.

(3) klinischer Tod

Beim klinischen Tod zeigen sich die Pupillen lichtstarr, oft erweitert, es besteht Muskelerschlaffung, die Reflexe fehlen, Spontanatmung sowie Herz- und Kreislauftätigkeitsistieren. Wesentlich für die Unterscheidung von anderen Todesbegriffen ist, dass beim klinischen Tod eine Reanimation noch gelingen kann. Die Wiederbelebungszeit des Gehirns nach einem Zirkulationsstillstand beträgt 5–10 Minuten. Anschließend kommt es zu irreversiblen Schäden. Wie das zentrale Nervensystem reagiert auch der Herzmuskel empfindlich – und irreparabel – auf Sauerstoffmangel.

Ohne erfolgreiche Reanimation folgt dem klinischen Tod der endgültige Tod mit irreversiblem Stillstand von Atmung und Kreislauf und dem Auftreten von sicheren Todeszeichen.

(4) Hirntod
Auf diesen Todesbegriff wird weiter unten ausführlich eingegangen,

(5) endgültiger Tod
Der endgültige Tod ist das Ende der menschlichen Existenz und ist das erste Stadium, in dem sichere Todeszeichen eintreten.

(6) intermediäres Leben
Als intermediäres Leben bezeichnet man den Zeitraum zwischen dem Individualtod und dem Absterben der letzten Zelle.

In derjenigen Phase des intermediären Lebens nach Eintritt des Todes, die etwa bis zum Eintritt der vollen Totenstarre, aber auch noch darüber hinaus anzusetzen ist, können Zellen und Zellverbände (z. B. Muskeln) noch Funktionen (sog. supravitale Erscheinungen) zeigen.

Diese sind:

- mechanische Erregbarkeit des Leichenmuskels
- elektrische Erregbarkeit des Leichenmuskels
- postmortale Pupillenreaktion bei Verabreichung von Arzneistoffen
- „Gänsehaut" bei Hautreizung mit Histamin.

Zur Prüfung der mechanischen Erregbarkeit wird durch Schlag mit einem harten Gegenstand (beispielsweise dem Reflexhammer) auf die Haut über einem Muskel (z. B.

dem Musculus biceps) eine Muskelkontraktion ausgelöst. Dies gelingt bis etwa sechs bis acht Stunden *post mortem*.

(7) Leichenschau und Obduktion
Jede menschliche Leiche ist von einem Arzt zu untersuchen. Diese sog. Leichenschau ist durch Ländergesetzgebung, also nicht bundeseinheitlich geregelt.

Die Leichenschau ist in der Regel von den nächsten Angehörigen zu veranlassen.

Zur Leichenschau ist jeder niedergelassene Arzt verpflichtet.

Bei der Leichenschau sollten neben der Feststellung des (sicheren) Todes selbst die Todeszeit, die Todesart (natürlich bzw. unnatürlich) und die Todesursache festgestellt werden.

Der Leichenschauer muss, unabhängig von der Todesart, bei Feststellung sicherer Todeszeichen einen Leichenschauschein ausfüllen.[2]

Die Todesbescheinigung wird vom Standesbeamten zur Beurkundung des Sterbefalls und zur Anfertigung der Sterbeurkunde benötigt.

3. Der Hirntod – Begrifflichkeit und Problematik

(1) Zum Begriff des Hirntodes
Trotz des Fehlens sicherer Todeszeichen kann man den Hirntod als faktisch erste Manifestation des endgültigen Todes auffassen.

Beim isoliertem Hirntod, d. h. nach endgültigem Ausfall der Gehirnfunktionen, darf auch bei Fortbestehen bzw. künstlicher Aufrechterhaltung anderer Körperfunktionen das Ende der menschlichen Existenz (Individualtod) angenommen werden. Der Hirntod ist erfassbar durch:
– den klinisch-neurologischen Befund

- ein Null-Linien-EEG bei mehrmaliger einstündiger Ableitung über einen Zeitraum von 12 Stunden
- eine Angiographie der Hirnarterien zum Nachweis des bleibenden Zirkulationsstillstands
- den Nachweis einer erniedrigten hirnarteriovenösen Sauerstoffdifferenz.

Diese Anforderungen an die Feststellung des Hirntodes entsprechen den Richtlinien ärztlicher Expertenkommissionen.

Die Herausbildung eines eigenen Hirntod-Begriffes ist den Fortschritten der modernen medizinischen Technik geschuldet, insbesondere der neueren Entwicklung in der Intensivmedizin. Seit der (freilich nicht unumstrittenen) Definition dieses Begriffes gelingen Versuche, eine Transplantationsethik zu formulieren, die sich an naturwissenschaftlich messbaren Richtlinien zu orientieren vermag. Die zeitliche Koinzidenz zwischen dem Ende der menschlichen Existenz einerseits und einer anhaltenden Organdurchblutung andererseits spielt gerade für die Transplantation eine wesentliche Rolle.

Weiter kann mithilfe dieses Begriffes auch genauer bestimmt werden, wann Patienten, die gar nicht Organspender sein können, eine frustrane Behandlung erspart werden kann.

In der Stellungnahme des Wissenschaftlichen Beirats der Bundesärztekammer mit dem Titel *Kriterien des Hirntodes* (Deutsches Ärzteblatt vom 9. Mai 1997) heißt es zur Bestimmung des Hirntodes:

„Der Hirntod wird definiert als Zustand der irreversibel erloschenen Gesamtfunktion des Großhirns, des Kleinhirns und des Hirnstamms. Dabei wird durch kontrollierte Beatmung die Herz- und Kreislauffunktion noch künstlich aufrechterhalten [...] Mit dem Hirntod ist naturwissenschaftlich-medizinisch der Tod des Menschen festgestellt."

Zu dieser Bestimmung sollen zwei erläuternde Feststellungen hinzugefügt werden:

1. Der Hirntod wird hier also als Ganzhirntod verstanden – in Abgrenzung von Teilhirntod-Konzepten wie denen des Hirnstammtodes oder des Großhirntodes.

2. Der Hirntod bedeutet den Verlust der zentralen Steuerung elementarer Lebensvorgänge bzw. der zentralen Kontrolle über den Gesamtorganismus, also den Ausfall der regulativen und integrativen Funktionen.[3]

Der Hirntod kann dann eintreten, wenn eine gravierende primäre Hirnschädigung vorliegt, beispielsweise eine schwere Schädel-Hirn-Verletzung, Gehirntumore oder Hirnblutungen; ferner bei sekundären Hirnschädigungen beispielsweise durch Sauerstoffmangel. Als Ursachen dafür kommen Atem- und Herzkreislaufstillstand, zentrale Vergiftungen und Stoffwechselentgleisungen in Betracht.[4]

(2) Zur Diagnostik des Hirntodes

Zur Qualitätskontrolle und Standardisierung der zur Feststellung des Hirntodes vorgenommen Untersuchungen hat die Bundesärztekammer Richtlinien für die Hirntod-Diagnostik erlassen. Diese sollen nicht zuletzt der Minimierung möglicher Fehlerquellen auf verschiedenen Stufen dienen.

Der Nachweis des Hirntods erfolgt gemäß den Richtlinien der Bundesärztekammer nach einem dreistufigen Diagnoseschema:[5]

1. Prüfung der Voraussetzungen: Es muss zweifelsohne eine schwere Gehirnschädigung vorliegen, die mit einem irreversiblen Funktionsausfall einhergeht.

2. Untersuchung der Vollständigkeit des Gehirnausfalls durch Erhebung bestimmter klinischer Befunde (die gleichzeitig gegeben sein müssen). Hierzu zählen:

– tiefes Koma

- Ausfall der Hirnstammreflexe (Pupillen-, Hornhaut-, okulo-zephaler, Husten- und Würgereflexe sowie Schmerzreaktion im Gesicht)
- Ausfall der eigenen Atemtätigkeit und der zentralen Herz-Kreislauf Regulation.

3. Die Irreversibilität des Gehirnausfalls lässt sich nicht direkt feststellen, daher wird sie auf zweierlei Weise indirekt geprüft:

a) durch die Beobachtung des klinischer Verlaufs, also durch Wiederholung der klinischen Untersuchungen mit Bestätigung desselben Befundes oder

b) durch den Einsatz von Untersuchungen mittels bestimmter technischer Geräte (EEG, evozierte Potentiale, transkranielle Dopplersonographie, zerebrale Angiographie und Perfusionsszintigrapie). Hierdurch wird die Schwere des Gehirnschadens und die fehlende Aussicht auf Erfolg belegt.[6]

Ferner sehen die Richtlinien Folgendes vor:

1. Die Feststellung des Hirntodes umfasst mehrere verschiedene klinische Einzeluntersuchungen, die nur dann eine zweifelsfreie Diagnose erlauben, wenn alle Ergebnisse übereinstimmend auf einen Hirntod hinweisen.

2. Geräteuntersuchungen wie etwa das EEG haben nur in Verbindung mit klinischen Befunden Aussagekraft. Dadurch ist es unmöglich, mit dem alleinigen Ausfall beispielsweise des Würgereflexes oder der Eigenatmung den Hirntod festzustellen. Der Einsatz technischer Methoden zur Dokumentation der klinischen Befunde erlaubt eine Verkürzung der Beobachtungszeit.

3. Die Richtlinien legen Beobachtungszeiträume fest, innerhalb derer die Wiederholung der klinischen Untersuchungen vorgeschrieben ist. Das führt zu einer Dokumentation des klinischen Ablaufs und einer Erhöhung der diagnostischen Sicherheit.

4. Die Feststellung des Hirntodes wird von zwei Ärzten durchgeführt, die unabhängig voneinander die Voraussetzungen der Diagnose und den klinischen Befund am Patienten erheben. Bei den untersuchenden Ärzten handelt es sich in der Regel um Intensivmediziner und Neurologen mit mehrjähriger Erfahrung auf diesem Gebiet. Die untersuchenden Ärzte dürfen keinem Transplantationsteam angehören. Die Hirntod-Diagnostik erfolgt in jedem Fall völlig unabhängig von einer möglichen Organentnahme.

5. Es erfolgt eine Dokumentation der Behandlung und des technischen Vorgehens in einem standardisierten Hirntod-Protokoll, das für eine später mögliche Auswertung aufbewahrt wird.

Die beiden den Hirntod feststellenden und dokumentierenden Ärzte, die keinem Transplantationsteam angehören dürfen, müssen gemäß den Anforderungen der „Richtlinien zum Inhalt der Weiterbildung" über eine mehrjährige Erfahrung in der Intensivbehandlung von Patienten mit schwerer Hirnschädigung verfügen.

Aus dieser Darstellung dürfte sich ergeben, dass im Rahmen der Hirntodfeststellung mehr Sachkompetenz herangezogen wird als bei allen anderen Formen der Todes- und Todeszeitfeststellung. Mit der Ansetzung des Hirntodes als Zeitpunkt des endgültigen Todes des Menschen wurde also die Sicherheit bei der Feststellung des Todes nochmals erhöht.

(3) Der sog. Teilhirntod

Beim sog. Teilhirntod liegen Defekte bestimmter Teile und nicht des gesamten Gehirns vor.

Im Wesentlichen spielen zwei Teilhirntodkonzepte in der Diskussion eine Rolle: der Großhirn- bzw. Hirnrindentod und der Hirnstammtod. Beim letzteren sind hauptsächlich Vitalfunktionen betroffen, hier kann noch eine isolierte elektrische Großhirnaktivität nachgewiesen werden. Wird der Tod dann konsequent mit dem „Verlust bewusster Erfahrung" gleichgesetzt, geraten wir in ein Dilemma.

Hier zeigt sich, dass jedes Konzept eines Teilhirntodes eine bestimmte Wertung menschlichen Lebens impliziert. Diese Konzepte werden daher wohl immer umstritten bleiben.

Nach dem heutigen Stand der naturwissenschaftlichen Erkenntnis muss es kategorisch abgelehnt werden, den Moment des Teilhirntodes mit dem Todeszeitpunkt gleichzusetzen, weil die Kriterien, die den Individualtod bestimmen (z. B. der vollständige Verlust der zentralen Steuerung der Körperfunktionen), noch nicht eingetreten sind. Die Definition des Todes als Teilhirntod ist aber auch deshalb problematisch, weil dabei zwar in der Regel das Bewusstsein endgültig verloren ist (irreversibles Koma), nicht aber die zentrale Steuerung der Körperfunktionen.[7]

(4) Zur Diskussion über das Hirntodkriterium

Kritiker des Hirntod-Begriffs führen vegetative „Äußerungen" des Körpers als Begründung dafür an, dass auch hier noch die Heiligkeit des Lebens geachtet werden müsse. In der Tat sind Hirntote, unterstützt durch lebenserhaltende Maßahmen (wie mechanische Beatmung), imstande, mit Fieber zu reagieren, die Pulsfrequenz zu verändern, Erektionen zu bekommen, zu erröten. Auch hormonelle Rückkopplungsmechanismen funktionieren teilweise noch. Jedoch sind diese Phänomene medizinisch als Lebensvorgänge von Subsystemen unterster Stufe, aber nicht als menschliche Lebendigkeit zu interpretieren.

Das Argument der external-somatischen Unanschaulichkeit dieser Todesdefinition – wir möchten dieses Phänomen „emotionales Paradox" nennen[8] – wiegt allerdings schwer. Man mag den Fall des sog. Erlanger Babys ins Feld führen, in dem die Ärzte die Schwangerschaft einer jungen Frau nach deren Unfall-Hirntod aufrechterhielten. Die

Weiterführung der Schwangerschaft war allerdings auch in diesem Fall nur durch externe intensivmedizinische Maßnahmen wie Beatmung und Nahrungsversorgung möglich, die den normalerweise folgenden Ausfall lebenswichtiger Organe des hirntoten Leichnams auffingen. Der Fetus wurde nach einigen Wochen vom Körper selbst abgestoßen.

Andere Kritiker des Hirntodes als Gesamthirntod zeigen auf, dass schon in früheren Stadien der Hirnschädigung ihrer Meinung nach der Tod des Individuums nachweisbar sei.

Es stellen sich allerdings in der Tat Fragen, die nicht nur theoretischer Natur, sondern vor allem auch von praktischer Relevanz sind:

- Wie wirkt sich die Ausgestaltung des Kriteriums auf die Praxis aus?
- Mit welcher Zuverlässigkeit ist es anwendbar?
- Wie hoch ist das Risiko, dass es missverstanden oder missbraucht wird?
- Besteht die Gefahr eines „Dammbruchs" zu unerwünschten Entwicklungen?
- Ist es durchsetzbar?

Unter all diesen Hinsichten haben sich die geltenden Kriterien nach unserer Meinung in der Praxis bewährt.[9] Sicherlich zeigt die praktische Erfahrung nicht das absolute Optimum, aber wir können sagen, dass die Realität ihm sehr nahe kommt – freilich ohne dass das „emotionalen Paradox" aufgehoben wird.

Anmerkungen

1 Pschyrembel, Klinisches Wörterbuch. 258 Auflage. 1997, Berlin: de Gruyter.

2 Gaus, W; Hingst, V.; Matter, R.; Reinhardt, G.; Seidel, H. J.; Sonntag, H.-G., *Ökologisches Stoffgebiet*. Duale Reihe, Hrsg. Bob, Alexander; Bob, Konstantin. 1999, Stuttgart: Hippokrates, Thieme.

3 Oduncu, Fuat, Hirntod und Organtransplantation. 1998, Göttingen: Vandenhoek & Rupprecht.

4 Schlake, H. P.; Roosen, K., Der Hirntod als Tod des Menschen. Deutsche Stiftung Organtransplantation. 1995, Neu-Isenburg.

5 Bundesärztekammer, Kriterien des Hirntods. Deutsches Ärzteblatt, 1997. **94** (19): S. A-1296.

6 Schlake, H. P.; Böttger, I. G.; Grotemeyer, K. H.; Husstedt, I. W.; Braundau, W.; Schober, O.;, Determination of cerebral Perfusion by means of Planar Brain Scintigraphy and ^{99m}Tc-HMPAO in Brain Death, persistent vegetative state and Coma. Intensive Care Medicine, 1992. **18**: S. 76–81.

7 Bundesärztekammer, Wissenschaftlicher Beirat der, Der endgültige Ausfall der gesamten Hirnfunktion („Hirntod") als sicheres Todeszeichen. Deutsches Ärzteblatt, 1993. **90**: S. 2177–2179.

8 Ach, Johann, S; Quante, Michael, Hirntod und Organverpflanzung – Ethische, medizinische, psychologische und rechtliche Aspekte der Transplantationsmedizin. Medizin und Philsophie, Hrsg. Tsouyopoulus, Nelly; Siep, Ludwig; Wiesing, Urban;. 1997, Stuttgart-Bad Cannstatt: Frommann-Holzboog.

9 Bundesärztekammer, Erklärung zum Hirntod. Deutsches Ärzteblatt, 2001. **98** (21): S. A 1417.

Zur Definition des Todes aus juristischer Sicht und zu den Rechtsgrundlagen der Sterbehilfe

Klaus Bernsmann

1. Einführendes

Im ersten Teil meines Beitrags geht es im Wesentlichen darum, ob in rechtlichen Zusammenhängen vom sog. Hirntod, vom Kortikaltod oder von dem auszugehen ist, was sich lebensweltlich mit dem „Tod" verbindet: dem sog. Gesamtorgan-Tod. Bei der „Sterbehilfe" wäre davon zu handeln, wie rechtlich mit der sog. aktiven Euthanasie, d. h. der tätigen Lebensverkürzung zur Vermeidung eines nicht mehr erträglichen Weiter-Seins zu verfahren ist; wie das Sterbenlassen einer moribunden oder ggf. auch nur irreversibel bewusstlosen Person zu bewerten ist – also von der sog. passiven Sterbehilfe; des Weiteren davon, ob es zum erlaubten Risiko ärztlichen Tuns gehört, wenn Schmerzlinderung sich mit einer möglichen oder sicheren Lebensverkürzung verbindet, d. h. von der sog. indirekten Sterbehilfe, und schließlich auch noch davon, ob die Beteiligung am Suizid einer anderen Person ein strafrechtliches Risiko birgt.

Die Themen haben nur eine recht kleine Schnittmenge: Der sich aus dem Todesbegriff ergebende Todeszeitpunkt kann in Zusammenhang mit der passiven Euthanasie eine Rolle spielen: Spätestens mit dem Zustand, der juristisch als Tod eines Menschen gilt, enden alle ansonsten möglicherweise bestehenden Pflichten zur weiteren Lebenserhaltung. Für die sonstigen Erscheinungsformen der juristisch relevanten Sterbehilfe ist die präzise begriffliche Erfassung des Todes und/oder der genaue Zeitpunkt seines Eintritts, wenn überhaupt, dagegen von untergeordneter Bedeutung.

Aus strafrechtlicher Perspektive spielen demgegenüber Todesbegriff und Todeszeitpunkt eine entscheidende Rolle zur Beantwortung der Frage, wer generell „taugliches Objekt" der Tötungsdelikte ist.

Erst dann, wenn überhaupt (noch) ein (lebender) Mensch im Sinne des Strafrechts vorhanden ist, stellen sich die vielfältigen Fragen der Sterbehilfe.

Da einerseits der Tod – was Wunder – auch unter juristischen Vorzeichen alles andere als ein geklärtes Phänomen ist und andererseits im weiteren Verlauf der Veranstaltung mit Herrn Kutzer *der* juristische Fachmann zu rechtlichen Fragen der Sterbehilfe referieren wird, werde ich mich im Wesentlichen auf die (straf-)juristische Definition des Todes, also im Wesentlichen auf die Vorfragen der Sterbehilfe konzentrieren.

2. *Grundsätzliche Bemerkungen zum strafrechtlichen Todesbegriff*

Zunächst kurz zu einem Basisproblem des strafrechtlichen Todesbegriffs: Das klassische Strafrecht schützt – mehr oder weniger brachial – Rechtsgüter, die freie und gleiche Bürger für sich beanspruchen: Eigentum, Vermögen, natürlich auch das Leben gegen dessen gewaltsame Vernichtung. Zu dem Zweck des Rechtsgüterschutzes gibt es Vorschriften über Diebstahl, Betrug, Totschlag, Mord, Tötung auf Verlangen usw.

Die entsprechenden Straftatbestände sind gemacht für typische Fälle – am Beispiel der Tötungsdelikte: Der A erschießt, ersticht, erschlägt, vergiftet oder überfährt aus bestimmten Gründen und/oder unter bestimmten Sachverhaltsbedingungen den B – ein Mensch, der zuvor noch eindeutig lebte, ist ebenso eindeutig nicht mehr lebendig, und je nach den konkreten Umständen kann es sich strafrechtlich um Mord (§ 211 StGB), Totschlag (§ 212 StGB) oder Tötung auf Verlangen (§ 216 StGB) handeln oder (nur) um eine Körperverletzung mit Todesfolge (§ 227 StGB) bzw. eine fahrlässige Tötung (§ 222 StGB). Der Todeszeitpunkt mag den Kriminalisten im Einzelfall interessieren, für die juristische Arbeit am Sachverhalt und dessen strafrechtliche Umsetzung spielt aber z. B. die Frage, ob „Tod" Hirn- oder Herztod bedeutet, in aller Regel keine Rolle. Die vom Strafrecht vorausgesetzten Modell-Situationen etwa eines vorsätzlichen Tötungsdeliktes haben nun aber phänotypisch überhaupt nichts gemein mit der Situation z. B. eines Hirntoten, dem auf der Intensivstation ein an sich lebenswichtiges Organ entnommen wird. Gleichwohl könnte sich hier – abhängig vom Todesbegriff – ein Tötungsdelikt abspielen.

Dass das Strafrecht, wenn man von Notstandsregelungen absieht, derartige Grenzsituationen nicht im Auge hat, dürfte ein wesentlicher Grund dafür sein, dass selbst die ob ihres äußerst hoch entwickelten Instrumentariums in aller Welt gelobte deutsche Strafrechtsdogmatik Symptome der Überforderung zeigt, wenn es gilt, solche Situationen in strafrechtlichen Kategorien zu interpretieren.

Mit dem Vorbehalt also, dass die Raster des Strafrechts – wahrscheinlich die des gesamten Rechts – für die Zeit zwischen einem möglichen Noch-Leben und dem durch nichts mehr aufzuhaltenden Tod schon grundsätzlich nicht taugen könnten, will ich nur einen Überblick über juristische Todesdefinitionen und deren praktische Implikationen geben. Mehr ist hier nicht möglich, ohne den verschiedenen Auffassungen Gewalt anzutun.

3. Zur strafrechtlichen Problematik des Hirntod-Kriteriums

Die Zahl derer, die sich in Deutschland zur Definition des Todes aus juristischer Perspektive oder zumindest *auch* mit Blick auf die juristischen (und hier dann fast immer auch die strafrechtlichen) Konsequenzen geäußert haben, ist kaum noch zu übersehen. Dabei gewinnt die Diskussion zwar zunehmend an Schärfe, leider aber nicht in vergleichbarem Maße an methodischer Prägnanz.

Ich gehe historisch vor. Dabei wird (was nicht immer zum Thema gemacht wird) deutlich, dass der Tod strafrechtlich – auch oder gar primär – zu einer Variablen medizinisch-technischer Möglichkeiten und Bedürfnisse geworden ist. Diese Verknüpfung ist nicht unbedenklich, denn es fragt sich, ob strafrechtliche Norminterpretation sich unbesehen akzessorisch auf naturwissenschaftlich-technische Entwicklungen beziehen sollte bzw. darf; oder anders gewendet, ob damit nicht das Typische juristischer Begriffsbildung, nämlich ihre Orientierung am Zweck der Norm (und nicht an den Entwicklungen oder Interessen benachbarter Disziplinen) auf der Strecke bleibt – möglicherweise dann auch zu Lasten des dem Strafrecht heiligen Bestimmtheits-Grundsatzes und damit nicht zuletzt des Rechtsfriedens. Das vorweggeschickt nun aber zu den Einzelheiten:

Bis etwa 1970 war die Auffassung weitgehend unangefochten, dass das Leben des Menschen mit dem durch den Funktionsausfall des Herzens bedingten Atmungs- und Kreislaufstillstand ende. Der Mensch galt als lebend – und war damit taugliches Objekt der Tötungsdelikte – bis zu seinem sprichwörtlichen letzten Atemzug. Dieser heute als „klassisch" bezeichnete sog. Herz- oder Gesamttod machte den „Tod" zu einem leicht fassbaren, nicht manipulierbaren Begriff. In den viel zitierten Worten eines führenden Rechtsgelehrten des 19. Jahrhunderts, nämlich von Carl Friedrich v. Savigny: „Der Tod ist ... ein so einfaches Naturereignis, dass derselbe nicht so wie die Geburt eine genaue Feststellung seiner Elemente erforderlich macht."

Der Herztod als Paradigma des juristischen Todesbegriffs wurde – vor allem wohl im Anschluss an den Report eines „Ad hoc Commitee" der Harvard Medical School aus dem Jahre 1968 und unter dem Eindruck der ersten gelungenen Herztransplantation – mit einer für das Strafrecht ganz ungewöhnlichen Rezeptionsgeschwindigkeit durch den sog. „Hirntod" ersetzt. Der Hirntod wird definiert als Zustand der irreversibel erloschenen Gesamtfunktionen des Großhirns, des Kleinhirns und des Hirnstamms bei intensivmedizinisch aufrechterhaltener Herz- und Kreislauffunktion im Übrigen Körper (vgl. auch § 3 Abs. 2 Nr. 2 Transplantationsgesetz [TPG]).

Dass der Hirntod der Tod des Menschen sei, war seither – bestärkt bzw. fundiert u. a. durch den „Wissenschaftlichen Beirat der Bundesärztekammer" – herrschende Meinung im Strafrecht, aber auch in allen anderen Rechtsgebieten. Unter der – nicht mehr ganz unangefochtenen – Prämisse, dass sich der Hirntod valide diagnostizieren lässt (und die diagnostischen Prozeduren auch nicht herbeiführen, was sie eigentlich ermitteln sollen), sind die Begründungen für die juristische Verwendung dieses Todesbegriff vor allem anthropologischer Natur: Mit dem irreversiblen Untergang der gesamten Hirnfunktionen entfalle mit der Geistigkeit die zentrale personale Steuerung und damit ein – auch dem Recht vorgegebenes – unverzichtbares Grundelement des Menschseins.

Die normative Komponente dieser Begriffsbildung ist unübersehbar. Dass der intensivmedizinisch in Gang gehaltene biologische Organismus nach Erlöschen der Gehirnfunktionen (noch) nicht tot ist, ist unbestreitbar. Die Identifizierung des Gehirntodes als Tod des (ganzen) Menschen beinhaltet dann aber eine Wertung – allerdings keine juristische und schon gar keine strafrechtliche. Denn die Definition orientiert sich nicht am Zweck einer juristischen Norm, sondern an einem bestimmten Menschenbild.

Dass die Hirntod-Konzeption deswegen zur juristischen, insbesondere strafrechtlichen Verwendung nicht taugt, folgt daraus allerdings nicht – wohl aber die Frage, ob dieses Menschenbild den Zwecken der Tötungsdelikte umfassend gerecht wird.

Eine womöglich für das Recht verbindliche Legaldefinition des Todes als Hirntod lässt sich – anders als von einigen Stimmen in der Literatur angenommen wird – auch dem TPG nicht entnehmen. Nach § 3 Abs. 2 Ziffer 3 TPG ist die Entnahme von Organen unzulässig, bevor nicht „bei dem Organspender der endgültige, nicht behebbare Ausfall der Gesamtfunktion des Großhirns, des Kleinhirns und des Hirnstamms ... festgestellt ist".

Daraus folgt aber nur, dass *vor* Eintritt des Hirntodes eine Organentnahme ausgeschlossen ist. Ob die Entnahme dagegen schon mit oder unmittelbar nach dem Hirntod zulässig sein soll und nicht etwa erst nach dem Gesamttod, ist damit nicht gesagt. Nach dem TPG ist der Hirntod also nicht hinreichende, sondern lediglich notwendige Voraussetzung für eine Organentnahme.

Da eine Organentnahme bei lebenden Personen gem. § 8 TPG diese nicht töten darf, bleibt auch nach dem TPG die Spanne zwischen Hirn- und – wenn man so will – endgültigem Gesamt-Organtod ein juristisches Niemandsland.

Über die anthropologische Grundlegung des Hirntod-Modells wird in der Jurisprudenz heftig gestritten.

Ihre (sich auch auf das Strafrecht erstreckenden) praktischen „Vorteile" liegen allerdings auf der Hand: Die Entscheidung über einen Behandlungsabbruch fällt leicht bzw. versteht sich als negative von selbst, wenn (nur noch) ein

Toter als Objekt weiterer medizinischer Aktivitäten ansteht. Und wenn (wie geschildert) die Lebendspende zentraler Organe – natürlich – verboten ist, umgekehrt die Eignung der Organe für eine Übertragung nach dem Gesamttod aber in kurzer Frist erlischt, bietet die Hirntodkonzeption einen mit dem TPG zwanglos zu vereinbarenden praktikablen Ausweg.

Wenn die Todesdefinition davon abhängt, wie die Frage beantwortet ist, was den Menschen als Subjekt konstituiert, ist es natürlich kein sonderlich weiter Schritt vom Tod als irreversiblem Ausfall des Gesamthirns zum Tod als irreversiblem Ausfall der Erlebensfähigkeit. Todeskriterium ist dann nicht mehr der endgültige Ausfall des Gesamthirns, sondern der Tod eines Menschen wäre eingetreten mit dem Ausfall der neokortikalen Zentren der Großhirnrinde, die die kognitiven Leistungen des Gehirns letztlich bewirken.

Ob das gesicherten Befunden der Hirnforschung entspricht, kann ein Jurist nicht entscheiden. Immerhin scheint das sog. Teilhirntod-Konzept international Konjunktur zu haben. Es ist sogar bis in die deutsche strafrechtliche Diskussion gelangt. Das hing interessanterweise nicht etwa mit dem Bestreben zusammen, den Rechtsgüterschutz am Lebensende aufzuweichen, sondern es ging im Gegenteil darum, ihn zu intensivieren. Wenn der Tod als Verlust der Chance auf Rückerlangung des Bewusstseins definiert wird, ist der Erfolg der Tötungsdelikte bereits eingetreten, wenn dieser Verlust bewirkt wird. Wer also – wie auch immer – bewirkte, dass eine andere Person etwa zum irreversiblen Apalliker wird, hätte diese Person getötet. Was immer einem solchen Wesen danach angetan würde, würde einem Toten angetan. Die darin enthaltenen Tabuverletzungen müssten allerdings – so die deutschen Vertreter des Neokortikal-Modells – erheblich schwerer bestraft werden können als dies heute etwa durch die recht armselige Vorschrift des § 168 StGB – „Störung der Totenruhe" – möglich ist.

Die Neokortikal-Theorie ist in Deutschland bislang auf wenig positive Resonanz gestoßen – aus guten Gründen, denn Über-Lebenschancen hat kein Sterblicher, und den Tod von mehr oder weniger bewusst erlebter ggf. erlittener Lebenszeit abhängig zu machen, macht ihn endgültig zu einer fiktiven und damit manipulierbaren Größe. Über diese Macht sollte niemand verfügen.

Abgesehen davon ist es in Deutschland durch das Transplantationsgesetz positivrechtlich ausgeschlossen, das „neokortikale Todesindiz" zugrunde zu legen: § 3 Abs. 2 Ziffer 2 TPG verbietet nämlich eine Organentnahme *vor* Feststellung des Gesamthirntods. D. h. aber, dass – was immer den Tod des Menschen (sonst noch) ausmacht – jedenfalls der Gesamthirntod eingetreten sein muss. Die Feststellung des Neocorticaltods kann mithin nicht die Feststellung des Todes des betroffenen Menschen sein.

Ein wesentlich ernsthafterer Gegner ist dem Hirntod-Konzept in letzter Zeit erwachsen durch die Renaissance des überkommenden Todesbegriffs, dem zufolge primär maßgebliches Todeskriterium der irreversible Stillstand der Herz-Kreislauf-Funktion ist. Unter Berufung auf Grundrechte, insbesondere das Grundrecht auf Leben nach Art. 2 Abs. 2 GG, wird vertreten, dass der Mensch so lange nicht tot sei, wie er biologisch noch „lebendig" sei. Im biologischen Sinn tot sei der Mensch aber erst nach dem finalen Zusammenbruch des *gesamten* Organismus.

Aus strafrechtlicher Perspektive wird dem Leben damit der größtmögliche Schutz gewährt. Das ist teleologisch gut vertretbar: Das Leben ist nicht nur – wie u. a. das Bundesverfassungsgericht meint – *ein* verfassungsrechtlicher Höchstwert, sondern als Basis menschlicher Existenz in Wahrheit *der* Grund- und Höchst-Wert des Mensch-Seins, und nichts spricht dagegen, dass auch und gerade unter präventiven bzw. symbolischen Vorzeichen dem letzten Rest Leben höchster, rechtlich abgesicherter Respekt gezollt wird.

Aber ist dieser Todesbegriff auch praktikabel? Die Probleme liegen auf der Hand: Möglichweise wird man akzeptieren, dass Mörder (vgl. § 211 StGB) ist, wer einen Hirntoten auf welche Weise auch immer zu einem Gesamtorganismustoten macht, weil er sich dadurch finanzielle Vorteile verspricht, etwa eine Erbschaft vor Entstehung eines erbberechtigten Nasziturus. Das wäre dann ein sog. Habgier-Mord. Aber was, wenn etwa die Ehefrau die Organspende-Bereitschaft ihres jetzt hirntoten Ehemannes aus religiösen Gründen missbilligt und eine Organentnahme durch einen gewaltsamen Akt vereitelt. Würde dies z. B. unter täuschendem Weglocken von Personal der Intensivstation geschehen, käme man strafrechtlich kaum um den grundsätzlichen Befund herum, dass es sich um einen Heimtücke-Mord handelt. In beiden Fällen wäre die vom Gesetz grundsätzlich vorgesehene Rechtsfolge die lebenslange Freiheitsstrafe. (Auf der Basis des Hirntodkonzepts käme eine „Störung der Totenruhe" nach § 168 StGB wohl kaum in Betracht und eine unterlassene Hilfeleistung nach § 323 c StGB nur dann, wenn ein konkreter Organempfänger schon vorhanden wäre.) Und wie steht es mit der Organentnahme? Lebenden dürfen lebenswichtige Organe nicht entnommen werden. Eine zu Lebzeiten erteilte Einwilligung in die Organentnahme würde im Falle eines Hirntoten aus einem Totschlag (§ 212 StGB) nicht einmal eine privilegierte Tötung auf Verlangen nach § 216 StGB machen: Der Organspender hat ja die Entnahme nicht verlangt, er hat lediglich für einen etwaigen Bedarfsfall in die Entnahme eingewilligt.

Und wie steht es mit dem Abschalten lebenserhaltender Geräte? Sind Hirntote, die nicht (mehr) als Organspender in Betracht kommen, automatisch Objekte der passiven Euthanasie? Dann bestünde kein praktisch relevanter Unterschied zwischen Hirn- und Organismus-Tod. Dem ließe sich strafrechtlich noch mit dem Hinweis begegnen, dass auch bei Nicht-Hirntoten Ärzte keine Garantenpflicht trifft, Sterbende am Leben zu erhalten. Aber müsste nicht der – aus welchen Gründen auch immer geäußerte – Wunsch einer Person akzeptiert werden, als Hirntoter eine Zeit lang lebendig gehalten zu werden?

Genug der Beispiele! Auf die zum Teil recht abstrusen angeblichen Widerlegungsbeispiele der Hirntodapologeten – dort geht es u. a. um Geköpfte, deren Kopf verpflanzt wird –, einzugehen, erspare ich mir an dieser Stelle.

Die Lösungen, die die des Gesamttod-Modells für die Beispielsfälle anbieten bzw. anbieten könnten, befriedigen den Strafrechtler nicht.

Für sie ist z. B. die Organentnahme bei Hirntoten kein Totschlag (§ 212 StGB), nicht einmal Tötung auf Verlangen (§ 216 StGB), weil es von Verfassungs wegen zulässig sei, den nach dieser Auffassung Noch-Nicht-Toten, also den „Sterbenden" (allerdings nur bei Vorliegen seiner Einwilligung) durch eine Organentnahme – man muss es wohl so sagen –: endgültig zu töten.

Ich habe dargelegt, dass die Tötungsdelikte eine solche Lösung aus sich heraus nicht hergeben, und verfassungskonforme Gesetzeskorrekturen, zumal dann, wenn es um Tötung geht, sind allemal ein methodisch bedenklicher Ausweg. Und wenn der Hirntote unter dem Schutz des Art. 2 Abs. 2 GG steht, warum ist es dann kein Totschlag (durch Unterlassen), wenn ein Arzt sein Versprechen bricht, die Person auch als Hirntoter lebendig zu halten, und die Apparate abschaltet? Was ist grundrechtlicher Schutz wert, wenn das Strafrecht nicht dahinter steht?!

4. Folgerungen

Dass keine der zu einem bestimmten Problem angebotenen Lösungen rundum befriedigt, ist für einen Juristen, zumal einen Strafrechtler, kein sonderlich irritierender Befund. Gibt es gleichwohl Chancen einer allseits befriedigenden Lösung? Dazu kann ich hier nur skizzierende Andeutungen machen:

Was den juristischen Todesbegriff angeht, könnte natürlich der Gesetzgeber durch eine – möglicherweise sogar nach Rechtsgebieten unterschiedliche – Legaldefinition helfen und zumindest eindeutige Verhältnisse schaffen. Der Gesetzgeber legt ja z. B. für das Strafrecht (in § 11 StGB) fest, wer „Angehöriger", wer „Amtsträger", was eine „Behörde", aber z. B. auch (in § 184 c Nr. 1 StGB), was eine „sexuelle Handlung" ist. Aber hier ist Skepsis geboten: Die Qualität der Strafgesetze hat in den letzten Jahrzehnten deutlich abgenommen, und im Bereich der Tötungsdelikte flieht der deutsche Gesetzgeber ohnehin seit langem vor dem Gesetz. Auf ihn sollte man daher nicht unbedingt hoffen. Gleichwohl: Wie könnte eine Lösung aussehen, die anthropologische Vorgaben, juristische Teleologie (in Ansehung des Schutzes des Höchstwertes Leben) und medizinische Bedürfnissen integriert? Ganz kurz: Wenn der Übergang vom Leben zum Tod – wie die Medizin lehrt – ein prozesshafter, fließender Vorgang ist, der sich jeder punktuellen Festlegung entzieht, das Leben andererseits verdient, best- und längstmöglich geschützt zu werden, und das Strafrecht nicht nur das medizinische, sondern vor allem auch das lebensweltliche Verständnis der ihm Unterworfenen respektieren sollte, spricht nichts dagegen, das, was nach Augenschein und Antlitz noch immer die Person ist, die dem anderen vordem begegnet ist, bis zum Ende des Sterbensprozesses zu schützen. Dann könnte durchaus auch Mörder sein, wer einem Hirntoten etwa aus Habgier Gewalt antut. Aber der Hirntote ist eben auch hoffnungslos Sterbender und die Transplantationsmedizin eine segenreiche Institution. Den (aus dieser Perspektive gesehen) sterbenden (Noch-)Menschen unter bestimmten qualifizierten Voraussetzungen – etwa einer Einwilligung oder der großen Not einer anderen, ansonsten todgeweihten Person – nicht gegen eine von Ärzten zu Zwecken der Rettung einer anderen Person vorgenommene Organentnahme zu schützen, bedeutete dann zwar eine an aktive Euthanasie gemahnende Relativierung des Lebensschutzes, enthielte aber schon deswegen nicht die viel beschworene Gefahr eines Dammbruchs, weil es im Ergebnis der gegenwärtigen Rechtslage entspräche. Eine solche Relativierung des Lebensschutzes, die Sterbende gegen Dritte behütet, gleichzeitig aber medizinischen Bedürfnissen und Möglichkeiten Rechnung trägt, dürfte weder die Vertreter des Hirntod-Konzeptes noch die des Gesamttod-Prinzips beunruhigen. Zumutungen enthielte sie nur für Ärzte, weil sie Noch-Lebende durch Organentnahme zu Toten machen würden. Dies kann nur durch den Respekt vor der sich für andere aufopfernden sterbenden Person kompensiert werden. Die schreckliche „unendliche Vernichtung des Daseins“ (wie Hegel sagt) verlangt diesen Respekt – allerdings nicht nur auf der Intensivstation.

Hilfe zum Sterben: mehr Pros als Contras.

Hilfe zum Sterben und Palliativmedizin in den Niederlanden – eine allgemeine Übersicht

Cornelis Spreeuwenberg

Einführung

Die Gedanken, Meinungen über erlaubte Sterbehilfe und die entsprechende Praxis haben sich in den Niederlanden seit 1970 radikal verändert. Vor 1970 war das Thema Hilfe zum Sterben – Euthanasie – nicht diskussionsreif. Jetzt haben wir ein Gesetz, in dem die von Ärzten vorgenommene aktive Sterbehilfe reglementiert ist.

In diesem Beitrag will ich deutlich machen, wie sich das Denken über die Hilfe zum Sterben in den Niederlanden verändert hat. Zuerst möchte ich aber die gebräuchliche Terminologie ausführen. Weiter werden Fakten und Daten präsentiert, die Rechtsposition des Arztes und die erforderlichen Sorgfaltsanforderungen erklärt. Danach werden ethische Aspekte, die Argumente des Pro und Kontra sowie problematische Situationen diskutiert und angegeben, wie wir die Qualität überwachen und verbessern.

Zur Terminologie

Ich verstehe gut, warum die Deutschen nicht gerne das Wort Euthanasie verwenden. Darum habe ich bis jetzt über Hilfe zum Sterben oder aktive Sterbehilfe gesprochen. Aber in den Niederlanden sprechen wir über Euthanasie. Wir haben das definiert als „die aktive und gewollte Beendigung des Lebens durch eine andere Person und auf expliziten Wunsch des Betroffenen", während Hilfe bei Selbsttötung folgendermaßen definiert wird: „jemandem auf seinen ausdrücklichen Wunsch helfen, sein Leben zu beenden".

Diese Definitionen fügen sich nahtlos in die Artikel 293 und 294 des niederländischen Strafgesetzbuches ein. Sehr wichtig ist das Erfordernis der Freiwilligkeit und dasjenige, dass der Wunsch gut überdacht ist. Wenn keine Freiwilligkeit besteht, wird der Entschluss zur Lebensbeendigung mit den Handlungen zusammenfasst, die auf eine Beschleunigung des Lebensendes gerichtet sind.

Zur Geschichte der Euthanasie-Diskussion in den Niederlanden

Mehrmals hat man mich gefragt, wie es sein kann, dass in den Niederlanden, wo alles fünfzig Jahre später geschieht als anderswo, Euthanasie akzeptiert worden ist. Um diese Frage zu beantworten, müssen wir einen Blick auf die Geschichte unseres Landes werfen.

Seit dem Aufstand gegen Spanien 1568 haben zwei Gruppen die Niederlande regiert und dominiert. Einerseits die Orangisten, personifiziert durch die Statthalter und das kalvinistische, konservative und orthodoxe Königshaus, einerseits sowie andererseits die Republikaner, die Repräsentanten der Bürger der Großstädte, die als freidenkend, unabhängig und antiautoritär zu charakterisieren waren.

In unserer Geschichte seit dem 16. Jahrhundert wechseln sich Orangisten und Republikaner immer wieder ab.

Im letzten Jahrhundert haben die Orangisten – jetzt repräsentiert durch katholische und protestantische Parteien – die öffentliche Debatte über Normen und Werte dominiert. Die Niederlande waren konservativ und orthodox geprägt. Am Ende der 60er Jahre änderte sich die Situation schnell. Eine neue, jetzt liberal orientierte Elite erhielt einen wachsender Einfluss. Plötzlich wurde Wert auf Autonomie gelegt, und Richter, Anwälte und Geistliche plädierten für das Recht auf Selbstbestimmung. Die Stimme meiner Berufsgruppe (also der Ärzte) wurde in den 70er Jahren kaum gehört. Seit ca. 1980 befasse ich mit Sterbehilfe durch Hausärzte und habe dabei festgestellt, dass Euthanasie schon damals praktiziert wurde, aber dass die Ärzte, die Erfahrungen damit hatten, niemals darüber redeten und in der Regel nicht wussten, wie sie die Euthanasie technisch gut ausführen konnten. Es gab kaum öffentliche Äußerungen von Ärzten mit dem Ziel, Euthanasie zu ermöglichen. Die Berufsgruppe war bis 1984 konservativ und offiziell gegen Euthanasie eingestellt.

1982 gründete der Niederländische Ärzteverband – die KNMG – eine Kommission, die das Problem der Euthanasie beraten sollte. Ich selbst war Mitglied dieser Kommission, deren Ziel es war, den eher konservativen Standpunkt des Verbandes gegen die Euthanasie zu festigen. Aber der Vorsitzende und die Juristen wollten den Standpunkt ändern. Es war die ausweglosESTE Situation, die ich in meiner Forschertätigkeit erleben musste, bis der Vorstand des Ärzteverbandes den neuen Standpunkt akzeptierte und Anforderungen benannte, unter die Euthanasie erlaubt werden könne. Etwa zur gleichen Zeit wurden vom Verfassungsgericht in Rotterdam ungefähr dieselben Anforderungen formuliert.

Anforderungen zur erlaubten Euthanasie der KNMG und der Gerichte

1984 formulierten der Ärzteverband und die Gerichte Anforderungen, um eine straflose Euthanasie zu ermöglichen

1. Der Betroffene hat einen expliziten, freiwilligen, wohl überdachten und dauerhaften Wunsch, sein Leben zu beenden.
2. Das Leiden ist auf Dauer unerträglich und als aussichtslos zu charakterisieren.
3. Es gibt keine realen Alternativen, um das Leiden zu erleichtern.
4. Der Wunsch des Patienten, die Diagnose und alle relevanten Fakten sowie Umstände sind genau schriftlich festzulegen.
5. Ein anderer Arzt ist konsultiert worden.
6. Die Ausführung hat medizinisch korrekt zu geschehen.

Weiter wurde es für wichtig gehalten, dass der Arzt keinen Totenschein unterzeichnet, weil es sich um eine unnatürliche Todesart handelt, bei der es dem behandelnden Arzt nicht gestattet ist, den Schein zu unterzeichnen.

Einige Daten

Professor Van der Wal hat mit seinem Kollegen Professor Van der Maas 1995 Euthanasie und Hilfe bei Selbsttötung quantitativ untersucht.[1] Er wird (in diesem Band) weitere – und vielleicht neuere – Daten präsentieren.

Er hat festgestellt, dass die meisten Hausärzte seit 1985 Erfahrungen im Umgang mit der Euthanasie oder der Hilfe bei Selbsttötung haben – mehr als die Fachärzte und ebenfalls mehr als die Ärzte, die in Pflegeheimen arbeiten. Er hat auch ermittelt, dass es im Jahre 1995 mehr Euthanasiefälle gegeben hat als 1990, dem Jahr, in dem Entscheidungen zum Sterben zum ersten Mal erforscht wurden.

In Jahre 1995 konnten 2,4 % aller Todesfälle als Fälle von Euthanasie und 0,3 % als Hilfe bei Selbsttötung deklariert werden. Das waren 0,6 % mehr als im Jahre 1990!

Weiter fällt auf, dass Euthanasie – wenn wir mit der Gesamtzahl der Todesfälle vergleichen – überdurchschnittlich häufig angewandt wird bei Menschen, die jünger sind als 65 Jahre, sowie bei Männern und bei Patienten mit Krebs.

Dass es wirklich um den letzten Teil des Lebens geht, zeigt die geschätzte Verkürzung des Lebens: in 61 % der Fälle betrug sie weniger als eine Woche und in 87 % weniger als einen Monat.

Schauen wir auf die Gründe zur Euthanasie und zur Hilfe bei Selbsttötung, dann sehen wir, dass nicht Schmerzen den wichtigsten Grund darstellen, sondern das als untragbar erfahrene Leiden und das Gefühl, die Menschenwürde zu verlieren.

Die gegenwärtige rechtliche Situation

Bis zum 1. April 2002 war die Euthanasie und die Hilfe bei Selbsttötung explizit im Strafgesetzbuch verboten. Aber nach unserem Strafgesetzbuch haben alle Bürger das Recht, sich auf eine unlösbare Pflichtenkollision zu berufen. Wie von dem obersten Gericht bestätigt, ist ein Arzt, der seinem Patient hilft, früher zu sterben, im Prinzip schuldig, aber er wird nicht verurteilt, weil er zwischen zwei Übeln wählen muss: einerseits das Gesetz zu verletzen und dem Patienten zu helfen oder andererseits den Patienten leiden zu lassen – was den Pflichten des Arztes widerspricht.

Wichtig ist, dass das Handeln des Arztes transparent bleibt, dass er den Totenschein nicht selbst unterzeichnet und dass er den Fall dem Leichenbeschauer meldet. Auch hier gab es ein juristisches Problem, weil in den Niederlanden von einem Verdächtigen nicht gefordert werden kann, dass er zur Beweisführung gegen sich selbst beiträgt. Wenn ein Arzt einen Totenschein nicht unterzeichnet, lässt er wissen, dass es sich um einen unnatürlichen Todesfall handelt, und dies kann gegen ihn verwandt werden.

Bis zum 1. April mussten die Leichenbeschauer dem Staatsanwalt über alle Fälle berichten. Anders war es nicht möglich, eine Erlaubnis zur Beerdigung zu erhalten. Seit einigen Jahren beraten regionale Kontrollkommissionen über die Fälle und tragen diese dem Staatsanwalt vor.

Professor Widdershoven ist Mitglied einer solchen regionalen Kommission, in der ein Jurist (als Vorsitzender), ein Arzt und ein Ethiker sitzen. Er wird uns in einem eigenen Beitrag über seine Erfahrungen berichten.

Vom 1. April 2002 an gibt es für die Euthanasie und die Hilfe bei Selbsttötung – durch einen Zusatz zu den Artikeln 293 und 294 des Strafgesetzbuchs – einen Strafausschließungsgrund für Ärzte. Dieser Ausschließungsgrund betrifft nicht Fälle von Kindern unter 12 Jahren, weil angenommen wird, dass sie nicht freiwillig und wohl überlegt handeln können. Bis 16 Jahre sollen die Eltern auch mitbestimmen können. Wenn die Jugendlichen zwischen 16 und 18 Jahre alt sind, sollen die Eltern angehört werden.

Die Leichenbeschauer berichten jetzt nicht mehr dem Staatsanwalt, sondern der Kontrollkommission. Wenn die Kontrollkommission feststellt, dass der Arzt die Anforderungen eingehalten hat, wird der Staatsanwalt nicht einbezogen. Auch die Kommissionen tragen durch die Erstellung von Jahresberichten zur Transparenz bei.

Mit diesem Meldeverfahren will man erreichen, dass alle Fälle erfasst werden, dass die notwendige öffentliche und soziale Kontrolle stattfindet, dass wir wissen, was wirklich geschieht, dass die Qualität der Sterbehilfe verbessert wird, dass wir aus der Praxis lernen und so die Richtlinien und Vorschriften verbessern können und schließlich auch, dass wir ein Instrument in der Hand haben, um Ärzte, die nicht regelgerecht handeln, korrigieren zu können.

Seit dem 1. April 2002 sind diese Anforderungen gesetzlich festgelegt worden. Neu ist, dass der Patient über seine Situation und Prognose informiert sein muss und dass sowohl der Patient als auch der Arzt davon überzeugt sind, dass es wirklich keine realistische Alternative gibt.

Ethische Überlegungen

In dieser Übersicht will ich natürlich auch die ethische Seite nicht auslassen. In der Gesundheitsethik ist akzeptiert, dass es für einen Arzt vier führende Prinzipien gibt:
- Respekt zu haben vor der Autonomie,
- keinen Schaden zu verursachen (non nocere),
- wohl zu tun (beneficientia),
- alle Patienten gleich zu behandeln (iustitia).

Früher haben wir schon gesehen, dass die tonangebende Elite die Autonomie als ein sehr wichtiges Argument für die Euthanasie betrachtet. Andere hingegen meinen, dass der Tod so schwerwiegend ist, dass kein anderes Argument schwerer wiegen kann.

Es ist interessant zu beobachten, dass die protestantische Kirche in den Niederlanden dem Wohltun einen wichtigen Stellenwert gegeben hat. Auch nach meiner Meinung macht das Wohltun den Kern des ärztlichen Handelns aus. Das Wohltun rechtfertigt auch, das wir Patienten operieren und während einer kurzen Zeit ihrer körperlichen Unversehrtheit berauben.

Der Sozialarzt Thomas McKeown hat einmal gesagt, dass es die Aufgabe der Medizin ist, Menschen zu helfen, diese Erde komfortabel zu verlassen. Es gibt Situationen, wo Menschen nicht qualvoll oder menschenunwürdig sterben müssen.

Es ist wichtig, dass die Gesellschaft und die Ärzte das Leben der Bürger schützen und alles tun, es zu verlängern, wenn die Träger des Lebens darin einen Sinn sehen. Der Arzt hat die Pflicht zu helfen, zu pflegen und zu trösten. Für uns alle ist es eine wichtige Aufgabe, den Menschen, die kurz vor dem Tod stehen, eine palliative Versorgung anzubieten. Aber ich glaube nicht, dass es eine absolute Pflicht gibt, das Leben zu bewahren, wenn das Weiterleben nicht mehr menschenwürdig ist, und betrachte – wenn es keine akzeptable Alternative gibt – Euthanasie und Hilfe bei der Selbsttötung als das vom Schlechten vielleicht Beste.

Natürlich, es gibt auch Argumente gegen die Sterbehilfe, zum Beispiel dass

- es nicht vereinbar sei mit der Pflicht des Arztes. – Aber die niederländischen Ärzte haben den Eid des Hippokrates nicht geschworen.
- ein Arzt nicht Gott spielen dürfe. – Aber er tut das, wenn ein Leben ein wenig verkürzt wird; und spielen wir umgekehrt nicht auch ein bisschen Gott, wenn wir es verlängern?
- Euthanasie Mord sei. – Aber die Ermordeten haben gewöhnlich nicht darum gebeten.
- die Zehn Gebote Mord verböten. – Aber geht es in der Bibel um eine gewünschte Tötung in einer aussichtslosen Situation?
- es erlaubt sei, wenn ein Arzt eine hohe Dosis Morphin gebe, um das Leiden zu lindern, auch wenn ein Patient dadurch eher sterben könne. – Aber dieses „Doppeleffekt"-Prinzip führt zu Situationen, in denen nicht der

Patient, sondern der Arzt entscheidet und es unklar ist, was genau das Ziel der Behandlung war. Es gibt keine Transparenz, nur noch Nebel.

Problematische Situationen

Auch in den Niederlanden gibt es noch zahlreiche Situationen, über die wir noch viel reden und diskutieren sollten. Zum Beispiel über die Frage, was mit Menschen geschieht, die ihren Willen nicht äußern können, z. B. Neugeborene mit multiplen schweren Defekten. Macht es einen Unterschied, wenn es um Patienten im permanenten Koma geht oder um Patienten, die an einer Demenz leiden?

Ist Hilfe bei der Selbsttötung gestattet, wenn Menschen chronisch psychiatrisch krank sind, oder bedeutet solche Hilfe, dass wir diese Menschen aufgegeben haben?

Was sollen wir machen, wenn Patienten eine Behandlung oder eine realistische Alternative verweigern. Haben die Patienten dann gar keine Möglichkeit, selbst zu entscheiden?

Und was ist geboten, wenn ein Patient um Euthanasie bittet und die Familie die Euthanasie verweigert? Der Patient soll doch im Zentrum stehen, aber meistens sind die Angehörigen ebenfalls Patienten des Hausarztes. Wie problematisch diese Diskrepanz sein kann, habe ich einmal selbst erfahren, als ein Mann mit Pankreaskrebs mich um Euthanasie bat, aber mir auch auftrug, darüber mit seiner Ehefrau nicht zu sprechen.

Qualitätsverbesserung

Ich bin davon überzeugt, dass viele Aspekte der ärztlichen Sterbehilfe verbessert werden können. Ich nenne

- die Ausbildung der Ärzte
- Möglichkeiten der Hilfe, Unterstützung und Konsultation in den Fällen, wo der Arzt allein entscheiden soll
- die Kommunikation zwischen dem Arzt und dem Patienten, zwischen dem Arzt und den Familien, zwischen dem Arzt und den Pflegenden und zwischen den Ärzten untereinander
- die Transparenz bzw. das Tragen von Verantwortung
- eine Meldeprozedur, die dazu führt, dass alle Fälle gemeldet werden
- Super- und Intervision, damit die Handelnden in schweren Fällen nicht allein gelassen werden.

Ein Forschungsprojekt in Amsterdam hat gezeigt, dass die große Mehrzahl der Hausärzte sich unterstützt fühlt durch Beratung und Konsultation vonseiten speziell ausgebildeter Ärzte. Die Resultate waren so gut, dass dieses Verfahren jetzt im ganzen Land und bei den Fachärzten eingesetzt wird.

Schlussbemerkung

Sie werden verstehen, dass es Situationen gibt, in denen die Argumente „pro" schwerer wiegen als die Argumente „contra".

Nicht alle Ärzte, Politiker und Ethiker sind der gleichen Meinung; ich hoffe aber und halte es für wichtig, dass wir unterschiedliche Ansichten und Meinungen nicht nur austauschen, sondern auch respektieren.

Ein wichtiger Grund, Euthanasie anzuwenden, ist für mich, dass es im wohl verstandenen Interesse der Gesellschaft ist, dass das Handeln des Arztes im Zusammenhang mit Sterben und Tod transparent gemacht wird.

Ich glaube, dass es nicht gut ist, wenn die Hilfe zum Sterben gegenüber der Hilfe beim Sterben oder der palliativen Versorgung bevorzugt wird. Hilfe zum Sterben ist kompatibel mit und sollte integriert werden in eine angemessene palliative Versorgung.

Anmerkungen

1 Zusammenfassung der Ergebnisse: G. Van der Wal/P. J. Van der Maas u. a., *Evaluation of the notification procedure for physician assisted death in The Netherlands.* NEnglJMed 335 (1996), 1706–1711.

Historische Reflexionen zur Sterbehilfe

Klaus Bergdolt

Die Ethik gilt seit Aristoteles als philosophische Disziplin. Die Gesellschaft konzediert zwar, dass sich in der aktuellen bioethischen Debatte auch Juristen oder Theologen zu Wort melden, doch gilt ein kulturhistorischer bzw. medizinhistorischer Zugang, etwa zum Problem der Sterbehilfe, immer noch als ungewöhnlich. Während die Philosophen aus methodischen Gründen Zweifel anmelden, argwöhnt man ärztlicherseits eher überflüssige retrospektive Betrachtungen zu Fragen, die – so eine verbreitete Haltung – mit *Logik* und *Vernunft*, d. h. möglichst positivistisch, angegangen werden müssten, was zur Folge hat, dass auch mancher Ethiker seine Empfehlungen, ungeachtet der schon von Aristoteles erwähnten Unsicherheiten, erstaunlich szientistisch, ja als vermeintliche *evidence based facts* zur Diskussion stellt! Doch ist die Geschichtswissenschaft hier selbst gespalten. Mit dem Begriff *Geschichte* verbinden dekonstruktivistisch orientierte Geisteswissenschaftler – nicht zuletzt unter dem überragenden Einfluss von Foucault und Derrida – ein zufälliges Sammelsurium von Geschichten, ohne geistige Tiefe und „Sinn", von dem man in der wilhelminischen Ära, aber auch etwa im Dritten Reich schwadroniert hatte. Ciceros Wort von der *magistra vitae* gilt deshalb längst als obsolet. Geschichte hat, so die vorherrschende Meinung, weder „Sinn" noch sinnstiftende Wirkung, geschweige denn eine normative Relevanz auf moralischem Gebiet.

Dies behaupten zu wollen wäre in der Tat unseriös. Eine einflussreiche Gruppe deutscher Intellektueller hat allerdings in den vergangenen Jahren die schon leicht angestaubte Destruktion des Geschichtsbegriffs wieder deutlich relativiert. Erforscher verschiedenster Epochen wie Lothar Gall, Aleida und Jan Assmann sowie selbst Ulrich Wehler entdeckten ihn gleichsam neu. Man spricht plötzlich vom „kulturellem Gedächtnis", und seit dem 11. September 2001 dürfte der letzte Dekonstruktivist gemerkt haben, dass die Identitätskrise Westeuropas auch etwas (gerade im herausragenden „Pisa"-Land Deutschland) mit Geschichtslosigkeit zu tun hat. Die Historie kann deshalb, folgt man dem neuen Trend, so unwichtig nicht sein. Wie immer wir zu bioethischen Fragestellungen oder gar medizinethischen Tabubrüchen stehen – die Kenntnis entsprechender kultur- bzw. medizinhistorischer Basisfakten stellt, ungeachtet aller Schwächen, immer noch einen fast unumgänglichen Weg zu einer kulturgerechten *Sensibilisierung* der Gesellschaft *in ethicis* dar. Man kann gewisse Probleme nicht nur analytisch, moralisch oder einfach, so schön es wäre, *vernünftig* angehen, ohne ihre Wurzeln zu beleuchten, auch wenn dies zunehmend üblich zu werden scheint. Medizinethische Lösungen müssen, um Bestand zu haben, mit der eigenen Kultur und Identität kompatibel sein. Eine niveauvolle Ethikdiskussion hat durchaus etwas mit Allgemeinbildung zu tun, jenem scheinbar überflüssigen Wissen, das an den zunehmend ökonomisch strukturierten, nach dem Vorbild von GmbHs geleiteten deutschen Universitätskliniken nicht mehr in das Curriculum angehender Mediziner oder Molekularbiologen zu passen scheint. Ethikdebatten profitieren aber auch von der Kenntnis historischer Deontologien und des traditionellen (im Lauf der Zeit selbstverständlich diversen Wandlungen unterworfenen) ärztlichen Ethos, ja von Lösungsvorschlägen für ähnlich gelagerte Problemfälle in der Vergangenheit. Das Menschenbild, Pflichten gegenüber der Gesellschaft, Fragen von Autonomie und Freiheit, Krankheit und Behinderung wurden nicht erst angesichts der durch die moderne Medizintechnologie und Molekularbiologie geschaffenen Situation diskutiert.

Freilich ist zuzugeben, dass die hierdurch geförderte kulturhistorische Sensibilisierung, wie übrigens auch eine zur kreativen Reflexion gehörende Zögerlichkeit oder gar stilles Nachdenken, wenig zum Ruhm eines Bioethikers und schon gar nicht zum finanziell messbaren Gewinn einer Klinik beitragen – zumindest auf den ersten Blick. Es fällt allerdings auf, dass in den USA, deren Wissenschaftslandschaft deutschen Ärzten in der Regel als Vorbild gilt, nicht nur die berühmten Ostküsten-Universitäten zunehmend die „medical humanities", also eben jene ethisch sensibilisierenden Fächer (mit Schwerpunkt Geschichte, bis hin zu Literatur- und Kunststudien!) im Lehrprogramm angehender Ärzte verankern.

Natürlich hat die Situation in einer heutigen Intensivstation, äußerlich betrachtet, wenig mit der Alltagswelt eines Arztes vor 2000 Jahren oder zur Lutherzeit zu tun. Doch lässt sich zeigen, dass *eine* Kernfrage der ärztlichen Ethik in Medizin, Philosophie und Theologie schon erstaunlich lange diskutiert wird: Darf man schwer leidende Menschen *entsprechend* ihrem Willen, *gegen* ihren Willen oder gar dann, wenn man diesen, etwa im Fall des Bewusstseinsverlustes, nicht kennt, töten? In der antiken Kulturgeschichte hatte das Wort *euthanasia*, das heute hierfür verwendet wird, eine durchaus *positive* Bedeutung, wie z. B. der von Sueton überlieferte glückliche Tod des Augustus im Kreis der Familie, „in den Armen Livias", nahelegt. Für den zur Zeitenwende lebenden jüdischen Philosophen Philon von Alexandria stellte das mit diesem Begriff bezeichnete ruhige, würdevolle Sterben, zusammen mit einem vorhergehenden „glücklichen Alter", sogar das höchste menschliche Gut dar. Nach der jüngeren Stoa kann das „gute Sterben" freilich auch im Selbstmord und durch *assistierten* Suizid verwirklicht werden. Es ging den Stoikern darum, ein Leben und somit auch ein Sterben „nach der Natur" zu unterstützen. Entscheidend war die geistige Grundstimmung des Betroffenen. Seneca erschien es als besonders hohes Gut, das Leben, das er mit einer Reise verglich, selbstbestimmt zu beenden.

Der Begriff der Euthanasie blieb aber, was überraschen mag, bis zum frühen 20. Jahrhundert (und in zynischer Weise ja auch im Dritten Reich) letztlich positiv besetzt. Noch im einflussreichen *Universal-Lexikon* von Zedler (1732–54) wird diese – unter Hinweis auf die zitierte Sueton-Stelle – als „ein ganz leichter und geringer Tod" dargestellt, „welcher ohne schmerzhafte convulsiones geschieht". Entsprechend spricht die *Encyclopédie* von Diderot und d'Alembert (1756) von der „mort heureuse ..., sans douleur». Im Sinne der bürgerlichen Aufklärung plädierte auch der Dichter Christoph Martin Wieland (1805) für eine „Euthanasie", die das Ziel umreißt, „im Bewusstsein eines wohlgeführten Lebens ... mit Ruhe und frohem Mut" zu sterben. Der Begriff hatte bis zum 19. Jahrhundert, vom Altertum einmal abgesehen, so gut wie nichts mit der aktiven Tötung Kranker zu tun.

Berühmte antike Beispiele für eine ärztliche Intervention oder Hilfestellung beim Selbstmord (auch wenn die Voraussetzung einer qualvollen Erkrankung *nicht* gegeben war, wurde dieser, ungeachtet des unterschiedlichen Handlungscharakters, immer wieder der „aktiven Euthanasie" im modernen Sinn gleichgestellt) stellten Cato der Jüngere und Seneca dar. Cato unterbrach, wie Plutarch berichtet, die Lektüre von Platons Buch *Über die Seele*, unterhielt sich mit seinen Freunden und stieß sich dann, im Gefühl der politischen Niederlage und persönlichen Entehrung, ein Schwert in den Leib. Er wies einen Arzt, der ihm helfen und die herausquellenden Eingeweide in seinen Bauch zurückzudrängen wollte, schroff zurück, zerriss seinen Darm und starb. Ein Arzt darf, so Catos Wunsch, in der Todesstunde ausschließlich nach dem Willen des Sterbenden handeln. Er muss, so das Fazit dieser Episode, je nach dessen Entscheidung den natürlichen Sterbeprozess fördern, einen Suizid unterstützen oder alles daransetzen, den Tod zu verhindern. Die Würde des Menschen gebietet, „nach eigenem Willen und vorsätzlicher Planung" zu sterben. Das berühmte Prinzip „Voluntas aegroti summa lex" entsprach stoischer Lebenspraxis, aber auch dem Selbstverständnis und Stolz der römischen Patrizier.

Die ärztliche Assistenz trat noch deutlicher bei Senecas Tod in den Vordergrund. Dessen Arzt und Freund Annaeus Statius reichte ihm auf seinen Wunsch – das Vorbild des Sokrates stand zweifellos Pate – ein tödliches Gift. Dieses Verhalten erschien Tacitus, der uns die Stelle überliefert, untadelig. Immerhin hätte man die Frage stellen können, ob ein Arzt auch bei einem von einem blutigen Tyrannen (Nero) befohlenen Selbstmord befugt war, den Tod beschleunigende Mittel einzusetzen. Für Tacitus handelte es sich jedenfalls nicht um Beihilfe zum Mord, sondern um die aktive Erleichterung des agonalen Leidens. Dass Seneca, für den der Tod das Ende der körperlichen *und* seelischen Existenz darstellte, in vielen Schriften die geistige Auseinandersetzung mit dem Sterben – längst vor der Todesstunde – propagierte, wurde auch von christlichen Autoren gewürdigt. In der heidnischen Antike wie im Christentum spielte die philosophisch bzw. religiös akzentuierte *ars moriendi*, welche die Todesfurcht minimieren sollte, eine herausragende Rolle.

Die aktive Tötung Schwerkranker wurde freilich schon Jahrhunderte vorher, nämlich im theoretischen Modell von Platons *Staat*, verteidigt. Chronisch Kranke sollten in der idealen Gesellschaft, war nur ihr Körper betroffen, in

Ruhe sterben können, wenn sie aber „von der Seele her bösartig und unheilbar" erschienen, umgebracht werden. Auch wenn die Tötung der Kranken der Exekutive zugedacht war, die sich auch sonst um Hinrichtungen zu kümmern hatte, wurden hier vor allem der *Medizin* Grenzen gesetzt, die nur dazu geschaffen war, kurz dauernde, heilbare Krankheiten zu behandeln. In Platons Staat hatte der chronisch Kränkelnde eine reduzierte Existenzberechtigung (eine wohl auch im realen griechischen Alltag – man denke an das anthropologische Ideal der „kalokagathia" – verbreitete Ansicht!). Dass es bei der konsequenten Ausgestaltung des Modellstaats nahe lag, gleich zu Beginn des Lebens jene zu eliminieren, denen mit einer gewissen Wahrscheinlichkeit ein solches Schicksal bevorstand, kann kaum überraschen. Obgleich der *Staat* nur ein utopisches *Modell* der „idealen" Gesellschaft darstellt, sieht man bei Platon – ohne dass wir das Problem hier vertiefen wollen –, wie die Tötung Schwerstkranker, die Selektion zu Beginn des Lebens sowie eugenische Strategien, die er ausführlich darlegt, leider *doch* zusammenhängen, weshalb das Argument des Dammbruchs nicht so unberechtigt ist, wie es heute in gewissen Ethikdebatten dargestellt wird. Dass Platon in anderen Schriften, etwa in den „Gesetzen", den Selbstmord in auswegloser Situation verurteilt (wie er es auch im *Phaidon* Sokrates tun lässt), relativiert die Passagen aus dem *Staat* nicht. Verurteilt wird nämlich besonders eine Selbsttötung, „ohne dass er (der Selbstmörder) durch ein über die Maßen qualvolles, unentrinnbares Unglück, das ihn ereilte, dazu gezwungen wird". Setzt man dieses Unglück mit einer unheilbaren, schmerzvollen Krankheit gleich, wären in diesem Fall Suizid bzw. Beihilfe zum Selbstmord eben doch akzeptabel (nach den entsprechenden Passagen im *Staat* freilich sogar moralische Pflicht).

Der Stellenwert von Euthanasie und Bilanzselbstmord änderte sich in der christlichen Ära. Auch nach dem jüdischen Gesetz, der Halacha, war die Tötung Schwerkranker verboten. Im 13. Jahrhundert erklärte Rabbi Jehuda HaChassid allerdings, der sichere Tode eines Menschen dürfe nicht verzögert werden. „Wenn z. B. in Hörweite eines Sterbenden Holz gehackt wird, so dass der Lärm den Tod aufhält, so entferne man den Holzhacker. Ebenso darf man kein Salz auf die Zunge eines Sterbenden legen, um den Eintritt des Todes hinauszuschieben." Moses Isserles argumentierte im 16. Jahrhundert in einem Kommentar zu entsprechenden Ausführungen des Joseph Karo: „Wenn ein Hinderungsgrund den natürlichen Eintritt des Todes aufhält, so darf man diese Behinderung entfernen." Es handle sich dabei um die „Beseitigung der Behinderung eines natürlichen Prozesses". Eine sinnlose Lebensverlängerung wird somit verurteilt. Allerdings untersagte der Dekalog streng, unschuldige Menschen, also auch Moribunde, zu töten. „Wer einen Sterbenden berührt und ihn bewegt, ist wie einer, der Blut vergießt", heißt es im babylonischen Talmud. Am deutlichsten hatte Maimonides (13. Jahrhundert) jeden Euthanasie-Gedanken verworfen: „Gleichgültig, ob einer einen Gesunden oder Sterbenskranken erschlägt, ja selbst wenn er einen Sterbenden tötet, ist er des Todes schuldig." Hat dieser auch nur eine Stunde zu leben, „so ist doch jede Tat verboten, die den Tod dieses Menschen nähren könnte".

Auch die frühchristliche und scholastische Argumentation schloss bei Schwerkranken eine aktive Lebensbeendigung wie auch den Selbstmord aus (die Ansicht des Laktanz, dass ein in Kauf genommener Märtyrertod höherrangig sei als jedes irdische Leben, ändert an dieser Tatsache nichts). Bezeichnenderweise finden sich zu diesem Thema in der früh- und hochmittelalterlichen medizinischen Literatur kaum Hinweise. Die Tötung eines Schwerkranken galt, ganz im Sinne des durch Thomas von Aquin ausgesprochenen Verbots, „irgendwelchen

Elendsnöten des gegenwärtigen Lebens" zu entgehen, als Mord. In dieser Frage bedurfte es im Mittelalter offensichtlich keiner besonderen Diskussion.

Die für das Mittelalter charakteristische Ablehnung jeder Form aktiver Lebensbeendigung wurde von einigen Autoren der Renaissance (zum Teil allerdings nur scheinbar) in Frage gestellt. Martin Luther plädierte dafür, einen geistig schwer behinderten „Wechselbalg" – es handelte sich um den konkreten Fall eines zwölfjährigen Kindes aus Dessau – zu ertränken. Er hielt das Kind „für ein Stück Fleisch, eine Masse carnis ... da keine Seele innen ist". Luther unterstellte, dass der Teufel solche Wesen „leiblich besitzet, da sie weder hören, sehen, noch etwas fühlen, er macht sie stumm, taub und blind". Das behinderte Kind wurde als vom Teufel unterschobenes Wesen in Menschengestalt interpretiert, d. h. als kein wirklicher Mensch (dessen Tötung Luther abgelehnt hätte!). Dennoch ruft die Argumentation des Reformators Befremden hervor. Sie verrät eine Denkweise, die später immerhin auch Hexenverfolgungen legitimierte.

Luthers Ansicht stand im Gegensatz zu einer Äußerung des spanischen Kanonikers Martinus Navarrus (1568), nach der ein Arzt, wenn er bewusst ein schädliches Mittel verabreicht – und sei es aus Mitleid oder um dem Kranken einen Gefallen zu tun – schwer sündigt. Diese Ansicht vertrat 1591 auch der römische Arzt Battista Codronchi. Damit wird jede Form der Tötung Kranker verurteilt. Navarrus berief sich auf den Theologen und Juristen Panormitanus (1386–1445), der erklärt hatte, wer sich um Kranke kümmere und sie pflege, habe sich davor zu hüten, aus Mitleid deren (krankheitshalber) „pervertierte Wünsche" zu erfüllen. Es muss nicht extra betont werden, dass Euthanasie *ohne* Einwilligung des Patienten als besonders schweres Verbrechen galt. Theologische Werke dieser Art beeinflussten die christlich geprägte Gesellschaft und gingen mit den religiösen und juristischen Auffassungen von Juden und Muslimen weitgehend konform. Was die Ärzteschaft anging, unterstützte der nunmehr allgemein bekannte „hippokratische Eid" (den zu schwören in Mitteleuropa seit Beginn des 16. Jahrhunderts zunehmend als Bedingung der Approbation bzw. Promotion galt) mit seinem Verbot, jemandem ein tödliches Mittel zu verabreichen, die moralische Vorgabe der Kirche.

Dagegen griffen einige Verfasser utopischer Gesellschaftsentwürfe der Renaissance den Euthanasie-Gedanken auf. In der *Utopia* (1516) des Thomas Morus (1478–1535) heißt es: „Sogar unheilbar Kranken erleichtern sie (die Leute von Utopia) ihr Los, indem sie sich zu ihnen setzen, ihnen Trost zusprechen und überhaupt alle möglichen Erleichterungen verschaffen. Ist die Krankheit aber nicht nur unheilbar, sondern auch andauernd qualvoll und schmerzhaft, so reden Priester und Behörden dem Kranken zu, da er doch allen Anforderungen des Lebens nicht mehr gewachsen, den Mitmenschen lästig und sich selbst unerträglich, seinen eigenen Tod bereits überlebt habe, nicht darauf zu bestehen, das unheilvolle Leiden noch länger zu nähren, und nicht zu zögern zu sterben, zumal das Leben nur noch eine Qual für ihn sei. Er solle sich so getrost und hoffnungsvoll aus diesem bitteren Leben wie aus einem Kerker oder einer Folterkammer befreien oder sich willentlich von anderen herausreißen lassen. Daran werde er klug tun, da ja der Tod nicht Freuden, sondern nur Qualen beende." Im kühlen Modellstaat von Utopia legte man immerhin Wert darauf, dass der Patient mit seiner Tötung einverstanden sei: „Wer sich dazu überreden lässt, beendet sein Leben entweder durch freiwilligen Verzicht auf Nahrung, oder er wird eingeschläfert und er geht dahin, ohne es zu merken. Lehnt einer aber ab, so schaffen sie ihn nicht etwa aus der Welt oder behandeln ihn deshalb mit weniger Zuwendung." Die *nicht* durch Priester oder

Behörden legitimierte Selbsttötung bleibt allerdings streng verboten und wird durch Entehrung bestraft: „Statt die Leiche zu begraben, wirft man sie kurzerhand in einen Sumpf." Man darf davon ausgehen, dass es sich um ein Gedankenspiel des englischen Staatskanzlers handelt, dessen Vorbild natürlich Platons *Staat* war. Der Hinweis, der hoffnungslos Kranke könne den Mitmenschen zur Last fallen, kennzeichnete im Übrigen ein klassisches Argument der Euthanasie-Befürworter von der Antike bis zur Gegenwart. Die Intention des Morus, später immerhin Märtyrer der katholischen Kirche, bleibt letztlich rätselhaft. Keinesfalls darf die *Utopia*, wie es häufig geschieht, als Gesellschaftsmodell missverstanden werden, dessen Verwirklichung sich der Autor gewünscht hätte.

Es mag verführerisch sein, Morus eine philosophisch völlig konträre Persönlichkeit gegenüberzustellen, nämlich Michel Montaigne (1533–1592). Der Mensch muss nach Meinung des einflussreichen Literaten erkennen, dass sein Schicksal, d. h. auch Gesundheitszustand, Geburt und Tod, von der *Natur* bestimmt wird. Der Tod stellt, wie einst für die Stoiker, nur den unausweichlich letzten Akt des Lebens dar. Montaigne propagiert eine säkularisierte *ars moriendi*, die bei schwerster Krankheit und unerträglichen Schmerzen deren Linderung, ja eine Verkürzung des Lebens einschließt. Auch in dieser schwierigen Situation hat man die Natur zu unterstützen. Ist der Tod unausweichlich, soll man ihn nicht aufhalten. Wie bei den Hippokratikern wird der Arzt als „Diener der Natur" definiert. „Im Gegensatz zu den anderen verachte ich die Medizin", bekennt Montaigne, denn „ich lasse die Natur machen", die allerdings, wie er gesteht, „gewaltig und mitleidslos" ist. Die Ethik des Sterbens wird so profanisiert, der Tod gilt als Akt der Selbstregulierung der Natur. Sie durch übertriebene ärztliche Bemühungen zu überlisten, ist ebenso töricht wie maßlos.

In seiner Schrift *Über die Würde und den Fortgang der Wissenschaften* (1623) unterschied Morus' Landsmann, der protestantische Philosoph Francis Bacon, eine *euthanasia interior*, d. h. die seelisch-geistige Vorbereitung auf den Tod (gegen die niemand etwas einzuwenden hatte), von der *euthanasia exterior*, die vor allem auf Linderung von Schmerzen im Todeskampf zielte. Sie nimmt eine Verkürzung des Lebens als Begleitfolge in Kauf. Würdiges Sterben, erkannte Bacon, ist unter qualvollen Schmerzen schwierig. Wie er schon 1605 in einer kleineren Abhandlung namens *Vom Nutzen und Fortschritt des Studiums göttlicher und menschlicher Dinge* ausgeführt hatte, ist es eine Menschenpflicht, Leiden gerade auch dann zu verringern, „wenn ganz und gar keine Hoffnung mehr vorhanden ist, aber durch Linderung der Qualen ein sanfterer und ruhigerer Übergang aus diesem in jenes Leben verschafft werden kann. Denn es ist fürwahr kein kleiner Teil der menschlichen Glückseligkeit ..., dass man ein sanftes Ende habe." *Ein* Argument Bacons für die Sterbebegleitung durch *Ärzte* (und nicht nur, wie üblich, durch Priester und Angehörige) ist bestechend: Unheilbare Krankheiten seien zu wenig erforscht, was sich daran zeige, dass viele „Sterbende" schon überlebt hätten. Solche Fälle gestalteten sich für Ärzte nicht selten überaus interessant ... Bacons Konzept der *euthanasia exterior* zielt primär nicht auf Tötung, sondern auf Erleichterung der Agonie. Im äußersten Fall wird die Lebensverkürzung aber, wie erwähnt, in Kauf genommen. Seine Argumente lassen erahnen, dass im 17. Jahrhundert über Fragen der Sterbebegleitung und Lebensverkürzung offen diskutiert wurde. Später wurde eingewendet, Bacons Lösung gestehe dem Arzt nur eine „pharmakologische" Linderung zu. Es fehle die psychologische und geistige Betreuung des Moribunden. Dem ist zu entgegnen, dass diese Aufgabe im 17. Jahrhundert zunächst noch ganz selbstverständlich der Familie und den Geistlichen zukam, was freilich das Problem der Schmerzlinderung nicht löste (selbst wenn man annehmen muss, dass hierfür gewisse Hausmittel zur Verfügung standen). Jeder Geistliche wusste (und weiß noch heute), dass ein würdiger Abschied unter heftigen körperlichen Schmerzen und agonalen Qualen kaum möglich ist.

Dass das Modell von Morus' Utopia oder Bacons *euthanasia exterior* für die Renaissance keinesfalls verallgemeinert werden darf, zeigt der schwäbische Pietist und Rosenkreuzer Johann Valentin Andreae, der in seinem ebenfalls utopisch angehauchten Werk *Christianopolis* (1619) die aktive Beendigung des Lebens scharf verurteilt. Die gesamte Gesellschaft der „christlichen Stadt" kümmert sich um die Kranken, wobei, was die Pflege angeht, Frauen und Witwen eine besondere Rolle zukommt. Schwerkranken zu helfen bedeutet Christus nachzufolgen, der sich andererseits im Patienten offenbart. Die Behandlung und Pflege Missgestalteter, Schwerkranker und Sterbender steht in hohem Ansehen: „Menschen, deren Geist verwirrt oder gestört ist, dulden sie unter sich, wenn es erträglich ist. Ist dies nicht der Fall, so gelangen diese unter gelinde Aufsicht. Ebenso hält man es mit den ungewöhnlich Missgestalteten. Denn die Vernunft gebietet, dass die menschliche Gesellschaft sich derer, welche die Natur stiefmütterlich behandelt hat, besonders gütig annimmt. Auch Gott erträgt uns ja mit unendlicher Güte und Langmut – nicht wie er uns wünscht, sondern wie wir sind." Der Euthanasiegedanke fehlte im Übrigen auch im utopischen Gesellschaftsmodell des Dominikaners Tommaso Campanella (1568–1639), für dessen im Gefängnis entstandene Schrift *Civitas solis* (1602) ebenfalls Platons *Staat* das Vorbild war.

Dass, jenseits aller theoretischen Entwürfe, der medizinische Alltag oft rauher und härter ablief, zeigt eine Passage aus dem Reisetagebuch des französischen Chirurgen

Ambroise Paré, der 1536 während eines Feldzugs in Italien folgende Beobachtung machte: „Ich stieß auf vier tote Soldaten und drei, die an die Mauer gelehnt waren, weil ihr Gesicht vollkommen zerstört war. Sie sahen nichts mehr, sie hörten nichts mehr, sie sprachen nicht mehr, und ihre Kleider flammten noch von dem Kanonenpulver, das sie verbrannt hatte. Als ich sie noch voll Mitleid betrachtete, kam ein alter Soldat herein, der mich fragte, ob es noch eine Möglichkeit gäbe, sie zu heilen. Ich verneinte dies. Da näherte er sich ihnen schnell und schnitt ihnen die Kehle durch, sanft und ohne Zorn. Als ich diese große Grausamkeit sah, sagte ich ihm, er sei ein schlechter Kerl. Er antwortete mir, dass er Gott bäte, dass, wenn er einmal auf solche Art verstümmelt sei, sich auch jemand fände, der ihm denselben Dienst täte, so dass er nicht elend dahinsiechen müsste." Parés Tagebuch verrät im Übrigen einen sensiblen Arzt, den das Schicksal der Kranken auch nachts verfolgt. Er äußert sich allerdings nicht darüber, ob er *selbst* aktive Euthanasie praktizierte. Dies hätte immerhin allen bekannten ärztlichen Deontologien der Zeit widersprochen.

Das Problem der „Erleichterung des Sterbens" wurde in der Folgezeit häufiger diskutiert. 1687 bestritt der Theologe Christian Scriver in seiner Schrift *Gotthold's Siech- und Siegesbett*, dass die Frage der Linderung der Agonie überhaupt von Bedeutung sei, und bemerkte: „Ich habe wenige Seelen Gottesfürchtiger sterben sehen, bei denen man solche natürlichen Mittel gebraucht hätte." Er wandte sich dagegen, das Leiden Sterbender medikamentös zu bekämpfen, da Gott Art und Weise des Todes vorbestimmt habe. Im 18. Jahrhundert gab es zahlreiche ähnliche Stellungnahmen. In seiner Hallenser Dissertation *De Euthanasia Medica. Vom Leichten Todt* (1735) verwirft der Arzt Zacharias Schulz Bacons Thesen. Niemals dürfe ein Sterbeprozess manipuliert werden. Der gute Arzt erkenne dessen Beginn,

d. h. die Zeichen des Todes, im Übrigen leicht: eine gewisse Stille und Gelassenheit des Kranken, vor allem aber die *facies hippocratica*, das eingefallene Antlitz als Anzeichen des nahen Endes. Solchen Menschen, die friedlich dem Ende entgegenblickten, dürfe man kein Mittel geben. Nur reine Pflegemaßnahmen erscheinen geboten. Beruhigende Arzneien, welche den Tod beschleunigen können, sind selbst bei Schwerstkranken verpönt und widersprechen, so die Meinung von Schulz, dem Gebot der christlichen Nächstenliebe. Doch betont der Autor auch, man solle einem Moribunden nicht „das Ende schwer machen".

Es bleibt festzustellen, dass die große Mehrheit der ärztlichen Autoren des 18. und frühen 19. Jahrhunderts in Deutschland eine Manipulation des Todestermins – selbst bei schwerstem Leiden – ablehnte. Man verwarf die aktive Tötung, auch wenn ein Kranker sie wünschen sollte, während eine Leidensverringerung *ohne* Lebensverkürzung meist toleriert wurde. Auch diese Hilfe war, wie wir bei Scriver und Schulz erfahren, lange umstritten, da vielen Ärzten und Theologen jede Form des „natürlichen" Todes, inklusive des Leidens, als gottgewollt galt. 1796 erschien dagegen im *Neuen Magazin für Aerzte* ein Beitrag des Leidener Medizinprofessors Nicolaus Parady, in welchem die „natürliche Euthanasie" als die Kunst umschrieben wurde, „den Tod so leicht, so erträglich als möglich zu machen, soweit dies in unserer Gewalt steht und von natürlichen Ursachen abhänget". Für Parady gehört es bereits zu den selbstverständlichen ärztlichen Aufgaben, das Ende des Patienten durch schmerzstillende oder beruhigende Mittel zu erleichtern. In diesem Sinne äußerte sich eine Generation später (1826) der Göttinger Pathologe und Pharmakologe Carl F. H. Marx, der die Herbeiführung einer schmerz- und leidensmindernden Euthanasie neben Prophylaxe und Heilung zu den zentralen Pflichten des Arztes zählte. Marx ging es dabei weniger um eine „spektakuläre" Behandlung im finalen Stadium, sondern um eine „geistige", sich durch Einfühlsamkeit und tröstende Worte auszeichnende Begleitung. Er verurteilt aber noch entschieden eine aktive Lebens*verkürzung* – ob auf Bitten des Kranken oder gar nach Gutdünken des Arztes: „Wie kann es denn erlaubt sein, dass derjenige, der gesetzlich dazu verpflichtet ist, Leben zu erhalten, zum Urheber oder Mithelfer seiner Zerstörung wird?"

Auch der Psychiater Johann Christian Reil (1759–1813) sprach sich für die Milderung der „Plagen der Krankheit" und für eine seelisch-psychische Stärkung des Moribunden aus. Der sterbende Mensch ist für ihn „eine heilige Sache", von der „alle unangenehmen Eindrücke, physische und moralische, abzuwenden sind, soweit es möglich ist". Im schlimmsten Fall ist es sogar erlaubt, „das Bewusstsein desselben zu verdunkeln". Zur Linderung des Schmerzes und der Angst bedarf es allerdings einer überlegenen Arztpersönlichkeit, „von feiner Bildung, vieler Weltkenntnis". Nur dieser wird es glücken, „das Zutrauen der Kranken bis an den letzten Hauch ihres Lebens zu erhalten". Reil plädiert dafür, stets einen Hauch von Hoffnung am Leben zu halten. Arzneien könnten dabei zu Strohhalmen werden, „an welchen diese Hoffnung klebt". Während es für die Geburtsbegleitung die alte Kunst der Hebammen gebe, habe der sterbende Mensch, so seine Kritik an Gesellschaft und Ärzten, am Ende kaum Unterstützung zu erwarten: „Dafür, dass man erträglich wieder hinauskomme, ist fast nichts getan."

Besonders bekannt wurde die Stellungnahme von Christoph Wilhelm Hufeland (1762–1836), einem der einflussreichsten Ärzte der Epoche. Der Autor des Buches *Makrobiotik oder die Kunst, das menschliche Leben zu verlängern* (1796), eines medizinischen Bestsellers des 19. Jahrhunderts, mahnte 1806, der gute Arzt solle nicht nur heilen, „sondern auch bei unheilbaren Krankheiten das Leben erhalten ... Selbst im Tode soll er den Kranken nicht verlassen ... und wenn er ihn nicht retten kann, ihm wenigstens das Sterben erleichtern." Der Autor berief sich explizit auf den Eid des Hippokrates: „Jeder Arzt hat geschworen, nichts zu tun, wodurch das Leben eines Menschen verkürzt werden könne." Als erfahrenem Arzt war es Hufeland klar, dass angesichts eines qualvollen Sterbevorgangs mancher Kollege in Versuchung geführt werden könne, eine aktive Beendigung dieses Zustands in Betracht zu ziehen. Es könne gerade in der „Seele des Bessern der Gedanke aufsteigen: Sollte es nicht erlaubt, ja sogar Pflicht sein, jenen Elenden etwas früher von seiner Bürde zu befreien!" Für einen moralisch denkenden Arzt ist ein solches Handeln freilich unannehmbar. „Er soll und darf", so Hufeland in seiner berühmten Stellungnahme, „nichts anderes tun als Leben erhalten, ob es ein Glück oder Unglück sei, ob es Wert habe oder nicht, dies geht ihn gar nichts an. Und maßt er sich einmal an, diese Rücksicht in sein Geschäft mit aufzunehmen, so sind die Folgen unabsehbar, und der Arzt wird der gefährlichste Mann im Staate. Ist nämlich einmal die Linie überschritten, glaubt sich der Arzt einmal berechtigt, über die Notwendigkeit eines Lebens zu entscheiden, so braucht es nur stufenweise Progressionen, um den Unwert und folglich die Unmöglichkeit eines Menschenlebens auch auf andere Fälle anzuwenden." Hufeland war somit einer der ersten, welche die Gefahr des Dammbruchs nicht nur ahnten, sondern in Worte fassten. Historisch gesehen – man denke an die Exzesse der Nationalsozialisten in Deutschland – hatte er Recht. Für den prominenten Arzt, der mit Goethe und der preußischen Königin korrespondierte, verboten christliche Religion und Moral – gerade infolge des durch die Aufklärung bedingten Wissensschubs und angesichts des neuen Trends zu Autonomie und Freiheit – jede aktive Euthanasie. Hufeland verlangte konsequenterweise, auch hier seiner Zeit vorausgreifend, höchste Vorsicht bei Experimenten an Patienten: Der Arzt solle sie zunächst an sich selbst durchführen.

Nach 1800 wurde die Euthanasiediskussion zunächst ruhiger, zur Mitte des 19. Jahrhunderts jedoch wieder heftiger, obgleich sich die Ärzteschaft in ihrer Mehrheit auffallend konservativ verhielt. 1843 verlangte der Arzt Friedrich Wilhelm Theile in der *Allgemeine[n] Enzyklopädie der Wissenschaften und Künste*, Ärzte müssten sich Verfahren entziehen, „durch die man ebenfalls die Agonie abzukürzen sucht, dem Wegziehen des Kopfkissens, dem Bedecken des Gesichtes mit einem Tuche, dem Umlegen des Kranken aufs Gesicht, dem Zubinden oder sonstigen Verstopfen der Nase und des Mundes" (was einige Rückschlüsse auf den Sterbealltag im 19. Jahrhundert zulässt). In gleicher Weise betonte zwei Jahre später sein französischer Kollege Maximilien Isidore Simon in der *Déontologie médicale*, ein Arzt dürfe niemals aktiv das Leiden eines Menschen beenden, da die Medizin ein „Zweig der Caritas" sei. Aufgabe des Arztes sei es allerdings, das Sterben mit allen psychologischen und – im Notfall – physischen Mitteln zu erleichtern. Entsprechende Standpunkte wurden auch in der angloamerikanischen Medizin vertreten. Seit 1835 propagierte Jacob Bigelow eine Art Palliativmedizin, welche die von ärztlicher Selbstüberschätzung begleitete „heroische" Therapie am Sterbebett ersetzen sollte. Natürlich war die einschlägige Diskussion nicht von der Entwicklung brauchbarer Schmerzmittel und Narkotika zu trennen, die in der Einführung der kontrollierbaren Anästhesie 1846 durch Morton einen ersten Höhepunkt fand. Wenn der Engländer Joseph Bullar 1856 für die Anwendung von Opium bei terminaler Tuberkulose und – zehn Jahre später – für eine Schmerzbehandlung im finalen Stadium mit Chloroform plädierte, beeilte er sich immer noch hinzuzufügen, dass Linderung, nicht Lebensverkürzung sein

Ziel sei und hohe Dosen angesichts der unübersehbaren Nebenwirkungen bestenfalls die Kühnheit des behandelnden Arztes unterstrichen.

Die Frage des Umgangs mit dem hoffnungslos Leidenden beschäftigte Ärzte und Philosophen seit der Antike. Fast alle *ärztlichen* Autoren verhielten sich, zumindest bis zur zweiten Hälfte des 19. Jahrhunderts, ablehnend, was die aktive Sterbehilfe anging, während in der Philosophie und Literatur, wenn auch selten, Modelle der aktiven Lebensbeendigung oder in Kauf genommenen Lebensverkürzung präsentiert wurden (allerdings nicht zwischen christlicher Spätantike und dem 16. Jahrhundert!). Die gegenseitige Beeinflussung von Philosophen und Ärzten war in diesem Punkt – selbst noch zur Zeit Descartes' – erstaunlich gering, jedenfalls geringer als in der Antike. Descartes war im Übrigen der Meinung, dass die Wissenschaft eines Tages Leiden und agonale Schmerzen überhaupt beseitigen werde. Andererseits wurde die Alltagspraxis aus verständlichen Gründen nicht an die große Glocke gehängt. Da nur die wenigsten Menschen in ihren letzten Tagen und Stunden einen Arzt sahen, waren beim eigentlichen Sterbevorgang, nachdem der Geistliche das Haus verlassen hatte, in der Regel nur Familienangehörige und Freunde, d. h. medizinische Laien, anwesend.

Die planmäßige Tötung Sterbenskranker und Behinderter durch die Nationalsozialisten wurde hier bewusst nicht erwähnt. Die Kenntnis dieser Verbrechen wird vielmehr vorausgesetzt. Viel zu wenig weiß man allerdings immer noch über deren philosophische Vorbereitung im Positivismus des 19. und frühen 20. Jahrhunderts. Ernst Haeckel, einer der angesehensten und populärsten Naturforscher dieser Ära, stellte in seinem Buch *Die Lebenswunder* (1904) die gefährliche These auf, die meisten Menschen gingen schon *vor* ihrem Tod „durch Krankheiten zu Grunde". Den Moribunden wurde so faktisch ihre Existenzberechtigung abgesprochen. Haeckel sah besonders im Selbstmord, „durch den der Mensch seinem unerträglichen Leiden ein Ende macht", einen „Act der Erlösung" und hatte auch gegenüber der aktiven Euthanasie keinerlei Bedenken. Jeder gute Mensch, der wahre „christliche Nächstenliebe" besitze, solle „dem hoffnungslos leidenden Bruder die ewige Ruhe und Befreiung vom Schmerze gönnen". Der bedeutende Zoologe, dessen Gedankengut im Kaiserreich, bei den Nazis und in der DDR in gleicher Weise verehrt wurde, war von Aufklärungs- und Sendungsbewusstsein erfüllt: „Hunderttausende von unheilbar Kranken, namentlich Geisteskranke, Aussätzige, Krebskranke usw. werden in unseren modernen Kulturstaaten künstlich am Leben erhalten und ihre beständigen Qualen sorgfältig verlängert, ohne irgendeinen Nutzen für sie selbst oder die Gesamtheit." Nach Aufzählung der Kosten solcher Patienten für die Allgemeinheit kommt er zu dem Schluss: „Wieviel von diesen Schmerzen und Verlusten könnte gespart werden, wenn man sich endlich entschließen wollte, die ganz Unheilbaren durch eine Morphium-Gabe von ihren namenlosen Qualen zu befreien" – natürlich nur nach Beschluss einer *Kommission*, nicht etwa eines einzelnen Arztes. Haeckel beklagt, dass Tausende von „Krüppeln", Taubstummen und Kretins, die alljährlich geboren werden, überleben dürfen, wogegen doch im Neuen Testament stehe: Erlöse uns von dem Übel. (!) Hoffnungslos Kranke und nicht der Norm entsprechende Neugeborene sollten, um die öffentlichen Finanzen zu schonen und die „Rasse" rein zu halten, aus der Gesellschaft verschwinden. Haben wir doch, so Haeckels These, wenn wir treue Hunde und edle Pferde mit Recht töten, wenn sie im Alter schwer erkranken, auch „das Recht, oder wenn man will die Pflicht", den schweren Leiden unserer Mitmenschen ein Ende zu bereiten …

Man hat sich, zumindest in Deutschland, bekanntlich an Haeckels Rat gehalten. Manche seiner Gedanken werden auch heute – im Umfeld von Gesundheitsökonomie und Disease Management – wieder laut, vor allem die Betonung der finanziellen Belastung durch die Pflege Schwer- und Langzeitkranker. Mit dem Positivismus des 19. Jahrhunderts brach die Tradition der „alteuropäischen Hemmungen" (Hans Jonas) zusammen. Die Religion des naturwissenschaftlichen Positivismus und Optimismus, von Comte, Virchow, Bernard, du Bois Reymond, Haeckel und anderen führenden Naturforschern und Ärzten propagiert, ließ die Bedenken der Ärzte, die sich jahrhundertelang nachweisen lassen, obsolet und altmodisch erscheinen. Einwände der Kirchen wurden durch Haeckel, der sich in Rom im Namen der Naturwissenschaft zum Gegenpapst krönen ließ, der Lächerlichkeit preisgegeben. Unzählige Aufrufe zur aktiven Euthanasie, etwa von Adolf Jost, vom Monistenbund um den späteren Nobelpreisträger Wilhelm Ostwald, von dem Juristen Karl Binding, dem Psychiater Alfred Hoche und vielen anderen, bestätigten vor und nach 1900, ja noch nach dem Ersten Weltkrieg einen gefährlichen Trend. Man berief sich auf die Autonomie der Kranken, die im Fall der Bewusstlosigkeit kühn auf die behandelnden Ärzte übertragen wurde. Immerhin protestierten Ärzte wie Ewald Meltzer, Leiter der Anstalt für schwachsinnige Kinder in Großhennersdorf, gegen die Tötung der so genannten „dritten Gruppe" im Sinne Bindings, d. h. von bewusstlosen Schwerverletzten mit schlechter Prognose. Die Tötung Schwerkranker auf Verlangen wurde allerdings für sinnvoll und der Würde des Menschen entsprechend erachtet. Wenige Psychiater, etwa 1922 Eugen Wauschkuhn aus Berlin-Buch, warnten vor der Personalunion von „Arzt und Henker". Viele andere Stimmen, mehr zustimmende als empörte, wären zu nennen. Nicht die Tötung von Schwerkranken, sondern bestenfalls die Gefahr des Dammbruchs erschien den meist utilitaristisch denkenden deutschen Ärzten als das eigentliche Problem. Solche Bedenken schwanden in den 30er Jahren.

Erscheint die Geschichte also doch als *magistra*, als Warnerin? Aus der historischen Betrachtung der Frage der Tötung Schwerkranker ergibt sich tatsächlich keine konkrete Anweisung für die Gegenwart. Geschichte hat, wie gesagt, keine *normative* Kraft. Die Kenntnis vergangener Fehler, aber auch Erfahrungen und Entwicklungen ist freilich (wie ebenfalls bereits erwähnt) in unvergleichlicher Weise dazu geeignet, zu sensibilisieren, d. h. die Ambivalenz und Brüchigkeit gerade auch der eigenen Entscheidung zu erkennen – wie immer sie ausfallen mag. Das heißt nicht, dass man aus dem überschäumenden naturwissenschaftlichen Optimismus des 19. Jahrhunderts, der die Verbrechen des 20. Jahrhunderts, ohne es zu ahnen, mit vorbereitet hat, keine Lehren ziehen dürfte. Im aktuellen Diskurs der Gesellschaft über Ziele und Grenzen der Bioethik und manch andere ethische Fragen sollte die Geschichte zweifellos eine gewichtigere Rolle spielen als bisher. Immerhin ist die Tatsache bemerkenswert, dass von der christlichen Spätantike bis zum 19. Jahrhundert (von einigen theoretisch-utopischen Modellen der Renaissance abgesehen, deren Intentionen bis heute umstritten bleiben) die aktive Tötung Schwerkranker gerade in ärztlichen Kreisen verpönt blieb. Jeder, der heute für eine aktive Tötung Todkranker auf Verlangen oder – bei Bewusstlosen – nach Sachlage plädiert, müsste sich zunächst mit den alten Fragen auseinandersetzen.

In der ZEIT vom 2. Oktober 2002 berichtete Wolfgang van den Daele, Mitglied des Nationalen Ethikrats, 75 Prozent der Deutschen stünden der aktiven Tötung behinderter Neugeborener unmittelbar nach der Geburt positiv oder neutral gegenüber! Es wurde nicht klar, welchen Wortlaut die Fragestellung hatte, mit deren Hilfe dieses bestürzende Ergebnis ermittelt wurde. Mit der alteuropäischen Kulturtradition der letzten 2000 Jahre ist es jedenfalls nicht kompatibel. Sollte das Umfrageergebnis den Tatsachen entsprechen, ist darüber nachzudenken, ob man in Beiträgen wie diesem – entgegen einer in Ethikerkreisen vorherrschenden *political correctness* – nicht doch wieder deutlicher *auch* die Jahre zwischen 1933 und 1945 beleuchten sollte.

Literatur

Andreae, Johann Valentin, Christianopolis, Hrsg. von W. Biesterfeld (=Reclams Universalbibliothek 9786). Stuttgart 1975.

Assmann, Aleida, Erinnerungsräume. Formen und Wandlungen des kulturellen Gedächtnisses. München 1999.

Bacon, Francis, The Works. Hrsg. von J. Spedding, R.L. Ellis und D.D. Heath. 3 Bd. London 1858–59. Neudruck Stuttgart 1963.

Benzenhöfer, Udo, Der gute Tod – Euthanasie und Sterbehilfe in Geschichte und Gegenwart. München 1999.

Binding Karl, Hoche, Alfred, Die Freigabe der Vernichtung lebensunwerten Lebens. Ihr Maß und ihre Form. Leipzig 1920.

Börner, Wilhelm. Euthanasie. Eine Erwiderung, in: Das monistische Jahrhundert 2 (1913), S. 249–254.

Gall, Lothar, Das Argument der Geschichte, in: Historische Zeitschrift 264 (1997), S. 1–20.

Haeckel, Ernst, Die Lebenswunder. Gemeinverständliche Studien über Biologische Philosophie. Stuttgart 1904.

Heinisch, K.J. (Hrsg.), Der utopische Staat, Morus.– Utopia. Campanella – Sonnenstaat. Bacon – Neu-Atlantis. Übersetzt und herausgegeben von K. J. Heinisch (=Philosophie des Humanismus und der Renaissance Bd. 3). 26. Auflage Reinbek bei Hamburg 2001.

Höffe, Otfried, Medizin ohne Ethik? (=Edition Suhrkamp 2245). Frankfurt a. M. 2002.

Jakobovits, Immanuel, Jewish Medical Ethics. A comparative and historical study of the Jewish Religious Attitude and its Practice. New York 1975.

Jost, Adolf, Das Recht auf den Tod. Sociale Studie. Göttingen 1895.

Klee, Ernst, „Euthanasie" im NS-Staat. Die „Vernichtung lebensunwerten Lebens". Frankfurt a. M. 1983.

Koch, Gerhard, Euthanasie. Sterbehilfe. Eine dokumentierte (!) Bibliographie. 2. Aufl. Erlangen 1990.

Meltzer, Ewald, Das Problem der Abkürzung „lebensunwerten" Lebens. Halle 1925.

Morus, Thomas, Utopia. Aus dem Lateinischen von A. Hartmann. Mit einem Portrait des Autors von Erasmus von Rotterdam (=Diogenes Taschenbuch 20420). Basel 1981.

Ostwald, Wilhelm, Euthanasie, in: Das monistische Jahrhundert 2 (1913), S. 335–341.

Platon, Der Staat. Bearbeitet von Dietrich Kurz. Deutsche Übersetzung von Friedrich Schleiermacher (=Werke in acht Bänden Griechisch und Deutsch, Bd. IV). 2. Aufl. Darmstadt 1990.

Plutarch, Große Griechen und Römer. Eingeleitet und übersetzt von K. Ziegler (=Die Bibliothek der alten Welt, Hrsg. von W. Rüegg). Bd. IV, S. 354–435 (Cato der Jüngere).

Seneca, Trostschrift an Marcia, in: Seneca, Philosophische Schriften. Lateinisch und Deutsch. Bd. 1. Übersetzt und Hrsg. von M. Rosenbach. Darmstadt 1980.

Seneca, Über die Kürze des Lebens, in: Seneca, Philosophische Schriften. Lateinisch und Deutsch. Bd. 2. Übersetzt und Hrsg. von M. Rosenbach. Darmstadt 1983.

Sueton, Caesarenleben. Hrsg. und erläutert von Max Heinemann. Mit einer Einleitung von R. Till (=Kröners Taschenausgabe Bd. 130). Stuttgart 1957.

Tacitus, Annalen. Lateinisch/Deutsch. Hrsg. von E. Heller. Zürich/München 1982.

Thomas von Aquin, Summe der Theologie. Zusammengefasst, eingeleitet und erläutert von J. Bernhart. Bd. 3 (Der Mensch und das Heil). 3. Aufl. Stuttgart 1985.

Wehler, Ulrich, Die Herausforderung der Kulturgeschichte (=Beck'sche Reihe 1276). München 1998.

Leid und Mitleiden aus theologischer Sicht

Josef Schuster

1. Schlaglicht

Schwere Krankheit und mehr noch lebensbedrohende Krankheit und Sterben gehören in den Grenzbereich menschlichen Lebens, denn durch sie gelangt der Mensch in jene Zone seines Lebens, in der es um Leben und Tod geht. „Grenze“ meint jenen Bereich, dessen Überschreitung zur Nicht-Existenz führt. Es geht also um sehr viel, wenn ein Mensch an diese Grenze kommt: Es geht um sein Leben – nicht nur um das biologisch-physiologische Weiterfunktionieren, sondern um das Weiterleben als Person. Zwar hat jeder Mensch diese letzte Phase seines Lebens selber zu bestehen, aber es bedarf gar keiner langen Begründung, dass niemand in dieser wichtigen und existentiell fordernden Situation seines Lebens gänzlich allein gelassen sein möchte.

Für Ärzte, Pflegepersonal und Krankenhausseelsorger gehören Krankheit, Leid und Tod auf der einen Seite zwar zum mehr oder weniger alltäglichen Erfahrungsbereich, auf der anderen Seite aber wird der Umgang damit wohl kaum zur Routine. Zur Veranschaulichung sei folgende Episode von der Frauenkrebsstation einer Universitätsklinik zitiert, die auch für vergleichbare Situationen typisch sein dürfte:

„Früher Nachmittag auf der Station. Es herrscht wie üblich hektische Betriebsamkeit: Einige Patientinnen kamen heute erneut zur Chemotherapie stationär, für zwei weitere sind morgen vorgesehene ausgedehnte Operationen vorzubereiten. Eine Patientin, die am Vormittag eine Embolie erlitten hatte, bedarf erhöhter Überwachung. Wegen Bettenmangels musste eine Patientin überstürzt entlassen werden, damit eine andere wegen Subileus (= beginnender Darmverschluss) bei progredientem Ovarialcarcinom (= fortschreitender Eierstockkrebs) notfallmäßig aufgenommen werden konnte. Das Telefon klingelt ständig: Abruf und Liegendtransport einer Patientin zur Bestrahlung, einer anderen zur Computer-Tomographie. Verspätete Oberarzt-Visite. Angehörige von Patientinnen warten auf ein Gespräch mit dem Stationsarzt, usw. … Ich mache meine Besuche bei Patientinnen, wofür mir die Stationsschwester hastig einige knappe, aber wichtige Hinweise gibt. Zuletzt gehe ich ins Einzelzimmer von Sabine F.: Die 33jährige Patientin liegt im Sterben, umgeben von ihrer Familie (außer dem jüngsten, erst 4-jährigen Kind). Ihr Ehemann hat die beiden letzten Nächte bereits bei ihr verbracht, von der Station verpflegt, die dem umgeräumten Krankenzimmer eine private Atmosphäre verliehen hat und sich außer um die Patientin selbst auch behutsam um ihre Angehörigen kümmert. Die sterbende junge Frau hatte von den drei Jahren seit ihrer Krebserkrankung … insgesamt sieben Monate auf der Station verbracht, uns allen wohlvertraut als kämpferisch-tapfere, kaum klagende Patientin, die alles auf sich genommen hatte, um weiterhin für ihre Familie, ihre Kinder da sein zu können. Bei ihrer letzten stationären Aufnahme vor wenigen Tagen im präfinalen Stadium vermittelte sie – wie auch ihre Familie – eine Art stilles Einverständnis in hinnahmebereiter Erschöpfung, die von der Station mit einer fast ebenso verstummten Beistandsbereitschaft in pflegerischer Sorgfalt beantwortet wurde. Niemand sprach über das Sterben. Ich selbst kann es bei diesem Abschiedsbesuch, von dem ich nicht weiß, ob den die Patientin in der Agonie noch wahrnimmt, auch nicht und beschränke mich auf eine zärtliche Geste, als ich merke, dass der Ehemann von Sabine F. mühsam um Fassung ringt. Mit mir zusammen verlässt Schwester Katrin das Zimmer, weil es nebenan schon wieder geklingelt hat. Vor der Tür legt sie einen Moment die Hand auf meinen Arm und sagt leise den Satz, den ich zitiere, weil in ihm das ganze Dilemma des Geschehens sich im Miterleben der Pflegenden auf der Station widerspiegelt: ‚Und dabei muss man so weitermachen, als ob nichts wär …'"[1]

Diese noch junge Frau hat bereits einen schweren Kampf um ihr Leben gekämpft. Das Pflegepersonal nimmt mit innerer Hochachtung und Bewunderung das Ringen dieser Frau mit dem Krebs wahr. Obwohl die Arbeit auf der Station in der gewohnten Betriebsamkeit – ja Hektik – weitergeht, bestimmt das Sterben dieser Frau dennoch die Atmosphäre. Die Todkranke liegt alleine im Zimmer, das die Schwestern freundlich hergerichtet haben. Nicht nur die Sterbende wird gut versorgt, auch ihr Ehemann und ihre Angehörigen. Der bevorstehende Tod der noch jungen Frau und Mutter geht dem Pflegepersonal sehr zu Herzen. Eigentlich müsste die Zeit und die Arbeit wenigstens für Augenblicke stillstehen, wenn ein Mensch – eine noch so junge Frau und Mutter – mit dem Tode ringt. Doch die Arbeit geht weiter. Nebenan klingelt es! – Diese Situation macht vor allem deutlich: Die sterbende Frau bedarf in ihrer Lage mehr der Helfer als der Hilfe. Hier gilt wohl das Wort von Sören Kierkegaard, das dieser zwar im Blick auf Jesus Christus sagt, das aber auch prinzipiell gelten dürfte: „Der Helfer ist die Hilfe."[2]

So einmalig jeder ist, der Menschenantlitz trägt, so einmalig ist auch sein Sterben. Es gibt freilich eine Spannung zwischen der Einmaligkeit jedes Menschenlebens und jedes Sterbens auf der einen Seite und der Alltäglichkeit des

Sterbens auf der anderen Seite, so dass um das Sterben in der Regel wenig Aufhebens gemacht wird, es sei denn, es liegt ein besonders tragischer Fall (etwa eines Kindes oder einer noch jungen Mutter) vor oder aber es betrifft Menschen, die einem persönlich nahe stehen – die eigenen Eltern, Geschwister oder Freunde.

2. Mitleid mit Schwerkranken und Sterbenden

Zur Situation schwer kranker und vor allem sterbender Menschen gehört eine zunehmende körperliche und geistig-seelische Hilflosigkeit. Sie äußert sich in konkreten Einschränkungen z. B. bei der Bewegung und der selbständigen Körperreinigung oder in der Hilfsbedürftigkeit beim Essen. Hinzu kommt – vor allem wenn es sich um alte Menschen handelt – der Ausfall des Kurzzeitgedächtnisses und damit ein teilweiser Ausfall zeitlicher und räumlicher Orientierung. Hinzu kommen ferner seelisch bedingte Schmerzen, Leiden und Ängste. Es ist evident: Solche Menschen sind bis in die elementarsten Lebensvollzüge hinein auf die Hilfe anderer angewiesen. Damit ist freilich noch nicht bestimmt, wer die anderen sind, gegenüber denen zumindest ein moralischer Anspruch auf Hilfeleistung besteht.

Allerdings könnte das Ausmaß der Hilfsbedürftigkeit Schwerstkranker und Sterbender die Tatsache verdecken, dass wir alle ein Leben lang auf die Hilfe anderer angewiesen sind. Es ist gut, sich dieser Wahrheit zu erinnern, damit nicht die Kranken und Alten zu reinen Sonderfällen werden, während alle anderen – die kleinen Kinder natürlich ausgenommen – ihr Leben aus eigenen Kräften meistern. Das stimmt nicht! Niemand von uns kann ohne die Hilfe anderer leben.

Auf einen weiteren Sachverhalt möchte ich in diesem Zusammenhang hinweisen: Wir beurteilen in der Regel die Hilflosigkeit von Kindern und alten Menschen unterschiedlich: Kinder beginnen ihr Leben erst. Ihnen wächst die nötige Stärke zum Leben noch zu. Ihre Schwäche empfinden wir daher als ein *Noch-Nicht*, und ihre Hilflosigkeit betrachten wir als ein selbstverständliches Recht auf Unterstützung. „Wo aber im Alter, in schwerster Krankheit und erst recht im Sterben die Schwäche als aussichtsloses, auf Abbau und Ende hin ausgerichtetes *Nicht-Mehr* erscheint, realisieren wir zu wenig die Erkenntnis, dass auch der jetzt Schwache ein grundsätzliches menschliches Recht auf Hilfe durch den jetzt Starken hat. Auch und gerade hier gilt der Grundsatz: In der Schwäche liegt der Anspruch auf gerechten Ausgleich."[3]

Es gehört zu den alltäglichen Erfahrungen: Die eine Patientin oder der eine Patient wird im guten Sinne von den eigenen Angehörigen mitbetreut, so dass sie oder er sich nicht allein gelassen vorkommt. Andere haben niemanden, oder es kümmert sich niemand außer dem Pflegepersonal um sie. Viele von diesen Menschen leiden an ihrer Verlassenheit und Einsamkeit mehr als an ihrer Krankheit. Natürlich können Ärzte und Pflegepersonal bei solchen Menschen ein gewisses Maß an Stellvertretung übernehmen, aber den ausbleibenden Besuch erwarteter Angehöriger oder Bekannter können sie kaum ersetzen. An diesem Beispiel wird deutlich: Es gibt unter moralischer Rücksicht zunächst einmal die ganz natürliche Pflicht der Angehörigen, sich um ihren Kranken oder ihre Kranke zu kümmern, auch wenn ihnen nicht einfach die Last der Pflege angetragen werden kann. Solidarität[4] im Grenzbereich menschlicher Existenz haben also zunächst die Angehörigen von Kranken und Sterbenden zu üben. Dieses Maß an menschlicher Zuwendung und Sorge kann nicht einfach an das Krankenhaus und sein Pflegepersonal delegiert bzw. überantwortet werden. Das muss zur Entlastung von Pflegepersonal und Ärzten gesagt werden, denen nicht selten vorgeworfen wird, sich zu wenig Zeit für Schwerkranke und Sterbende zu nehmen.

Die Hilflosigkeit Schwerkranker und Sterbender bringt von sich her eine Asymmetrie in das Verhältnis zwischen Patient und Ärzten bzw. Pflegepersonal. Dieses Gefälle drückt sich zuweilen in einem gewissen paternalistischen Umgang mit den Patienten aus. Die Alternative „Liebesdienst oder einfach Job" ist falsch: Ärzte wie Pflegepersonal üben einen Beruf aus, der neben Fachwissen und medizinischem Können menschliche Anteilnahme, Fürsorge und Einfühlungsvermögen verlangt. Dieser Beruf konfrontiert wie kaum ein anderer ständig auch persönlich mit den Grenzsituationen des Lebens. Aber es gibt eine Art des Mitleids, welches Kranke und Sterbende ihr Elend letztlich nur noch als negativ und unwertig oder gar als menschenunwürdig erleben lässt. Solidarische Hilfe ist nicht von herrschaftlicher Zuwendung geprägt, sondern vom Bewusstsein, eine gemeinsame Last mitzutragen – eine Last, die zur Begrenztheit unseres Lebens, zur Anfälligkeit für Krankheit und Leid und überhaupt zur Endlichkeit dieses Lebens gehört. Solidarität bzw. Mitleiden verlangt nach gleichberechtigter Partnerschaft, nach freigebiger Hilfe im Wissen um das grundsätzliche und faktische Angewiesensein aller auf die Hilfe aller.

Das gilt in erster Linie für jede und jeden, der zur Hilfe in der Lage ist. Auf die Frage „Wer ist mein Nächster?" antwortet die christliche Botschaft im Sinne Jesu: „Der, dem du begegnest und von dessen Not und Hilfebedürftigkeit du betroffen bist." Darüber hinaus verlangt solidarische Hilfe im Grenzbereich menschlicher Existenz nicht nur den Willen zu helfen, sondern auch das Können dazu. In vielen Fällen sind Mediziner nicht durch andere ersetzbar. Das bedeutet für diese Anerkennung und Last zugleich.

3. Töten aus Mitleid?

Die Forderung nach der Beendigung des Lebens scheinbar „sinnlos Leidender" als Mitleidspflicht und als Konsequenz der menschlichen Autonomie, die unter bestimmten Voraussetzungen frei über das eigene Ende verfügen könne, ist inzwischen schon fast zur Routine geworden. Häufig beziehen sich die Plädoyers für aktive Sterbehilfe auf Szenarien von unsäglich leidenden Menschen. Doch bereits Aristoteles wusste, dass man aus Extremfällen keine moralischen Regeln ableiten sollte.

M. E. weisen Psychologen nicht zu Unrecht auf die Gefahr der Projektion hin, der jene unterliegen können, die sich zum Anwalt der schwer leidenden Menschen machen und für diese die Möglichkeit zu aktiver Sterbehilfe einfordern. Günter Virt, Moraltheologe und Therapeut, merkt an: „Probleme, die ein Mensch in sich selbst unterdrückt, will er außerhalb seiner selbst halten, genauer gesagt: unterhalb seiner selbst. Niemand eignet sich für eine solche Projektion besser als ein leidender Mensch. Im Extremfall kann sich dieser Abwehrmechanismus, der hinter dem Mitleid steckt, zum Wunsch auswachsen, die eigene unerträgliche Konfrontation mit dem Sterben dadurch zu beenden, dass das Leben des Leidenden beendet wird."[5] So aber kann die Tötung aus Mitleid zu einer Tötung aus verweigertem Mitleiden werden. In jedem Falle aber ist die Tötung des Leidenden oder die Beihilfe dazu das Ende des Mitleidens.

4. Leid und Mitleiden im Kontext der Heiligen Schrift

In einigen Texten des Alten Testamentes wird Krankheit als Strafe Gottes (oder Ausdruck des Zornes Gottes) bzw. als Straffolge der eigenen Sünden verstanden (vgl. u. a. Dtn 28,22 f; Pss 22; 42; 77). Dieser so genannte Tun-Ergehens-

Zusammenhang, nach dem der Mensch von Gott empfängt, was er verdient, gerät im Buch Ijob in die Krise, weil der schuldlos leidende Ijob die Fragwürdigkeit des traditionellen Vergeltungsdenkens offen legt (vgl. Jjob 2, 10; 3, 1–26; 6, 1–7.21).

Heilen im strengen Sinne kann nur Jahwe (Ex 15, 26; Jes 19, 22; Jer 3, 22; Ijob 5, 18). Wenn Menschen die Gabe des Heilens besitzen, dann hat Gott sie dazu bevollmächtigt (vgl. u. a. Sir 38, 12–14).

Die Evangelien des Neuen Testaments berichten mehrmals von der besonderen Vorliebe Jesu für die Kranken (vgl. u. a. Mt 9, 12). Seine Heilungswunder werden zu messianischen Heilszeichen (Mt 8, 16; Lk 7, 21). Und seinen Jüngern, die er zur Verkündigung des Evangeliums aussendet, trägt er ausdrücklich auf, Kranke zu heilen und Dämonen auszutreiben.

Die neutestamentliche Botschaft lässt keinen Zweifel daran zu, dass die Wurzel der Todesverfallenheit des Menschen die Sünde ist; sie gebiert schließlich den Tod (vgl. Röm 6, 23; Jak 1, 15). Die äußere Heilung ist darum stets auch Zeichen der inneren Heilung, die wesentlich in der Vergebung der Sünden besteht (vgl. u. a. Mk 2, 1–12 parr).

Kritik am Vergeltungsgedanken übt Jesus, insofern er es ablehnt, den Kranken ihre Gebrechen als persönliche Sündenstrafe zuzurechnen (vgl. Lk 13, 1–5; Joh 9, 2). Und anders als in seiner Umwelt dürfen bei Jesus die Kranken nicht in Gettos abgesondert werden. Denn vor Gott sind alle Menschen Sünder, und deshalb relativiert sich für ihn unter dieser Rücksicht der Unterschied zwischen Gesunden und Kranken.

Die Heilungswunder an Tauben, Blinden, Lahmen, Aussätzigen, Blutflüssigen etc. sowie die Dämonenaustreibungen symbolisieren den inneren Zusammenhang zwischen Heilung und Anbruch des Reiches Gottes (vgl. Lk 11, 20; Mt 11, 4; Lk 4, 18 f).

Krankheit führt den Menschen in die Nähe des Todes, in der alles menschliche Selbstvertrauen an ihr Ende kommt. Deshalb gewinnt der Zusammenhang von Heilung und Glaube solches Gewicht in den Evangelien, denn die Hoffnung des Glaubens richtet sich auf die Kraft Gottes, die stärker ist als alle Mächte dieser Welt einschließlich des Todes (vgl. Mk 2, 1–12 parr; 5, 21–43 parr; 7, 24–30).

In der Tradition des Christentums gibt es eine Tendenz, Krankheit und mit ihr verbundenes Leiden zu verklären. Man hat eine eigene Leidensmystik entwickelt, die wenigstens teilweise den einfachen Sachverhalt verdeckt, dass Krankheit ein Übel ist. Dagegen gilt es aufgrund des biblischen Zeugnisses festzuhalten:

(1) Krankheiten gehen auf widergöttliche Mächte zurück. Das Kommen des Reiches Gottes manifestiert sich deshalb u. a. auch darin, dass Menschen von Krankheiten geheilt werden.

(2) Das Kreuz Christi und seine Auferweckung durch den Vater schenken die Gewissheit: Es gibt keine Krankheit und kein Leiden, das gottverlassen wäre.

(3) Da nach dem Neuen Testament Krankheit und Leid ein Übel ist und bleibt, lässt sich eine allgemeine Aussage über den inneren Sinn von Krankheit und Leid nicht begründen. Möglich ist stets nur eine ganz persönliche Sinnfindung im Leiden. Der häufig in der Tradition auftauchende Gedanke von Krankheit und Leiden als Strafe und Erziehungsmittel Gottes lässt sich theologisch nicht rechtfertigen.

(4) Christliche Deutungsversuche für Krankheit und Leiden dürfen nicht in die Nähe einer religiös motivierten Kapitulation vor Krankheit und Leid führen. Der Glaube verlangt Widerstand gegen die Krankheit und Hilfe für die Kranken, nicht die religiöse Einfriedung der Krankheit. Auch dann, wenn eine unheilbare Krankheit Menschen mit dem Tod konfrontiert, geht die Zielrichtung nicht auf

Unterwerfung, sondern auf Bewältigung der Krankheit. Freilich gilt es dann, wenn der Kampf gegen die Krankheit sinnlos geworden ist, den Tod als Ende des Lebens anzunehmen. Für Angehörige, Freunde, Pflegende und Ärzte ist dann Sterbebegleitung geboten.

(5) Christen werden in der Annahme von Krankheit und Leid durchaus Gottes Willen sehen dürfen – allerdings so, dass sie darin wirklich Gott gehorchen und sich nicht einer Krankheit unterwerfen. Sie werden nüchtern Krankheit und Leiden als mit zum Leben gehörig verstehen und nicht der Utopie einer Leidfreiheit anhängen, die nur zur Enttäuschung führen kann.

Literatur

G. Höver (Hrsg.), Leiden. 27. Internationaler Fachkongress für Moraltheologie und Sozialethik (Sept. 1995/ Köln / Bonn), Münster 1997.

J. Koffler, Mit-Leid. Geschichte und Problematik eines ethischen Grundwortes, Würzburg 2001.

D. Pullman, Human Dignity and the Ethics and Aesthetics of Pain and Suffering, in: Theoretical Medicine 23(2002)75–94.

Anmerkungen

1 Das Beispiel ist entnommen aus: Mechthild Hahn, Probleme im Grenzgebiet menschlicher Existenz, in: Praktische Theologie 30 (1995) 113–118, hier 113 f.

2 Einübung im Christentum, Düsseldorf 1951, 11 (SV XII 10).

3 Volker Eid, Solidarische Hilfe beim Sterben, in: Torsten Kruse/ Harald Wagner (Hrsg.), Sterbende brauchen Solidarität, München 1986, 52–69, hier 59.

4 Von der Wortbedeutung her sind Krankheit und Leiden nicht bedeutungsgleich, aber eng miteinander verbunden. Auch für Krankheit gilt, dass stets der Mensch krank ist und nicht der Magen. Krankheit ist primär eine anthropologische Kategorie.

5 Günter Virt, Leben bis zum Ende. Zur Ethik des Sterbens und des Todes, Innsbruck 1998, 19.

Leiden und Mitleiden aus ethischer Sicht

Guy A. M. Widdershoven

1. Einführende Bemerkungen

Die Frage nach dem Sinn des Leidens ist eine der zentralen Fragen der Philosophie. Was heißt Leiden für den Leidenden und für den Angehörigen? Wie soll man leben als Leidender, und welche Reaktion vonseiten anderer ist angemessen? Darf man als unheilbar Kranker und leidender Mensch um seinen eigenen Tod beten? Ist es gestattet, einen, der schwer leidet, von seinem Leiden zu erlösen? Oder umgekehrt: Ist es human, einen schwer kranken Menschen, der um Hilfe bittet, weiter leiden zu lassen?

Die Thematik des Leidens spielt nicht nur innerhalb der Philosophie, sondern auch innerhalb der Medizin eine Rolle. Das Leiden zu lindern ist eine klassische Aufgabe des Arztes. Im Bereich der medizinischen Ethik stellt sich die Frage, ob die Linderung des Leidens eine Verkürzung des Lebens gestattet. Besonders prägnant ist die Frage, ob eine aktive, intentionale Beendigung des Lebens durch den Arzt in einer Situation extremen Leidens in moralischer Hinsicht zu verteidigen ist. Gerade diese letzte Frage hat Anlass gegeben zu ethischen Debatten, wobei es zu heftigen Auseinandersetzungen gekommen ist zwischen Befürwortern und Gegnern der aktiven Sterbehilfe. Die Verteidiger der aktiven Sterbehilfe argumentieren, dass die beruhigende Gewissheit, als schwer leidender Kranker gegebenenfalls auf eine aktive Sterbehilfe hoffen zu können, die Furcht vor möglichen missbräuchlichen Anwendungen mehr als aufwiegt (Birnbacher 2000). Kritiker betonen, dass es nicht einfach ist zu entscheiden, wann das Leiden unerträglich ist. Wie kann der Arzt feststellen, ob das Leiden schlimm genug ist? Die Kritiker befürchten, dass immer mehr Fälle von Leiden als unerträglich angesehen werden, wenn die aktive Sterbehilfe legalisiert wird (Keown 2002).

In der niederländischen Praxis der aktive Sterbehilfe spielt das Leiden eine zentrale Rolle. Aktive Sterbehilfe durch den Arzt ist nur gestattet, wenn das Leiden des Patienten aussichtslos und unerträglich ist. Der Arzt muss selbst davon überzeugt sein, und ein zweiter Arzt soll diese Einschätzung bestätigen. Seit 1999 werden alle gemeldeten Fälle von aktiver Sterbehilfe in den Niederlanden überprüft von regionalen Kontrollkommissionen. In diesen Kommissionen wird im Einzelfall u. a. das Leiden untersucht, und in jedem Urteil wird die Frage des Leidens im konkreten Fall diskutiert. In Jahresberichten werden besondere Fälle aufgegriffen. Auch hier ist die Frage des Leidens ein wichtiges Thema.

In diesem Beitrag werde ich über Erfahrungen innerhalb der regionalen Kontrollkommissionen berichten. Ich werde mich beschäftigen mit den folgenden Fragen: Wie wird innerhalb der Kommissionen über Leiden gesprochen? Welche Fälle lösen weitere Fragen aus? Was kann man daraus über Leiden und Mitleiden im Bereich der medizinischen Sterbehilfe lernen?

2. Das Verfahren der Prüfung in den regionalen Kontrollkommissionen im Allgemeinen

In den letzten dreißig Jahren hat es in den Niederlanden eine breite Diskussion über aktive Sterbehilfe gegeben (Thomasma u. a. 1998; Kennedy 2001). Während dieser

Zeit hat sich eine Praxis entwickelt, die weltweit einmalig ist. Seit dem 1. April 2002 ist die aktive Sterbehilfe in den Niederlanden gesetzlich geregelt. Das Gesetz basiert auf der Rechtsprechung und den Empfehlungen, die in der niederländischen Gesellschaft für Medizin (KNMG) entwickelt wurden.

Nach dem „Gesetz zur Überprüfung bei Lebensbeendigung auf Verlangen und bei der Hilfe zur Selbsttötung" ist aktive Sterbehilfe unter bestimmten Bedingungen gestattet. Nur wenn der Arzt eine Reihe von Sorgfaltskriterien erfüllt hat, macht er sich nicht strafbar. Die Kriterien beinhalten, dass der Arzt

a) zu der Überzeugung gelangt ist, dass der Patient seine Bitte freiwillig und nach reiflicher Überlegung gestellt hat,
b) zu der Überzeugung gelangt ist, dass der Zustand des Patienten aussichtslos und sein Leiden unerträglich ist,
c) den Patienten über seine Situation und über die Prognose aufgeklärt hat,
d) gemeinsam mit dem Patienten zu der Überzeugung gelangt ist, dass es für seine Situation keine andere annehmbare Lösung gibt,
e) mindestens einen anderen, unabhängigen Arzt zu Rate gezogen hat, der den Patienten untersucht und schriftlich zu den unter Buchstaben a bis d genannten Sorgfaltskriterien Stellung genommen hat, und
f) bei der Lebensbeendigung oder der Hilfe zur Selbsttötung mit medizinischer Sorgfalt vorgegangen ist.

Es gibt fünf regionale Kontrollkommissionen, die die gemeldeten Fälle von Lebensbeendigung auf Verlangen überprüfen. Es ist von den Kontrollkommissionen beabsichtigt, die Zahl der Meldungen, die 1995 nur bei etwa 40 % lag, zu steigern (Van der Wal und Van der Maas 1996). Die Kommission hat drei Mitglieder: einen Juristen, der gleichzeitig

Vorsitzender ist, einen Arzt und einen Ethiker. Ebenfalls gehören zur Kommission stellvertretende Mitglieder jeder dieser drei Kategorien. Die Kommission wird unterstützt von einem Sekretär. Die Kommission beurteilt für jeden innerhalb der Region gemeldeten Fall, ob die Vorgangsweise regelgerecht oder nicht regelgerecht gewesen ist. Das Urteil braucht nicht einstimmig zu sein, aber alle Mitglieder sollen an der Abstimmung teilgenommen haben. Es wird innerhalb von sechs Wochen gefällt. Wenn das Urteil auf „regelgerecht" lautet, ist die Prozedur beendet; wenn es auf „nicht regelgerecht" lautet, wird ein Bericht zur Staatsanwaltschaft geschickt. Diese entscheidet dann, ob der Fall weiter verfolgt wird.

Die Kommission tagt alle vier Wochen; dann werden alle neu gemeldeten Fälle diskutiert. Die Zahl der Fälle liegt zwischen etwa 20 und 40 pro Sitzung. Jeder Fall wird von den Mitgliedern der Kommission zuvor anhand von Unterlagen überprüft. Zu diesen gehören die Erklärung des meldenden Arztes, der Bericht des zweiten Arztes, die schriftliche Willenserklärung des Patienten und evtl. weitere Unterlagen, z. B. Briefe von Fachärzten oder Teile des Patientendossiers. Zentrale Punkte der Überprüfung sind das Leiden des Patienten, die Art und Weise, wie er seine Bitte gestellt hat, der Befund des zweiten Arztes und der Bericht über die Lebensbeendigung. Die meisten Fälle geben keinen Anlass zu weiteren Diskussionen innerhalb der Kommission. Es gibt aber immer wieder Fälle, die nicht ohne weiteres klar und eindeutig sind. Darüber wird in der Kommission weiter diskutiert. Wenn die Datenlage nicht ausreichend ist, wird der behandelnde Arzt um weitere Auskünfte gebeten, schriftlich, telefonisch oder in einem persönlichen Gespräch. Wenn die Kommission ein Urteil als nicht regelgerecht beurteilt, soll dem Arzt immer Gelegenheit gegeben werden, persönlich seine Vorgehensweise zu erläutern.

3. *Das Leiden als Gegenstand der Prüfung*

Das Leiden des Patienten ist eines der wichtigsten Themen der Prüfung in der Kontrollkommission. Es wird im Bericht der Kommission explizit angesprochen. Welche Art von Leiden ist charakteristisch in den Fällen, die die Kommission überprüft? Wie wird Leiden festgestellt? Welche Fragen können über das Leiden gestellt werden?

Viele der gemeldeten Fälle der aktiven Sterbehilfe betreffen Krebs im Endstadium mit ernsten Komplikationen, z. B. Schmerzen, Übelkeit, Erbrechen, Erstickunganfällen usw. Der Schmerz ist nicht immer das wesentlichste Element des Leidens. Oftmals sind extreme Schwäche und Erschöpfung sowie der Verlust der Würde für den Patienten nur schwer zu ertragen. Das Leiden ist meistens klar und eindeutig zu bestimmen. Manchmal gibt es aber auch Fälle, die weiter abgeklärt werden müssen (Regionale toetsingscommissies euthanasie 2001).

Gemäß den Sorgfaltskriterien soll das Leiden des Patienten aussichtslos und unerträglich sein. Die Aussichtslosigkeit ist primär gebunden an die medizinische Prognose bzw. die Therapiemöglichkeiten. Das Leiden ist nicht als unerträglich einzustufen, solange es eine Möglichkeit der Heilung oder Verbesserung gibt. In der niederländischen Praxis der aktiven Sterbehilfe spielt der Arzt eine zentrale Rolle, gerade weil nur der Arzt ein verlässliches Urteil über Diagnose, Prognose und Therapie abgeben kann. Die Unerträglichkeit des Leidens ist abhängig von der Person des Patienten. Was für den einen Patienten noch erträglich ist, kann für einen anderen nicht mehr zu ertragen sein.

Während die Aussichtslosigkeit direkt an das medizinische Urteil gebunden ist, ist die Unerträglichkeit vom persönlichen Erleben des Patienten geprägt. Das heißt aber nicht, dass Aussichtslosigkeit rein objektiv ist und Unerträglichkeit rein subjektiv. Der Nutzen von Therapien liegt in der Wirkung, nicht in den Nebenwirkungen. Die Frage, ob die Chancen die Nebenwirkungen aufwiegen, ist nicht vollkommen objektiv zu beantworten; sie impliziert eine Bewertung der Risiken und der Nebenwirkungen vonseiten des Patienten. Die Aussichtslosigkeit kann also nicht ganz unabhängig von der Person des Patienten festgestellt werden. Andererseits ist auch die Unerträglichkeit des Leidens nicht nur subjektiv. Der Arzt muss die Unerträglichkeit der Situation für den Patienten nachfühlen können. Eine einfache Mitteilung des Patienten wird dazu nicht genügen. Je mehr der Zustand des Patienten von einer Situation abweicht, die ohnehin als Leiden gekennzeichnet werden kann, desto mehr wird der Patient darlegen müssen, warum es für ihn nicht mehr zu ertragen ist.

Das Leiden des Patienten ist weder rein objektiver noch rein subjektiver Natur. Obwohl das Leiden vom Arzt bewertet werden muss, ist es nicht nur eine objektivierbare Tatsache. Andererseits macht der notwendige Bezug auf die Perspektiven des Patienten die Frage des Leidens nicht zu einer rein subjektiven Angelegenheit. Die Bewertung des Leidens ist jenseits von Objektivismus und Relativismus (Bernstein 1983). Das Leiden kann nur von Arzt und Patient zusammen festgestellt werden. Dieser Tatbestand ist in den Sorgfaltskriterien niedergelegt, die besagen, dass der Arzt gemeinsam mit dem Patienten zu der Überzeugung gelangt sein muss, dass es für dessen Situation keine andere annehmbare Lösung gibt. Dies unterstellt eine dialogische oder deliberative Beziehung zwischen Arzt und Patient. Der Arzt soll dem Patienten nicht seine eigene Meinung auferlegen (wie im Paternalismus) noch soll er die Werte des Patienten als gegeben betrachten (wie im Modell der informierten Zustimmung oder *informed consent*). Der Arzt soll mit dem Patienten herausfinden, welche Werte angemessen sind, und zwar in einem Prozess der Deliberation (Emanuel/Emanuel 1992). Dabei unterstelle ich, dass beide Parteien voneinander lernen können (Widdershoven 2002).

Aus dialogischer Sicht ist die Frage des Leidens weder eine Sache des Arztes, noch eine des Patienten allein. Nur durch Prozesse der Deliberation und Argumentation kann Leiden festgestellt werden. Dies beschränkt sich nicht auf den individuellen Arzt und den individuellen Patienten. Der zweite Arzt ist wesentlich in den Prozessdialog mit einbezogen. Er soll nicht nur die Krankheit bestätigen, sondern auch die Art des Leidens untersuchen. Die Prüfung der Kontrollkomission ist gleichermaßen Teil des Dialogprozesses, in dem die Art des Leidens festgestellt wird. Schließlich sind auch die gesellschaftliche Diskussion über Sterben und Tod sowie die Rechtsprechung über die aktive Sterbehilfe relevant für die Frage des Leidens. Die Feststellung des Leidens im Einzelfall und die soziale und kulturelle Konzeptualisierung des Leidens bedingen einander wechselseitig.

4. Die Rolle der Palliativmedizin

Die Aussichtslosigkeit des Leidens ist (wie gesagt) eine Voraussetzung der Berechtigung zur aktiven Sterbehilfe. Aussichtslosigkeit heißt, dass keine realen Möglichkeiten mehr bestehen, das Leiden mit anderen Mitteln zu lindern. Impliziert ist, dass nicht nur die Möglichkeiten der Heilung, sondern auch die der Palliativmedizin erschöpft sind: Sonst ist aktive Sterbehilfe nicht gestattet. In der niederländischen Praxis der Entscheidung über das Lebensende werden aktive Sterbehilfe und Palliativmedizin nicht als einander entgegengesetzt betrachtet, sondern als miteinander verbunden. Beide zielen auf die Linderung der Leiden des Patienten. Unterschiedlich ist, dass es bei der Palliativmedizin um ein normales medizinisches Handeln geht, während die aktive Sterbehilfe nur im Ausnahmefall erlaubt ist.

Kritiker der niederländischen Praxis der aktiven Sterbehilfe argumentieren, dass das Handeln der niederländischen Ärzte ein Versagen der Palliativmedizin verdecke (Hendin 1997). Dieser Verdacht muss aufgrund der Prüfung der gemeldeten Fälle nuanciert werden. In der großen Mehrheit der Fälle konnte mithilfe der Palliativmedizin viel erreicht werden. Das betrifft nicht nur die Bekämpfung der Schmerzen, sondern auch die Linderung anderer Symptome wie Übelkeit und Atemnot. Dennoch gibt es öfters Probleme, die nur schwer zu negieren sind. Es muss bedacht werden, dass jede medizinische Intervention, sei sie kurativ oder palliativ, Nebenwirkungen hat. Es ist durchaus möglich, dass der Patient eine Intervention ablehnt, weil die Nebenwirkungen für ihn zu belastend sind. Ob es reale Möglichkeiten der Palliation gibt, hängt also auch von der Perspektive des Patienten ab.

Die Entscheidung zwischen einer Intensivierung der Palliativmedizin und aktiver Sterbehilfe ist nicht immer einfach. Die meisten Fälle von aktiver Sterbehilfe in den Niederlanden werden von Hausärzten ausgeführt. Die Möglichkeiten der Palliativmedizin im ambulanten Bereich sind geringer als im Krankenhaus. Der Wunsch, zu Hause zu sterben, ist bei vielen Patienten aber sehr stark. Das mag die Verringerung der palliativen Möglichkeiten aufwiegen. Jedenfalls gibt es zur Zeit eine neue Initiative zur Förderung der Palliativmedizin im ambulanten Bereich. Seit einigen Jahren sind regionale Zentren für Palliativmedizin eingerichtet worden, wodurch für niedergelassene Ärzte die Möglichkeiten, Erfahrungen in der Palliativmedizin zu sammeln, verbessert worden sind.

Obwohl die palliativen Möglichkeiten in der Regel kompetent angewandt werden, gibt es manchmal auch Fälle, in denen der Patient palliative Maßnahmen ablehnt, die medizinisch indiziert wären. Dann stellt sich für die Kommission die Frage, ob der Arzt die Möglichkeiten adäquat angeboten und ob er versucht hat, den Patienten zu überzeugen. Wie haben Arzt und Patient über Alternativen gesprochen? Wie ist die Entscheidung zustande gekommen? Hat der Arzt klar gemacht, dass die Ablehnung der palliativen Möglichkeiten nicht das Recht auf aktive Sterbehilfe beinhaltet, sondern im Gegenteil die Zulässigkeit aktiver Sterbehilfe weitgehend einschränkt? Das heißt jedoch nicht, dass der Patient auf bestimmte Möglichkeiten verzichten muss. Für die Kommission ist die Nachvollziehbarkeit der gemeinsamen Überlegungen von Arzt und Patient ein wichtiger Gesichtspunkt in der Beurteilung solcher Fälle von aktiver Sterbehilfe.

5. Ein Beispielfall

Die Kontrollkommissionen beurteilen individuelle Fälle von aktiver Sterbehilfe. Sie schreiben über jeden gemeldeten Fall einen Bericht. Ihre Rolle besteht aber nicht nur in der Prüfung von individuellen Fällen; sie hat auch eine generelle „edukative" Aufgabe. Mitglieder der Kommissionen sind beteiligt am Unterricht für Ärzte, die aktive Sterbehilfe anwenden wollen. In diesem Unterricht wird u. a. betont, dass dem zweiten Arzt eine wichtige Rolle zukommt, insofern er untersuchen muss, ob die Sorgfaltskriterien erfüllt sind. Aus der Perspektive des Leiters soll der Konsiliararzt kritische Fragen stellen und sich z. B. nicht scheuen, weitere Möglichkeiten der Palliation vorzuschlagen. Die edukative Funktion der Kontrollkommissionen wird weiterhin durch die Jahresberichte ausgeübt. Neben einer Übersicht der allgemeinen Daten – Zahl der Meldungen, Art der Erkrankungen, beteiligte Facharztdisziplinen usw. – werden Fälle präsentiert, die zur Reflexion und Diskussion Anlass geben.

Im Jahresbericht 2000 wurde ein Fall dargelegt, in dem die Frage des Leidens der Patientin als problematisch angesehen wurde (Regionale toetsingscommissies euthanasie 2001).

Eine Patientin im Alter von 97 Jahren hatte mehrere Vorerkrankungen (Knieprothesen, Asthma, Hyperthyreose). Vor kurzem hatte sie einen Schlaganfall erlitten. Sie konnte anschließend nicht mehr sprechen und hatte eine Lähmung der linken Körperhälfte. Die Zustand verbesserte sich leicht. Die Frau bewertete ihre Abhängigkeit als unerträglich. Sie hatte immer selbst ihren Haushalt geführt und beurteilte ihre heutige Situation als inakzeptabel. Sie hatte auch Angst vor einem zweiten Schlaganfall, der vielleicht schlimmere Beeinträchtigungen nach sich ziehen könnte. Zwei Wochen nach dem Schlaganfall bat die Frau ihren Hausarzt um aktive Sterbehilfe. Ihre Kinder waren damit einverstanden. Der Hausarzt fand die Bitte der Frau problematisch, da er ihre Lebensqualität als akzeptabel einschätzte – und sei es unter der Voraussetzung der Hilfe Dritter. Auch der zweite Arzt hatte Bedenken, aber er respektierte den Wunsch dieser „rüstigen" Frau.

Die Kommission hat in diesem Fall geurteilt, dass das Leiden nicht aussichtslos und unerträglich gewesen sei. Sie vertrat die Meinung, der Arzt habe seine Professionalität zugunsten einer zu starken emotionalen Bindung an die Patientin aufgegeben. Eine möglicherweise langwierige und belastende Behandlung sei nicht ohne weiteres ein hinreichender Grund für aktive Sterbehilfe, betonte die Kommission. Der Fall wurde aber von der Staatsanwaltschaft nicht weiter verfolgt. Die Staatsanwaltschaft war der Meinung, dass das Leiden sehr wohl unerträglich war.

Diese Entscheidung wurde begründet mit dem hohen Alter der Frau und der permanenten Gefahr eines drohenden Schlaganfalls.

Man kann diesen Fall ansehen als ein Indiz für die Richtigkeit der These, dass die Legalisierung der aktiven Sterbehilfe zu einer Senkung der Schwelle der Unerträglichkeit des Leidens führt (Keown 2002). Diese Schlussfolgerung ist aber verfrüht. Erstens ist dieser Fall eine Ausnahme. Die große Mehrheit der gemeldeten Fälle gibt keinen Anlass zu derartigen Zweifeln über das Ausmaß des Leidens. Zweitens hat der Fall, obwohl am Ende keine Strafverfolgung vorgenommen wurde, zu einer sehr lebhaften Diskussion innerhalb der Kontrollkommission und auch bei der Staatsanwaltschaft geführt. Dass die Kommission strenger als der Staatsanwalt geurteilt hat, zeigt drittens, dass die Grundeinstellung der Prüfungskommissionen nicht zu einer Reduktion der kritischen Haltung gegenüber der aktiven Sterbehilfe geführt hat. Die Veröffentlichung dieses Falles im Jahresbericht kann (viertens) zu einer weiteren gesellschaftlichen Diskussion Anlass geben und damit zu einem bewussteren Umgang mit dem Problem der Einschätzung des Leidens beitragen. Damit ist nicht gesagt, dass es in näherer oder fernerer Zukunft nicht auch eine Änderung der Sorgfaltskriterien im Sinne einer anderen Einschätzung der Unerträglichleit des Leidens geben könnte; dies würde jedoch nicht ohne eine breite gesellschaftliche Diskussion geschehen.

6. Zusammenfassende Bemerkungen

Aus hermeneutischer Sicht ist die Ethik eine praktische Disziplin, deren Konzepte sich innerhalb historischer Lernprozesse entwickeln. Der Sinn und die Bedeutung von normativen Konzepten ist nicht vorgegeben, sie entwickeln sich in Prozessen der Anwendung auf konkrete Fragen unter Bezugnahme auf aktuelle historische Probleme. Die niederländische Praxis der aktiven Sterbehilfe ist ein Beispiel für ein ethisches Konzept für Entscheidungen über Leben und Tod, das von Allgemeinmedizinern und Juristen im Rahmen einer breiten öffentlichen Diskussion entwickelt wurde. Die Arbeit der Kontrollkommissionen liefert dabei einen Beitrag zur Weiterentwicklung ethischer Fragestellungen.

Die Art und Weise, in der innerhalb der Kontrollkommissionen über das Leiden gesprochen wird, zeigt, dass Leiden weder eine rein objektive noch eine rein subjektive Angelegenheit ist. Die Aussichtslosigkeit und die Unerträglichkeit des Leidens können nur in einem Dialog zwischen Arzt und Patient festgestellt werden, einem Dialog, an dem auch der zweite Arzt und die Kontrollkommission beteiligt sind. Ein solcher Dialog ist abhängig vom emotionalen Engagement. Hierbei spielt Mitleid eine wichtige Rolle (Dillmann 1998). Das Engagement darf aber nicht zu einer unkritischen Bejahung einer jeden Bitte um aktiven Sterbehilfe führen. Es muss vielmehr zu einer adäquaten Antwort auf die Bedürfnisse des Patienten kommen. Dies beinhaltet einen Prozess der Kommunikation, in den die Perspektiven der Betroffenen mit einbezogen werden in dem sie und miteinander verschmelzen.

Die niederländische Praxis der aktiven Sterbehilfe zeigt, dass die Diskussion über Leiden und Mitleiden prinzipiell nie abgeschlossen ist. Die Legalisierung der aktiven Sterbehilfe und das Verfahren in den Kontrollkommissionen liefern einen weiteren Beitrag zur gesellschaftlichen Diskussion über das Leiden und über die Art und Weise, wie der Arzt damit umgehen kann und soll. Leiden und Mitleiden haben ihre Bedeutung im praktischen Umgang mit schwer leidenden Menschen. Diese Praxis kann nur durch Prozesse der gesellschaftlichen Reflexion und Diskussion kritisch abgebildet werden, in denen verschiedene Perspektiven aufeinander bezogen werden, denn „die im Verstehen geschehene Verschmelzung der Horizonte ist die eigentliche Leistung der Sprache" (Gadamer 1960).

Literatur.

Bernstein, R. J. (1983): *Beyond objectivism and relativism*, Oxford: Oxford University Press.

Birnbacher, D. (2000): *Eine ethische Bewertung der Unterschiede in der Praxis der Sterbehilfe in den Niederlanden und in Deutschland*, in: Gordijn, B./Ten Have, H. (Hrsg.): *Medizinethik und Kultur*. Stuttgart-Bad Cannstatt: Frommann-Holzboog.

Dillmann, R. J. M. (1998): *Euthanasie: de morele legitimatie van de arts*, in: Legemaate, J./Dillmann, R. J. M. (Hrsg.) *Levensbeëindigend handelen door een arts: tussen norm en praktijk*. Houten: Bohn Stafleu Van Loghum, 11–25.

Emanuel, E. J./Emanuel, L. L. (1992): *Four models of the physician-patient relationship*. JAMA 267, 2221–2226.

Gadamer, H.-G. (1960): *Wahrheit und Methode*. Tübingen: J. C. B. Mohr.

Hendin H. (1997): *Seduced by death. Doctors, patients and the Dutch cure*. New York / London: W. W. Norton & Co.

Kennedy, J. (2002): *Een weloverwogen dood. Euthanasie in Nederland*. Amsterdam: Bert Bakker.

Keown, J. (2002): *Euthanasia, ethics and public policy. An argument against legislation*. Cambridge: Cambridge University Press.

Regionale toetsingscommissies euthanasie (2001): *Jaarverslag 2000*. Den Haag: Ministerie van VWS, Ministerie van Justitie.

Thomasma, D. C./Kimbrough-Kushner, T./Kimsma, G. K./Ciesielski-Carlucci, C. (Hrsg.) (1998): *Asking to die. Inside the Dutch debate about euthanasia*. Dordrecht / Boston / London: Kluwer.

Van der Maas, P. J./Van Delden, J. J. M./Pijnenborg, L./Looman, C. W. N. (1991): *Euthanasia and other medical decisions concerning the end of life*. Lancet 338, 669–74.

Van der Wal, G./Van der Maas, P. J. u. a. (1996): *Evaluation of the notification procedure for physician assisted death in The Netherlands*. NEnglJMed 335, 1706–1711.

Widdershoven, G. A. M. (2000): *Ethiek in de kliniek. Hedendaagse benaderingen in de gezondheidsethiek*. Amsterdam: Boom.

Widdershoven, G. A. M. (2002): *The physician-patient relationship: A hermeneutic perspective*, in: Lie, R. K./Schotsmans, P. T./Hansen, B./Meulenbergs, T. (Hrsg.): *Healthy Thoughts. European perspectives on health care ethics*, Leuven: Peeters, 69–80.

Aktive und passive Sterbehilfe, Tötung auf Verlangen, assistierter Suizid

Klaus Kutzer

1. Das Selbstbestimmungsrecht des Patienten

Ausgangspunkt jeder Überlegung, wie weit ärztliches Handeln und Unterlassen gehen darf, ist das grundrechtlich abgesicherte Selbstbestimmungsrecht des Patienten. Noch so gut gemeintes paternalistisches Handeln der Ärzte, das sich über den rechtlich erheblichen Willen des Patienten hinwegsetzt, ist mit dem Grundrecht des Art. 2 Abs. 2 des Grundgesetzes auf körperliche Unversehrtheit nicht vereinbar und in der Regel als Körperverletzung strafbar.

Der 4. Strafsenat des Bundesgerichtshofs hat schon 1957 ausgesprochen (BGHSt 11, 111, 114), dass selbst ein lebensgefährlich Kranker triftige und sowohl menschlich wie sittlich achtenswerte Gründe haben kann, eine Operation abzulehnen, auch wenn er durch sie und nur durch sie von seinem Leiden befreit werden könnte. Der VI. Zivilsenat des Bundesgerichtshofs hat dies 1984 wie folgt formuliert (BGHZ 90, 103, 111): „Das Selbstbestimmungsrecht des Patienten schützt auch eine Entschließung, die aus medizinischen Gründen unvertretbar erscheint."

Aus dem grundrechtlich verbürgten Selbstbestimmungsrecht des Patienten folgt also auch für die ärztliche Behandlung des dem Tode geweihten Menschen – und zwar unabhängig davon, ob der Tod unmittelbar bevorsteht oder nicht –, dass jeder ärztliche Eingriff in die körperliche

Integrität des Patienten, der von diesem nicht oder nicht mehr gewollt wird, rechtswidrig ist. Die – auch in Form einer konkretisierten Patientenverfügung vorweg – erteilte oder versagte Einwilligung ist maßgeblich, wenn der Patient einwilligungsfähig und über die Bedeutung des Eingriffs hinreichend aufgeklärt ist.

Andererseits gibt es keinen Anspruch auf eine bestimmte medizinisch nicht indizierte Maßnahme zur Lebensverlängerung, also auf Aufrechterhaltung von lebensverlängernden Maßnahmen, wenn sie aus medizinischer Sicht offensichtlich sinnlos sind.

Ist der Patient zur Abgabe einer den rechtlichen Erfordernissen genügenden Einwilligung nicht in der Lage, so kommt es für das ärztliche Handeln auf die Einwilligung des Vertreters des Patienten an. Vertreter des Patienten kann sein der vom Vormundschaftsgericht bestellte Betreuer in gesundheitlichen Angelegenheiten oder der vom geschäftsfähigen Patienten durch eine schriftliche Vollmacht bestellte Bevollmächtigte. Soll die Vollmacht – wie in den uns hier interessierenden Fällen – auch die Bevollmächtigung zur Entscheidung über ärztliche Maßnahmen einschließen, die zum Tode des Vollmachtgebers oder zu schweren und länger dauernden gesundheitlichen Schäden führen können, so muss die Vollmacht diese Maßnahmen ausdrücklich umfassen (§ 1904 Abs. 2 BGB). In diesem Fall bedarf die Einwilligung des Patientenvertreters auch der vormundschaftsgerichtlichen Genehmigung. Der wirksam schriftlich Bevollmächtigte entscheidet ebenso wie der vom Vormundschaftsgericht bestellte Betreuer für den Patienten mit den Arzt bindender Wirkung. Dem Arzt ist dann der Rückgriff auf einen davon abweichenden mutmaßlichen Willen des Patienten versagt.

Hat der Arzt Zweifel an der patientengerechten Ausübung der Betreuung oder Bevollmächtigung, so muss er versuchen, den Vertreter des Patienten zu überzeugen, und notfalls das Vormundschaftsgericht zwecks Überprüfung des Vertreterhandelns einschalten, darf sich aber nicht aus eigenem Recht über den Willen des Vertreters des Patienten hinwegsetzen.

Der Rückgriff auf den vom Arzt in eigener Verantwortung zu ermittelnden mutmaßlichen Willen des Patienten kommt also erst dann in Frage, wenn aktuell bindende Erklärungen des Patienten oder seines gesetzlichen oder rechtsgeschäftlich bestellten Vertreters weder vorliegen noch rechtzeitig beschafft werden können. Erst und nur bei der Ermittlung des mutmaßlichen Willens gewinnt für den Arzt die Befragung einer Vertrauensperson des Patienten, die nicht dessen förmlicher Vertreter ist, Bedeutung. Dabei kommt den Äußerungen des Ehegatten, eines anderen Lebenspartners oder der nächsten Verwandten ein besonderes Gewicht zu. Wie sich der Arzt die Überzeugung von dem Inhalt des mutmaßlichen Willens verschafft, ist im Gesetz nicht vorgeschrieben und seinem pflichtgemäßen Ermessen überlassen.

Der 5. Strafsenat des Bundesgerichtshofes hat in dem Urteil vom 4. Oktober 1999 zum mutmaßlichen Willen ausgeführt (BGHSt 45, 219, 221): „Die mutmaßliche Einwilligung bildet einen eigenständigen Rechtfertigungsgrund (für ärztliches Handeln). Im Hinblick auf den Vorrang des Selbstbestimmungsrechts ist der Inhalt des mutmaßlichen Willens in erster Linie aus den persönlichen Umständen des Betroffenen, aus seinen individuellen Interessen, Wünschen, Bedürfnissen und Wertvorstellungen zu ermitteln … Liegen keine Anhaltspunkte dafür vor, dass sich der Patient anders entschieden hätte, wird allerdings davon auszugehen sein, dass sein (hypothetischer) Wille mit dem übereinstimmt, was gemeinhin als normal und vernünftig angesehen wird."

Für die Ermittlung des mutmaßlichen Willens sind insbesondere Patientenverfügungen, oft auch Patiententestamente genannt, wichtig, auf die ich hier jedoch nicht näher eingehen kann.

2. Zulässigkeit der passiven Sterbehilfe

Spätestens seit dem Urteil des 3. Strafsenats des Bundesgerichtshofes vom 8. Mai 1991, dem ich bis zu meiner Pensionierung im vergangenen Jahr angehört habe, gibt es keine Zweifel mehr an der Zulässigkeit der so genannten passiven Sterbehilfe (BGHSt 37, 376). Der Leitsatz unserer Entscheidung lautet:

„Auch bei aussichtsloser Prognose darf Sterbehilfe nicht durch gezieltes Töten [also durch aktive Euthanasie], sondern nur entsprechend dem erklärten oder mutmaßlichen Patientenwillen durch die Nichteinleitung oder den Abbruch lebensverlängernder Maßnahmen geleistet werden, um dem Sterben – ggf. unter wirksamer Schmerzmedikation – seinen natürlichen, der Würde des Menschen gemäßen Verlauf zu lassen."

Trotz medizinischer Indikation haben daher lebensverlängernde Maßnahmen zu unterbleiben, wenn sie der Moribunde nicht oder nicht mehr will. Dies nennen wir in Deutschland herkömmlicherweise passive Sterbehilfe. Auf die Unterscheidung zwischen Tun (Abbruch von bereits eingeleiteten Maßnahmen) oder Unterlassen (von vornherein kein Einsatz lebensverlängernder Maßnahmen) kommt es also nicht an. Ein bemerkenswertes Beispiel dafür liefert das Landgericht Ravensburg (NStZ 1987, 229), das schon im Jahre 1986 einen Ehemann von dem Vorwurf der Tötung auf Verlangen freigesprochen hat, der bei seiner an ALS leidenden Ehefrau auf deren Wunsch hin, sterben zu wollen, das Beatmungsgerät abgeschaltet hatte, als das Krankenhauspersonal gerade abwesend war. Dies sei – so heißt es in dem juristisch allseits gebilligten Urteil – kein

Verstoß gegen das strafbewehrte Verbot der Tötung auf Verlangen, weil es nicht dessen Sinn und Zweck sei, im Todeskampf befindliche Menschen gegen ihren Willen am Sterben zu hindern.

Es ist also erlaubte passive Sterbehilfe, wenn auf Wunsch des dem Tode geweihten Patienten eine parenteral oder über eine Magensonde vorgenommene Ernährung oder die künstliche Beatmung oder die Gabe von herz- und kreislaufaktiven Medikamenten eingestellt werden. Auch wenn das ein aktives Tun des Arztes erfordert, gilt dies nach der Rechtsprechung nicht als aktive und damit verbotene Sterbehilfe. Genauso wie der Patient verlangen kann, unter bestimmten Voraussetzungen das Beatmungsgerät abzuschalten oder die künstliche Sondenernährung einzustellen, kann er auch verlangen, die Flüssigkeitszufuhr einzuschränken. Dies verstößt nicht gegen den Grundsatz menschenwürdigen Sterbens und das ärztliche Ethos, sofern sichergestellt ist, dass ein drängendes Durstgefühl während des Sterbeprozesses nicht auftritt oder durch medizinische Maßnahmen wirksam unterdrückt wird. Oft genügt schon das Befeuchten des Mundes und der Atemluft. Besonders für alte und sterbende Menschen stellt eine Nahrungs- und Flüssigkeitszufuhr oftmals eine unerträgliche Belastung dar, die man in solchen Fällen nicht vorschreiben darf.[1]

3. *Abbruch von lebenserhaltenden Maßnahmen vor Beginn des Sterbeprozesses*

Nicht mehr zur eigentlichen passiven Sterbehilfe gehört der Abbruch von lebenserhaltenden Maßnahmen, z. B. der Sondenernährung, wenn der Sterbevorgang noch nicht eingesetzt hat. Dieses Problem ist vor allem bei der Behandlung von Wachkoma-Patienten von Bedeutung, die bei künstlicher Ernährung noch Monate oder Jahre auch ohne Wiedererlangung des Bewusstseins weiterleben können, bei denen also nicht die Rede davon sein kann, dass es sich um Sterbende handelt, auf welche die Regeln der passiven Sterbehilfe anzuwenden sind. Der Bundesgerichtshof hat in einem strafrechtlichen Revisionsurteil auch in einem solchen Fall unter engen Voraussetzungen den Abbruch der lebenserhaltenden Sondenernährung für zulässig gehalten. Es handelt sich um das viel diskutierte Urteil des 1. Strafsenats vom 13.9.1994 (BGHSt 40, 257) zum so genannten Kemptener Fall. Der Bundesgerichtshof hat seinem Grundsatzurteil folgende Leitsätze vorangestellt:

> „1. Bei einem unheilbar erkrankten, nicht mehr entscheidungsfähigen Patienten kann der Abbruch einer ärztlichen Behandlung oder Maßnahme ausnahmsweise auch dann zulässig sein, wenn die Voraussetzungen der von der Bundesärztekammer verabschiedeten Richtlinien für die Sterbehilfe nicht vorliegen, weil der Sterbevorgang noch nicht eingesetzt hat. Entscheidend ist der mutmaßliche Wille des Kranken.
>
> 2. An die Voraussetzungen für die Annahme eines mutmaßlichen Einverständnisses sind strenge Anforderungen zu stellen …
>
> 3. Lassen sich bei der gebotenen sorgfältigen Prüfung konkrete Umstände für die Feststellung des individuellen mutmaßlichen Willens des Kranken nicht finden, so kann und muss auf Kriterien zurückgegriffen werden, die allgemeinen Wertvorstellungen entsprechen …“

Dieses „Kemptener Urteil“ hat noch keine endgültige Klärung der Rechtlage gebracht. Insbesondere die Frage der Einschaltung des Vormundschaftsgerichts und das subsidiäre Abstellen auf allgemeine Wertvorstellungen bleiben umstritten. Die Oberlandesgerichte Frankfurt und Karlsruhe (NJW 2002, 685 und 689) sind dem Bundesgerichtshof in der Frage der vormundschaftsgerichtlichen Genehmigungsbedürftigkeit gefolgt, nicht aber darin, dass hilfsweise, also wenn keine ausreichenden Anhaltspunkte für einen entsprechenden mutmaßlichen Willen vorhanden sind, auf allgemeine Wertvorstellungen abzustellen ist. Dieser Kritik kann ich mich nur mit Nachdruck anschließen. Sonst könnten allzu schnell Kostengründe dazu führen, dass die künstliche Ernährung alter und hoffnungslos kranker Menschen nach einer gewissen Vorlaufzeit eingestellt wird.

Inzwischen hat der Bundesgerichtshof eine neue Grundsatzentscheidung zur Einstellung lebenserhaltender Maßnahmen gefällt. Der XII. Zivilsenat hat seinem Beschluss vom 17. März 2003 (NJW 2003, 1588) die folgenden Leitsätze vorangestellt:

„a) Ist ein Patient einwilligungsunfähig und hat sein Grundleiden einen irreversiblen tödlichen Verlauf angenommen, so müssen lebenserhaltende oder -verlängernde Maßnahmen unterbleiben, wenn dies seinem zuvor – etwa in Form einer sog. Patientenverfügung – geäußerten Willen entspricht. Dies folgt aus der Würde des Menschen, die es gebietet, sein in einwilligungsfähigem Zustand ausgeübtes Selbstbestimmungsrecht auch dann noch zu respektieren, wenn er zu eigenverantwortlichem Entscheiden nicht mehr in der Lage ist. Nur wenn ein solcher erklärter Wille des Patienten nicht festgestellt werden kann, beurteilt sich die Zulässigkeit solcher Maßnahmen nach dem mutmaßlichen Willen des Patienten, der dann individuell – also aus dessen Lebensentscheidungen, Wertvorstellungen und Überzeugungen – zu ermitteln ist.

b) Ist für einen Patienten ein Betreuer bestellt, so hat dieser dem Patientenwillen gegenüber Arzt und Pflegepersonal in eigener rechtlicher Verantwortung und nach Maßgabe des § 1901 BGB Ausdruck und Geltung zu verschaffen. Seine Einwilligung in eine ärztlicherseits angebotene lebenserhaltende oder -verlängernde Behandlung kann der

Betreuer jedoch nur mit Zustimmung des Vormundschaftsgerichts wirksam verweigern. Für eine Einwilligung des Betreuers und eine Zustimmung des Vormundschaftsgerichts ist kein Raum, wenn ärztlicherseits eine solche Behandlung oder Weiterbehandlung nicht angeboten wird – sei es dass sie von vornherein medizinisch nicht indiziert, nicht mehr sinnvoll oder aus sonstigen Gründen nicht möglich ist. Die Entscheidungszuständigkeit des Vormundschaftsgerichts ergibt sich nicht aus einer analogen Anwendung des § 1904 BGB, sondern aus einem unabweisbaren Bedürfnis des Betreuungsrechts."

Auch diese Entscheidung hat erhebliche Unsicherheit und Kritik ausgelöst.[2] Entgegen der Auffassung des Bundesgerichtshofs halte ich es für sehr zweifelhaft, bei Patienten, die sich noch nicht im Sterben befinden, also bei Fortsetzung der lebenserhaltenden Maßnahmen noch Monate, wenn nicht gar Jahre weiter leben könnten, diese Maßnahmen einzustellen, also z. B. den Patienten durch Abbruch der PEG verhungern zu lassen, weil aus einer Gesamtheit von mehr oder weniger fragwürdigen Indizien auf einen entsprechenden Sterbewillen geschlossen wird.[3] Darauf habe ich schon auf dem internationalen IPPNW-Kongress in Erlangen im Mai 2001 hingewiesen.[4] Wachkoma-Patienten leiden in aller Regel nicht und geben ihrer Umgebung durchaus Signale ihrer positiven oder negativen Gestimmtheit, etwa wenn ein von ihnen geliebter oder von ihnen gefürchteter Mensch den Raum betritt. Wenn die Gesellschaft solche Menschen nicht mehr ernähren will, ohne durch ein ausdrückliches oder wenigstens eindeutig interpretierbares Verlangen des Kranken dazu legitimiert worden zu sein, handelt sie nicht zum Wohle des Patienten, sondern zu ihrem eigenen Wohl. Denn die Pflege solcher Komapatienten erfordert nicht nur erheblichen materiellen und personellen Aufwand, der durch den Tod des Patienten entfällt. Auch ist die Existenz solcher schwerstbehinderter

Menschen für das Selbstwertgefühl und das Selbstbild vieler Menschen eine schwer zu ertragende Zumutung, weil sie sie mit der Brüchigkeit der menschlichen Existenz und damit auch ihrer eigenen Persönlichkeit konfrontiert.

4. Zulässigkeit der indirekten Sterbehilfe

Zur indirekten Sterbehilfe hat der 3. Strafsenat des Bundesgerichtshofs in seinem Urteil vom 15. November 1996 ausgeführt (BGHSt 42, 301):

> „Eine ärztlich gebotene schmerzlindernde Medikation entsprechend dem erklärten oder mutmaßlichen Patientenwillen wird bei einem Sterbenden nicht dadurch unzulässig, dass sie als unbeabsichtigte, aber in Kauf genommene unvermeidbare Nebenfolge den Todeseintritt beschleunigen kann." Zur Begründung heißt es u. a.: „Die Ermöglichung eines Todes in Würde und Schmerzfreiheit gemäß dem erklärten oder mutmaßlichen Patientenwillen ist ein höherwertiges Rechtsgut als die Aussicht, unter schwersten, insbesondere sog. Vernichtungsschmerzen noch kurze Zeit länger leben zu müssen." Der Auffassung des 3. Strafsenats hat sich der 5. Strafsenat des Bundesgerichtshofs Anfang 2001 ausdrücklich angeschlossen (BGHSt 46, 279, 284 f).

Der Zielrichtung unserer Entscheidung zur indirekten Sterbehilfe entspricht es, die ärztliche Verpflichtung zur rigorosen Schmerzbekämpfung besonders hervorzuheben, nicht aber den unrichtigen Eindruck zu erwecken, als ob eine moderne Schmerztherapie das Leben verkürze. Die Grundsätze dieser BGH-Entscheidung haben insbesondere dann Bedeutung, wenn bei Sterbenden – etwa auf einer Intensivstation – hohe Dosen von Morphinen zur Unterdrückung schwerster Schmerzen unter Inkaufnahme einer Atemlähmung gegeben werden oder wenn es sich um die so genannte terminale

Sedierung handelt. In solchen Fällen kann – insoweit sollte die Rechtsprechung des BGH fortentwickelt werden – das Handeln des Arztes aber auch dann gerechtfertigt sein, wenn der Arzt nicht nur – wie der BGH meint – den Tod als *mögliche* Folge seines Tuns in Kauf nimmt, sondern auch dann, wenn der Arzt *weiß*, dass seine Behandlung das Leben des Sterbenden (nicht erheblich) verkürzt.

5. Aktive Sterbehilfe und ärztlich assistierter Suizid

Ich habe schon im März 2000 auf dem 24. Kongress der Deutschen Krebsgesellschaft in Berlin die Auffassung vertreten:[5] In seltenen Ausnahmesituationen sei auch eine gezielte Tötung nicht strafbar, wenn die Möglichkeiten der Schmerztherapie und der ärztlichen Kunst einmal nicht ausreichen sollten, einen entwürdigenden Todeskampf zu verhindern. Dabei könne es sich aber immer nur um einen besonderen, einer Verallgemeinerung nicht fähigen Einzelfall handeln. Von singulären, sich überlappenden Grenzbereichen abgesehen sollte es jedoch bei dem Verbot der aktiven Sterbehilfe bleiben, weil das geltende Recht ein würdiges Sterben auch ohne Euthanasie-Regelungen wie in den Niederlanden und Belgien ermöglicht. Das Verbot der aktiven Sterbehilfe versagt dem Einzelnen zwar die Erfüllung seines Begehrens, gibt aber der großen Mehrheit der Sterbenskranken die Gewissheit, nicht vorzeitig aus der Gemeinschaft ausgestoßen zu werden, und sichert deren Recht, bis zuletzt wirksam und einfühlsam betreut zu werden. Bundespräsident Rau hat das im Mai 2001 in seiner Berliner Rede (*Wird alles gut? Für einen Fortschritt nach menschlichem Maß*[6]) wie folgt ausgedrückt: „Wo das Weiterleben nur eine von zwei legalen Optionen ist, wird jeder rechenschaftspflichtig, der anderen die Last seines Weiterlebens aufbürdet."

Im engen Zusammenhang mit dem Verbot der aktiven Sterbehilfe steht die Frage nach der Zulässigkeit ärztlicher Assistenz beim Suizid. Nach deutschem Recht ist die Beihilfe zum freiverantwortlichen Suizid straflos. Dies hat der Bundesgerichtshof erst kürzlich bestätigt, als er durch Urteil vom 7. Februar 2001 (BGHSt 46, 279) den Schweizer Generalsekretär der Vereinigung „Ex-International" Sigg nicht wegen eines Tötungsdelikts, sondern nur wegen unerlaubter Einfuhr und Überlassung eines Betäubungsmittels bestraft hat. Sigg, früherer evangelischer Gemeindepfarrer und Psychologe, hatte einer an multipler Sklerose mit progredientem Verlauf leidenden Ärztin das dem deutschen Betäubungsmittelrecht unterliegende Natrium-Pentobarbital für ihren Suizid verschafft und nach Deutschland mitgebracht.

Schon im Jahre 1987 hatte das Oberlandesgericht München (NJW 1987, 2940) Professor Hackethal außer Verfolgung gesetzt, der seiner schwer krebskranken Patientin Zyankali für ihren Suizid beschafft hatte (wobei für die Patientin nach Einnahme des Gifts keine Rettungschance mehr bestand). Die Frage, ob das Strafrecht – etwa die Vorschrift über unterlassene Hilfeleistung oder die Verhinderungspflicht auf Grund der Garantenstellung des Arztes bei Bestehen einer Rettungschance – eingreift, dürfte nach der bisherigen Rechtsprechung zu bejahen sein (vgl. BGHSt 6, 147; 32, 367), erscheint mir jedoch jedenfalls dann zweifelhaft, wenn es sich um einen freiverantwortlichen Suizid zur Beendigung schweren Leidens handelt. Bei einem so genannten Bilanzselbstmord hat der IV. Zivilsenat des Bundesgerichtshofs schon 1985 jedenfalls eine zivilrechtliche Schadensersatzhaftung des Krankenhausträgers abgelehnt (BGHZ 96, 98, 102 f). Sicher aber ist, dass der behandelnde Arzt zivil- und strafrechtlich haftet, wenn der Suizid begehende Patient infolge seiner Krankheit nicht mehr voll entscheidungsfähig ist und der Arzt den Suizid in zumutbarer Weise hätte verhindern können (vgl. dazu BGH JR 2002, 336 f)

Nur wenn wir den schon heute gegebenen weiten rechtlichen Rahmen für eine Sterbehilfe durch patientengerechte ärztliche Entscheidungen, durch soziale Empathie und die Freigabe ausreichender Mittel für eine angemessene räumliche Unterbringung und zeitaufwendige Pflege ausfüllen, wird es uns gelingen, dem immer lauter werdenden Ruf nach allgemeiner aktiver Sterbehilfe wirksam entgegenzutreten.

Anmerkungen

1 Vgl. Beleites, DtÄrzteBl vom 25.9.1998, A 2365.

2 Vgl. Kutzer ZRP-Rechtsgespräch Der Vormundschaftsrichter als „Schicksalsbeamter"? ZRP 2003, 213 ff; Spickhoff JZ 2003, 739 ff.; Deutsches Verfassungszivilrecht bei der Sterbehilfe NJW 2003, 1567 ff.

3 Vgl. auch Eibach, *Künstliche Ernährung um jeden Preis?*, MedR 2002, 123 ff.

4 Vgl. die dazu die Dokumentation dieses Kongresses: St. Kolb (Hrsg.), *Medizin und Gewissen*, Frankfurt a. M. 2002, 167.

5 MedR 2001, 77, 78.

6 Im Internet unter www.bundespraesident.de/dokumente/Rede.

Sterbebegleitung und Selbstbestimmungsrecht

Eggert Beleites

Einführung

Seit alters her haben Ärzte die Aufgabe zu heilen, Lebenszeit zu verlängern, und, wo dies nicht möglich ist, wenigstens Leid zu lindern. Sterbenszeit hinauszuzögern, gehört jedoch nicht zu den Aufgaben des Arztes. Heute ist es zunehmend problematischer, zu entscheiden, was noch Lebenszeit und was schon Sterbenszeit ist; denn nichts scheint sich rasanter zu entwickeln als die Möglichkeiten der Medizin. Die Erweiterung der medizinischen Handlungsmacht, z. B. durch moderne Pharmatherapeutika oder in der Intensivmedizin, bewirkt, dass Gegebenheiten, die früher als natürlich betrachtet wurden, wie Geburt, Tod, Erbanlagen und Organausstattung, jetzt zu manipulierbaren Prozessen und steuerbaren Funktionen geworden sind. Bislang schicksalhafte Ereignisse des menschlichen Lebens können und müssen heutzutage sogar oft künstlich bestimmt werden:

- der Zeitpunkt der Befruchtung und die Geburt kann durch menschliches Handeln festgelegt werden;
- die genetische Ausstattung des Menschen kann durch genetische Diagnostik erkannt und durch Gentechnik beeinflusst werden;
- funktionsuntüchtige Organe können durch Verpflanzung ersetzt werden;
- der traditionell als Todeszeitpunkt angesehene Herz-Kreislauf-Stillstand kann maschinell rückgängig gemacht und aufgeschoben werden.

Im Umkreis von Sterben und Tod führt die Erweiterung der medizinischen Handlungsmacht dazu, dass heutzutage ganz anders, als es sich frühere Generationen hätten vorstellen können, gestorben wird. Es gelingt der Notfallmedizin heute, vielen Menschen das Leben zu retten, die noch vor wenigen Jahren an den Folgen eines Unfalls oder einer plötzlich auftretenden lebensbedrohlichen Erkrankung gestorben wären. Auf der anderen Seite gibt es viele Menschen, bei denen lediglich Sterbenszeit, nicht Lebenszeit, durch Intensivmaßnahmen verlängert wird. Die Entscheidung über Sterben oder Leben ist mittlerweile so ungeheuer schwierig geworden, dass die gern zitierte ca. 200 Jahre alte und sehr konsequente Formulierung Hufelands: „Der Arzt soll und darf nichts Anderes tun als Leben erhalten; ob es gleich oder ungleich sei, ob es Wert habe oder nicht, dies geht ihn nichts an, und maßt er sich einmal an, diese Rücksicht in sein Geschäft aufzunehmen, so sind die Folgen unabsehbar, und der Arzt wird der gefährlichste Mensch im Staate" uns leider nur noch wenig hilft.

Vor diesem Hintergrund gibt es unter Ärztinnen und Ärzten erhebliche Verunsicherung darüber, was sie tun oder was sie unterlassen dürfen bzw. müssen. Das besondere Problem besteht darin, dass sich Ärzte in der Regel ex ante, unter Zeitdruck und dazu häufig bei Prognoseunsicherheit und bei fehlender Kenntnis der Umgebungsverhältnisse entscheiden müssen. Bei ihren Entscheidungen fürchten sie sogleich immer schon sowohl die ex post getroffenen, geschliffen formulierten Urteile der Juristen als auch die ex post theoretisch durchdachten, tiefsinnigen Einschätzungen von Ethikern, gegenüber denen sie sich im Nachhinein rechtfertigen sollen.

Konkret heißt dies, dass so mancher von uns Ärzten, schon um sich haftungsrechtlich abzusichern, lieber die vielfältigen medizinischen Möglichkeiten zur Lebenserhaltung um jeden Preis nutzt als einen natürlichen Sterbeprozess geschehen zu lassen, denn geschäftige Aktivität im Sinne eines Zuviel ist viel schwerer vorwerfbar als unterlassene Hilfeleistung beim Geschehenlassen. Das Wissen darüber führt nun wiederum auf nichtärztlicher Seite dazu, dass Menschen vor der Allmacht der Medizin, vor einem künstlichen Hinauszögern des Todes durch „Maschinen", vor dem Nicht-in-Ruhe-gelassen-Werden erhebliche Angst entwickeln. Von einem ärztlichen Kollegen wurde diese Befindlichkeit bereits vor über dreißig Jahren sehr treffend in einem Gedicht formuliert:

Für alle Fälle

G. Hentschel

Wenn ich einmal sterbenskrank bin, lasst mich sterben
und doktert nicht so viel an mir herum;
ein Tongefäß, ein altes, bricht in Scherben,
ein Mühlrad selbst ist eines Tages stumm.

Und schleppt mich nicht von einem Arzt zum anderen,
erspart das quälend' Suchen euch und mir;
ein jeder höret einmal auf zu wandern,
der alte Mensch sitzt gerne ruhig vor der Tür.

Macht, dass das leid'ge Sterben wird zum Schlafen
und nicht zum Tummelplatz der Medizin;
ein altes Schiff sucht Ruhe doch im Hafen,
ein krankes Tier legt sich in aller Stille hin.

Ich will das „Ruhe sanft!" nicht erst am Grabe;
dann ist ja ohnehin der Deckel zu,
die Bitte, die ich an euch Ärzte habe,
wenn's mal so weit ist: lasst vorher mich in Ruh!

Allein die Angst davor, künstlich am Leben erhalten zu werden, fernab von Familie und Freunden dahinzuvegetieren und dabei vielleicht noch unerträgliche Schmerzen erleiden zu müssen, erklärt, warum bei Umfragen in Deutschland sich immer wieder eine Mehrheit dafür ausspricht, dass Ärzten unter gewissen Umständen die Tötung auf Verlangen erlaubt sein soll, so wie beispielsweise in den Niederlanden und Belgien. Dort kann der Todeswunsch eines Sterbenden von einem Arzt unter bestimmten Bedingungen und nach kritischer Prüfung straffrei erfüllt werden. Gleichzeitig wird allerdings die Sterbehilfe-Gesetzgebung dieser beiden Länder von vielen Patienten, von Selbsthilfegruppen, vor allem aber auch von vielen Politikern sehr kritisch gesehen und mit großer Sorge betrachtet.

Ich selbst halte es für falsch, aktive Sterbehilfe in Deutschland zuzulassen. Wir sollten uns nicht so sehr an den Entwicklungen anderer Länder orientieren, sondern einen eigenen Weg zum Abbau übertriebener medizinischer Aktivitäten gehen. Dazu haben wir viele gute und (wie ich meine) viel bessere Möglichkeiten als die Freigabe der ärztlichen Assistenz beim Suizid.

Trotzdem sollten wir den Diskussionen über aktive Sterbehilfe tunlichst nicht ausweichen. Es scheint mir jedoch nicht sehr hilfreich, wenn die Auseinandersetzungen zu diesem Thema von einer moralisierenden Einteilung in Gut und Böse ausgehen oder auch einfach nur in Schwarz-Weiß-Manier erfolgen. Als Beispiel für solch unangemessene Differenzierung in Gut und Böse sei hier auf eine nach der Gesetzesänderung in den Niederlanden in Deutschland gestartete Plakataktion verwiesen, die von manchen Gegnern der aktiven Sterbehilfe in deutschen Krankenhäusern begeistert aufgenommen wurde. Unter einem Verbotsschild mit der Aufschrift „*Euthanasie*" kann man lesen: „*Auf dieser Station wird der hippokratische Eid eingehalten. Kein Arzt darf eine Maßnahme anordnen, die zum Tod des Patienten führt. Unser Beruf ist der Dienst am Leben."* Heißt dies etwa, dass an nicht gekennzeichneten Stellen Euthanasie erlaubt ist? Heißt dies, dass Tumorpatienten Schmerzen erleiden müssen, weil hoch dosierte Schmerzmittel den Tod eines Sterbenden schneller herbeiführen könnten? Solche Aktionen helfen wohl niemandem weiter.

Was wir brauchen, ist eine sachliche Diskussion zur Sterbehilfe und zur Sterbebegleitung! Die 1998 von der Bundesärztekammer verabschiedeten Grundsätze zur ärztlichen Sterbebegleitung können als wichtiger Schritt in diese Richtung gewertet werden.

2. *Wesentliche Inhalte und Neuerungen der „Grundsätze" der Bundesärztekammer*

Die Schwierigkeit des Themenkomplexes „Sterben und Sterbebegleitung" zeigt sich nicht zuletzt auch darin, dass die verfasste Ärzteschaft in immer kürzeren Abständen offizielle Verlautbarungen dazu beschlossen hat. 1979 verabschiedete die Bundesärztekammer erstmals eine *„Richtlinie zur Sterbehilfe"*, die 1993 etwas umformuliert als *„Richtlinie zur ärztlichen Sterbebegleitung"* veröffentlicht wurde. Bereits 1998 wurde dann vom Vorstand der Bundesärztekammer ein neues Papier mit dem Titel *„Grundsätze zur ärztlichen Sterbebegleitung"* beschlossen. Neu war bei der Formulierung der Grundsätze unter anderem das Verfahren. Erstmals hat der Vorstand der Bundesärztekammer der Öffentlichkeit einen Richtlinien-Entwurf zur Diskussion übergeben, wohl wissend, das allein schon mit dieser Prozedur möglicherweise politische Macht aus der Hand gegeben wird. Damit war ein neues Verfahren eingeleitet, welches signalisierte, dass die Ärzteschaft bei ethischen Auseinandersetzungen des gesamtgesellschaftlichen Konsenses bedarf. Dies ist seitens der Ärzteschaft auch ein Zeichen für das Schwinden von Paternalismus und überzogener Selbstsicherheit.

Kernpunkte der „Grundsätze":

1: Der *Wille des Patienten* wird im Sinn des Übergangs vom Paternalismus des Arztes zur Autonomie des Patienten erstmalig ausgesprochen betont.

2: Aus tiefster Überzeugung und den Gesetzen entsprechend wird *aktive Sterbehilfe* (auch nach den Änderungen in den Niederlanden) weiterhin strikt abgelehnt.

3: Das wird auch dadurch verdeutlicht, dass die *ärztliche Assistenz beim Suizid* als unärztlich gewertet wird.

4: Erstmals wird aber jetzt deutlich zum Ausdruck gebracht, dass *Lebensverlängerung nicht unter allen Umständen angezeigt* ist.

5: Auf den Terminus *Therapieabbruch* wird bewusst verzichtet, dafür aber darauf hingewiesen, dass eine ärztliche *Behandlungspflicht* bis zum Ende des Lebens besteht.

6: Zusätzlich wird die ärztliche Pflicht, für eine als unverzichtbar angesehene *Basisbetreuung* zu sorgen, neu aufgenommen.

7: Eine Änderung des Therapiezieles von *kurativ zu palliativ* wird empfohlen, wenn dies medizinisch indiziert erscheint und dem Willen des Patienten entspricht.

8: Solche Änderungen des Therapieziels haben sich nicht nach *wirtschaftlichen Gesichtspunkten* zu richten.

9: Ebenso wird es strikt abgelehnt, die Dauer einer *Bewusstlosigkeit* als Entscheidungskriterium für eine Änderung des Therapieziels zuzulassen.

10: Die Arten der *Willenserkundung* werden detailliert ausgeführt.

11: Erstmals bekennt sich die Ärzteschaft zur Verbindlichkeit von *Patientenverfügungen*.

Mit diesen Grundsätzen hat die Ärzteschaft zwar ihrerseits viele der (weiter zunehmenden) Probleme hinsichtlich des medizinisch begleiteten Lebensendes differenziert angesprochen und eindeutig Stellung bezogen. Trotzdem bleiben naturgemäß viele offene Fragen und Probleme.

3. Ungelöste Probleme

Trotz der in Deutschland im Grunde großzügigen gesetzlichen Regelungen (passive Sterbehilfe, indirekte Sterbehilfe, der Suizid und die Beihilfe zum Suizid stehen bei uns nicht unter Strafe; Patientenverfügungen sind mehr oder weniger verbindlich; es ist leicht, eine Vertretung in Gesundheitsfragen zu benennen; ärztliche Handlungen bedürfen immer der ausdrücklichen Patientenerlaubnis, gegen den Patientenwillen darf nichts geschehen) und der berufsinternen Regeln für Ärzte in den „Grundsätzen" gibt es im Umfeld von Sterben und Tod eine Menge ungelöster Probleme. Besonders deutlich wird dies beispielsweise in der Rettungsmedizin, wo der Arzt ohne Hintergrundkenntnisse und ohne Kenntnis der Prognose schnellstens das weitere Vorgehen entscheiden muss und eben nicht erst noch auf mögliche Willensbekundungen des Patienten warten kann.

Generell gibt es Patientengruppen wie Alzheimer- oder Schizophreniepatienten, bei denen die Berücksichtigung des Patientenwillens auch bei Vorliegen einer Patientenverfügung sehr problematisch sein kann, weil sich einerseits die Persönlichkeit (und damit natürlich auch ihr Wille) durch die Krankheit oft erheblich verändert und weil andererseits mit einem u.U. gegen die eigene Person gerichteten Willen besonders schwer umzugehen ist. Analog schwierig kann der Umgang mit entschieden entschlossenen Suizidpatienten sein. Diffizil und juristisch umstritten ist gleichfalls, ob bei Bewusstlosen – wenn der mutmaßliche Wille dafür spricht – unter bestimmten weiteren Umständen auf die Fütterung über die PEG-Sonde verzichtet werden darf und, wenn ja, unter welchen Voraussetzungen (zumal ja das Stillen von Hunger und Durst zur unverzichtbaren Basisbetreuung gehört und wir nicht ganz sicher sind, ob bei eingetrübtem Bewusstsein Durst empfunden werden kann).

All diese Probleme sind in keiner Weise durch Gesetzgebung vernünftig regelbar, auch wenn eine Mehrheit der Bevölkerung glaubt, mit einer Lockerung des Tötungsverbotes im Sinn der Legalisierung aktiver Sterbehilfe wären viele Probleme am Ende des Lebens ohne weiteres lösbar. Ganz egal, wie unsere Parlamente in Zukunft entscheiden werden, die Ärzteschaft sollte vor möglichen parlamentarischen Auseinandersetzungen ihrerseits klarstellen, welche Kernpunkte für sie unverzichtbar sind.

4. Was ist für uns Ärzte beim Thema Sterbebegleitung unverzichtbar?

Aus Sicht der Ärzteschaft bedarf es in Deutschland augenblicklich keiner Gesetzesänderung zur Sterbebegleitung, schon gar nicht hinsichtlich aktiver Sterbehilfe. Sollten sich doch Änderungen andeuten, dann sollte die Ärzteschaft zumindestens streng darauf achten, dass Folgendes nicht angerührt wird.

(1) Wir dürfen nicht zulassen, dass die *Lebensgarantenstellung* durch eine Tötungserlaubnis im Sinne eines Sonderstrafrechtes für Ärzte aufgeweicht wird. Wir würden sonst als Berufsgruppe erheblich an Vertrauen verlieren.

(2) Wir müssen streng darauf achten, dass wir als Ärzte immer nur individuelle Entscheidungen zu treffen haben. Der Entschluss zur Begrenzung lebensverlängernder Maß-

nahmen darf niemals auf Grundlage der Zugehörigkeit des Patienten zu einer bestimmten Gruppe – sei sie durch Alter, Krankheit, Behinderung, ethnische Zugehörigkeit oder wodurch auch immer definiert – vorgenommen werden. Dies lehrt allein schon unsere nationalsozialistische Vergangenheit in Deutschland.

(3) Wir dürfen niemals zulassen, dass uns eine Entscheidung darüber übertragen wird, ob ein bestimmtes Leben als *lebenswert* gelten soll oder nicht.

(4) Auf *freie Arztwahl, auf Therapiefreiheit,* auch und besonders am Ende des Lebens, ist strengstens zu achten.

(5) Die medizinische Indikation hat die entscheidende Kategorie für die weitere Therapie zu sein. *Wirtschaftliche Erwägungen* dürfen dabei *keine Rolle* spielen.

(6) Der Übergang von kurativer zu palliativer Therapie darf *nicht vom Alter oder Behinderungsgrad abhängig gemacht* werden.

5. Weshalb sollten Ärzte entschieden auf aktive Sterbehilfe verzichten?

Die deutsche Ärzteschaft lehnt sowohl im Wissen um die sich rasant entwickelnde Medizintechnik als auch angesichts anderer in Europa geltender Regelungen aktive Sterbehilfe ab und steht für sie nicht zur Verfügung. Wir Ärzte fühlen uns an die Verpflichtung, Leben zu erhalten, weiterhin gebunden, und dies nicht nur wegen der nationalsozialistischen Vergangenheit in Deutschland, sondern allein schon deshalb, weil der Tod ein absolut irreversibler Zustand ist, der selbst durch intensive Reanimationsbemühungen nicht mehr rückgängig gemacht werden kann. Die deutsche Ärzteschaft lehnt es ab, Leben auf Wunsch der Patienten zu beenden, auch wenn Umfragen zufolge etwa 65–80 % der Bevölkerung der aktiven Sterbehilfe positiv gegenüberstehen.[1] Auch knapper werdende Ressourcen und Budgets sind keine Gründe, aktive Sterbehilfe zu befürworten.

Aktive Sterbehilfe ist auch deshalb inakzeptabel, weil durch die Zulassung einer gezielten Tötung auf Verlangen Gefahren für krankes und schwer beschädigtes Leben entstehen.[2] Angesichts der Tatsache, dass es viele Wege gibt, Druck auszuüben und jemandem zu suggerieren, es sei richtig und anständig, das eigene Ende zu verlangen, darf es auch für den Arzt keine Möglichkeit geben, die aktive Tötung auch in hoffnungslosen Situationen überhaupt zum Thema zu machen.

6. *Maßnahmen gegen die Forderung nach aktiver Sterbehilfe*

Zunächst sollten wir nicht vordergründig und aufgeregt nur über ausländische Regelungen debattieren, sondern uns darauf besinnen, welche Möglichkeiten es in Deutschland gibt. Die strikte Achtung der Menschenwürde, das Loslassenkönnen am Bett eines Sterbenden und das verantwortungsvolle Beachten von Patientenwünschen gehören zu den Grundvoraussetzungen für eine bessere Gestaltung des Lebensendes.

Zudem zähle ich Patientenverfügungen, die mit den „Grundsätzen" der Bundesärztekammer als verbindlich anerkannt worden sind, zu den geeignetsten Präventionshilfen gegen den lautstarken Wunsch nach aktiver Sterbehilfe.

Solche Verfügungen stellen ein wesentliches Instrument für die Durchsetzung der Selbstbestimmung dar. Ich halte sie für so wichtig, dass ich meine, deren Aufstellung sollte sogar schon in der Schule, vor allem aber in der Aus- und Weiterbildung von Ärzten eingeübt werden.

Mit Patientenverfügungen können wir gewissermaßen das Sterben ins Leben zurückholen. Sie helfen uns, im Kreise der Familie, der Angehörigen oder in der Arztpraxis offen über das eigene Sterben zu sprechen und auch darüber, was wir selbst am Ende unseres Lebens wollen oder auch befürchten. Mit einer schriftlichen Niederlegung des Willens ordnet man in der Regel auch seine Gedanken, und das kann für das Finden von Klarheit, Ruhe und auch Gelassenheit sehr hilfreich sein. Es ist also ein Ordnen der Gedanken, das dazu dient, uns selbst Klarheit darüber zu verschaffen, was für uns am Ende des Lebens wichtig ist. Die Dinge, die uns angesichts des Todes besonders bedeutend sind, können wir anlässlich der Fixierung einer Verfügung und speziell in dem Gespräch über die Verfügung unserer sozialen Umgebung vermitteln. Allein die intensive Beschäftigung mit Patientenverfügungen und besonders die dazugehörigen Gespräche helfen uns, das Tabuthema Sterben wieder ins Leben und in unser soziales Umfeld zu integrieren. Wir können durch Gespräche über Patientenverfügungen sozusagen ein Stück weit sterben lehren und lernen. Es werden Missverständnisse ausgeräumt, es wird Aufklärung betrieben und auch Verantwortung eingeübt.

Wenn es auch gegen die Verbindlichkeit von Patientenverfügungen durchaus berechtigte Einwände gibt – der Wille des Patienten kann sich wandeln, die Aufklärung war eventuell nicht vollständig, seit der Erstellung der Patientenverfügung ist eine lange Zeit vergangen, und außerdem fehlt eine befriedigende gesetzliche Regelung –, so helfen sie doch wesentlich dabei, Selbstbestimmung zu formulieren und durchzusetzen.

Die Verbindlichkeit einer solchen Verfügung kann freilich auch deshalb nicht absolut sein, weil die Menschen typischerweise gerade dann, wenn es ihnen sehr schlecht geht, zunehmend weniger an Selbstbestimmung interessiert sind. Sie wollen dann die mit der Selbstbestimmung eng verknüpfte Verantwortung nicht mehr tragen, sondern sich vertrauensvoll in andere Hände begeben. Insofern ist Vertrauen zu einem Arzt, mit dem man möglicherweise in guten Tagen anlässlich der Formulierung einer Patientenverfügung gesprochen hat, mindestens genauso viel wert wie die Verfügung selbst.

Unabhängig davon kommt natürlich der weiteren (und zu intensivierenden) Förderung der Palliativmedizin, der Hospize, der medizinischen Ausbildung wesentliche Bedeutung bei der Verbesserung des Umganges mit Sterbenden zu.

7. Zusammenfassung

Wir sind in Deutschland auf einem guten Weg. Das Tabuthema „Sterben" wird zusehends mehr enttabuisiert und ins Leben zurückgeholt. Sterbebegleitung in all ihren Facetten sowie Patientenverfügungen werden öffentlich diskutiert. Das Selbstbestimmungsrecht des Patienten wird anerkannt. Immer mehr Hospize entstehen, auch wenn der Bedarf noch lange nicht gedeckt werden kann. Das Gleiche gilt für Palliativbetten. Die Möglichkeiten zur Schmerztherapie werden immer mehr verfeinert.

Deshalb brauchen wir in Deutschland die aktive Sterbehilfe nicht, und aus ärztlicher Perspektive kann ich nur sagen: Sie darf auch nicht von uns verlangt werden, denn für den Arzt als Akteur ist es ein gravierender Unterschied, ob er den Tod eines Menschen veranlasst oder bei einem Sterbenden den Sterbeprozess geschehen lässt und auf unnötige Apparatemedizin verzichtet. In diesem Fall hat der Arzt die Pflicht, mindestens für eine gute Schmerztherapie und Basisbetreuung zu sorgen.

Zu dem guten Weg, auf dem wir uns befinden, gehört aber auch das kritische Benennen von Fehlern und Problemen. Fehlende Kenntnisse bei Ärzten über Sterbebegleitung, die unsinnige Angst von Ärzten, Tumor-Patienten durch Schmerzmittelgaben abhängig zu machen – solche Defizite müssen mit Namen und Hausnummer genannt werden, damit diese Fehler auch tatsächlich behoben werden können. Hier müssen wir uns engagieren, insbesondere im Bereich der ärztlichen Fort- und Weiterbildung. Wir sollten in Deutschland den eingeschlagenen Weg mutig und beharrlich weitergehen, uns durch Entwicklungen in anderen Ländern nicht irre machen lassen und dem Ruf nach gesetzlicher Regelung der aktiven Sterbehilfe auf keinen Fall folgen! Ich würde es mit Robert Leicht halten, dem früheren Chefredakteur der ZEIT, der sinngemäß schreibt: Wenn es ans Sterben gehe, hoffe wohl auch er auf einen gnädigen Arzt – aber in einem Land leben, in dem es zu aktiver Sterbehilfe ein Gesetz gebe, das wolle er nicht!

Anmerkungen

1 Vgl. eine Umfrage des Emnid-Instituts (in: Marburger Bund. Ärztliche Nachrichten, 11/1998, 10): Danach sprachen sich 63,5 % für eine Beendigung des Lebens von unheilbar Kranken auf deren Wunsch aus, 19,5 % waren dagegen und 17,5 % wussten keine Antwort. – Allerdings schwanken die Meinungen zu dieser Problematik je nach Art der Fragestellung.

2 Vgl. dazu: Schreiber, Hans-Ludwig, Die Behandlungspflicht und ihre Grenzen, in: HNO-Grundlinien. Wegweiser für Hals-Nasen-Ohren-Heilkunde, 1, 1999.

Die (straf)rechtliche Situation der Sterbehilfe in den Niederlanden

Jürgen Wöretshofer

Einleitung

Im Rahmen meiner Habilitationsschrift habe ich die niederländische medizinische und juristische Literatur vom Anfang des 20. Jahrhunderts bis in die neunziger Jahre nach Eintragungen über Sterbehilfe durchsucht. Dabei fiel mir auf, dass in der Zeit vor dem Zweiten Weltkrieg sehr wenig über Euthanasie und Eugenik publiziert wurde. In beinahe allen Fällen, in denen diese Thematik aufgegriffen wurde, geschah dies nach vorherigen Veröffentlichungen im Ausland.

Diese Tatsache zeigt deutlich, dass das Thema der Euthanasie in den Niederlanden nicht Gegenstand einer öffentlichen Debatte war.

Deshalb konnte nach 1945 die öffentliche Debatte über Sterbehilfe in den Niederlanden so offen geführt werden: Das Thema war hier nicht so belastet wie anderswo. Vermutlich auch deshalb kann in den Niederlanden der Begriff Euthanasie freier gebraucht werden. Dieser Begriff hat mit dem Beginn der Debatte eine deutliche begriffliche Einschränkung erfahren. Beinhaltete er früher jegliche Sterbehilfe, so ist er jetzt auf Sterbehilfe beschränkt, die der Patient selber will, während die Ausführung der Handlung durch einen Arzt geschehen muss. In diesem Sinne gebrauche ich anstelle des Wortes Euthanasie den Begriff ‚eigentliche Sterbehilfe', um eine falsche Assoziation zu vermeiden. Die Handlung des Arztes beinhaltet die Zuführung eines Euthanaticums oder die Hilfe bei der Selbsttötung. In den Niederlanden gelten für beide Tatbestände dieselben Kriterien.

Die Entwicklung der Sterbehilfe seit der Mitte der sechziger Jahre

Die Diskussion über die Sterbehilfe in ihrer heutigen Form nahm ihren Anfang in der zweiten Hälfte der sechziger Jahre. Es waren Ärzte, die diese Diskussion in Gang setzten; Juristen folgten erst später. Was der Auslöser der Debatte war, ist nicht mehr ohne weiteres nachzuvollziehen. In der Regel werden Weiterentwicklungen der medizinischen Technik angeführt, die es möglich machen, das Leben eines Patienten zu verlängern, wobei Zweifel über den Sinn weiterer Behandlungen entstehen können.

In seinem Buch ‚Medizinische Macht und Ethik' von 1969 bespricht der Arzt Van den Berg dieses Problemgebiet. Dabei stellte er die sogenannte ‚alte' und ‚neue' Ethik einander gegenüber. Die alte medizinische Ethik beinhaltete die Pflicht des Arztes, das menschliche Leben um jeden Preis zu erhalten. Diese Ethik ist nicht mehr zeitgemäß. Die neue medizinische Ethik hinterfragt diese Einstellung.

Van den Berg verwendete übrigens das Wort ‚Euthanasie' nicht. Als Tötungsdelikt benannte er die Einstellung der Behandlung und die direkte Lebensbeendigung.

Die ‚alte' Strafgesetzgebung

Das heutige Strafgesetzbuch (Nl-StGB) datiert von 1886 und hat viel vom damaligen deutschen Strafrecht übernommen. Die die Sterbehilfe betreffenden Artikel sind in der Gruppe ‚Verbrechen gegen das Leben' aufgeführt. Es geht dabei um zwei Artikel:

- die Tötung auf Verlangen (Artikel 293 Nl-StGB),
- die Beihilfe zur Selbsttötung (Artikel 294 Nl-StGB).

In beiden Fällen beinhaltet es Verbrechen, die einen Vorsatz verlangen.

Die Tötung auf Verlangen ist ein privilegierter Tatbestand für Totschlag und Mord. Der Artikel 293 lautete in der ursprünglichen Version des Gesetzgebers von 1886: „Wer einem anderen auf dessen ausdrückliches und ernstes Verlangen das Leben nimmt, wird mit einer Gefängnisstrafe bis zu zwölf Jahren oder mit einer Geldstrafe bis zu € 45.000,– bestraft."

Die Beihilfe zur Selbsttötung, wie der Artikel 294 üblicherweise genannt wird, ist ein Delikt sui generis. In der ursprünglichen Version lautete dieser Artikel: „Wer vorsätzlich einen anderen zur Selbsttötung treibt, ihm dabei behilflich ist oder ihm die Mittel dazu verschafft, wird, wenn die Selbsttötung stattfindet, mit einer Gefängnisstrafe bis zu drei Jahren oder mit einer Geldstrafe bis zu € 11.000,– bestraft."

Also ist die Tötung auf Verlangen, genauso wie in Deutschland, strafbar. Nur kennt der niederländische Artikel eine Höchststrafe von zwölf Jahren (gegenüber fünf Jahren in Deutschland). Anders als in Deutschland ist jedoch in den Niederlanden auch die Beihilfe zur Selbsttötung strafbar, jedoch nur, wenn der Tod auch wirklich eintritt. Der Versuch hingegen ist straflos.

Für die Straflosigkeit des Versuchs führte der Gesetzgeber (von 1886) praktische Gründe an. Bei erfolgreicher Selbsttötung verwirkt sich das Recht zu einem Strafantrag. Ein Versuch zur Selbsttötung sollte bei dem Betroffenen nicht bestraft werden, da der Gesetzgeber der Ansicht war, dass ein Strafantrag (gegen den Betroffenen oder den Teilnehmer) den Betroffenen zu einem neuen Versuch veranlassen könnte.

Zur Grundlage der Strafbarkeit der Tötung auf Verlangen und der Beihilfe zur Selbsttötung führte der Gesetzgeber aus:

„Die Zustimmung des Betroffenen kann die Strafbarkeit der Lebensbeendigung nicht beseitigen, aber sie gibt dem Tatbestand einen ganz anderen Charakter – das Gesetz bestraft sozusagen nicht mehr den Angriff auf das Leben einer bestimmten Person, sondern die Verletzung der Ehrerbietung gegenüber dem menschlichen Leben im Allgemeinen. Das Verbrechen gegen das Leben bleibt bestehen, der Angriff auf die Person fällt weg."[1]

Wenn das niederländische Strafgesetzbuch das Berufsrecht des Arztes kommentierte, geschah dies in Fällen, in denen es für jeden (und nicht nur für den Arzt) selbstverständlich war und ist, dass der Arzt „rechtmäßig" eingreift. Es erscheint mir unwahrscheinlich, dass der Gesetzgeber hier eine Ausnahmeposition für den Arzt als so selbstverständlich empfand, dass er sie nicht im Einzelnen definierte, während er sowohl bei der Abtreibung wie auch bei der Körperverletzung ausführlich darauf einging. Unsere höchsten Richter, der Hohe Rat, hat darum auch zu Recht in einem Urteil über Sterbehilfe (im so genannten Euthanasie-II-Urteil[2]), in dem durch die Verteidigung das Berufsrecht des Arztes eingeschränkt wurde, geurteilt:

1. Aus der Geschichte der Rechtsprechung und der Literatur kann abgeleitet werden, dass wenn ein Arzt der (schweren) Körperverletzung angeklagt würde mit der Begründung, sein Handeln erfülle den Tatbestand des Strafartikels, er sich erfolgreich auf sein Recht als Arzt berufen kann, er habe im Interesse seines Patienten gehandelt;

2. weder die Geschichte des Gesetzes noch eine veränderte gesellschaftliche Auffassung unterstützt die Richtigkeit der Auffassung des Beschuldigten, dass Artikel 293 nicht für den

Arzt geschrieben wurde, der im Rahmen einer wohlabgewägten medizinischen Handlung das Leben eines anderen auf dessen ausdrückliches und ernsthaftes Verlangen hin beendet (ganz abgesehen davon, dass der Richter, wenn die gesellschaftliche Auffassung sich tatsächlich verändern sollte, die durch den Gesetzgeber akzeptierte Ausnahme einer strafausschließenden Wirkung aberkennen könnte).

Die Entwicklung der Sterbehilfe in der Rechtsprechung

Am Ende der sechziger Jahre begann auch unter Juristen eine Diskussion über die Sterbehilfe.[3] Ein Urteil des Landgerichts Leeuwarden aus dem Jahre 1973[4], das übrigens in den Niederlanden auch das erste bekannte echte Urteil über Sterbehilfe darstellt, markierte eine juristische Wende. In dieser Sache wurde ein Arzt wegen Tötung auf Verlangen verurteilt. Der Arzt hatte angeführt, dass er im rechtfertigenden Notstand gehandelt habe. Das Landgericht wies dies ab mit der Begründung, dass eine weniger eingreifende Behandlung hätte vorgenommen werden können, nämlich die der lebensverkürzenden Schmerzbekämpfung. Der vom Landgericht angehörte Inspektor für die Volksgesundheit erklärte, dass in medizinischen Kreisen die lebensverkürzende Schmerzbekämpfung in der Sterbephase akzeptiert sei, wenn der Patient unheilbar krank ist, sein Leiden für ihn unerträglich ist, er um Tötung nachgesucht hat und vom behandelnden Arzt oder in Rücksprache mit diesem gehandelt wird. Das Landgericht Leeuwarden schloss sich diesen Ausführungen an, mit Ausnahme jedoch der Formulierung ‚in der Sterbephase', die das Gericht nicht in jedem Fall für notwendig erachtete.

Ich weise ausdrücklich auf die lebensverkürzende Schmerzbekämpfung hin, eine Handlung, die heute im Allgemeinen nicht als Euthanasie, sondern als erlaubte medizinische Handlung angesehen wird.

Dieses Urteil des Landgerichts Leeuwarden von 1973 führte übrigens zur Gründung der niederländischen Vereinigung für die Freiwillige Euthanasie (Nederlandse Vereniging voor vrijwillige Euthanasie, NVVE) und der Stiftung für die Freiwillige Euthanasie (Stichting voor vrijwillige euthanasie, SVE). Die SVE löste sich 1985 auf, da sie ihr Ziel erreicht sah.

Eigentliche, indirekte und passive Sterbehilfe

Zu Beginn der Debatte wurde zwischen freiwilliger und unfreiwilliger, aktiver und passiver, direkter und indirekter Euthanasie/Sterbehilfe unterschieden. Innerhalb weniger Jahre hat sich eine andere Unterscheidung durchgesetzt. Es werden seitdem in der Fachliteratur und auch durch den Gesetzgeber die eigentliche Sterbehilfe (Euthanasie), die indirekte Sterbehilfe und die passive Sterbehilfe unterschieden.

a) Die eigentliche Sterbehilfe
Als eigentliche Sterbehilfe wird heutzutage nur noch die vorsätzliche Lebensbeendigung durch einen anderen als den Patienten angesehen. Es kann darum von der eigentlichen Sterbehilfe nur gesprochen werden, wenn die Tötungshandlung auf den Wunsch des Betroffenen zurückgeführt werden kann.

Handlungen, die der eigentlichen Sterbehilfe ähneln, sind die so genannte indirekte Sterbehilfe und die so genannte passive Sterbehilfe.

b) Die so genannte indirekte Sterbehilfe
Sie betrifft die lebensverkürzende Schmerzbekämpfung und geschieht mit einer anderen Absicht als die Sterbehilfe, nämlich zur Schmerzbekämpfung. Strafrechtlich gesehen fällt auch diese Handlung unter den Artikel 293 Nl-

StGB. Es handelt sich um einen bedingten Vorsatz, bei dem die Intention des Arztes für den Tatbestand (den Beweis) keine Rolle spielt. Die Intention ist zwar wichtig bei Strafausschließungsgründen, aber nicht in dem Sinne, dass sie selbstständig die Strafausschließung tragen kann. Darum ist die Konstruktion mittels der Straflosigkeit schwierig, es sei denn, dass die lebensverkürzende Schmerzbekämpfung als ein normales medizinisches Handeln angesehen wird. Dann könnte die Straflosigkeit aus dem Berufsrecht des Arztes abgeleitet werden.

c) Die so genannte passive Sterbehilfe
In diesem Fall unternimmt der Arzt nichts. Der Grund kann darin liegen, dass er keine Zustimmung zu einer Handlung bekommen hat (während der Patient diese hätte geben können) oder weil (weiteres) medizinisches Handelen sinnlos wäre. In beiden Fällen besitzt der Arzt keine Pflicht zur Hilfeleistung mehr. Im Gegenteil, der Arzt würde sich strafbar machen, wenn er dennoch handeln würde.

Wenn der Patient nicht in der Lage ist seinen Willen zu äußern und dem Arzt auch weiteres nicht über den Willen des Patienten bekannt ist, dann darf der Arzt so handeln, wie er es für verantwortbar hält (Buch 7, Art. 450, Absatz 3 BW).

Kriterien für straflose Sterbehilfe

Das Landgericht Leeuwarden hat allgemeine Bedingungen erstellt, unter denen lebensverkürzende Schmerzbekämpfung straflos sein kann.

Auch andere Amtsgerichte haben solche Kriterien formuliert; meistens jedoch für die eigentliche Sterbehilfe. Im Großen und Ganzen weichen sie nicht prinzipiell voneinander ab. Der Hohe Rat der Niederlande hat hingegen einen allgemeinen Rahmen vorgegeben. Für die Straflosigkeit eignet sich am besten der allgemeine Strafausschließungsgrund ‚rechtfertigender Notstand'. Dieser Grund ist sehr weit formuliert, und es ist nicht beabsichtigt, ihn als solchen weiter einzuschränken. Zum anderen wollte der Hohe Rat durch die Formulierung von allgemeinen Kriterien wahrscheinlich nicht (zu schnell) als eine Art Pseudo-Gesetzgeber auftreten.

Für einen rechtfertigenden Notstand ist es erforderlich, dass das Ziel der Handlung gerechtfertigt ist und dass der Arzt eine rationale Entscheidung auf Grund einer Pflichtenkollision trifft, ohne sich von der Situation überwältigen zu lassen. Die Pflichtenkollision entsteht dann, wenn die Meinung vertreten wird, mit der Sterbehilfe ließe sich ein höheres Ziel verfolgen als das, welches der Gesetzgeber mit den Artikeln 293 und 294 schützen wollte. Das Interesse des Patienten (ein Ausweg aus seiner Notsituation zu finden) steht hier dem gesetzlich geschützten Interesse gegenüber (dem Schutz des menschlichen Lebens im Allgemeinen). Wenn die Berufung auf das Vorliegen eines rechtfertigenden Notstands Erfolg haben soll, dann muss objektiv feststehen, dass das angestrebte Ziel von höherem Wert ist als das gesetzliche Ziel. Außerdem muss der Arzt nicht auf eine andere, weniger eingreifende Weise das Ziel erreichen können, zum Beispiel durch schmerzlindernde Mittel.

Gerade in der allgemein gehaltenen Umschreibung der Zulässigkeit der Sterbehilfe kommt meiner Meinung nach gut zum Ausdruck, wie in den Niederlanden (auf jeden Fall den juristischen Niederlanden) die Strafbarkeit beziehungsweise Straflosigkeit der Sterbehilfe gesehen wird.

Nun die Erläuterungen, die der Hohe Rat 1986 zum Euthanasie-II-Urteil gab.

Die Abwägung der entgegengesetzten Pflichten und Interessen muss sorgfältig geschehen, um festzustellen, ‚ob nach wissenschaftlich verantworteter medizinischer Einsicht und gemäß der in der medizinischen Ethik geltenden Normen, eine Situation vorhanden war, die als rechtfertigender Notstand anerkannt werden muss'. Als Faktoren, die dabei eine Rolle spielen können, nannte der Hohe Rat:

1. „ob und, für den Fall einer bejahenden Antwort, inwieweit nach fachkundig medizinischer Einsicht ein ständig weitergehender Abbau ... und/oder eine noch zunehmende Verschlechterung des durch den Patienten doch schon als unerträglich erfahrenen Leidens erwartet werden konnte,

2. ob, im Zusammenhang mit der Möglichkeit von neuen Rückfällen, zu erwarten war, dass der Patient – ... – in absehbarer Zeit nicht mehr auf würdige Weise sterben könnte, und

3. ob und, bei positiver Antwort, inwieweit noch Möglichkeiten bestanden zur Verminderung des Leidens." [5]

Im Chabot-Urteil aus dem Jahre 1994[6] führte der Hohe Rat dies wie folgt aus: Wenn der Arzt sich auf einen rechtfertigenden Notstand beruft, dann muss der Richter untersuchen: ob der Arzt, im Besonderen gemäß wissenschaftlich verantworteter medizinischer Einsicht und gemäß der in der medizinischen Ethik geltenden Normen, aus untereinander streitenden Pflichten eine Wahl getroffen hat, die, objektiv gesehen und im Hinblick auf die besonderen Umstände des Falles, als gerechtfertigt zu erachten sind.

Beide Zitate zeigen, wie stark die eigentliche Sterbehilfe in einem medizinischen Rahmen verankert ist. Das lässt nur wenig oder gar keinen Raum für Nicht-Ärzte in Bezug auf mögliche Straflosigkeit bei der eigentlichen Sterbehilfe. Bis heute hat es auch noch keine richterliche Entscheidung gegeben, in der die Sterbehilfe durch einen Nicht-Arzt straflos geblieben wäre. Das heutige Meldeverfahren, das einen besonderen Strafausschließungsgrund für den Arzt beinhaltet, hat diesen Gesichtspunkt noch verstärkt.

Das die eigentliche Sterbehilfe durch einen Arzt geschehen muss, bedeutet jedoch nicht, dass diese Hilfe als eine Art des normalen medizinischen Handelns aufgefasst wird. Häufig wird gesagt, dass es kein medizinisches Handeln ist, sondern Handeln durch einen Arzt.

Der Gesetzgeber hat im Rahmen der Vorbereitung des heutigen Meldeverfahrens dieses Handeln als nicht normales medizinisches Handeln typisiert. Damit verband er als Konsequenz, dass die eigentliche Sterbehilfe nicht nur unter der Hauptverantwortung eines Arztes geschehen muss, sondern auch, dass er diese Hilfe persönlich erbringen muss. Mit anderen Worten: Er kann diese Handlung nicht an einen Assistenten oder einen Krankenpfleger delegieren.[7]

Auf dem Weg zur heutigen gesetzlichen Reglung

Erst bestand das Verbot und die allgemeinen Strafausschließungsgründe. Von den letzten kamen nur die Rechtfertigungsgründe in Betracht. In der Rechtsprechung wurden Kriterien formuliert, aus denen der Arzt ableiten konnte, unter welchen Voraussetzungen er straffrei Sterbehilfe gewähren darf. Diese Kriterien hat die Rechtsprechung zum größten Teil aus der Medizin übernommen, und die niederländische Ärzteorganisation[8] hat viel getan, um diese Bedingungen bei den Ärzten zu verbreiten. Das war anscheinend nicht ausreichend. Ärzte fanden es schwierig zu akzeptieren, dass die Justiz sich mit dem Arzt beschäftigt, der Sterbehilfe gewährt. Von Seiten der Ärzte wurde deshalb darauf gedrängt, die Sterbehilfe durch den Arzt aus dem Strafrecht zu streichen.

Der erste Gesetzentwurf zur Sterbehilfe datiert vom 12. April 1984.[9] Er stammt von Frau Wessel-Tuinstra, dem Mitglied einer kleinen liberalen Partei (D'66), die die Zeit für reif und die Situation für dringend erachtete, um zu einer gesetzlichen Festlegung der straflosen Sterbehilfe zu kommen. Darum hat sie auch nicht den Bericht der im Jahre 1982 durch die Regierung einberufenen Staatskommission Sterbehilfe abgewartet. Deren Rapport erschien im Herbst 1985.[10] Der darin aufgenommene Mehrheitsstandpunkt, den ich den Vorschlag der Staatskommission nenne, beeinflusste den ersten Gesetzentwurf der Regierung zur Sterbehilfe, der einige Monate später erschien.[11]

In diesen drei Entwürfen (Wessel-Tuinstra, Staatskommission, Regierung) wurde ein besonderer Strafausschließungsgrund[12] aufgenommen und es wurden darin auch – abgesehen von kleinen Unterschieden – die folgenden Bedingungen genannt:

1. Das Verlangen des Patienten ist freiwillig zustande gekommen, nachdem er ausreichend über seine Situation informiert worden war;

2. der Arzt war der Überzeugung, dass der Patient sein Verlangen um Sterbehilfe nach sorgfältiger Abwägung und freiwillig geäußert hat;

3. der Arzt hat einen anderen unabhängigen Arzt um Rat gefragt;

4. der Arzt muss ein Tagebuch führen, in dem er den Situationsverlauf beschreibt;

5. wenn der Patient nicht mehr in der Lage ist, sich zu äußern, kann der Arzt aufgrund einer schriftlichen Erklärung des Patienten gegebenenfalls Sterbehilfe leisten, wenn er überzeugt ist, dass der schriftliche Wunsch freiwillig und gut abgewogen zustande gekommen ist.

Auf der Seite des Patienten ist vor allem nötig, dass dieser sich in einer „aussichtslosen Notsituation" befindet. Im damaligen Regierungsentwurf wurde von „Sterbensbegleitung" und „konkreter Todeserwartung" gesprochen.

Allen drei Entwürfen lag dieselbe Auffassung hinsichtlich der eigentlichen, indirekten und passiven Sterbehilfe zu Grunde, in zwei Entwürfen wurde vorgeschlagen, dies auch gesetzlich festzulegen; Wessel-Tuinstra fand es überflüssig, das Selbstverständliche in einem Gesetzesartikel zum Ausdruck zu bringen.

Die Entwürfe der liberalen Partei und der Regierung sollten im Februar 1986 im Parlament besprochen werden. Im letzten Augenblick stellte die Regierung den Antrag, von einer parlamentarischen Beratung abzusehen, da sie selbst einen neuen Entwurf vorstellen wollte. Inzwischen war nämlich nicht nur von juristischer Seite Kritik geäußert worden, sondern es zeigte sich auch, dass es im niederländischen Volk über die Frage der eigentlichen Sterbehilfe mehr Dissens gab, als dies noch vor längerer Zeit den Anschein hatte. Frau Dessaur, Professorin für Kriminologie in Nijmegen, hatte in sehr eindringlichen Worten in einer wissenschaftlichen Zeitschrift für Strafrecht Parallelen zwischen der eigentlichen Sterbehilfe und der Euthanasie unter Hitler in Deutschland gezogen.[13] Dies war schon dem Titel zu entnehmen: Euthanasie – der Selbstmord an kranken und alten Menschen.

In der gesellschaftlichen Debatte zeichneten sich schließlich drei Richtungen ab. Die erste wollte keine gesetzliche Regelung der Sterbehilfe, sondern eine Lösung durch die Rechtsprechung, wobei die Rechtsprechung sich der medizinischen Rechtfertigung (Berufsrecht des Arztes) und/oder dem rechtfertigenden Notstand bedienen konnte. Eine gesetzliche Reglung fand diese Richtung überflüssig beziehungsweise zu wenig flexibel. Eine zweite Richtung befürwortete eine Liberalisierung der Gesetzgebung, wobei der Entwurf Wessel-Tuinstra den meisten Anklang fand, während eine dritte Partei die bestehende Gesetzgebung beibehalten wollte.

Die Regierung stellte am 11. Dezember 1987 einen neuen Entwurf vor.[14]

Im Strafgesetzbuch sollte ausschließlich der Wortlaut des Artikels 293 redaktionell (und nicht inhaltlich) der heutigen Zeit angepasst werden. Die übrige Regelung sollte in das Gesetz zur Ausübung der Gesundheitskunde[15] aufgenommen werden. In diesem Gesetz sollte unter anderem ein Artikel verankert werden, der die Kriterien aufführte, unter denen eine erfolgreiche Berufung auf den rechtfertigenden Notstand bei Sterbehilfe wahrscheinlich, wenn auch nicht sicher war. Die Kriterien waren im Großen und Ganzen in Übereinstimmung mit denjenigen, die in der Rechtsprechung formuliert waren und die auch in den ersten drei Entwürfen, die ich oben angeführt habe, genannt wurden. Für den Rechtfertigungsgrund wurde auf den rechtfertigenden Notstand verwiesen, der seiner Art nach ein offener Rechtfertigungsgrund ist. Dieses, meiner Meinung nach, aus strafrechtlicher Sicht merkwürdige Konstrukt, nämlich eine Art berufsbezogener rechtfertigender Notstand, sollte damit also doch in einem Gesetz niedergelegt werden, ohne allerdings eine Garantie zu beinhalten, während von Seiten der Richter die Bindung an die Kriterien sehr zweifelhaft war.

Mein Eindruck war, dass dieser Entwurf eine große Erfolgsaussicht hatte, gerade weil damit nichts prinzipiell festgelegt war. Ich habe damals gesagt, dass ich eine derartige Regelung für überflüssig halte, aber dass sie auch keine nachteiligen Effekte hat.[16] Sterbehilfe durch einen Arzt würde glücklicherweise auch weiterhin von Fall zu Fall beurteilt werden. Das hielt ich im Hinblick auf die Unterschiedlichkeit der Situationen und im Zusammenhang mit den großen Interessen, die hierbei auf dem Spiel standen, für sehr wichtig.

Aber es ist anders gelaufen. 1989 trat die Regierung zurück. In der Koalitionsvereinbarung der neuen Regierung wurde festgestellt, dass kein wirkliches Bedürfnis über Art und Umfang der Praxis der Sterbehilfe bestünde. Im Jahre 1990 wurde die Kommission zur Untersuchung der medizinischen Praxis die Sterbehilfe betreffend gebildet.[17] Um die

Ärzte zur Mitarbeit zu motivieren, wurde ausdrücklich angemerkt, dass die Untersuchung anonym geschehen würde. Außerdem wurde vom 2. November 1990 an eine nationale Meldeprozedur für alle möglichen Arten der Sterbehilfe eingeführt. Ihr Untersuchungsfeld bezog sich auf die so genannten MEL's, die medizinischen Entscheidungen rund um das Lebensende. Darunter verstand man alle Entscheidungen, die zum Ziel haben oder mit zum Ziel haben, durch lebensverkürzende Handlungen oder solche, bei denen jedenfalls mit einer Lebensverkürzung gerechnet werden muss, das Leiden zu beenden.

Die Untersuchung aus dem Jahre 1990 wies nach, dass in den Niederlanden jährlich ungefähr 130.000 Menschen sterben. In 87.000 Fällen kann der Arzt eine medizinische Entscheidung rund um das Lebensende treffen, in 49.000 Fällen macht er das auch. Die 49.000 Fälle betreffen:
- 22.500 mal das Absehen von medizinisch sinnlosem Handeln;
- 22.500 mal lebensverkürzende Schmerzbekämpfung;
- 5.800 mal das Beenden oder Nichtanfangen mit einer Behandlung auf Verlangen des Patienten;
- 2.300 mal Sterbehilfe auf Verlangen des Patienten;
- 1.000 mal aktive Lebensbeendigung des Patienten ohne entsprechende Willenserklärung des Patienten.

In einer Zahl von Fällen, in denen der Patient sich wohl zur Lebensbeendigung hätte äußern können, hat der Arzt die Kommission nicht darüber informiert. 20 % der Ärzte gaben als Grund an, dass es nicht nötig sei mit dem Patienten gemeinsam zu überlegen, weil der Arzt wüsste, was das Beste für den Patienten wäre.

Andere, meiner Meinung nach doch ziemlich erstaunliche Zahlen waren:
- 70 % der Ärzte gaben zu Unrecht einen Totenschein ab;
- 22 % der Ärzte waren unter keinen Umständen bereit, Sterbehilfe auf Verlangen zu melden;

- 30 % waren der Meinung, dass die Untersuchung durch die Staatsanwalt stattfinden müsse; 3 % meinten, dass dies eine Aufgabe für den kommunalen Leichenbeschauer sei und 37 % waren der Meinung, dass diese Aufgabe beim medizinischen Inspektor liegen müsste.

Im Jahre 1991 hatte die Regierung das Ei des Kolumbus gefunden. Sie stellte das seit dem 1. November 1990 geltende Meldeverfahren als Basis für ein strukturelles Meldeverfahren vor.

Das neue Meldeverfahren war für Sterbehilfe auf Verlangen und für Sterbehilfe ohne Zustimmung vorgesehen, also nicht für die lebensverkürzende Schmerzbekämpfung. Sterbehilfe ohne Zustimmung sei kein normales medizinisches Handeln, befand die Regierung (aber das ist Sterbehilfe auf Verlangen auch nicht). Dies wurde in der Rechtsprechung nicht akzeptiert, während nach Meinung der Regierung es erwünscht war, dass der Richter sich hierüber auslässt.

Am 1. Juni 1994 wurde das neue Meldeverfahren eingeführt. Nach geleisteter Sterbehilfe muss der Arzt Fragen beantworten, und die Antworten werden durch den kommunalen Leichenbeschauer der Staatsanwaltschaft vorgelegt, die danach über eine Anklageerhebung entscheidet, wobei sie sich an die damals bestehende Rechtsprechung hält. Das Meldeverfahren ist gedacht als ein prozedurales Verfahren zur Lebensbeendigung durch einen Arzt. Der Gesetzgeber war der Meinung, dass die Untersuchung nach der Lebensbeendigung auf Verlangen des Patienten im Allgemeinen nicht zur Anklageerhebung führen würde, während dies sehr wohl der Fall wäre bei der Lebensbeendigung ohne Zustimmung des Patienten.

Das Meldeverfahren 1994 verlief wie folgt. Wenn der Arzt keine Sterbeurkunde abgibt, dann muss er den kommunalen Leichenbeschauer informieren. Wenn der Arzt im Sinne des Meldeverfahrens lebensbeendigend gehandelt hat, dann meldet er dies und beantwortet die entsprechenden Fragen. Der Arzt übergibt danach eine entsprechende Liste an den kommunalen Leichenbeschauer. Dieser untersucht den Leichnam und erklärt – sofern dies der Fall ist –, dass der Arzt ihm mitgeteilt habe, dass der Tod eingetreten ist als Folge einer Lebensbeendigung auf Verlangen, durch Selbsttötung des Patienten, wobei der Arzt Hilfestellung geleistet habe oder als Folge der Lebensbeendigung ohne Zustimmung. Auch hält der Leichenbeschauer fest, ob er vom Arzt eine schriftliche Willenserklärung des Patienten erhalten hat. Der Leichenbeschauer schickt seinen Bericht an den Staatsanwalt, der den Fall weiter untersucht. Wenn dieser der Ansicht ist, dass Anklage erhoben werden muss, dann legt er den Fall der General-Staatsanwaltschaft vor, die definitiv über eine Anklageerhebung entscheidet.

Ich nenne zwei Kritikpunkte bei diesem Meldeverfahren von 1994. Zum Ersten ist es bedauerlich, dass sowohl die Lebensbeendigung auf Verlangen als auch die Lebensbeendigung ohne Zustimmung in einem Verfahren behandelt wurden. Hierdurch konnte der Eindruck entstehen, dass auch Lebensbeendigung ohne Zustimmung zulässig ist. Zum Zweiten ist es schade, dass die lebensverkürzende Schmerzbekämpfung nicht unter das Meldeverfahren 1994 fiel, da sie doch häufig angewandt wird.

Die erste Untersuchung nach Einführung dieses neuen Verfahrens zeigte, dass einige Ärzte mit diesem Verfahren Mühe hatten. Sie lehnten es wegen der bürokratischen Formalitäten ab. Und sie machten deutlich, dass sie deshalb Sterbehilfe nicht melden würden.

Auch das Meldeverfahren 1994 war nach Meinung der Ärzte noch zu strafrechtlich ausgerichtet.

Das heutige Meldeverfahren

So kam es dann schließlich und endlich zum heutigen Melde- und Überprüfungsverfahren, das ich verkürzt Meldeverfahren nenne. Die Artikel 293 Absatz 1 und 294 Absatz 1 sind extra für den Arzt geschrieben, der am Verfahren teilnimmt.[18] Die wichtigsten Bedingungen für straffreie Sterbehilfe im Sinne des Meldeverfahrens sind:

- das Handeln darf nur auf ausdrückliches Verlangen des Patienten geschehen;
- der Patient muss gut informiert sein über seine Situation und den Verlauf der Krankheit;
- die Handlung darf nur durch einen Arzt ausgeführt werden; dieser Arzt muss der behandelnde Arzt sein;
- der Arzt muss zu der Überzeugung gelangt sein, dass der Zustand des Patienten aussichtslos und sein Leiden unerträglich ist;
- Arzt und Patient müssen überzeugt sein, dass es keine angemessene andere Lösung gibt;
- der behandelnde Arzt muss einen anderen, unabhängigen Arzt hinzuziehen. Der zweite Arzt muss den Patienten gesehen haben und sein Urteil schriftlich abgeben, wobei er auf die Sorgfaltskriterien eingehen muss.

Der Verlauf des Verfahrens

Wenn der Arzt oder der Leichenbeschauer davon überzeugt ist, dass der Tod nicht infolge einer natürlichen Ursache eingetreten ist, darf er keinen Totenschein ausstellen.

Wenn der Tod eine Folge der Sterbehilfe im Sinne der Artikel 293 Absatz 2 oder 294 Absatz 2 ist, also Lebensbeendigung auf Verlangen oder Beihilfe zur Selbsttötung, dann muss der Arzt die Ursache des Todes dem kommunalen Leichenbeschauer melden. Außerdem muss der Arzt einen begründeten Bericht beifügen. Der Bericht besteht im Kern aus einem auszufüllenden Fragenkatalog.[19]

Wenn der Leichenbeschauer der Auffassung ist, dass er keinen Totenschein ausstellen kann, dann muss er unverzüglich dem Staatsanwalt Meldung machen. Ist der Tod eine Folge der Sterbehilfe im Sinne des Meldeverfahrens, dann meldet der Leichenbeschauer dies auch unverzüglich an die Regionale Kontrollkommission. Dieser sendet er auch den Bericht des Arztes zu. Die Staatsanwaltschaft erhält diesen Bericht im Allgemeinen also nicht.

Der kommunale Leichenbeschauer spielt in dem heutigen Meldeverfahren eine geringere Rolle als in dem früheren. Er beurteilt nicht im Detail, ob die Sorgfaltsbedingungen eingehalten wurden, aber er muss die Situation so gut beurteilen können, dass er ernsthafte Unregelmäßigkeiten bemerken und an die Staatsanwaltschaft weiterleiten kann; er prüft also marginal. Der Leichenbeschauer spricht darüber hinaus auch mit dem Arzt. Außerdem besitzt der Leichenbeschauer eine weitere Signalfunktion für die regionale Kontrollkommission[20], der er ebenfalls Unregelmäßigkeiten mitteilen kann. Auch Dritte können den Leichenbeschauer benachrichtigen, wenn Zweifel über die Todesursache bestehen.

Die Regionale Kontrollkomission muss im Allgemeinen innerhalb von sechs Wochen (der Termin kann einmal verlängert werden) eine Entscheidung treffen. Die Entscheidung betrifft den Tatbestand, ob die Sterbehilfe entsprechend den Sorgfaltsbedinungen geleistet wurde. Nur im letzteren Fall übermittelt sie ihre Entscheidung an den Staatsanwalt. Dieser entscheidet dann, ob eine Anklage erhoben werden soll.

Welche Rolle spielt in diesem Verfahren die Staatsanwaltschaft? In den Niederlanden kann nur die Staatsanwaltschaft eine Anklage erheben. Sie hat das sogenannte Verfolgungsmonopol. Die Niederländische Staatsanwaltschaft muss aber nicht immer eine Anklag erheben, wenn der Verdacht einer Straftat besteht. Sie kann davon aus Gründen der Opportunität absehen. Dies wurde bisher, d. h. bevor das heutige Gesetz in Kraft trat, häufig bei Drogendelikten und bei der Sterbehilfe auch so gehandhabt.

Ist mit dieser Reglung die Staatsanwaltschaft nicht, de facto, ausgeschaltet? Auf jeden Fall wird sie auf eine große Distanz gesetzt. Nach Meinung des Gesetzgebers hat sich eigentlich nichts geändert. Der Staatsanwalt erhält weiterhin die Meldung über einen unnatürlichen Tod, und dann steht es ihm frei, Ermittlungen einzuleiten.

Er muss nur in genügendem Maße von der strafrechtlich relevanten Schuld des Arztes überzeugt sein, so dass dieser als Verdächtiger betrachtet werden kann. Dies aber, so sagt der Gesetzgeber, ist erst dann der Fall, wenn die zuständige Regionale Kontrollkomission erklärt, dass der Arzt nicht alle Sorgfaltskriterien erfüllt hat, oder wenn der Staatsanwalt aus einer anderen Quelle Information erhalten hat, die der Regionalen Kontrollkomission nicht zur Verfügung standen und die zu einem begründeten Verdacht führen.[21] Früher bestand Anlass zu einer Untersuchung, wenn die Staatsanwaltschaft eine Mitteilung erhielt, dass kein Totenschein ausgestellt worden war, weil der Verdacht auf einen unnatürlichen Tod bestand.

Das Meldeverfahren gilt nur für die eigentliche Sterbehilfe, also für Sterbehilfe auf Verlangen des Patienten. Eine Regionale Kontrollkomission kann natürlich im Rahmen ihrer Untersuchungen überzeugt sein, dass in einem konkreten Fall kein Verlangen vorhanden war. In diesem Fall bewertet sie nicht die Zulässigkeit des Handelns, sondern sie sendet ihre Beurteilung an den Staatsanwalt.

Über eine Anklageerhebung bei Sterbehilfe im Sinne des Melde- und Prüfungsverfahrens oder Lebensbeendigung ohne Zustimmung des Patienten, entscheidet wiederum die General-Staatsanwaltschaft.

Erläuterungen zu einigen Kriterien

a) Die Rolle des Verlangens und die Situation des Patienten

Was ist ausschlaggebend für die Einwilligung des Tötungsversuches? Die medizinische Situation, so wie der Arzt sie sieht, oder das Todesverlangen des Patienten? Wenn man die Beurteilung der Situation des Patienten aus medizinischer Sicht für ausschlaggebend hält, dann ist es der Arzt, der die Entscheidung fällt. Und dieses befürworte ich nicht. Über die aktive Beendigung des Lebens kann, wenn überhaupt, nur der Patient selbst entscheiden. Aber er kann diese nicht erzwingen.[22]

In den Niederlanden ist die Rolle der Selbstbestimmung des Patienten immer wichtiger, wie es auch das Gesetz über den ärztlichen Behandlungskontrakt[23] zeigt. Im engeren Sinn ist auch das Abtreibungsgesetz Ausdruck der Selbstbestimmung (in diesem Fall der Frau).

Eigentliche Sterbehilfe kann meiner Meinung nach nur zulässig sein, wenn sie auf ausdrückliches Verlangen des Patienten geschieht. Wenn der Patient seinen Willen nicht kenntlich machen kann und auch keine schriftliche Willenserklärung vorliegt, dann darf keine Sterbehilfe gewährt werden. Dabei halte ich es nicht für wichtig, ob der Patient eher in der Lage war ein Lebenstestament zu erstellen oder nicht. In beiden Fällen liegt keine ausdrückliche Entscheidung des Patienten zur Sterbehilfe vor.

Eigentliche Sterbehilfe kann aber nicht nur auf die Selbstbestimmung des Patienten zurückgeführt werden. Der Patient besitzt keine freie Entscheidung über sein Leben als Ausdruck der Rechtsordnung. Voraussetzung ist immer auch ein bestimmter Zustand des Patienten.

b) Der Zustand des Patienten

Das Gesetz umschreibt den Zustand des Patienten als aussichtslos und sein Leiden als unerträglich.[24] Der Arzt und der Patient müssen zu der Überzeugung gelangen, dass das Leiden unerträglich ist. Der Patient muss sich nicht in einer terminalen Phase befinden. Dies ist auch schon seit längerer Zeit der Standpunkt der Rechtsprechung.[25]

Wie aussichtslos muss die Situation des Patienten aus medizinischer Sicht sein? Eine (weitere) Behandlung muss auf jeden Fall keine Verbesserung bringen können, während der Patient unerträglich leidet. Neben der medizinischen Beurteilung steht die Einschätzung der Lebensqualität. Hierfür ist die Beurteilung des Patienten maßgeblich. Angesichts der Aussichtslosigkeit muss das medizinische Handeln nicht notwendigerweise sinnlos sein. Die Rechtsprechung hat entschieden, dass Sterbehilfe auf Verlangen durch einen Arzt straflos ist, wenn der Verlauf der Krankheit zu einer weiteren Verschlechterung des Zustandes des Patienten führt, so dass dieser in absehbarer Zeit nicht mehr in Würde sterben kann. Der Arzt hat bei der Beurteilung eine marginale Rolle: Er muss die Entscheidung des Patienten auf Grund seiner Einschätzung der Situation billigen können, auch wenn er zum Beispiel für sich selber, wenn er in der gleichen Situation wäre, eine andere Entscheidung treffen würde.

c) Die Konsultation

Das der konsultierte Arzt den Patienten auch selbst sehen muss, ist eine Bedingung, die in früheren Entwürfen nicht vorgesehen war. In der Rechtsprechung wurde diese Bedingung bis auf einen Fall nie gestellt. Das passt auch nicht so gut zum offenen Charakter des rechtfertigenden Notstands. Der Hohe Rat hat im Chabot-Urteil[26] 1994 ausgeführt, dass bei einem Patienten mit einer somatischen Krankheit oder Erkrankung für eine erfolgreiche Einberufung des rechtfertigenden Notstands nicht einmal eine Konsultation erforderlich ist. Der Hohe Rat sieht dies anders bei einem Patienten mit einer psychischen Erkrankung. Wegen der dabei bestehenden Unsicherheit über die

Willensfreiheit des Patienten, die Situation, in der er sich befindet, den Ernst des Leidens und die Aussichtslosigkeit des Leidens – und im Zusammenhang damit die Frage, ob andere Möglichkeiten bestehen als die (Hilfe zur) Lebensbeendigung –, fordert der Hohe Rat, dass der konsultierende Arzt den Patienten und seine Situation untersucht.

Während ich aus strafrechtlicher Sicht Schwierigkeiten habe mit dieser Forderung, befürworte ich diese Niederlegung in einem Gesetz. Ich sehe sie als ein wünschenswertes Kontrollinstrument.

d) Die strafrechtliche Bedeutung der einzelnen Bedingungen

Was in dem heutigen Verfahren weniger gut gelungen ist, ist die strafrechtliche Gewichtung der einzelnen Bedingungen. Wenn man sich das Verfahren anschaut, dann könnte jeder Punkt gleich wichtig sein. Das war jedoch nicht die Absicht des Gesetzgebers. Der gab an, dass nicht jede Bedingung gleich viel Gewicht auf der Waagschale erhält. Die ersten zwei Bedingungen (aussichtslos und unerträglich, Leiden und sein Verlangen) sah er als inhaltliche Kriterien, die beiden letzten Bedingungen als mehr prozedural.[27] Was der Gesetzgeber mit der Gewichtung gemeint hat, ist nicht ganz deutlich. Es sollte aber so sein, dass die Einhaltung der Bedingungen zur Tatbestandserfüllung des Artikels 293 oder 294 gehört, während die Höhe der Strafe durch die nicht eingehaltenen Bedingungen bestimmt wird.

e) Der besondere Rechtfertigungsgrund und die allgemeinen Strafausschließungsgründe

Übrigens schließt der besondere Rechtfertigungsgrund die Berufung auf einen allgemeinen Strafausschließungsgrund nicht aus. Der Gesetzgeber dachte dabei an einen Schuldausschließungsgrund.[28] Solch eine Berufung auf einen Strafausschließungsgrund sollte meiner Meinung nach in fast allen Situationen erfolglos bleiben (und ich hoffe, dass ich Recht habe). Ein allgemeiner Rechtfertigungsgrund geht von einer sorgfältigen Abwägung von Interessen und überhaupt von einem sorgfältigen Handeln aus. Wenn ein Arzt den Bedingungen des besonderen Rechtfertigungsgrundes nicht nachkommt, dann hat er nicht sorgfältig gehandelt. Kann er sich dann noch erfolgreich auf einen Schuldausschließungsgrund berufen? Ein Arzt und eine Schuldausschließung passen im niederländischen Strafrecht nicht zusammen. Der Arzt hat eine verantwortungsvolle Position, das niederländische Strafrecht spricht von einer Garantenstellung (und gebraucht dabei das deutsche Wort), die Schuldausschließung beinahe immer ausschließt.

Der minderjährige Patient und die normale medizinische Behandlung

Die Volljährigkeit fängt in den Niederlanden mit 18 Jahren an. Wie wird vorgegangen, wenn der Patient minderjährig ist? Für die normalen medizinischen Handlungen gilt das Gesetz über den ärztlichen Behandlungskontrakt (WGBO: Buch 7, Art. 450 BW). Das unterscheidet bei den minderjährigen Patienten zwischen Patienten, die jünger als 12 Jahre, zwischen 12 und 16 Jahre und, um mit der letzten Kategorie zu beginnen, die über 16 Jahre alt sind. Patienten ab 16 Jahren werden, im Sinne des WGBO für volljährig gehalten.

Bei Patienten zwischen 12 und 16 Jahren ist im Allgemeinen die Zustimmung der Eltern oder des Vormundes erforderlich. Aber wenn eine Handlung notwendig ist, um einen ernsthaften Nachteil für den Patienten abzuwenden, oder wenn der Patient auch nach der Weigerung der Eltern auf eine Behandlung drängt, kann der Arzt die Weigerung der Eltern/des Vormunds ignorieren.

Ist der Patient jünger als 12 Jahre, dann entscheiden seine Eltern oder sein Vormund für ihn.

Diese Reglung trifft auch dann zu, wenn es um die Verweigerung einer (weiteren) Behandlung oder das Nicht-Erlauben der Zustimmung geht.

Der minderjährige Patient und die Sterbehilfe

Nun zur Reglung der Sterbehilfe bei minderjährigen Patienten. Auch da wird zwischen denselben Kategorien unterschieden.

Bei Patienten zwischen 16 und 18 Jahren gilt, dass der Arzt dem Verlangen zur Sterbehilfe nachkommen darf, wenn der Patient seine Interessen verantworten kann (wovon der Arzt in diesem Lebensalter im Allgemeinen ausgehen darf) und der Arzt in seine Entschlussfassung zuvor noch die Eltern oder den Vormund miteinbezogen hat. Diese haben aber kein Vetorecht.

Anders verhält es sich bei einem Patienten zwischen 12 und 16 Jahren. Der Arzt darf hier nur dann der Bitte des Patienten um Sterbehilfe nachkommen, wenn auch die Eltern oder der Vormund damit einverstanden sind.

Die schriftliche Willenserklärung zur Sterbehilfe

Entscheidend ist, dass der Patient ab 16 Jahren seinen Wunsch zur Sterbehilfe zum aktuellen Zeitpunkt äußert. Nur wenn er dazu nicht in der Lage ist, darf eine schriftliche Willenserklärung diesen Platz einnehmen. Diese Erklärung hat eine unbeschränkte Geltungsdauer. Entscheidend ist nur, dass der Patient zum Zeitpunkt der Niederschrift in der Lage war, seine Interessen gut einzuschätzen.

Uneinheitlich ist die Rolle der schriftlichen Willenserklärung bei einem minderjährigen Patienten, der älter als 16 Jahre ist, der nicht mehr in der Lage ist, seinen Willen zu äußern und der aber zuvor ein Lebenstestament abgelegt hat. Das Gesetz fordert nicht mehr als dass der Patient zum Zeitpunkt der schriftlichen Willenserklärung in der Lage war, seine Interessen gut einzuschätzen. Es ist demnach möglich, dass ein Patient, der zum Zeitpunkt der Behandlung 16 Jahre alt ist, im Alter von 15 Jahren bereits eine schriftliche Willenserklärung abgelegt hat. Dann kann der Arzt unter den genannten Bedingungen der schriftlichen Willenserklärung folgen, auch wenn die Eltern oder der Vormund damit nicht einverstanden sind. Das ist etwas Besonderes, weil Buch 7, Art. 450, Absatz 2 WGBO bei 15-Jährigen im Allgemeinen die Zustimmung der Eltern erfordert. Das Gesetz schließt nicht einmal schriftliche Willenserklärungen aus, die von Patienten zu einem Zeitpunkt abgegeben wurden, als sie jünger als 12 Jahre waren.

Der Gesetzgeber führt hierzu aus: „Wir halten es im Prinzip für denkbar, dass in den in einer schriftlichen Willenserklärung eines 14-Jährigen aufgenommenen Wunsch nach Sterbehilfe im Falle eines irreversiblen Komas Jahre später eingewilligt wird, wenn diese Situation wirklich eintritt."[29] An einer anderen Stelle sagte er: „Wenn eine schriftliche Willenserklärung durch einen Zwölfjährigen aufgestellt wird und genügend deutlich ist und auch keine Anzeichen vorhanden sind, dass der Betroffene später anders über Krankheit und Tod denkt, dann hat seine Willenserklärung die Rechtskraft, wie sie in Artikel 2 Absatz 2 beschrieben ist."[30]

Während ich an eine schriftliche Willenserklärung im Allgemeinen keine zeitliche Beschränkung knüpfe (es liegt in der Verantwortung des Verfassers dieses Dokuments für aktuelle Anpassungen zu sorgen), meine ich, dass es gut wäre, eine Ausnahme in den Situationen zuzulassen, in denen die schriftlichen Willenserklärungen durch minderjährige Patienten aufgestellt werden.

Über minderjährige Patienten, die jünger als zwölf Jahre alt sind, sagt der Gesetzgeber, dass sie im Allgemeinen nicht in der Lage sind, eine solche Entscheidung verantwortungsvoll zu treffen. Etwas weiter im Text steht es noch etwas deutlicher, dass nämlich das Meldeverfahren keine Anwendung bei minderjährigen Patienten findet, die jünger als zwölf Jahre alt sind.[31]

Lebensbeendigung ohne Zustimmung des Patienten

Wenn ich über Lebensbeendigung durch einen Arzt spreche als eine durch den Arzt beabsichtigte Sterbehilfe, dann meine ich eine Lebensbeendigung, die ohne Zustimmung des Patienten geschieht. Anders als bei der Sterbehilfe auf Verlangen, kann Lebensbeendigung sowohl durch ein Handeln als auch durch ein Nichthandeln geschehen, also sowohl aktiv als auch passiv sein.

Mit dem Beginn der Diskussion über Sterbehilfe auf Verlangen des Patienten fing auch die Diskussion über die Lebensbeendigung von willensunfähigen Patienten an. Das konnten Patienten sein, die erst im Laufe der Zeit willensunfähig wurden oder schon von Beginn an willensunfähig waren. Vor allem aus der Kinderheilkunde und im Zusammenhang mit komatösen Patienten wurden Stimmen laut, lebensbeendendes Handeln zu ermöglichen, das heißt zu legalisieren. Ich nenne einige Daten.

1988 erschien eine Diskussionsnotiz der Kommission Akzeptatie Lebenbeendigendes Handeln (CAL) von der KNMG über Lebensbeendigung von Neugeborenen.

1989 erscheint ein Zwischenrapport der Niederländischen Vereinigung für Kinderheilkunde (NVK) mit dem Titel: ‚Tun oder lassen?'.

1990 erschien der Interimsrapport der Kommission Akzeptatie Lebensbeendigendes Handeln, gefolgt durch eine

Diskussionsnotiz im Jahre 1991 über Patienten im Koma und 1992 durch den Eindrapport Tun oder Lassen der CAL.

1993 erschien der Endrapport der CAL über Lebensbeendigung bei Neugeborenen.

Der Rechtsprechung wurden nicht viele Fälle über Lebensbeendung von willensunfähigen Patienten vorgelegt. Die wenigen Fälle haben jedoch immer für Aufsehen gesorgt.

Da gab es zunächst einmal den Fall des Babys Ross, das durch einen Abbruch der Behandlung starb. Wie bekannt, muss der Arzt medizinisch sinnloses Handeln unterlassen. In dieser Sache, die sich zu Anfang der neunziger Jahre abspielte, waren Fragen an der Tagesordnung wie etwa die, wann ein Handeln medizinisch sinnlos ist, ob bei dem Urteil über die Sinnlosigkeit auch eine Wertung der Lebensqualität durch den Arzt eine Rolle spielt und wie sich der Einfluss der Eltern auf diese Entscheidungen auswirkt.[32]

Im Jahre 1990 spielte sich der Fall Stinissen ab. Dabei ging es um eine Frau, die 15 Jahre im Koma lag und künstlich ernährt wurde. Der Ehemann hatte auf Beendigung weiterer Behandlungen, wozu er auch die künstliche Ernährung zählte, gedrängt. Die Zivilkammer des Oberlandesgerichts Arnhem erkannte die künstliche Ernährung nicht als Versorgungsbehandlung an, sondern als medizinische Behandlung, weil die Situation der Frau Stinissen medizinisch kontrolliert war, durch Ärzte begleitet wurde und darum in überwiegendem Maße unter die medizinische Verantwortlichkeit fiel. Aktive Lebensbeendigung hielt das Oberlandesgericht für nicht zulässig, weil das nach den herrschenden Rechtsauffassungen nur auf ausdrückliches und ernsthaftes Verlangen des Patienten geschehen darf. Nach dem Urteil des Oberlandesgerichts darf der Richter in solch einer Situation nur eingreifen, wenn er der Meinung ist, dass ein vernünftig handelnder Arzt, bei Wahrnehmung des medizinisch-professionellen

Standards, nicht zu einer Entscheidung zur Beendigung der künstlichen Ernährung kommen konnte.[33]

1995 verursachte die Lebensbeendigung zweier schwer behinderter Neugeborener durch ein Euthanaticum viel Aufregung. In beiden Fällen gab der Justizminister den Auftrag, eine Anklage zu erheben, um via Rechtsprechung Kriterien für oder gegen eine solche Tötung zu erhalten.

Der Fall Prins

Der erste Prozess betraf den Gynäkologen Prins, gegen den Anklage wegen Mordes an dem Baby Rianne erhoben wurde.[34] Das Landgericht Alkmaar sprach Prins wegen Handelns im rechtfertigenden Notstand frei.[35] Es formulierte dazu vier Bedingungen:

1. Es muss von einem aussichtslosen, unerträglichen und nicht zu behandelnden Leiden gesprochen werden, das nicht auf medizinisch sinnvolle Weise gelindert werden kann;
2. die Beschlussfassung und die Ausführung müssen sorgfältig geschehen;
3. das Handeln des Arztes muss in Übereinstimmung stehen mit der herrschenden Lehrmeinung und den in der medizinischen Ethik geltenden Normen;
4. Lebensbeendigung darf nur geschehen auf ausdrückliches, wiederholtes und konsistentes Verlangen der Eltern.

In zweiter Instanz kam auch das Oberlandesgericht Amsterdam zu einem Freispruch (OVAR). Dieser Fall wurde nicht dem Hohen Rat zur Entscheidung vorgelegt.

Das Oberlandesgericht überzeugte erst, dass nach wissenschaftlich verantworteter medizinischer Lehrmeinung der Weg der Schmerzensbekämpfung hier nicht gangbar war. Daraus leitete das Oberlandesgericht ab, dass Schmerzbekämpfung keine medizinisch sinnvolle Handlung sei und dass von dem Arzt nicht gefordert werden könne, sich dafür zu entscheiden.

Da das Leben des Babys Rianne, objektiv gesehen, beherrscht wurde durch ein ernsthaftes und akutes Leiden ohne Aussicht auf Verbesserung und auch keine alternative medizinische Handlung zur Schmerzbekämpfung sinnvoll war, urteilte das Oberlandesgericht, dass die Entscheidung des Arztes Prins, das Leben des Babys Rianne aktiv zu beenden, unter den gegeben Umständen gerechtfertigt war.

Der Fall Kadijk

Der zweite Fall betraf den Hausarzt Kadijk, der ein wenige Wochen altes Baby getötet hatte. Das Baby hatte eine Anomalie, durch die Hirngewebe durch den Kopf nach außen austrat. Der dadurch verursachte Schmerz war mit Schmerzbekämpfung nicht zu beseitigen. Eine Behandlung war medizinisch nicht durchführbar. Der Arzt und die Eltern waren der Auffassung, dass diese daher unterlassen werden sollte. Der Staatsanwalt war der Meinung, dass der Arzt in einem rechtfertigenden Notstand gehandelt hatte. Das Landgericht Groningen sprach den Arzt am 10. November 1995 wegen rechtfertigendem Notstand frei.

Lebensbeendigung von Patienten, die ihren Willen nicht äußern können

Das Töten eines Patienten, ohne dass dieser darum ersucht hätte, ist wegen des Fehlens der Zustimmung keine Sterbehilfe und erfüllt daher, eben, weil keine Zustimmung ausgesprochen wurde, den Tatbestand eines Mordes (Art. 289 NL-StGB). Die Umschreibung von Mord ist im niederländischen Strafrecht neutral. Die Motive der Handlung sind darum nicht wichtig für die Feststellung, dass es sich um einen Mord handelt. Im Unterschied zum Totschlag muss beim Mord der Täter mit einem stärkeren Vorsatz handeln.

Das Töten eines Neugeborenen betrifft die aktive Lebensbeendigung. Die durch das Landgericht Alkmaar im Fall Prins formulierten Kriterien rücken die aktive Lebensbeendigung eines ernsthaft behinderten Neugeborenen in die Nähe der eigentlichen Sterbehilfe. Doch gibt es wichtige Unterschiede. Davon ist sicher der wichtigste, dass nur dann von eigentlicher Sterbehilfe gesprochen werden kann, wenn der Patient selber um Lebensbeendigung ersucht hat.

Ein aussichtsloses und unerträgliches Leiden typisiert die Situation des Patienten bei der Sterbehilfe. In wieweit ein Leiden aussichtslos und unerträglich ist, hängt zu einem großen Teil von der Beurteilung des Patienten ab. Wenn ein Patient aussichtslos und unerträglich leidet, dann braucht aber (weiteres) medizinisches Handeln selbst noch nicht sinnlos zu sein.

Bei einem schwer behinderten Neugeborenen darf medizinisches Handeln nur unterlassen werden, wenn es medizinisch sinnlos ist. Wenn das Neugeborene Schmerzen leidet, darf dieser Schmerz adäquat bekämpft werden. Selbst wenn die Schmerzbekämpfung einen lebensverkürzenden Effekt hat, wird sie als normales medizinisches Handeln angesehen. Wenn weiteres medizinisches Handeln sinnlos ist und der Schmerz nicht adäquat bekämpft werden kann, dann ist die Frage, ob das Leben eines Neugeborenen aktiv (durch ein Euthanaticum) beendet werden kann. Wenn der Arzt auf keine andere Weise den Schmerz bekämpfen kann, ist es ihm möglicherweise erlaubt, das Leben des Neugeborenen zu beenden.[36]

Was meiner Meinung nach nicht geschehen darf, ist, dass das Verabreichen eines Euthanaticums an Neugeborene als Sterbehilfe klassifiziert wird, da das Verlangen der

Eltern an Stelle des Verlangens des Patienten gesetzt wird. Die einzige Funktion, die die Meinung der Eltern hierbei haben kann, ist, dem Arzt in Zweifelsfällen zu einer Entscheidung zu verhelfen. Das aktive Töten eines ernsthaft behinderten Neugeborenen bedeutet die wissentliche Tötung eines willensunfähigen Patienten, der seinen Willen hierüber nicht geäußert hat. Kann dennoch von einem Handeln im rechtfertigenden Notstand gesprochen werden? Im juristischen Sinne schon: Für den rechtfertigenden Notstand ist eine Zustimmung keine absolute Bedingung. Aber bis zu den Entscheidungen der Landgerichte Alkmaar und Groningen wurde in der Rechtsprechung die Zustimmung des Patienten gefordert. Die Entscheidungen der Landgerichte Alkmaar und Groningen bedeuten darum eine eingreifende Kursänderung. Auch ohne Zustimmung des Patienten kann es einem Arzt erlaubt sein, das Leben eines willensunfähigen Patienten wohlbewusst und in Übereinstimmung mit der Rechtsprechung zu beendigen. Wie begreiflich es auch in individuellen Fällen sein kann, dass der Arzt straflos bleibt, Straffreiheit bei der Lebensbeendigung darf meiner Meinung nach auch für Ärzte kein normaler Zustand sein, und darum befürworte ich keine Reglung in diesem Sinne. Im äußersten Fall kann mittels eines allgemeinen Strafausschließungsgrundes eine befriedigende Lösung gefunden werden. Hierfür ist erforderlich, dass (weiteres) medizinisches Handeln sinnlos ist, dass der willensunfähige Patient auf eine unerträgliche Weise leidet und der Schmerz nicht auf eine andere, weniger eingreifende Weise adäquat zu bekämpfen ist als durch das Töten des Patienten.[37]

Zum Schluss

Der niederländische Gesetzgeber betrachtet das heutige Gesetz als Endpunkt einer Entwicklung in der Sterbehilfe auf Verlangen des Patienten.

Natürlich ist die Sterbehilfe-Diskussion nicht beendet mit dem heutigen Gesetz. Die Gegner der straflosen Sterbehilfe werden sich rühren, genauso wie die Gegner der straflosen Abtreibung. Diese prinzipiellen weltanschaulichen Themen finden manchmal ein (vorläufig) juristisches, aber sicher kein prinzipielles Ende. Das ist auch gut so.

Der große Vorteil des niederländischen Weges und damit auch des heutigen Verfahrens ist das Festhalten an der Willenserklärung des Patienten. Wenn das Verfahren mit dazu beiträgt, dass der Arzt hierfür Sensibilität entwickelt, dann hat das Verfahren schon seinen Zweck erreicht. Die Willenserklärung darf aber nicht eine ausreichende Legitimation darstellen für die Durchführung von Tötungshandlungen (durch Ärzte). Dass neben der Willenserklärung auch gefordert wird, dass sich ein Patient in einer bestimmten Situation befinden muss, ist ebenfalls von großer Bedeutung.

Eine kritische Anmerkung zum Meldeverfahren. Das Verfahren fordert, dass es keine angemessene andere Lösung geben darf (Art. 2, Absatz 1, unter d). Es ist eine gesellschaftliche Aufgabe, dafür zu sorgen, dass auch andere Lösungen vorhanden sind. Ich höre manchmal, dass es bei mehr palliativer Therapie zu einer geringeren Nachfrage nach Sterbehilfe käme. Ich würde gerne wissen, was in den Niederlanden an palliativer Therapie getan wird und wie diese weiterentwickelt wird.

Sorgen verursachen mir zwei Tendenzen. Bei der einen liegt der Schwerpunkt auf der medizinischen Situation und dem Leiden des Patienten. Diese Tendenz betrifft in den Niederlanden ein Ansinnen der Mediziner, die Lebensbeendigung von Patienten, die ihren Willen nicht äußern können und sich auch früher nicht (schriftlich) geäußert haben, gesetzlich so zu regeln, dass – natürlich unter bestimmten Bedingungen – der Arzt das Leben beendigen darf. Ich kann mir vorstellen, dass ein Arzt mit Fällen konfrontiert wird, wo es zu einem bestimmten Zeitpunkt angemessen sein kann, eine Lebensbeendigung herbeizuführen. In der heutigen gesetzlichen Situation ist es wahrscheinlich, dass er sich dann mit Erfolg auf einen allgemeinen Strafausschließungsgrund berufen kann. Wir können mit dem heutigen Strafrecht und der Anwendung des Opportunitätsprinzips durch die Staatsanwaltschaft diese Fälle gut lösen. Ich bin dagegen, dass diese Fälle dazu führen, dass das Gesetz im Sinne einer strukturellen Legitimation angepasst wird. Dann geben wir meiner Meinung nach als Gesellschaft ein falsches Signal ab. Dem gegenüber steht, dass die Rechtsprechung in diesen Fällen auf Dauer auch normbildend ist, aber im Allgemeinen weniger Möglichkeiten einschränkender Kriterien beinhaltet (siehe auch weiter oben die Ausführungen über die Konsultation).

Bei der zweiten Tendenz steht die Autonomie des Patienten im Zentrum. Vor einigen Jahren hat das Alt-Mitglied des Hohen Rats, Drion, sich stark gemacht dafür, älteren Menschen ein Euthanaticum zur Verfügung zu stellen, die dann selber den Zeitpunkt ihres Todes bestimmen können. Deshalb wird auch von der Pille Drions gesprochen. Vor allem wegen möglicher unerwünschter Nebenerscheinungen (Missbrauch) ebbte das Thema schnell ab, um hin und wieder das Licht der Öffentlichkeit zu erblicken, wobei sowohl die Frage nach der Einnahme solcher Pillen wie auch die, sie nicht an eine bestimmte Lebenszeit zu binden, diskutiert werden. Dieser Vorgehensweise scheint viel weniger Erfolg beschieden zu sein als der Straflosigkeit von lebensbeendigenden Handlungen unter bestimmten Voraussetzungen.

Beide Tendenzen zeigen, wie wichtig es ist, im Rahmen der Sterbehilfe festzuhalten sowohl an dem Verlangen des

Patienten als auch an dem bestimmten Zustand, in dem er sich befinden muss.

Gesetz und Recht im Allgemeinen sind eine Seite der Medaille, die nicht-juristische Wirklichkeit eine andere. Um mögliche Differenzen zu überbrücken und um möglichen Missverständnissen vorzubeugen, ist es wichtig, dass darüber offen miteinander gesprochen wird.

Anmerkungen

1 H.J. Smidt, Geschiedenis van het Wetboek van Strafrecht. Eerste en Tweede Deel, Haarlem 1891, Teil II, S. 463 und 465.

2 HR 21 Okt. 1986, NJ 1987, 607 mit Anm. GEM.

3 Eine große Rolle hatte hierbei das frühere Mitglied des Hohen Rates, Ch.J. Enschedé, der sich für ein Berufsrecht des Arztes auf Sterbehilfe aussprach. Vgl. z. B. ‚Op sterven na dood', Utrecht-Antwerpen/Deventer 1987 und ‚Het recht op leven en dood', Deventer 1988.

4 Rechtbank Leeuwarden 21 Februar 1973, Nederlandse Jurisprudentie (NJ) 1973, 183.

5 HR 21 Oktober 1986, NJ 1987, 607 mit Anm. G.E. Mulder.

6 HR 21 Juni 1994, NJ 1994, 656 mit Anm. Schalken.

7 Zweite Kammer 1999–2000, 26691, 6, S. 5 i.o.m. Hof Leeuwarden 21 sept. 1995, NJ 1996, 61 en i.o.m. Richtlijnen Hoofdbestuur KNMG, MC 1992, I, S. 29–32

8 KNMG = Koninklijke Nederlandsche Maatschappij tot Bevordering der Geneeskunst.

9 Gesetzentwurf des Mitglieds Wessel-Tuinstra zur Veränderung der Artikel 293 en 294 des Strafgesetzbuches; Zweite Kammer, 1983–1984, 18331, Nrs. 1–3. Später übernahm Kohnstamm die Behandlung.

10 Rapport der Staatskommission Euthanasie, 's-Gragenhage 1985, Staatsuitgeverij, 3 Teile.

11 Zweite Kammer, 1985–1986, 19356, Nr. 2. Die sogenannte ‚Proeve' (= Prüfung) der Regierung.

12 In der ‚Proeve' war dieser Grund wie ein Rechtfertigungsgrund formuliert, aber durch die Regierung gemeint als Schuldausschliessungsgrund. Darum stand in dem Entwurf auch noch ein Artikel

über die Straffeloosheit von Teilnehmern (man denke an Krankenpfleger). Sieh hierzu näher J. Wöretshofer, Volgens de regelen van de kunst, Gouda Quint, Arnhem, S. 172–173.

13 C.I. Dessaur, Euthansie: de zelfmoord op zieke en oude mensen, Delikt en Delinkwent 1985, S. 913–917. Mw. Dessaur ist im September 2002 gestorben.

14 Zweite Kammer, 1987–1988, 20383, Nrs. 1–3.

15 Wet op de uitoefening van de geneeskunst (WUG).

16 J. Wöretshofer, Het tweede advies van de Raad van State inzake euthanasie, Delikt Delinkment 1987, S. 840–848; Volgens de regelen van de kunst, 1992, S. 191–195.

17 Nach ihrem Vorsitzer auch die Kommission Remmelink genannt.

18 Zweite Kammer 1999–2000, 26691, Nr. 6, S. 8.

19 Zweite Kammer 1999–2000, 26691, 6, S. 38.

20 Eine Regionale Kontrollkomission besteht aus zumindest drie Mitgliederen, von denen einer Jurist sein muss. Der Jurist ist zugleich Vorsitzer.

21 Zweite Kammer 1999–2000, 26691, Nr. 6, S. 17, 22, 34, 40–41, 46–47.

22 Zweite Kammer 1999–2000, 26691, Nr. 6, S. 16–17.

23 Wet op de geneeskundige behandelingsovereenkomst (WGBO).

24 Im ursprünglichen Gesetzentwurf stand als Kriterium nicht das unerträgliche Leiden.

25 Schon das Landgericht Leeuwarden hat ihn in seinem Urteil vom 21 Februar 1973, NJ 1973, 183 nicht gestellt und der Hohe Rat hat das niemals getan. Im Chabot-Urteil (HR 21 juni 1994, NJ 1994, 656 mit Anm. Schalken) hat er das ausdrücklich gesagt.

26 HR 21 juni 1994, NJ 1994, 656 m.nt. Schalken (Chabot).

27 Zweite Kammer 1999–2000, 26691, Nr. 6, S. 52–53.

28 Zweite Kammer 1999–2000, 26691, Nr. 6, S. 25, 44.

29 Zweite Kammer 1999–2000, 26691, Nr. 6, S. 94.

30 Zweite Kammer 1999–2000, 26691, Nr. 6, S. 98.

31 Zweite Kammer 1999–2000, 26691, Nr. 6, S. 94.

32 Sieh hierzu näher J. Wöretshofer, Volgens de regelen van de kunst, 1992, S. 293–303.

33 Sieh hierzu näher J. Wöretshofer, Volgens de regelen van de kunst, 1992, S. 291–293.

34 Mord hat im Niederländischen Strafrecht keinen extra negativen Klang. Es ist ein vorsätzlicher Totschlag.

35 Tatsächlich ‚ontslag van alle rechtsvervolging', aber vergleichbar mit einer Freisprache.

36 Vgl. H.J.J. Leenen, Active levensbeëindiging bij een ernstig gehandicapte baby, NJB 1995, S. 851–852.

37 Die Kinderärzte selber sind über die medizinisch-ethische Zulässigkeit der aktive Lebensbeendigung von Baby's uneinig. Ich weise auf z. B. Rotterdams Dagblad 21 Dezember 1995, NRC Handelsblad 6 Januar 1996 und den Rapport der Niederländischen Vereinigung für Kinderheilkunde (NVK), Tun oder Lassen, 1992.

Medizinische Entscheidungen zur Lebensverkürzung: Fakten und Konzepte

Gerrit Van der Wal

Grenzen und Definitionen

In einem Dialog zwischen Ländern ist es sehr wichtig, dieselbe Sprache zu sprechen und dieselben Formulierungen zu gebrauchen. Darum zuerst ein paar Bemerkungen über Grenzen und Definitionen.

Medizinische Behandlung am Ende des Lebens umfasst auch die palliative Behandlung und kann Entscheidungen medizinischer Interventionen beinhalten, die, beabsichtigt oder nicht beabsichtigt, den Tod beschleunigen können.

1. *Kurative Behandlung,* die einem Patienten mit einer potentiell tödlichen Krankheit zuteil wird, ist ausgerichtet auf Heilung oder Lebensverlängerung (inklusive der symptomatischen Behandlung von Beschwerden).
2. *Palliative Behandlung* hat nicht die Absicht der Heilung oder Lebensverlängerung, sondern die der Linderung von Schmerzen und anderer Symptome (während viel Aufmerksamkeit auf die psychischen, sozialen, emotionalen und spirituellen Bedürfnisse des Patienten gerichtet wird).
3. *Medizinische Entscheidungen* am Lebensende sind Entscheidungen des Arztes im Hinblick auf Handlungen, die eine gezielte Beschleunigung des Todeseintrittes beabsichtigen oder die Möglichkeit eines schnelleren Ster-

bens einbeziehen. Solche Entscheidungen am Lebensende umfassen:

3.1 Entscheidungen über *Abbruch* oder *Verzicht* einer potentiell lebensverlängernden Behandlung, zum Beispiel künstliche Beatmung, künstliche Ernährung oder Dialyse.

3.2 *Linderung von Schmerzen oder anderer Symptome* mit zum Beispiel

a) Opiaten oder

b) Terminale Sedierung mit Benzodiazepinen oder Barbituraten in einer Dosis, die stark genug ist, um als mögliche oder sichere Nebenwirkung eine beabsichtigte Beschleunigung des Todeseintrittes zu bewirken.

3.3 *Ärztlich assistierter Tod* (aktive Sterbehilfe), definiert als Verschreibung oder Verabreichung von Medikamenten mit der ausdrücklichen Absicht, das Leben des Patienten zu beenden bzw. den Patienten zu befähigen, es selbst zu beenden (das heißt Euthanasie bzw. ärztlich assistierter Suizid, indem es auf ausdrückliches Verlangen des Patienten geschieht).

Kurative Behandlung, palliative Behandlung und Entscheidungen zur Lebensverkürzung

Das Verhältnis zwischen kurativer Behandlung, palliativer Behandlung und medizinischen Entscheidungen am Lebensende ist unterschiedlich, je nach Art der Entscheidung.

Manche Personen sterben eines unerwarteten und plötzlichen Todes, zum Beispiel nach einem Schlaganfall, Herzinfarkt oder einem Verkehrsunfall. Hinsichtlich dieser Sterbefälle ist keine Rede von terminaler oder palliativer Behandlung, ebenso wenig von der Möglichkeit oder Notwendigkeit zu Entschlüssen, die Entscheidungen am Lebensende betreffen.

Es gibt noch eine andere Gruppe von Todesursachen, in der der Tod nicht nach einer Entscheidung zur Lebensverkürzung eingetreten ist, sondern in der bis zum Ende kurative oder lebensverlängernde Behandlung geleistet wurde. Bei den meisten nicht plötzlichen Sterbefällen (wenigstens in den Niederlanden) sind eine oder mehrere Entscheidungen am Lebensende getroffen worden.

Genau definiert, fängt palliative Behandlung erst dann an, nachdem der Entschluss gefasst worden ist, dass eine Heilung der Krankheit oder Lebensverlängerung nicht länger mehr Absicht der medizinischen Versorgung ist. Intensivierung der Schmerz- und Symptomlinderung kann während der ganzen terminalen Phase erfolgen und/oder kennzeichnet das Ende dieser Phase, wenn sie, unbeabsichtigt, den beschleunigten Todeseintritt zur Folge hat. Gleiches gilt auch für die terminale Sedation, obwohl der beschleunigte Todeseintritt in diesem Falle vorherzusehen ist. Absichtliche, aktive Lebensbeendung, sei es auf ausdrückliches Verlangen oder nicht auf ausdrückliches Verlangen des Patienten, beendet die terminale Phase endgültig.

Dimensionen von Entscheidungen zur Lebensverkürzung

Obwohl alle medizinischen Entscheidungen zur Lebensverkürzung den Tod potentiell beschleunigen, sollten sie aber dennoch nicht ein und derselben Kategorie subsumiert werden. Zum Beispiel ist der Verzicht auf künstliche Hydratation bei einem Patienten in der terminalen Phase von Demenz, der deutlich nicht mehr den Wunsch oder das Bedürfnis hat zu essen oder zu trinken, eine vollkommen andere Entscheidung als die Einwilligung zu einer letalen intravenösen Injektion auf ausdrückliches Verlangen einer jungen Frau mit terminalem Brustkrebs.

Darum ist es bei einem Dialog über Gesetzgebung, Praxis und Forschung hilfreich, wenn ein Konzept für Entscheidungen zur Lebensverkürzung vorliegt.

Medizinische Entscheidungen zur Lebensverkürzung können auf der Basis der folgenden Kriterien eingeteilt werden:

1. Handeln oder Nichthandeln des Arztes
2. Gründe des Arztes zu handeln oder nicht zu handeln
3. Intention des Arztes hinsichtlich der Beschleunigung des Todes
4. Präferenz des Patienten
5. Kompetenz des Patienten, seine spezielle Präferenz zum Ausdruck bringen zu können
6. Die Prognose des Patienten
7. Effekt auf den Patienten bei Handeln oder Nichthandeln

Diese Reihenfolge der Kriterien ist nicht unbedingt hierarchisch. Die Kombination der verschiedenen Dimensionen innerhalb des Arztsystems (1–3), einschließlich Kollegen, Krankenschwestern usw., und innerhalb des Patientensystems (4–7), einschließlich Familie und gesetzliche Vertreter, bestimmt, welche Entscheidungen am Lebensende von Belang sind.

Ein Konzeptionsentwurf für Entscheidungen zur Lebensverkürzung

In Figur 2 ist ein Konzeptionsentwurf für Entscheidungen zur Lebensverkürzung zu sehen.

In der ersten Spalte werden die wichtigsten Kriterien bezogen auf das *Handeln* oder *Nichthandeln* des Arztes gezeigt. Diese bilden den Kernbestand der verschiedenen medizinischen Entscheidungen zur Lebensverkürzung. In der horizontalen Reihe sind die anderen Dimensionen aufgeführt.

Ein *Grund* des Arztes für eine Entscheidung zur Lebensverkürzung kann sein, dass er sich dem Wunsch eines Patienten fügt, der eine lebensverlängernde Behandlung verweigert, oder er ist der Meinung, dass eine (weitere) medizinische Behandlung sinnlos ist. Andere Beweggründe könnten sein, dass der Arzt das Leiden des Patienten vermindern oder beenden möchte, ungeachtet der Tatsache, ob dieses auch auf ausdrückliches Verlangen des Patienten hin geschieht. Der Arzt kann eine Entscheidung zur Lebensverkürzung treffen mit der primären oder sekundären *Intention*, den Todeseintritt zu beschleunigen oder nur Rücksicht auf die Möglichkeit nehmen, dass der Tod schneller eintritt.

Präferenzen des Patienten werden entweder mündlich oder schriftlich zum Ausdruck gebracht (manchmal im Voraus). Der Patient kann eine Behandlung verweigern oder willigt in einen Vorschlag des Arztes ein, auf eine Behandlung zu verzichten oder diese abzubrechen. Ein Arzt kann auch eine Entscheidung zur Lebensverkürzung treffen, ohne Rücksicht auf die Wünsche des Patienten zu nehmen, zum Beispiel wenn der Patient nicht mehr in der Lage ist, seine Wünsche zu äußern oder weil der Arzt eine paternalistische Haltung hat. Nur im Falle eines ärztlich assistierten Suizids, das meint die Verschreibung von letalen Mitteln auf Wunsch des Patienten, ist dies unmöglich.

Kompetenz weist auf die Fähigkeit des Patienten hin, die Situation beurteilen zu können und eine richtige Entscheidung zu treffen. Ist der Patient in diesem Augenblick kompetent, dann gelten seine Wünsche. Ist er zeitweilig inkompetent, zum Beispiel wegen Depressionen oder anderer psychiatrischer Krankheiten, dann wird möglicherweise mit der Behandlung angefangen. Wenn der Patient fortdauernd inkompetent ist, aber das nicht immer war (z. B. wegen eines terminalen (Sub)Komas, einer Demenz, eines andauernden vegetativen Zustandes), dann werden

Patientenverfügungen und/oder ein Stellvertreter herbeigezogen. War der Patient immer inkompetent (z. B. Neugeborene oder schwer geistig Behinderte), spielen die Stellvertreter eine wichtige Rolle, die Interessen des Patienten nach bestem Wissen zu vertreten.

Die *Prognose* des Patienten ist ein wichtiger Ausgangspunkt für Entscheidungen zur Lebensverkürzung. Die Einschätzung der Quantität und Qualität des Lebens beeinflusst die Perspektive des Patienten und die des Arztes. Die Prognose ist besonders wichtig im Hinblick auf die Frage, ob es irgendwo bessere und/oder weniger eingreifende oder weniger schädliche Behandlungsalternativen gibt. Was dabei auch eine Rolle spielt, ist die zugrunde liegende Krankheit (Wird der Patient unvermeidlich sterben? Ist die Krankheit zu behandeln? Ist die Behandlung sinnlos?), die Lebenserwartung (Ist der Tod bevorstehend?) und das Leiden (Ist es unerträglich und/oder hoffnungslos, und inwiefern ist Linderung möglich?).

Und schließlich bestimmt auch der *Effekt* des Handelns oder des Nichthandelns über die Art der medizinischen Entscheidungen zur Lebensverkürzung mit. Diese hat nichts zu tun mit dem beabsichtigten oder auch nur geglaubten Effekt, sondern allein mit dem wirklichen Effekt bzw. mit dem Effekt, der vernünftigerweise (vorzugsweise evidence-based) zu erwarten ist. Die Schlüsselfrage ist, ob die Entscheidungen zur Lebensverkürzung *möglich* (z. B. der Beschluss, eine hohe Dosis Opiate zu verabreichen), *wahrscheinlich* (z. B. der Beschluss, auf künstliche Beatmung zu verzichten) oder *sicher* (z. B. der Beschluss, eine hohe Dosis Potassium-Chloride intravenös zu verabreichen) die Beschleunigung des Todeseintrittes zur Folge haben. Dieser wird auch bedingt durch den klinischen Zustand des Patienten (z. B. ein erwachsener Patient mit Metastasen im Unterschied zu einem prämaturen Neugeborenen), den Vorzug einer bestimmten Behandlung

(z. B. Chemotherapie gegenüber Dialyse), ebenso wie durch die Dosis und Art und Weise der Verabreichung der Medikamente (z. B. 100 mg gegenüber 1000 mg von Opiaten die oral oder intravenös verabreicht werden).

Zum Schluss

Dieser Konzeptionsentwurf ist hauptsächlich eine Beschreibung. Welche Kriterien am wichtigsten sind in der Klassifikation und Abwägung der Entscheidungen zur Lebensverkürzung, hängt vom jeweiligen Blickfeld ab: dem klinischen, psychologischen, moralischen oder juristischen. Die entscheidenden Faktoren sind meiner Meinung nach: Handeln oder Nichthandeln, die Intention des Arztes und die Präferenz des Patienten. Dazu kommt jedoch noch eine Anzahl modifizierender Faktoren: der Beweggrund des Arztes, die Kompetenz des Patienten (inklusive die Rolle des Stellvertreters im Fall, dass der Patient inkompetent ist), die Prognose und der Effekt des Handelns oder Nichthandelns auf den Patienten.

Grafik – Tabellen

Tabelle 1

INZIDENZ (1995)

Euthanasie auf Verlangen später	34.500
Euthanasie auf Verlangen jetzt	9.700
Haben eingewilligt	37%
Euthanasie	3.200
Ärztlich assistierter Suizid	400
Lebensbeendigung ohne ausdrückliches Verlangen	900

Tabelle 2

HÄUFIGKEIT : AUFSCHLÜSSELUNG VON MORTALITÄT (1995)

Euthanasie	2,4%
Hilfe bei Selbsttötung	0,3%
Lebensbeendendes Handeln nicht auf ausdrückliches Verlangen	0,7%
Intensivierung der Schmerz- und Symptomlinderung	18,5%
Keine Behandlungsentscheidungen	20%
Totale Sterbeziffer	136.000
Grenzgebiet zwischen 1+3 und 4	2%

Tabelle 3

PATIENTENKENNZEICHEN (1995) (%)

	Euthanasie	Alle Sterbefälle
Altersgruppe		
0-49	9	8
50-64	28	12
65-79	43	36
≥ 80	19	44
Todesursachen		
Krebs	80	27
Kardiovaskulare Krankheiten	3	29
Krankheiten des Nervensystems	4	11
Andere	13	33

Tabelle 4

FOLLOW-UP AUSDRÜCKLICHES VERLANGEN (1995)

	%
Eingewilligt	37
Abgelehnt	27
Natürlicher Tod vor Entschluss	28
Patient änderte seine Meinung	6
Andere Gründe	2

Tabelle 5 **ARTEN VON NICHT- BEHANDLUNGSENTSCHEIDUNGEN AUFGESCHLÜSSELT NACH HAUS- ODER FACHARZT (%)**

	Total	Hausarzt	Facharzt	Pflegeheimarzt
Künstliche Ernährung/Hydratation	25	22	12	44
Antibiotikum	25	15	21	36
Vasopressoren	11	9	18	5
Andere Medikamente	18	21	14	21
Beatmung	10	1	22	1
Operation	9	5	14	6
Diagnose/Aufnahme	8	13	3	11
Chemotherapie	3	6	4	1
Bluttransfusion	3	4	3	2
Radiotherapie	2	4	2	--
Dialyse	2	1	3	1
Reanimation	2	--	5	--
	118	101	121	128

Figur 1
Das Verhältnis zwischen kurativer (einschließlich lebensverlängernder) Therapie, palliativer Therapie und medizinischer Entscheidungen zur Lebensverkürzung

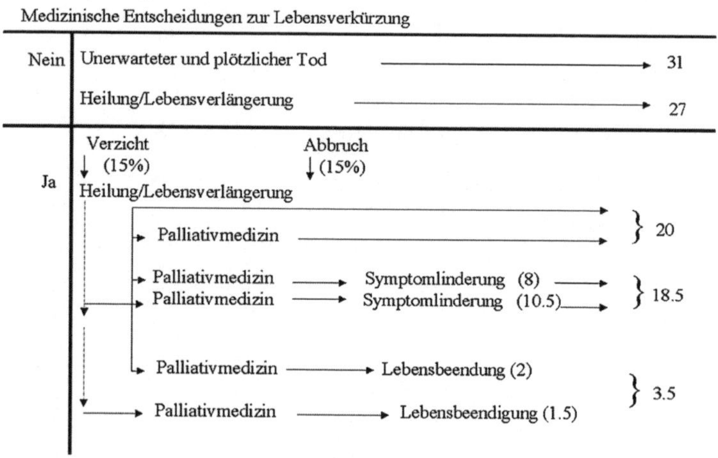

Figur 2

EIN KONZEPTENTWURF FÜR MEDIZINISCHE ENTSCHEIDUNGEN ZUR LEBENSVERKÜRZUNG

Arzt		Patient
Handeln/nicht handeln	**Grund - Intention**	**Präferenz - Kompetenz - Prognose - Wirkung**
• Verzicht/Abbruch • Symptomlinderung • Terminale Sedation • Verabreichung von letalen Mitteln • Verschreiben von letalen Mitteln		

	Patient		
Handeln/nicht handeln	**Präferenz**		**Kompetenz**
Verzicht	Weigerung Einwilligung	+/- +/-	Kompetenz oder Inkompetenz - Zeitlich - Früher nicht - Immer gewesen
Abbruch	Weigerung Einwilligung	+/- +/-	id.
Symptomlinderung	Auf Verlangen Einwilligung	+/- +/-	id.
Terminale Sedation	Auf Verlangen Einwilligung Weigerung	+/- +/- +/-	id.
Verabreichung von letalen Mitteln	Auf Verlangen	+/-	Kompetent oder Inkompetent - Früher nicht - Immer gewesen
Verschreiben von letalen Mitteln	Auf Verlangen	+	Kompetent

	Patient	
Handeln/nicht handeln	**Prognose**	**Wirkung**
Verzicht	Lebenserwartung + Lebensqualität	Möglich oder Wahrscheinlich oder Sicher
Abbruch	id.	id.
Symptomlinderung	id.	Möglich / Wahrscheinlich
Terminale Sedation	id.	Sicher
Verabreichung letaler Mittel	id.	Sicher
Verschreiben von letalen Mitteln	id.	Wahrscheinlich oder Sicher

Klinische Sterbehilfe im Alltag in Deutschland

Volker Schumpelick, Andreas Tittel, Stefan Willis

In diesem Beitrag möchte ich über den Alltag der klinischen Sterbehilfe in Deutschland berichten; und tue ich dies vor dem Hintergrund einer großen Universitätsklinik mit mehr als 40.000 stationären Patienten pro Jahr, 1.600 Betten in der Maximalversorgung, zehn Intensivstationen und einem Einzugsbereich von über fünf Millionen Menschen. Wir kennen das Sterben aus allernächster Nähe, es begleitet uns tagtäglich, bedrückt uns, lässt uns verzweifeln und macht uns nicht selten ratlos. Wir haben Palliativstationen, *stroke-units*, Reanimationseinheiten, aber keiner von uns betreibt aktive Sterbehilfe.

Wir halten uns in unserem täglichen Tun an die Grundsätze der Bundesärztekammer zur ärztlichen Sterbehilfe, wonach es Aufgabe des Arztes ist, unter Beachtung des Selbstbestimmungsrechts des Patienten Leben zu erhalten, Gesundheit zu schützen und wiederherzustellen sowie Leiden zu mindern und schließlich den Sterbenden bis zum Tode beizustehen. Art und Ausmaß dieser Behandlung sind vom Arzt zu verantworten, d. h. das Ermessen liegt bei ihm.

Gerade wegen der Grenzlage von Aachen werden wir nicht selten von Angehörigen unserer Patienten (aus unterschiedlichen Motiven) gebeten, aktive Sterbehilfe zu betreiben, um endlich dem Leiden ein Ende zu machen. Es fällt schwer, sich diesem Druck zu widersetzen, zumal solche Ansinnen immer häufiger unter Hinweis auf die Gesetzeslage im benachbarten Belgien und Holland vorgebracht werden. Es sind nicht immer egoistische Motive der Anverwandten, die sie veranlassen, uns um Sterbehilfe zu ersuchen. Häufiger ist das Ansinnen mit dem Motiv verbunden: „Nun machen Sie doch endlich dem Leiden ein Ende. Was soll denn diese ganze seelenlose Apparatemedizin? Haben Sie denn gar kein menschliches Empfinden?"

Aus dieser Richtung kommen die meisten Vorwürfe und treffen uns fast schutzlos. Ein Schwerstkranker unter maximalen intensivmedizinischen Maßnahmen wirkt derart abschreckend und entpersönlicht, dass der so genannte normale Menschenverstand kaum anders kann, als dies als unmenschlich abzulehnen.

Ich erspare Ihnen Bilder von unseren Intensivstationen mit Schwerstkranken; aber allein schon das ständige Geräuschniveau, allein das Volumen der den Kranken umgebenden Maschinen und die Notwendigkeit, annähernd im Minutentakt am Patienten Vorrichtungen vorzunehmen, stoßen auf einhellige Ablehnung aller Angehörigen. Hier sind die Intensivtherapeuten allein. Einsam kämpfen sie um das Leben der Schwerstkranken und ernten dafür nicht selten Hohn, Ablehnung oder Verachtung. Der normale Menschenverstand hat lange aufgehört, das Leben für sinnvoll zu erachten, und wir als professionelle Sachwalter des Lebens erfahren besonders schmerzlich den Riss zu einer Gesellschaft, die eher technikfeindlich sowie augenblicksorientiert und hedonistisch ist und die Sinnhaftigkeit unseres Tuns abstreitet. Sind es nicht die Angehörigen, so ist es häufig der Patient, der nach Erlösung von seinen Leiden schreit, so wie Tolstojs Anna Karenina im Kindbettfieber nach der Geburt ihres Sohnes: „Mein Gott, mein Gott, wann wird das nur enden, Doktor, geben Sie mir doch Morphium, oh mein Gott, oh mein Gott." Der behandelnde Arzt von Anna Karenina widersetzte sich diesem Aufruf, ähnlich wie wir das heute tun, obwohl zu dem damaligen Zeitpunkt das Kindbettfieber in 90 Prozent der Fälle tödlich war. Anna Karenina überlebte jedoch, und Tolstoj konnte 200 weitere köstliche Seiten verfassen und Anna Karenina ihr verwirrendes Beziehungsgeflecht weiter ausbauen. Gut, dass es damals keine aktive Sterbehilfe gab, die Literatur wäre ärmer geworden. Aber der nicht handelnde Arzt erschien schon damals als unmenschliches Monster.

Der Schlüssel zu allem Folgenden ist die Frage nach dem Zeitpunkt des Sterbens. Wann stirbt ein Mensch? Wir kommen nicht umhin, eine Definition zu geben. Wir definieren im folgenden als Sterben das Erlöschen der Vitalfunktion mit infauster, d. h. hoffnungsloser Prognose. In dieser Situation darf sich der Arzt nicht davonstehlen, er hat ärztliche Pflichten.

Nach den Grundsätzen der Bundesärztekammer sind die ärztlichen Pflichten bei Sterbenden: menschenwürdige Unterbringung, Zuwendung, Körperpflege, das Lindern von Schmerzen, Atemnot und Übelkeit sowie das Stillen von Durst und Hunger. An diese Richtlinien hat sich jeder Arzt zu halten.[1]

Fragt man die Ärzte im Einzelnen (dies erfolgte beispielsweise durch eine Umfrage in Rheinland-Pfalz im Jahre 2001[2]), was sie in der Praxis beim Sterben tun zu müssen glauben, herrscht zu 99 % Einverständnis darüber, dass Schmerzlinderung das erste Gebot ist. Auch bezüglich der Flüssigkeits- und Nahrungsaufnahme über den Mund gibt es kaum Zweifel, wenngleich 4 % der Ärzte glauben, man müsse bei einem Sterbenden sogar die Nahrung vermeiden. Schwierig wird die Situation bei allen instrumentellen Maßnahmen. Hier glauben nur 55 %, dass eine parenterale, d. h. venöse Flüssigkeitszufuhr sinnvoll ist, 45 % halten eine Flüssigkeitszufuhr über die Sonde und schließlich 20 bzw. 30 % eine Ernährung über den venösen Weg oder eine Sonde für notwendig. Ein Viertel der Ärzte ist unsicher, was sie tun sollen, nur etwa 50 % der Ärzte lehnen eine Ernährung des Sterbenden durch eine Sonde oder durch venöse Zufuhr ab – was sicherlich der richtige Standpunkt ist (vgl. *Tabelle 1*).

Schwieriger wird noch die Situation bei der Frage, welche Maßnahmen der Arzt bei einem Sterben abbrechen zu dürfen glaubt. Hier zeigt sich ein nahezu spiegelbildliches Verhalten. Erlaubt scheint den Ärzten das Absetzen von Herz-Kreislauf-aktiven Medikamenten, von parenteraler Ernährung und von Antibiotika bei Pneumonie. Schwierig wird schon die Frage, ob man bei einem Sterbenden die künstliche Beatmung oder die Ernährung über die Sonde absetzen darf. Bei der Flüssigkeitszufuhr über die Sonde oder parenteral meinen 50 %, dass man diese nicht abbrechen dürfe, sie sehen also die parenterale oder Sondenflüssigkeitszufuhr beim Sterbenden als geboten an (vgl. *Tabelle 2*).

Befragt man dieselben Ärzte, ob sie bestimmte Therapieformen aus ihrem ärztlichen Ethos heraus oder aus Angst vor Gesetzesverstoß beenden, so antworten zwar 79 %, dass die Beendigung von parenteraler Ernährung ärztlich geboten sei, aber nur 48 % halten dies auch für gesetzlich erlaubt. Gleiches gilt für die künstliche Beatmung: 70 % für „ärztlich geboten" und nur 42 % für „gesetzlich erlaubt"; und schließlich bei kreislaufaktiven Medikamenten, wo fast alle Ärzte meinen, dass deren Absetzung ärztlich geboten sei, aber nur zwei Drittel von ihnen glauben, dass dies auch gesetzlich erlaubt sei. Hier klafft also zwischen dem ärztlichen Ethos und dem, was man für die Rechtslage hält, eine erhebliche Lücke.

Viele Maßnahmen erfolgen nur deshalb, weil der Arzt glaubt, er müsse es aus juristischen Gründen tun, nicht weil er meint, es sei ärztlich sinnvoll oder geboten. Dies ist sicher ein wichtiger Bereich für eine Diskussion über die Gesetzesauslegung durch die Ärzte.

Befragt man die Ärzte zu ihrer Definition der aktiven Sterbehilfe, so halten 49 % der Ärzte das Abstellen der Beatmung beim Sterbenden für aktive Sterbehilfe, weitere 9 % sind unsicher. Über die Hälfte der Ärzte glaubt also, dass das Abstellen der Beatmung bei einem Sterbenden aktive Sterbehilfe sei. Gleiches gilt für das Ende der Katecholamingabe und der parenteralen Ernährung, was ein Drittel der deutschen Ärzte für aktive Sterbehilfe erachtet – im Gegensatz zur Auffassung der Rechtsprechung, die hierin passive Sterbehilfe sieht.

Was die Ermittlung des mutmaßlichen Patientenwillens betrifft, betrachten 79 % der Ärzte die Patientenverfügung als die wichtigste Maßnahme, gefolgt von der persönlichen Kenntnis des Patienten. Demgegenüber spricht nur eine relativ kleine Minderheit (21 %) den Äußerungen nächster Angehöriger eine wesentliche Bedeutung zur Erfassung des Patientenwillens zu.

Was die Verbindlichkeit der Patientenverfügung für die eigenen Entscheidungen angeht, halten 85 % die Verfügung für verbindlich, wenn Bezug zu einer konkreten Behandlungssituation vorliegt, 38 % für nicht verbindlich bzw. nur für einen groben Anhaltspunkt, und 27 % äußern Skepsis, da es sich um eine Meinung aus so genannten gesunden Tagen handelt.

Fasst man die Ergebnisse dieser Befragung zusammen, so muss man feststellen, dass es erstens eine weitgehende Unkenntnis des gesetzlichen Rahmens gibt, dass zweitens die passive Sterbehilfe weithin befürwortet wird und dass drittens hinsichtlich der konkreten Entscheidungen in der Behandlungssituation große Unsicherheit herrscht.

Fragt man, in welchen Fällen aus der Sicht der Deutschen Gesellschaft für Chirurgie überhaupt Sterbehilfe in Betracht kommt, dann sind dies: Patienten im Sterbeprozess, bei kritisch kranker Situation mit infauster Prognose, bei potentiell letaler Komplikation einer Grundkrankheit mit infauster Prognose und bei schweren chronischen Erkrankungen ohne effektive Behandlungschance, bei Therapieablehnung, bei kontinuierlicher Abhängigkeit von der Substitution vital wichtiger Funktionen und schließlich beim Langzeitkoma.[3] Dieses breite Spektrum deckt eine Vielzahl von Krankheitszuständen ab, ohne bereits konkrete Entscheidungen zu ermöglichen. Auch eine Fokussierung auf die klinische Sterbehilfe (die in unserem Zusammenhang natürlich im Vordergrund stehen soll) ändert wenig an dieser Feststellung.

Von Bedeutung in der Diskussion über klinische Sterbehilfe ist auch, dass wir die Dimension des Problems gar nicht kennen: Es gibt keine Register, es gibt keine epidemiologischen Daten – es gibt nur (oder immerhin) eine anhaltende, öffentliche und auch private Diskussion, und schließlich gibt es Gesetzesänderungen in den Nachbarländern, die in letzter Zeit die Diskussion wieder angefacht haben.

Vor diesem Hintergrund haben wir die 1165 Patienten, die im Laufe des Jahres 2001 auf unserer chirurgischen Intensivstation lagen, hinsichtlich der Kriterien der Deutschen Gesellschaft für Chirurgie evaluiert, also diejenigen herausgefiltert, für die nach diesen Kriterien eine Sterbehilfe überhaupt in Frage käme. Wählt man zunächst diejenigen Patienten aus, die mehr als sieben Tage auf unserer Intensivstation gelegen haben (wobei die durchschnittliche Verweildauer zwischen zwei und drei Tagen liegt) und wendet auf diese Patienten die Kriterien der Deutschen Gesellschaft für Chirurgie an, so bleiben 44 der 1165 Patienten übrig, bei denen eine mögliche Indikation zur Sterbehilfe bestand, d. h. 3,8 %.

Vergleicht man diese 44 Patienten mit Potentialität zur Sterbehilfe mit der anderen Intensivgruppe, findet sich für die 44 Patienten ein höheres Lebensalter (71 gegenüber 60 Jahren), eine längere Liegezeit (71 gegenüber drei Tagen), eine höhere stationäre Sterblichkeit (84 % gegenüber 2 %) und schließlich ein Langzeitüberleben von nur 2 % gegenüber etwa 70–80 % in der anderen Gruppe.

Im Detail besteht bei dieser selektionierten Gruppe an Grunderkrankungen meist ein fortgeschrittenes Karzinom mit einer Zweiterkrankung (in 16 Fällen), ein fortgeschrittenes Karzinom mit Komplikationen (in 19 Fällen), eine infauste Akuterkrankung mit einer Zweiterkrankung (in vier Fällen), eine chronische Erkrankung ohne Chance, z. B. COPD (in einem Fall), eine Therapieablehnung (in drei Fällen) und ein Langzeitkoma (in einem Fall).

Betrachtet man den Ressourcenverbrauch pro Patient, erfährt in dieser Gruppe der Patient im Durchschnitt drei Operationen, ist im Durchschnitt neun Tage beatmet worden, hat 30 Blutkonserven oder Frischplasmakonzentrate gebraucht und ist achtmal mit einer Blutwäsche behandelt worden (vgl. *Tabelle* 3).

Insgesamt ergibt sich für den Ressourcenverbrauch in der Gruppe der Intensivpatienten eine Zahl von 3348 Behandlungstagen gegen 913 Behandlungstagen in der Gruppe mit „formaler Eignung" zur Sterbehilfe, die Kosten für die 1121 Intensivpatienten rechnen sich auf 2.467.476 €, in der „Sterbehilfegruppe" auf 672.881 €, d. h. pro Patient wurden in der Intensivgruppe 2.211 € ausgegeben, in der Gruppe potentieller Sterbehilfe 52.327 € pro Patient.

Als Fazit dieser Analyse der eigenen Intensivpatienten ergibt sich somit, dass nur 4 % der Intensivpatienten der chirurgischen Intensivstation potentiell für eine Sterbehilfe in Betracht kämen, dass sie zwar 21 % der jährlichen Ressourcen in der chirurgischen Intensivstation verbrauchten, dass sie aber mit Ausnahme eines Patienten alle innerhalb von sechs Monaten und in 84 % noch während des stationären Aufenthaltes verstarben.

Zusammenfassend kann gesagt werden, dass die Diskussion über Sterbehilfe ein relevantes klinisches Problem darstellt. Für aktive Sterbehilfe gibt es keine Indikation, passive Sterbehilfe wird zu zaghaft eingesetzt. Die Ärzteschaft ist unsicher im konkreten Vorgehen, es besteht eine Kluft zwischen dem von den Ärzten vertretenen Ethos und dem, was sie für die Rechtslage halten, sodass ein Großteil der Ressourcen von einer Minderheit von Patienten erfolglos verbraucht wird.

Als Resümee gilt für mich persönlich: Es besteht in diesem Bereich ein dringender Diskussionsbedarf. Ich glaube, dass eine wohlindizierte, vielleicht auch zu einem früheren Zeitpunkt indizierte passive Sterbehilfe bei richtiger Auslegung der Gesetze im Einzelfall völlig ausreichend ist, und kann aus unseren Zahlen keinen Zwang zur Gesetzesänderung erkennen, wenn wir gemeinsam, d. h. Juristen, Ethiker, Philosophen, Journalisten, Ärzte u. a., bestehende Gesetze patientengerechter auslegen. Allein der uninformierte Umgang mit den Vorgaben des Gesetzes kostet aus meiner Sicht mehr Ressourcen als der Verzicht auf aktive Sterbehilfe.

Doch dieser Umgang muss gelernt sein, und er muss auch von allen Beteiligten im Interesse des Patienten einheitlich praktiziert bzw. beurteilt werden. Wenn das definitive Absetzen von Therapiemaßnahmen beim Sterbenden, das aus ärztlichem Gewissen heraus geschieht, auch nur den Hauch der Illegalität hat, wird sich der Arzt auch zukünftig im Zweifel dagegen entscheiden. Der Arzt muss lernen, den Sterbenden sterben zu lassen.

Tabelle 1
Praxis der ärztlichen Pflichten beim Sterbenden

Was glaubt der Arzt tun zu müssen?	*Ja*	*Bin unsicher*	*Nein*
Schmerzlinderung	99 %	0,5 %	0,5 %
Flüssigkeit / Nahrung peroral	92 %	4 %	4 %
Flüssigkeitszufuhr parenteral	55 %	19 %	26 %
Flüssigkeitszufuhr über Sonde	45 %	22 %	33 %
Ernährung parenteral	20 %	22 %	58 %
Ernährung über Sonde	30 %	24 %	46 %

(Ärztebefragung Rheinland-Pfalz 2001)

Tabelle 2
Praxis der ärztlichen Pflichten beim Sterbenden

Was glaubt der Arzt abbrechen zu dürfen?	*Ja*	*Bin unsicher*	*Nein*
Flüssigkeitszufuhr parenteral	36 %	14 %	50 %
Flüssigkeitszufuhr über Sonde	34 %	17 %	49 %
Ernährung parenteral	79 %	10 %	11 %
Ernährung über Sonde	69 %	14 %	17 %
künstliche Beatmung	70 %	17 %	13 %
Herz-Kreislauf-aktive Medikation	92 %	4 %	4 %
Antibiotika bei Pneumonie	77 %	11 %	12 %

(Ärztebefragung Rheinland-Pfalz 2001)

Tabelle 3
Patientenkollektiv 1.1.–31.12.2001
Chirurgische Klinik der RWTH Aachen

	Intensivstation	*mögliche Sterbehilfe*
Anzahl	1121	44
Alter (Median)	60	71
Liegezeit (Tage)	3	71
statist. Sterblichkeit	2 %	84 %
Kosten pro Patient	2.211 €	52.327 €

Anmerkungen

1 Bundesärztekammer (1998): *Ärztliche Sterbebegleitung. Grundsätze der Bundesärztekammer.* DtÄrzteBl 76: A 2366–2367.

2 Weber, M./Stiehl, M./Reiter, J./Ritter, C. (2001): *Ethische Entscheidungen am Ende des Lebens. Sorgsames Abwägen der jeweiligen Situation. Ergebnisse einer Ärztebefragung in Rheinland-Pfalz.* DtÄrzteBl 98: A 3184–3188.

3 Pichlmayr, R. (1996): *Einführung zur Stellungnahme: „Therapiebegrenzung und ärztliche Sterbebegleitung“. Entwurf einer Leitlinie zum Umfang und zur Begrenzung der ärztlichen Behandlungspflicht in der Chirurgie.* Langenbeck'sArchChir Suppl. II: 681–693.

III.

1. Fall

Vital bedrohliche Zweiterkrankung im Endstadium eines Malignomleidens
(Ileus bei metastasierendem Pankreas-Ca)

54-jähriger Patient, der vor zwölf Monaten wegen eines lokal fortgeschrittenen Pankreaskarzinoms (pT2N1M0) kurativ reseziert wurde. Der postoperative Verlauf war glatt, der Patient konnte seine Tätigkeit als selbständiger Bauunternehmer nach drei Monaten wieder aufnehmen. Elf Monate nach der Operation verspürte er wieder Schmerzen im Oberbauch mit Völlegefühl und Übelkeit. Nach anfänglich konservativer Behandlung durch den Hausarzt erfolgte jetzt die erneute stationäre Aufnahme wegen anhaltenden Erbrechens. Die Aufnahmeuntersuchung zeigte einen Patienten in deutlich reduziertem Allgemein- und Ernährungszustand.

Im Ultraschall fanden sich die Zeichen eines mechanischen Darmverschlusses mit Hinweisen auf ein Tumorrezidiv im Oberbauch mit diffuser Peritonealkarzinose und Ummauerung mehrerer Darmschlingen.

Trotz konservativer Therapie (Magensonde, Infusionsernährung, medikamentöse Darmanregung) kam es zu keiner Besserung, der Patient litt unter quälenden Schmerzen und anhaltendem Erbrechen. Dies wurde begleitet von profusen Bauchschmerzen, Halluzinationen und gelegentlichen Aspirationen, die durch bronchoskopische Absaugung behandelt werden mussten. Trotz liegender Magensonde verschlechterte sich der Zustand von Tag zu Tag.

In dieser Situation stellten sich drei Therapieoptionen:

(1) Versuch einer palliativen Umgehungsoperation, ggf. Anlage eines Anus praeter trotz hohen OP-Risikos und bei einer mittleren statistischen Lebenserwartung von zwei bis sechs Monaten bei glattem Verlauf;

(2) Fortführung der konservativen Maßnahmen und Schmerztherapie unter Inkaufnahme des Ablebens innerhalb weniger Tage;

(3) Einstellung der Therapie, terminale Sedation durch hochdosierte Opiate.

Die Therapieentscheidung wurde durch den intensiven Wunsch der Angehörigen (der Ehefrau und des Sohnes als Juniorpartner) beeinflusst, die beide darauf bestanden, „alles Mögliche" zu tun, um ihrem Ehemann bzw. Vater ein Weiterleben zu ermöglichen („Das ganze Geschäft hängt letztlich an ihm").

Nagel

1. Die Primäroperation ist gut verlaufen.
2. Aufgrund eines Tumorrezidives ist ein mechanischer Darmverschluss entstanden.
3. Subsequent hat sich die körperliche Verfassung des Patienten erheblich verschlechtert.
4. Zum Zeitpunkt der möglichen Therapieentscheidung ist eine definitive Abschätzung des Ausmaßes des Tumorrezidives nicht sicher möglich.
5. Durch einen operativen Eingriff kann unter Umständen eine Lebensverlängerung bei verbesserter Lebensqualität erreicht werden.

Damit ergibt sich aus chirurgischer Perspektive eine klare Favorisierung der Therapieoption (1) mit folgenden Zielgedanken:

a) Es erfolgt eine Aufhebung des körperlichen Krankheitsbildes, das zu quälenden, lebensbedrohenden Symptomen bei dem Patienten führt. Der Beweggrund dahinter besteht in der Fürsorgepflicht für den Patienten im Sinne einer medizinischen Hilfestellung.

b) Diese Maßnahme ist zugleich auch diejenige, die zu diesem Zeitpunkt aus der (subjektiven) Sicht des Patienten und der Familie am nützlichsten erscheint.

Zur medizinischen Urteilsbildung dienen insbesondere die folgenden klinisch relevanten Faktoren:

a) Anamnese, Symptomatik, Diagnose und Prognose;

b) Formulierung der Behandlungsoptionen und Prüfung jeder Option;

c) Klärung des gemeinsamen Umfelds von Arzt und Patient:

- Ist der Patient entscheidungsfähig?
- Hat bei dem Patienten die Sterbephase bereits begonnen?
- Besteht eine belastbare Beziehung zwischen Arzt und Patient?
- Besteht ein belastbares Beziehungsnetzwerk zur Begleitung des Patienten?

Das Fehlen von persönlicher Bindung, vertrauensvollen Beziehungen und konkreter mitmenschlicher Unterstützung führt nicht nur zur sozialen Isolation, sondern auch zu mangelnder Integration der Angst vor dem eigenen Leiden und Sterben und kann paradoxerweise gefühlsmäßig nur durch isolierte Entscheidungen, z. B. den Wunsch nach aktiver Sterbehilfe, überwunden werden.

Der Wille des Patienten muss an oberster Stelle stehen (Patientenautonomie).

In diesem Zusammenhang ist als besonders wichtiger Punkt zu berücksichtigen das akute Leiden des Patienten, konkreter gesprochen die Schmerzen und der Verlust an

Lebensqualität. Ferner ist die Qualität des Verhältnisses zwischen Arzt und Patient von wesentlicher Bedeutung.

Innerhalb des so gegebenen Rahmens muss dann eine individuelle Entscheidung getroffen werden.

Eine schwierige Frage ist die, ob es eine bestimmte Größenordnung von positiven Behandlungseffekten geben muss, um eine Behandlung zu rechtfertigen. Beispielsweise: Muss man eine Prognoseperspektive von mehr als sechs Monaten haben, um eine Behandlung zu rechtfertigen? Meiner Meinung nach trifft das nicht zu.

Zum Verhältnis von medizinischer Prognose und ethischer Beurteilung des Falles ist noch zu sagen: Jede medizinische Generalinformation ist lediglich statistischer Natur und nicht auf das konkrete Individuum bezogen. Eine Einbeziehung anderer Aspekte (z. B. Lebensqualität) ist unerlässlich wichtig, um eine Entscheidung über das medizinische Handeln zu treffen und zu begründen.

Honnefelder

Ich gehe davon aus, dass eine *ethische* Beurteilung sich primär auf die *Handlung* bezieht und diese sowohl hinsichtlich des *Zieles* bewertet, auf das sie als Handlung hingeordnet ist, ferner hinsichtlich der *Absicht*, die den Handelnden dabei leitet, und schließlich hinsichtlich der *Umstände*, die für die Handlung charakteristisch sind und zu denen auch die eingesetzten *Mittel* sowie die *Handlungsfolgen* und *-nebenfolgen* zählen. Die *Kriterien*, die bei der Bewertung zugrunde zu legen sind, umfassen den Schutz der Würde des Patienten und die daraus folgenden Ansprüche wie die auf Respektierung der Selbstbestimmung, auf Schutz der Integrität von Leib und Leben usf. sowie die Zielsetzung des Heilens und der Linderung, die das Handeln des Arztes unter bestimmte normative Ansprüche stellen wie das Nichtschadensprinzip, das Prinzip der Fürsorge usf.

Die in Bezug auf den vorliegenden Fall genannte *erste* Handlungsalternative ist ein Eingriff in die physische Integrität des Patienten mit dem Ziel der Heilung. Dieses *Ziel* ist ohne Zweifel als hochrangig zu betrachten. Doch bleibt die Frage, ob der Eingriff als *Mittel* für das intendierte Ziel geeignet und vertretbar ist. Hier ist zur Beurteilung zunächst das ärztliche Urteil maßgeblich, das dem Eingriff eine gewisse Erfolgschance einräumt. Es sind aber auch die Folgen bzw. Nebenfolgen zu bedenken, die im vorliegenden Fall ein hohes Komplikationsrisiko und die Möglichkeit eines erneuten Darmverschlusses mit möglicher Todesfolge beinhalten. Insgesamt kann der Abwägung des Arztes zugestimmt werden, dass die schlechten Aussichten bei Fortführung der konservativen Therapie es rechtfertigen, den Eingriff trotz der genannten Risiken zu wagen.

Die *zweite* Handlungsweise hat als Ziel die Linderung der Schmerzen des Patienten. Auch dieses Ziel ist als solches unter den gegebenen Umständen als hochrangig zu betrachten. Es kann sogar das *gebotene* Ziel sein, wenn das Ziel der Heilung nicht mehr oder nur mit erheblichen Risiken und mit geringer Aussicht auf Verbesserung erreichbar ist. Hier ist zunächst wiederum das ärztliche Urteil maßgeblich. Angesichts der beschriebenen schwierigen Situation des Patienten kann auch die Beschränkung auf die Linderung als gut begründet betrachtet werden. Gegen die zur Linderung der Schmerzen gewählten Mittel sprechen der Verlust des bewussten Selbstverhältnisses durch die völlige Sedierung und das Inkaufnehmen einer lebensverkürzenden Wirkung. Wenn kein anderes Mittel zur Verfügung steht und die Intention eindeutig auf Linderung der Schmerzen geht, können diese Umstände jedoch billigend in Kauf genommen werden. Aufgrund des ärztlichen Urteils ist aber wohl die erste Handlungsweise vorzuziehen.

In keinem Fall kann der Patientenwille außer Betracht bleiben, da der Patient zustimmungsfähig ist. Sollte er selbst die zweite Handlungsweise vorziehen, ist seinem Wunsch stattzugeben.

Die *dritte* Handlungsweise hat als Ziel die rasche Beendigung des Lebens des Patienten. Dieses Ziel widerspricht sowohl dem aus dem Lebensschutz folgenden elementaren Tötungsverbot als auch der ärztlichen Teleologie, die sich ausschließlich auf Heilung und Linderung bezieht. Auch wenn der Patient die dritte Handlungsweise wünscht, rechtfertigt dies nicht das Handeln des Arztes.

Bernsmann

Ich gehe davon aus, dass eine Einwilligung des Patienten vorlag. Wenn er in die Möglichkeit (1) einwilligt, ist das unter strafrechtlichen Aspekten unbedenklich. Die Option (3) wäre auch bei Einwilligung eine Tötung auf Verlangen nach § 216 StGB, d. h. eine klassische Euthanasiesituation, die noch nicht einmal andeutungsweise einen Rechtfertigungsgrund für sich beanspruchen könnte. Strafrechtlich kompliziert wäre mit Blick auf Variante (2), ob es sich um eine sog. indirekte Sterbehilfe handelt und damit nicht um eine Tötung auf Verlangen. Der Patient hat noch eine nicht nur ganz geringe Lebenserwartung, die gebräuchliche Definition der indirekten Sterbehilfe passt daher nicht. Ich würde es für einen Grenzfall halten und keinem Strafgericht wünschen, die Variante (2) beurteilen zu müssen.

Schuster

Grundsätzliche Vorbemerkungen

Ich nenne folgende Prinzipien, nach denen in diesem wie in den folgenden Fällen unter ethisch-theologischer Perspektive zu entscheiden ist:

1. Jedem Menschen kommt unabhängig von Eigenschaften und Leistungen, also auch unabhängig von seinem Gesundheits- und seinem Bewusstseinszustand die uneingeschränkte menschliche Würde und die aus ihr folgenden Schutzrechte zu, weil dem Menschen von seiner *Natur* her das Vermögen eignet, sich selber Zwecke zu setzen und sich für sein Tun und Lassen zu verantworten.

In theologischer Perspektive gründet die Würde des Menschen in seiner Gottesebenbildlichkeit (Gen 1, 26 f; Gen 2). Was also philosophisch Menschenwürde heißt, findet theologisch seine sachliche Entsprechung in der Gottesebenbildlichkeit.

Alles Entscheiden und Handeln des Arztes hat das Selbstbestimmungsrecht des Patienten zu respektieren. Gegen den erklärten Willen des Patienten darf der Arzt nicht tätig werden.

2. Leben ist eine notwendige Bedingung der Möglichkeit gelingenden Lebens, doch ist es keineswegs mit Letzterem identisch. Daraus ergibt sich die Frage, wie sich das Gut des physischen Lebens zu jenen Gütern verhält, die ein erfülltes Leben des Menschen ausmachen. Das Leben ist ein inhärentes Gut des Menschen und besitzt als notwendige Bedingung aller anderen menschlichen Vollzüge *fundamentalen Wert*. Für sich betrachtet ist es aber keineswegs das höchste aller Güter: Vor die Alternative gestellt, entweder das Leben oder die moralische Integrität des eigenen Gewissens zu wahren, hat der Mensch stets das sittlich Gute vorzuziehen (sog. axiologische Differenz).

3. Die Integrität und der Schutz von Leib und Leben ergeben sich aus der Würde des Menschen, und diese Würde ist Grund des Rechts, nicht getötet zu werden. „Da niemand das Recht hat, über das Leben eines anderen zu verfügen, bedarf die Verfügung, die in der Intervention des Arztes geschieht, prinzipiell der Zustimmung durch den Patienten; doch impliziert dies auch das Recht des Patienten, dieser Intervention von sich aus eine Grenze zu setzen."[1]

4. Ärztliches Handeln ist auf das Ziel der Heilung oder, wenn Heilung nicht mehr möglich ist, zumindest auf das Ziel der Schmerzlinderung ausgerichtet.[2] In Fällen, in denen eine Therapie dem Patienten nicht mehr dazu verhelfen kann, die Ziele und Zwecke seines Lebens zu verfolgen, hat sie prinzipiell ihre Grenze erreicht, und ärztliches Handeln muss sich auf angemessene Pflege und Schmerzbekämpfung beschränken. Befindet sich der Kranke in der Phase des Sterbens, ist Sterbebegleitung im Sinne der Hilfe *beim* Sterben geboten.

5. „Eine einmal begonnene Therapie muss abgebrochen werden, wenn der Krankheitsverlauf oder weiterführende diagnostische Maßnahmen zeigen, dass keine Therapienotwendigkeit oder Therapiemöglichkeit besteht, oder der Patient den Therapieabbruch wünscht."[3] Unter psychologischer Rücksicht betrachtet wiegt ein Therapieabbruch schwerer als ein Verzicht, denn mit jeder begonnenen Therapie wird in der Regel doch die Hoffnung (zumindest auf Linderung und Besserung) geweckt. Prinzipiell aber gilt: Alle Gründe, die einen Behandlungsverzicht rechtfertigen, legitimieren auch ihren Abbruch.[4]

Zu Fall 1

1. Der Patient ist in dieser Situation nicht mehr ansprechbar. Ehefrau und Sohn drängen auf eine Operation, weil nicht nur das Leben des Ehemanns und Vaters auf dem Spiel steht, sondern auch die wirtschaftliche Existenzgrundlage

der Familie. Zwar kann der Patientenwille nicht eruiert, wohl aber in Erfahrung gebracht werden, dass es gut wäre, wenn der Patient mit seinen eigenen Angehörigen eine Frist hätte, um wichtige Angelegenheiten zu regeln.

2. Die medizinische Prognose einer Operation des Darmverschlusses ist angesichts der fortgeschrittenen Krebserkrankung nicht günstig. Andererseits bedeutet es für den Patienten wie für die Angehörigen eine schwere Belastung, wenn er an einem Darmverschluss stirbt.

3. In diesem Fall bietet sich die Therapieoption (1) an, weil sie den zuvor genannten Gesichtspunkten am ehesten entspricht: Sie bietet (a) möglicherweise einen Zeitgewinn, um wichtige Dinge zu regeln, und (b) eine Linderung des quälenden Leidens. Option (3) scheidet *a limine* aus, weil es sich dabei um aktive Sterbehilfe handelt. Option (2) hat den Nachteil, dass sie für den Patienten keine Möglichkeit lässt, wenigstens noch für einen gewissen Zeitraum ein bewusstes Leben zu führen.

Heinen

In Bezug auf die medizinische, juristische und ethische Sachfrage könnte hier natürlich auch ein Heizungsmonteur oder ein Studienrat für Latein und Sport sitzen, sie hätten eine ähnliche Kompetenz. Deshalb möchte ich versuchen, meine Rolle mit einem Gedankenspiel auszufüllen. Stellen Sie sich vor, Sie müssten eine Entscheidung auf einer Pressekonferenz erklären, versuchen, sie einer fragenden Öffentlichkeit, einer hinterfragenden Öffentlichkeit zu erklären.

Ich glaube, in der Öffentlichkeit am leichtesten darzustellen ist – auch wenn ich das nicht als ein Kriterium von Wahrheit oder Richtigkeit sehe – die Variante (1). Warum? Nicht so sehr wegen des Alters des Patienten, auch nicht unbedingt deswegen, weil er weiter aktiv sein will oder weil die Angehörigen das wünschen. Sicher sind das alles Gesichtspunkte, die nachzuvollziehen sind. Da sagen die Menschen: „Das kann ich mir vorstellen.“ Da wird ein anonymer Fall plötzlich für die Leute zu etwas, wo sie sagen: Das könnte mir genauso passieren. Das sind alles hinleitende, aber keine ausreichenden Kriterien.

Ich glaube, das Entscheidende muss sein, dass die Menschen das Gefühl haben, dass gerungen wird. Dabei ist die Angst des Verlustes, die sie selber als Angehörige haben und die Angst, selber in eine solche Situation zu kommen, dies sind die eigentlichen Hintergründe kritischer Anfragen. Deshalb wäre die Lösung (1) – maximaler Kampf, maximaler Mitteleinsatz – sicherlich die in der Öffentlichkeit am leichtesten darzustellende.

Die Lösung (3) wäre PR-technisch kaum zu verkaufen. Sie vermittelt den Anschein eines medizinischen Automatismus, auch wenn es den in Wirklichkeit nicht gegeben hat, denn es sind ja Ärzte da, die sich entschieden haben. Aber in den Augen der Öffentlichkeit würde dieses Vorurteil voll bestätigt werden.

Lösung (2) ist in ihrer Differenziertheit schwer zu vermitteln – vor allem, da hier auch die Frage der Einwilligung bzw. der Willenserklärung nicht so ganz geklärt ist, und weil diese Problematik in der Öffentlichkeit nicht so klar gesehen wird.

Landau

Grundsätzliche Vorbemerkung

Existenzielle Fragen wird ein Christ nach den Aussagen der christlichen Lehre entscheiden. Die CDU ist dem christlichen Menschenbild verpflichtet. Als von Gott geschaffenes Wesen verfügt der Mensch über eine unveräußerliche Würde. Der Mensch ist Geschöpf *und* Ebenbild

Gottes. Er gestaltet sein Leben freiverantwortlich, bleibt aber Gottes Willen unterworfen. Dieses Menschenbild ist auch Grundlage unserer Verfassung, wie die Anrufung Gottes in der Präambel zeigt. In Art. 1 Abs. 1 GG ist als oberstes Verfassungsprinzip die Unantastbarkeit der Menschenwürde festgeschrieben. Die Würde des Menschen ist verletzt, wenn der Mensch nicht mehr als Subjekt wahrgenommen, sondern wie eine Sache dem Willen anderer untergeordnet wird. Das Selbstbestimmungsrecht des Menschen, das in Art. 2 Abs. 1 des Grundgesetzes festgeschrieben ist, ist notwendiger Ausfluss dieses Menschenbildes. Es beinhaltet auch das Recht auf ein würdiges Sterben.

Das christliche Menschenbild geht von der Unverfügbarkeit des menschlichen Lebens aus. „Du sollst nicht töten" ist das fünfte Gebot Gottes an die Menschen. Das Recht auf Leben hat in Art. 2 Abs. 2 Satz 1 GG – dem Grundrecht auf Leben und körperliche Unversehrtheit – Eingang in unsere Verfassung gefunden. Das Grundrecht verpflichtet den Staat, aktiv zum Schutz menschlichen Lebens tätig zu werden. Das christliche Menschenbild achtet jedes Leben gleich. Eine Unterscheidung in lebenswertes oder lebensunwertes Leben ist dem Christentum fremd. Als Christ und Christdemokrat plädiere ich für einen „heiligkeitsorientierten Lebensschutz" im Gegensatz zu einer „qualitativen Betrachtung des Lebensschutzes" (Terminologie nach Albin Eser). Dabei steht „Heiligkeit" als Kennzeichen für alle jene Tendenzen, die das menschliche Leben als solches und ohne Rücksicht auf etwaige körperliche und geistige Mängel oder gesellschaftlichen Nützlichkeit zu schützen bestrebt sind. Mit „Qualitätsorientierung" sind alle Aspekte gemeint, die das Leben nicht schon *a priori* für unantastbar erklären, sondern für qualitativ abstufbar und der Abwägung mit anderen Interessen für zugänglich halten.

Die Selbstbestimmung des Menschen kann in ein Spannungsverhältnis zum Lebensrecht und der daraus abgeleiteten Pflicht des Staates zum Lebensschutz geraten. Anders als etwa im Mittelalter ist der Freitod heute rechtlich nicht mehr verboten. Thomas Morus hat 1516 in seinem Werk *Utopia* ausgeführt, es sei ethisch höher zu bewerten, wenn ein gläubiger Christ um den Giftbecher bitte, statt sich einem letztlich doch zum Tode führenden Leidensprozess auszusetzen. Wir respektieren heute den eigenverantwortlich gefassten Entschluss eines Menschen, sich eigenhändig das Leben zu nehmen. Eigenverantwortung und Eigenhändigkeit sind dann aber auch die Parameter, an denen die Zulässigkeit lebensbeendender Maßnahmen zu messen sind.

Christliche Politiker fordern in erster Linie Hilfe *im* Sterben als ein selbstverständliches Gebot der Mitmenschlichkeit. In das Wahlprogramm der CDU in Hessen ist ausdrücklich der Ausbau der Palliativmedizin und der Hospizbetreuung als wichtiges politisches Ziel aufgenommen. Wir setzen uns für ein Netzwerk von Leidenslinderung, Schmerzvermeidung, menschlichem Beistand und persönlicher tröstender Zuwendung am Ende des Lebens ein. Die Gratwanderung zwischen unzumutbarer, menschenunwürdiger Lebensverlängerung und nicht zu verantwortender Lebensverkürzung muss gewagt werden. Lebensverlängernde ärztliche Maßnahmen scheiden jedenfalls dann aus, wenn der betroffene Mensch in der Gefahr steht, zum willenlosen Objekt anderer zu werden.

Zu Fall 1

Die Entscheidung der Ärzte für die lebensverlängernde Operation [Therapieoption (1)] ist nur dann nicht zu beanstanden, wenn sie dem *tatsächlichen* oder *mutmaßlichen Willen* des Patienten, seiner Selbstentscheidung, entsprach und wenn die Feststellung des mutmaßlichen Willens *lege artis* getroffen wurde.

Dem Fall lässt sich nicht entnehmen, ob der Patient noch in der Lage war, eine eigenständige Entscheidung zu treffen. Es wird daher alternativ zur Lage bei Entscheidungsfähigkeit (a) und Entscheidungsunfähigkeit (b) Stellung genommen.

a) War der Patient zu einer eigenen Willensbildung in der Lage, hätte seine Entscheidung darüber eingeholt werden müssen, welche Therapieoption er wünschte. Das folgt aus dem oben geschilderten, aus dem christlichen Menschenbild abgeleiteten und verfassungsrechtlich verankerten Selbstbestimmungsrecht des Menschen. Ohne Einwilligung des Patienten darf ein Arzt keinen Heileingriff vornehmen. Es gibt kein ärztliches Behandlungsrecht. Der Arzt ist nicht Herr über Leben und Tod.

Nicht ausreichend für eine der in Betracht kommenden Therapien ist der ursprünglich erteilte Heilbehandlungsauftrag. Dieser deckt nur die ursprünglich ins Auge gefasste Heilbehandlung ab. Die durch die Komplikationen aufgetretene neue Lage erfordert eine gesonderte Einwilligung des Patienten zu den ursprünglich nicht vorhersehbaren Therapien.

Ergebnis: Ohne Einwilligung des erklärungsfähigen Patienten durfte die durchgeführte Therapieoption (1) nicht gewählt werden.

b) Schwierig und problematisch ist die Lage dann, wenn der todkranke Patient nicht mehr in der Lage ist, selbst seinen Willen zu artikulieren. Da allein das Selbstbestimmungsrecht des Patienten in die Güterabwägung zu seinem Lebensrecht eingestellt werden kann, kommt es auch in diesen Fällen auf den Willen des Patienten an. In erster Linie ist dabei auf den ausdrücklich erklärten Willen abzustellen. So kann der Patient kurz vor seiner Bewusstlosigkeit, bei Aufnahme ins Krankenhaus oder schon geraume Zeit davor schriftlich oder mündlich seinen Willen für derartige Fälle artikuliert haben.

Wenn – wie im Beispielfall – eine ausdrückliche Willenserklärung nicht vorliegt, ist der mutmaßliche Wille des Patienten zu ermitteln. Dabei kommt es auf Äußerungen und Handlungen an, die der Patient in der Vergangenheit vorgenommen hat. Es kommt nicht darauf an, was die Angehörigen wollen, denn deren Wille beruht häufig auf vielgestaltigen Motiven. Es kann auch nicht auf allgemeine Wertvorstellungen ankommen. Solche Wertvorstellungen unterliegen dem Wandel des Zeitgeistes. Sie sind nicht geeignet, das Lebensrecht eines Menschen in Frage zu stellen, sie öffnen vielmehr das Tor für Nützlichkeitserwägungen, die dem heiligkeitsorientierten Lebensbild nicht gerecht werden.

Lässt sich der mutmaßliche Wille des Patienten nicht feststellen, ist kein Selbstbestimmungsrecht manifest, das sein Lebensrecht zurückdrängen könnte. Das heißt: Der Schutz des menschlichen Lebens hat im Zweifel Vorrang. Lebensschutz heißt aber nicht, dass automatisch die ärztliche Behandlungsmethode angewandt werden müsste, die die maximale Lebensverlängerung verspricht. Vielmehr ist zu berücksichtigen, dass die Achtung der Menschenwürde auch ein Recht auf einen menschenwürdigen Tod einschließt. Ärztliche Eingriffe, die das Leben künstlich verlängern, ohne dass der Patient bis zu seinem Tod wieder zu Bewusstsein kommt, werden in der Regel nicht seinem mutmaßlichen Willen entsprechen.

Zur Feststellung des mutmaßlichen Willens des Patienten sind nicht der Arzt oder die Angehörigen berufen, sondern allein eine staatliche Instanz, die unabhängig und objektiv, durch ihren Status legitimiert und persönlich ist. Im Rechtsstaat ist diese Stellung nur dem Richter zugewiesen. Damit wird der Richter nicht zum Herrn über Leben und Tod. Vielmehr stellt er lediglich nach logischen Regeln den Willen des Patienten fest. Ob das derzeitige gerichtliche Verfahren (Betreuerbestellung und Genehmigung durch das Vormundschaftsgericht) effektiv genug ausgestaltet ist, um möglichst schnell zu einer objektiven Entscheidung zu kommen, ist diskussionswürdig.

Ergebnis: 1. Mangels ausdrücklicher Willensäußerung des Patienten hätte eine richterliche Entscheidung zur Feststellung seines mutmaßlichen Willens eingeholt werden müssen.

Der mutmaßliche Wille des Patienten war nicht feststellbar. Danach hatte der Lebensschutz Vorrang vor lebensbeendenden Maßnahmen. Den besten Lebensschutz bot die Therapieoption (1). Durch sie wurde das Leben des Patienten um mehrere Wochen verlängert, er konnte sogar zwischenzeitlich ins häusliche Milieu entlassen werden. Sein Recht auf ein menschenwürdiges Sterben wurde durch diese Behandlung nicht verletzt.

Anmerkungen

1 L. Honnefelder, *Lebensrecht und Menschenwürde. Zu Bedeutung und Grenzen der Behandlungspflicht bei Patienten mit komplettem apallischen Syndrom*, in: EthikMed 8 (1996), 1–5, hier 2 f.

2 In der *Präambel* der *Grundsätze der Bundesärztekammer zur ärztlichen Sterbegleitung* (vom 11. September 1998) heißt es: „Aufgabe des Arztes ist, unter Beachtung des Selbstbestimmungsrechtes des Patienten Leben zu erhalten, Gesundheit zu schützen und wiederherzustellen sowie Leiden zu lindern und Sterbenden bis zum Tod beizustehen. Die ärztliche Verpflichtung zur Lebenserhaltung besteht jedoch nicht unter allen Umständen."

3 Ebd.

4 Therapieverzicht bzw. Therapieabbruch bedeuten in diesem Kontext nicht, dass jegliche Behandlung beendet wird. Eine palliative Therapie sollte in der Regel fortgeführt werden. Durch diese Wortwahl wird aber klarer als etwa durch den Ausdruck „Änderung des Therapieziels" angezeigt, dass eine Heilung der Erkrankung nicht mehr möglich ist.

2. Fall

Potentiell letale Komplikation bei Grunderkrankung mit infauster Prognose

(Anastomoseninsuffizienz und Multiorganversagen bei metastasierendem Rektum-Ca)

67-jährige Patientin mit einem lokal fortgeschrittenen Rektumkarzinom mit diffuser Leber- und Lungenmetastasierung. Zur lokalen Tumorkontrolle erfolgte eine Resektion des Enddarms unter Erhaltung der Kontinenz. Auf einen schützenden Anus praeter zur Sicherung der Anastomose wurde angesichts der kurzen zu erwartenden Überlebenszeit der Patientin bewusst verzichtet. Im postoperativen Verlauf entwickelte sich eine Anastomoseninsuffizienz mit diffuser Peritonitis. Jetzt erfolgten sekundär die Anlage eines Anus praeter zur Entlastung und die Behandlung der Bauchfellentzündung durch Etappenlavage. Dennoch kam es zu einem beatmungspflichtigen Lungenversagen und zunehmendem Nierenversagen.

In dieser Situation stellten sich drei Therapieoptionen:

(1) Fortführung der Maximaltherapie unter Einschluss eines passageren Nierenersatzverfahrens (CVVH, Hämodialyse) mit allen Einschränkungen der Lebensqualität und Komplikationen der obligaten Blutverdünnung;

(2) Verzicht auf die Nierenersatztherapie und Zulassen des Todes in der Urämie innerhalb weniger Tage, ohne dass die Patientin jemals wieder zu Bewusstsein gekommen wäre;

(3) terminale Sedation durch hochdosierte Opiate.

Die einzige Angehörige der Patientin, eine 28-jährige Nichte, drang darauf, mit der „seelenlosen Intensivmedizin" Schluss zu machen und ihrer Tante einen würdevollen Tod möglichst im häuslichen Umfeld zu ermöglichen. Ein Patiententestament lag nicht vor, allerdings war die Patientin präoperativ ausgiebig über ihre Prognose aufgeklärt worden. Sie hatte dabei von „Lebenshunger" und geplanten Reisen gesprochen, weshalb die Operation möglichst rasch erfolgen sollte. Lokale palliative Verfahren waren deswegen abgelehnt worden.

Nagel

Zuerst einige chirurgische Kritikpunkte:

a) Therapieoption (1) ist medizinisch in Frage zu stellen: Ist nicht davon auszugehen, dass es sich um ein septisches Kreislaufversagen handelt, welches nach erfolgreicher Behandlung der Sepsis reversibel ist, so dass die zu beginnende Dialyse auch nur vorübergehend notwendig wird?

b) Außerdem ist zu diskutieren, ob die Resektion des Enddarms in dieser Situation überhaupt indiziert gewesen ist oder ob nicht durch lokale Therapiemaßnahmen bereits der Primärtumor lokal hätte behandelt werden sollen.

c) Ferner ist zu hinterfragen, ob nicht in einer solchen Situation bei der Indikationsstellung zur Operation postoperative Risikominimierung überproportional wichtig ist und dementsprechend ein Anus praeter von vornherein hätte angelegt werden müssen.

Zu kritisieren ist ferner, dass mit der Patientin selbst im Rahmen der Aufklärungsoperation nicht über die eingetretene Problemsituation gesprochen worden ist und somit kein erklärter Wille der Patientin vorliegt. Ein bloßer Hinweis auf eine fehlende Patientenverfügung ist unbefriedigend.

In dieser Situation scheint bei Progredienz des septischen Krankheitsbildes – Lungenversagen, Nierenversagen nach Revisionsoperation und Etappenlavage – eine weitere Intensivierung der intensivmedizinischen Maßnahmen, z. B. der Dialyse, nur marginale Verbesserungschancen zu bieten. Insofern ist angesichts der Gesamtsituation ein Verzicht auf Nierenersatztherapie eine im Sinne palliativer Begleitung angemessene Therapieoption.

Honnefelder

Bei der Beurteilung folge ich dem im Zusammenhang des ersten Falls genannten formalen Verfahren:

Die *erste* der genannten Handlungsweisen ist eine Fortsetzung der eingeschlagenen Maximaltherapie, und dies ohne Aussicht auf Heilung. Das Ziel ist eine Verbesserung der Lage der Patientin, in der Hoffnung, dass die (offensichtlich derzeit nicht zustimmungsfähige) Patientin selbst eine Willensäußerung treffen kann. Dieses Ziel kann nicht zuletzt mangels des Vorliegens einer Willenserklärung der Patientin als sinnvoll betrachtet werden. Zu bedenken sind die Nebenfolgen in Form einer Dauerpflicht zur Dialyse und der damit verbundenen Risiken. Angesichts der insgesamt aussichtslosen Lage der Patientin sind diese Nebenfolgen jedoch in Kauf zu nehmen. Der der Fortsetzung der Behandlung entgegenstehende Wunsch der Nichte kann nicht berücksichtigt werden, da er aufgrund der Umstände nicht als Indiz für den Patientenwillen betrachtet werden kann.

Die *zweite* Handlungsweise beschränkt sich auf die Maßnahmen zur Linderung der Lage der Patientin und lässt dem „natürlichen" Sterben seinen Lauf. Sofern für die Fortsetzung der Maximaltherapie kein sinnvolles therapeutisches Ziel mehr angegeben werden kann, ist auch diese Handlungsweise vonseiten des Arztes begründet wählbar. Das Problem liegt in der fehlenden Willensäußerung der Patientin. Um sie zu ermöglichen, *kann* m. E. die erste Handlungsweise gewählt werden. Doch *muss* sie nicht gewählt werden, da sie nicht zur Basisversorgung (Pflege) gehört und der Arzt bei der Therapiezielbestimmung die Aussichten der in Frage stehenden therapeutischen Maßnahme in Rechnung stellen muss. Wenn diese Aussichten äußerst gering sind, kann die Pflicht zur Fortsetzung der Maximaltherapie entfallen, zumal wenn keine gegenläufige Willenserklärung der Patientin vorliegt. Auch auf die Therapierung interkurrenter Krankheiten (wie des später auftretende Magengeschwürs) kann verzichtet werden, wenn keine Aussicht auf eine therapeutische Verbesserung gegeben ist.

Das wiederum als *dritte* Handlungsweise genannte Vorgehen hat als Ziel die rasche Beendigung des Lebens des Patienten. Dieses Ziel widerspricht sowohl dem aus dem Lebensschutz folgenden elementaren Tötungsverbot als auch der ärztlichen Teleologie, die sich ausschließlich auf Heilung und Linderung bezieht. Auch wenn der Patient die dritte Handlungsweise wünscht, rechtfertigt dies nicht das Handeln des Arztes.

Bernsmann

Ich habe den Fall folgendermaßen verstanden: Der präoperative Wille ist nicht erforscht worden, und es bestand eine Überlebenswahrscheinlichkeit von maximal zehn Prozent. Dann gibt es strafrechtlich eigentlich nur die Option (1): Wenn die Patientin vollständig wiederhergestellt werden kann und es um die Erforschung eines mutmaßlichen Willens bei einer als lebenslustig beschriebenen Frau geht, kann die Entscheidung nur zugunsten der Wahrnehmung einer nicht ganz geringen Überlebenschance ausfallen.

Die Option (2) ist im Verhältnis dazu äußerst zweifelhaft; dies um so mehr, als die Gelegenheit, diese Option vorab zu besprechen, offensichtlich verpasst wurde. Dass Option (3) genauso zu behandeln ist wie im ersten Fall, versteht sich von selbst. Insbesondere ohne Einwilligung der Patientin handelt es sich um eine strafrechtlich ausgeschlossene Alternative.

Schuster

1. Mit der Patientin ist in dieser Situation die Abklärung ihres Willens (*informed consent*) nicht möglich. Der Hinweis, dass es sich um eine „lebenslustige 67-jährige Patientin" handelt, lässt allenfalls vermuten, dass sie gerne noch weiterleben möchte und darum jede Chance dazu ergreifen würde. Das Urteil der Nichte, der einzigen Angehörigen, über die Intensivmedizin generell und den „würdevollen Tod" ihrer Tante ist in diesem Kontext zur Ermittlung des Patientenwillens unerheblich.

Diese Konstellation zeigt, dass es in der Regel sinnvoll ist, gleich zu Beginn der Behandlung mit den Betroffenen Risiken und Chancen möglicher Therapien durchzusprechen. Es ist für die behandelnden Ärzte stets misslich, den mutmaßlichen Willen zu eruieren.

2. Als ernsthafte Therapieoptionen kommen (1) und (2) in Betracht. Für Option (1) spricht, dass diese Option es zumindest wahrscheinlich erscheinen lässt, dass man nochmals mit der Patientin sprechen kann mit dem Ziel, ihren Willen zu erfahren. Anderseits dürfte diese Behandlung für die Patientin mit einer erheblichen Belastung verbunden sein. Für Option (2) spricht, dass bei Fortführen der Beatmungs- und Infusionstherapie unter Verzicht auf Dialyse die Patientin nicht so stark wie bei Option (1) belastet wird, wobei ihr Tod an Urämie nach wenigen Tagen in

Kauf genommen wird. Wägt man zwischen Überlebenschancen und Belastung ab, ist es ethisch vertretbar, sich für Option (1) zu entscheiden.

Heinen

In der Kölner Ausgabe der Bildzeitung vom nächsten Tag wird dieses gefundene journalistische Fressen seinen Niederschlag finden in der Schlagzeile: *Rentnerin Elisabeth (67): Sie nahmen ihr die Ibiza-Reise!*

Was will ich damit sagen? Dieser Fall spricht einige Grund-Motive an, die – unabhängig von meiner persönlichen Meinung, die ich gleich noch in einer Fußnote äußern werde – natürlich schon eine skandalsüchtige und somit unglückliche Aufbereitung ermöglichen (besonders auf dem Boulevardniveau). Wir haben ja eine Gesellschaft, in der das letzte Lebensdrittel das wahre Lebensdrittel ist. Wir haben den Kult des Alters, wir haben die vielen Menschen, die auf Aida-Schiffen rhythmisch tanzend durch die Karibik fahren. Und das wird nun dieser Frau genommen. Die Stichworte „lebenslustig" und „sie macht viele tolle Sachen" werden natürlich von Angehörigen oder vom Pflegepersonal kommuniziert werden. Es wird an die Öffentlichkeit kommen. Dann ist es vollkommen egal, wie die medizinischen Argumente lauten. Zehn Prozent sind ausreichend, um zu sagen: Hier wäre eine Chance, und es wäre ganz schrecklich, sie ihr zu nehmen. In einer „Fit-for-Fun"- und „Live-for-Free"-Gesellschaft ist es ein ganz großes Verbrechen, jemandem fünf oder zehn Prozent an Genussmöglichkeit zu nehmen. Ich spreche jetzt ausdrücklich nicht mit meiner eigenen Stimme, sondern aus der Debatte, wie sie entstehen könnte. Hier wird der Laie die Maximaltherapie fordern. Damit werden Sie auch konfrontiert in der Pressekonferenz, die Sie mittags machen müssen, bei der Sie ihm natürlich sofort erklären, dass diese Dialysezukunft gar keine Zukunft ist, schon gar nicht auf einem Kreuzfahrtschiff. Das müsste man dann ganz klar sagen.

Ich selber glaube, dass es für Ihre PR-Strategie sehr wichtig wäre zu thematisieren, ob bzw. dass und seit wann es sich um einen sterbenden Menschen handelt. In dem Moment, wo Sie das präzise darlegen könnten, bestände die Möglichkeit, dass die von mir favorisierte Lösung (2) – begleitetes bzw. geschütztes und schmerzreduziertes Sterben – auch in der Öffentlichkeit Verständnis und Unterstützung fände.

Landau

Der Fall betrifft zwei Entscheidungssituationen. Zum einen musste (a) aufgrund des Nierenversagens über die Dialyse, zum anderen (b) nach Auftreten des Magengeschwürs über den Fortgang der Behandlung entschieden werden.

(a) Erste Entscheidungssituation (Nierenversagen)
Die Entscheidung der Ärzte für den lebensverlängernden Einsatz der Dialyse [Therapieoption (1)] ist nur dann nicht zu beanstanden, wenn sie dem mutmaßlichen Willen der Patientin entsprach und wenn die Feststellung des mutmaßlichen Willens richterlich bestätigt wurde.

Wie im Fall 1 ist eine Behandlung ohne Einwilligung der Patientin nicht zulässig, weil durch das Nierenversagen eine neue Situation eingetreten war, die eine Entscheidung in Abweichung vom ursprünglichen Heilbehandlungsauftrag erforderte. Da die Patientin nicht bei Bewusstsein war und eine ausdrückliche Erklärung (etwa ein „Patiententestament“) fehlte, war der mutmaßliche Wille gerichtlich festzustellen.

Der Wille der Nichte war für die Entscheidung unbeachtlich. Der „Lebenshunger" der lebenslustigen Patientin und ihre geplanten Reisen könnten Indizien dafür sein, dass sie sich für die Therapie entschieden hätte, die ihr das längstmögliche Weiterleben versprach [Therapieoption (1)].

Ergebnis: 1. Es hätte eine richterliche Entscheidung eingeholt werden müssen.

2. Die Indizien sprechen für den mutmaßlichen Willen zu Therapieoption (1).

(b) Zweite Entscheidungssituation (Magengeschwür)
Die Entscheidung der Ärzte, die Intensivtherapie abzubrechen, ist dann richtig gewesen, wenn sie dem richterlich festgestellten mutmaßlichen Willen der Patientin entsprach.

Erlaubte passive Sterbehilfe durch Abbruch der ärztlichen Behandlung oder deren Unterlassen kann bei einem Todkranken vorliegen, dessen Grundleiden nach ärztlicher Überzeugung unumkehrbar ist, so dass der Tod in kurzer Zeit eintreten wird. Auf Grund seines Selbstbestimmungsrechts kann der Kranke sich dafür entscheiden, lieber zu sterben, als ärztliche Hilfe in Anspruch zu nehmen. Dem ausdrücklichen Wunsch seines todkranken Patienten, lebenserhaltende Maßnahmen nicht einzuleiten oder abzubrechen, hat der Arzt Folge zu leisten.

Der Abbruch jeglicher Behandlung hätte aber nicht ohne vorherige Feststellung des mutmaßlichen Willens der Patientin erfolgen dürfen. Es bestand hier offenbar keine Hoffnung mehr, dass die Patientin aus dem Koma erwachen würde. Dann kann auch bei einem „lebenshungrigen" Menschen zu berücksichtigen sein, dass es in der Regel nicht seinem mutmaßlichen Willen entsprechen wird, im Angesicht des sicheren Todes Objekt lebenserhaltender Maßnahmen zu sein. Der Vermutung zugunsten des

Lebensschutzes wird ohne gegenteilige Anhaltspunkte in einem solchen Fall das Recht auf ein menschenwürdiges Sterben entgegenstehen und vorgehen.

Ergebnis: 1. Es hätte eine richterliche Entscheidung eingeholt werden müssen.

2. Die konkrete Situation spricht für den Willen der Patientin zum Behandlungsabbruch.

Spreeuwenberg

Ich meine, dass man wählen sollte zwischen Option (1) und (2). Für Option (3) gibt es keine Veranlassung, weil der Patient nicht darum gebeten hat. Das bedeutet, dass ich keine höhere Dosierung geben sollte, als zur Linderung des Leidens oder der Schmerzen erforderlich ist.

Meine Hauptfrage lautet: Was wollte die Patientin? Worüber ist mit ihr gesprochen worden? Ist nicht viel zu wenig kommuniziert worden über die infauste Prognose und die beschränkten Möglichkeiten, ihr Leiden zu lindern? Gibt es auch frühere Aussagen der Patientin?

Die Meinung der Nichte ist interessant, besitzt aber in den Niederlanden keine Bedeutung. Niemand kann über das Leben eines anderen entscheiden.

Option (1) halte ich aus medizinischer Sicht für sinnloses Handeln, weil ich in dieser Situation die Annahme einer Überlebenswahrscheinlichkeit von zehn Prozent als unrealistisch optimistisch ansehe. Ich würde auf die Dialyse verzichten.

Meine persönliche Wahl in diesem Fall wäre Option (2), also Therapiefortführung.

3. Fall

Akute Erkrankung mit infauster Prognose und vital bedrohlicher Zweiterkrankung

(suizidale, schwerstgradige Verbrennung mit nachfolgender Cholecystitis)

19-jähriger Patient, der sich aus Liebeskummer in suizidaler Absicht eine 80-prozentige dritt- bis viertgradige Verbrennung zufügte. Er hatte sich nach Verfassen eines Abschiedsbriefes im Bett mit Benzin übergossen und sich selbst entzündet. Trotz der extrem schlechten Prognose (weniger als zehn Prozent Überlebenswahrscheinlichkeit) erfolgte aufgrund des jungen Alters des Patienten eine Maximaltherapie im Verbrennungszentrum. Er war ohne Bewusstsein, wurde künstlich beatmet und hatte infolge der Verbrennung eine ausgeprägte Nierenfunktionsstörung mit drohender Dialysepflicht. Für den eher unwahrscheinlichen Fall des Überlebens war es geplant, bei dem Patienten großflächige Hauttransplantationen auch im Gesicht vorzunehmen, wobei als Hautentnahmestellen wenige Quadratzentimeter ungeschädigter Haut am Rücken infrage kamen. Das Endresultat würde zu groben Funktionseinschränkungen, aber auch erheblichen bleibenden kosmetischen Entstellungen führen. In dieser Situation entwickelte sich am fünften Tag nach der Verbrennung als Komplikation eine akute nekrotisierende Cholezystitis.

In dieser Situation stellten sich drei Therapieoptionen:

(1) operative Revision und Entfernung der Gallenblase (ein Eingriff mit hohem Risiko);

(2) Antibiose, maximale Analgetikagabe und Fortführung der bisherigen konservativen Intensivtherapie;

(3) Einstellung der Therapie und terminale Sedation.

Nagel

a) Im Hinblick auf die Anamnese des schweren Krankheitsbildes – schwerste Verbrennungen in suizidaler Absicht im Rahmen einer Affekthandlung – muss (da kein Hinweis auf chronische psychische Erkrankungen vorliegt) von einer Tat ausgegangen werden, die im Wesentlichen appellativen Charakter besitzt. (80 % aller Suizide unter den hier beschriebenen Bedingungen erfolgen nicht in der Absicht, sich selbst zu töten, sondern ggf. anderen Personen seelischen Kummer zuzufügen.)

b) Auf diesem Erkenntnishintergrund ist von einem primären Lebenswillen des Patienten auszugehen.

c) Die eingetretene akut destruierende Gallenblasenentzündung stellt eine symptomatische Komplikation im Rahmen des septischen Krankheitsbildes dar. Es handelt sich um einen lokal begrenzten, mittels einer überschaubaren chirurgischen Intervention zu lösenden Problemfall. Dementsprechend ist erstens von einer hohen Wirksamkeit der operativen Maßnahme auszugehen, zweitens ist die antizipierte Nützlichkeit des Eingriffes für den Patienten sehr hoch und drittens besteht im Hinblick auf die Heilungschancen zwar eine eher negative Erwartung, aber keine gänzlich infauste Prognose.

Daher ist (trotz der pessimistischen Prognose) ein operatives Vorgehen sicher indiziert.[1]

Honnefelder

Bei der Beurteilung folge ich wiederum dem im Zusammenhang des ersten Falls genannten formalen Verfahren:

Die *erste* Handlungsalternative ist ein Eingriff in die physische Integrität des Patienten in der Absicht auf Heilung. Dieses Ziel ist ohne Zweifel hochrangig und die Handlung von daher als geboten zu betrachten. Die Frage ist, ob für sie die Zustimmung des Patienten unterstellt werden kann. Hier ist der akzidentelle Charakter des Suizids ein Indiz für die Annahme, dass der Patient trotz ursprünglicher Absicht der Lebensbeendigung den jetzt lebensrettenden Eingriff wünscht. Trotz des zu billigenden Zieles der ersten der genannten medizinischen Handlungsalternativen und der unterstellbaren Zustimmung des Patienten besteht jedoch die Frage, ob der Eingriff als Mittel für das intendierte Ziel geeignet und vertretbar ist. Hier ist das Urteil des Arztes maßgeblich, das dem Eingriff eine Erfolgschance einräumt. Es bleiben die Folgen zu bedenken, die ein hohes Risiko des Scheiterns, also des Todes des Patienten, beinhalten. Hier kann der Abwägung des Arztes zugestimmt werden, dass die aussichtslose Lage, die bei Unterlassen des Eingriffs zum Tod führt, und das jugendliche Alter des Patienten den risikoreichen Eingriff als *ultima ratio* rechtfertigen. Auch angesichts dieser Beurteilung sind jedoch die alternativen Handlungsweisen in den Blick zu nehmen, die möglicherweise ein Gegenargument gegen die erste der genannten Handlungsweisen darstellen.

Die *zweite* Handlungsweise hat als Ziel die Linderung der Schmerzen des Patienten. Dieses Ziel ist als solches als hochrangig zu betrachten. Es kann sogar das gebotene Ziel sein, wenn das Ziel der Heilung nicht mehr erreichbar ist. Hier ist das Urteil des Arztes maßgeblich. Angesichts der beschriebenen Situation des Patienten erscheint die Beschränkung auf die Linderung gut begründet, allerdings angesichts der sehr begrenzten Auswirkungen dieser Maßnahmen auch der Eingriff. Gegen das gewählte Mittel bestehen keine Bedenken, da es zur Erreichung des hochrangigen Zieles der Linderung geeignet ist und zu diesem Ziel gewählt ist, auch wenn dabei möglicherweise lebensverkürzende Wirkungen in Kauf zu nehmen sind.

Die *dritte* Handlungsweise hat als Ziel die rasche Beendigung des Lebens des Patienten. Dieses Ziel widerspricht sowohl dem aus dem Lebensschutz folgenden elementaren Tötungsverbot als auch der ärztlichen Teleologie. Ein Verlangen des Patienten nach aktiver Tötung könnte vielleicht unterstellt werden, wäre aber auch dann keine Rechtfertigung für das Handeln des Arztes, das über den Patientenwillen hinaus als solches gerechtfertigt sein muss.

Bernsmann

Der Fall scheint angesichts der denkbar schlechten Prognose auf den ersten Blick klar zu sein. Aber ich möchte ihr Augenmerk – in strafrechtlicher Perspektive – auf die Fallvariante lenken, dass Sie diesen Patienten nach seinem Suizidversuch auf der Straße finden. Dann würde der Bundesgerichtshof ohne weiteres annehmen, dass Sie bei Androhung einer Strafe wegen unterlassener Hilfeleistung verpflichtet sind zu helfen, also z. B. einen Rettungswagen zu benachrichtigen. Diese spezielle, aus dem Suizidversuch rührende Hilfspflicht trifft auch professionelle Helfer. Es gibt auch eine öffentlich-rechtliche Pflicht der Behörden, bei einem nicht geglückten, aber lebensgefährlichen Suizid einzuschreiten. Die kaum behandelte Frage ist in einem solchen Fall dann aber, ob der prinzipiell unbeachtliche Wille eines Suizidenten nicht doch ausnahmsweise zu beachten ist, wenn alles dafür spricht, dass sein Leben angesichts der Schäden, die er sich durch den Suizidversuch bereits zugefügt hat, praktisch nicht mehr zu retten ist. Gegenüber einem so gut wie unrettbaren Lebensrest muss die Hilfspflicht zurücktreten. Daraus folgt: Variante (2) dürfte erlaubt, wenn nicht sogar das Mittel der Wahl sein. Variante (3) fällt in diesem Fall aus.

Schuster

1. Ist die suizidale Handlung aus dem Motiv „Liebeskummer“ als Patientenwille zu werten? Wird der Wille des jungen Mannes, aus dem Leben zu scheiden, durch den Abschiedsbrief noch eindeutiger dokumentiert als durch den Versuch, sich zu verbrennen? Dass junge Menschen Liebeskummer haben, ist eine durchaus gesunde emotionale Reaktion auf eine gescheiterte Liebe. Ein Suizidversuch dürfte eher ungewöhnlich sein und kann unter dieser Rücksicht als Überreaktion, Kurzschlusshandlung oder auch Hilferuf gewertet werden.

2. Das jugendliche Alter des Patienten spricht für den Entschluss, die Gallenblase zu operieren [Option (1)]. Allerdings gibt es auch gute Gründe für Option (2), denn die Überlebenschancen sind bei einem derartigen Verbrennungsgrad gering, dafür aber die Belastungen eines Lebens mit den voraussehbaren Folgen sehr groß. Dabei gilt es zu unterscheiden zwischen voraussehbaren und allenfalls vermuteten Folgen. Die ethische Relevanz der voraussehbaren Folgen ist ungleich höher anzusetzen als die der „bloß“ vermuteten Folgen.

3. An dieser Stelle ist grundsätzlich anzumerken, dass ethische Urteile in schwierigen Situationen häufig Ermessensurteile sind. Es käme einem unkritischen Rationalismus gleich, wollte man vom Ethiker stets eindeutige und klare Lösungen erwarten. Außerdem bleibt der Ethiker in solchen Fällen prinzipiell auf das fachliche Urteil der Medi-

zin angewiesen, denn er verfügt aufgrund seines Faches über kein Voraus an Sacheinsicht in Fakten, die moralisch relevant sind. Wer „nach bestem Wissen und Gewissen" in solchen Situationen urteilt und handelt, dem ist unter moralischer Rücksicht kein Vorwurf zu machen, selbst wenn sich im Nachhinein herausstellen sollte, dass er sich geirrt hat.

Heinen

Auch hier möchte ich wieder den Blick darauf lenken, wie eine öffentliche Debatte aussehen könnte. (Wobei ich mir das, was in dieser Debatte vorgetragen wird, wieder nicht unbedingt zu Eigen mache.) Ein oder der Leitsatz dieser Debatte wird vielleicht sein: Lasst ihn doch endlich sterben. Der Arzt wäre sehr schnell in der Situation dessen, der rechtfertigen müsste, dass er das verhindert; der nicht nur gegen den autonomen Willen des Patienten entschieden hat, sondern auch eine effiziente Krankenhausbewirtschaftung verhindert und herumdoktert an Leuten, die doch eigentlich schon entschieden haben, dass sie der Gesellschaft nicht mehr zu Last fallen wollen. Es sind in dieser Fallbeschreibung emotionale Schlüsselworte versteckt, die durchaus dazu angetan sind, die Ärzte in die Defensive zu bringen. Bei den anderen Fällen hatten wir schon so schwammige Umschreibungen wie „lebenslustig", „hat noch was vor" oder „will noch einen Laden oder ein Unternehmen führen". Hier haben wir den Begriff des Liebeskummers. Der Abschiedsbrief ist uns nicht im Detail bekannt, so dass es auch in der Debatte sehr schwer wäre, zu sagen, ob es sich um eine momentane Reaktion gehandelt hat oder ob da eine jahrelange Beziehung kaputtgegangen ist.

Allerdings würde in der Öffentlichkeit gar keine präzise Diskussion über den Patienten geführt werden. Die Leute würden sagen: „Der wollte ja weg. Der wollte ja sterben." Aber es würde sich der Aspekt der Entstellung, der Behinderung in den Vordergrund schieben. Und heute gibt es ja die Tendenz, jegliche Form von Entstellung als schweres Manko zu sehen – in einer Gesellschaft, in der schon ein dünnes Haupthaar fragwürdig ist. Diese Entstellung würde in der öffentlichen Debatte wohl zum Kernpunkt dieses Falls werden. Dahinter verbirgt sich ja Hässlichkeit und Behinderung, und da könnte es sein, dass in dieser Debatte wirklich nach dem „Wert" dieses Lebens gefragt wird, nach dem Motto: Was ist denn das, was da noch übrig bleibt? Was hat er denn noch von den fünfzig Jahren – wenn es überhaupt fünfzig Jahre sind, wahrscheinlich sind es noch viel weniger – die er noch vor sich hat? Ich halte diese Debatte für ethisch äußerst fragwürdig – aber das ist, glaube ich, genau der Ton, in dem sie stattfinden würde.

Zum Schluss möchte ich noch auf eine Spannung hinweisen, die solche Fallbeschreibungen immer an sich haben. Auf der einen Seite trifft es immer ein individuelles, für den einzelnen Bürger wenigstens teilweise nachvollziehbares Leben. Jeder kann sagen, wie ein 19-Jähriger aussieht. Jeder weiß, wie weh es tut, sich an einer Herdplatte zu verbrennen. Und viele wissen auch, wie schlimm es ist, seine Freundin zu verlieren. Es gibt also Anknüpfungspunkte. Auf der anderen Seite steht eine medizinische Fachwelt, die den Menschen in der Öffentlichkeit vollkommen fremd ist und logischerweise fremd bleiben muss, weil es eine Fachwelt ist.

Jetzt könnte man sagen, es sei vollkommen trivial, dies festzustellen. Das ist es aber nicht! Wenn man die Entscheidung, die hier getroffen werden muss, aus dem OP und aus dem persönlichen Gespräch mit den Angehörigen heraus- und in die Öffentlichkeit hineinholt, steht sie gleich in einem ganz anderen Lichte da. Dann liegen die emotionalen Sympathien auf der Seite des Opfers, und die durch Fernsehbilder vermittelten Vorstellungen von Schläuche legenden Ärzten stehen auf der anderen Seite. Ich glaube, dass die Ärzte an diesem Fall, aber auch an vielen anderen sehen müssten, dass sie eine Öffentlichkeitsarbeit beginnen müssen. Diese muss zeigen, dass sie mit einem ärztlichen Ethos arbeiten, das den Mut zur Positionierung hat – und damit auch den Mut zum ethischen Risiko und zum ethischen Fehlgehen.

Landau

Die Entscheidung der Ärzte für die lebensverlängernde Operation [Therapieoption (1)] ist rechtlich nur dann nicht zu beanstanden, wenn sie dem mutmaßlichen Willen des Patienten entsprach und wenn die Feststellung des mutmaßlichen Willens richterlich erfolgte.

Die Indizien sprechen dafür, dass der Patient keine lebensverlängernden Maßnahmen wollte. Der Suizidversuch mittels Verbrennen lässt auf einen unbedingten und ernsthaften Willen zum Sterben schließen. Dem mutmaßlichen Willen des Patienten auf Lebensbeendigung durfte aber nicht gefolgt werden, und damit scheidet die Therapieoption (3) aus. Die Therapieoption (3) durfte also auch mit Einwilligung des Patienten nicht gewählt werden. Sie stellt einen Fall der aktiven Sterbehilfe dar. Es handelt sich nicht nur um eine indirekte Sterbehilfe. Davon spricht man bei einer effektiven Schmerzlinderung unter Inkaufnahme eines früheren Todes des Schwerkranken. Bei der Therapieoption (3) handelt es sich aber um eine bewusste Verabreichung eines Schmerzmittels in einer letalen Dosis. Insofern hat der Lebensschutz des Patienten Vorrang vor seinem Selbstbestimmungsrecht. Der Arzt darf auch auf ernstliches Verlangen hin keinen Patienten aktiv töten. Dies ist die Wertung des Gesetzes in § 216 StGB, die dem heiligkeitsorientierten Lebensschutz entspricht. Der Eid des Hippokrates war in diesem Punkt ebenso eindeutig: „Nie werde ich, auch nicht auf eine Bitte hin, ein tödlich wirkendes Gift verabreichen."

Ließe man die aktive Sterbehilfe zu, bestünde die Gefahr, dass sich gerade der schwerstkranke Patient moralisch verpflichtet fühlen könnte, den Tod zu erbitten, um anderen, etwa den Angehörigen, nicht länger zur Last zu fallen. Es kann auch nicht ausgeschlossen werden, dass ein Tötungsverlangen durch Resignation oder eine Krisensituation ausgelöst wird, die der Patient bei liebevoller Pflege und optimalem medizinischen Beistand überwinden könnte. Schließlich würden die Hemmungen entfallen, Schwerstkranke, die wegen ihrer fortgeschrittenen Krankheit kein Tötungsverlangen mehr äußern können, zu töten, wenn dies nur Dritte für erforderlich halten. All dies wäre mit dem umfassend gewollten Lebensschutz der Verfassung nicht zu vereinbaren und würde den Weg freimachen für die Vernichtung angeblich sinnlos gewordenen und schwerstbehinderten Lebens.

Der Wahl der Therapieoption (1) stand der mutmaßliche Wille des Patienten entgegen. Da er sterben wollte, entsprachen lebenserhaltende Maßnahmen nicht seinem Willen.

Es musste daher Therapieoption (2) als dem Willen des Patienten am nächsten kommend gewählt werden. Sie entsprach seinem Recht auf ein menschenwürdiges Sterben.

Ergebnis: 1. Es hätte einer richterlichen Feststellung des mutmaßlichen Willens des Patienten bedurft.

2. Die Indizien sprechen gegen die Wahl der Therapieoption (1). Da Therapieoption (3) unzulässig ist, kam allein Therapieoption (2) in Betracht.

Widdershoven

Zu diesem Fall möchte ich drei Bemerkungen machen:

Erstens einmal zum Willen des Patienten. Kann man sagen, dass der Patient einen wohlüberlegten Willen zum Sterben gehabt hat? Mir scheint das nicht klar der Fall zu sein. Ich glaube, dass so ein Abschiedsbrief nicht als Beleg für den Patientenwillen angesehen werden kann. Dagegen könnte man argumentieren, dass der Patient es doch selber aufgeschrieben hat. Ich möchte dazu sagen, dass es bei einem solchen Brief unklar ist, wie ernst es dem Patienten war. Und wenn es um die Folgeproblematik geht, dann kann der Patient gar nicht darüber nachgedacht haben. Ich glaube deshalb nicht, dass so ein Brief als Patientenverfügung anzusehen ist. Selbst wenn es eine Patientenverfügung gegeben hätte, dann wäre die wahrscheinlich von geringem Nutzen, weil die konkrete Situation doch anders aussieht, als man zuvor gedacht hatte.

Meine zweite Bemerkung betrifft die Wahl zwischen den beiden Therapiesituationen. Dazu möchte ich sagen, dass es um eine recht tragische Wahl geht. Keine der Optionen ist an sich gut. Welche Option auch gewählt wird, es wird immer die Erfahrung eines Scheiterns mit sich bringen. Mit Martha Nussbaum möchte ich sagen, dass es besser ist, diese Erfahrung anzuerkennen, als zu meinen, dass es eine richtige Lösung gäbe.

Aber dennoch muss etwas getan werden. In Anbetracht der tragischen Seite der Wahlsituation möchte ich für Option (2) plädieren. Nicht weil diese Option die einzig Richtige wäre, sondern weil sie mir als die näher liegende Option erscheint. Ich möchte dabei auch auf eine Folge von Option (1) verweisen, die noch nicht diskutiert worden ist, nämlich die Konsequenz für den Patienten, falls die Operation gelingt. Wenn der Patient überlebt, wird eine ganz schwierige, belastende und lange Rekonvaleszenz folgen. Man muss sich doch fragen, ob dies einem Patienten zuzumuten ist. Gewiss, wenn ein Patient sagt, das möchte ich versuchen, dann kann man es vielleicht tun. Aber im vorliegenden Fall ist der Patient nicht imstande, das zu äußern, und deshalb muss man sich fragen, ob es dem Patienten zugemutet werden kann.

Drittens wundere ich mich, wo die Meinung der Familie in diesem Fall bleibt. Man kann natürlich nicht sagen, dass die Familie des Patienten die Therapieentscheidung treffen muss. Aber ich möchte doch wissen, was die Familie dazu denkt. Wie immer die Therapie abläuft, die Familie hat damit zu tun – ob der Patient stirbt oder ob er weiterlebt. Wenn der Patient stirbt, was doch sehr wahrscheinlich ist, ist es gut für die Familie, dass sie mit einbezogen gewesen ist. Wenn der Patient überlebt, dann muss die Familie auch sehr viel Unterstützung leisten. Ich möchte die Familie mit einbeziehen. Das heißt nicht, dass die Familie die Verantwortung des Arztes übernimmt. Das Gespräch mit der Familie kann dem Arzt aber helfen, die Vielschichtigkeit des Problems besser zu erkennen und bei seiner Entscheidung zu berücksichtigen.

Wenn man sehr schnell handeln muss, dann sieht die Situation natürlich anders aus. Aber das scheint mir hier nicht der Fall zu sein. Wenn es Zeit gibt, um mit der Familie zu diskutieren, dann wäre es gut, dies auch zu tun.

Anmerkungen

1 Literaturhinweis: Ludger Honnefelder / Günter Rager (Hrsg.), *Ärztliches Urteilen und Handeln. Zur Grundlegung einer medizinischen Ethik*, Frankfurt a. M. (Insel) 1994.

4. Fall

Schwerste chronische Erkrankung ohne effektive Behandlungschance

(schwerste, chronisch obstruktive Lungenerkrankung mit Pneumonie und drohendem respiratorischen Versagen)

58-jähriger, frühberenteter ehemaliger Bergarbeiter, der seit zehn Jahren an einem schwersten, medikamentös ausbehandelten Asthma bronchiale mit episodenhafter Luftnot auch in Ruhe litt. Zahlreiche Notarzteinsätze im häuslichen Milieu waren bereits vorausgegangen wegen akuter respiratorischer Insuffizienz. Seit zwei Jahren benötigte er zu Hause zeitweise eine Sauerstoffgabe über die Maske, was in den letzten Monten deutlichen zugenommen hatte. Jetzt kam er wegen einer eitrigen Lungenentzündung zur stationären Aufnahme, die progredient war und zu einer extremen Verschlechterung der Gasaustauschwerte führte (Blutgase bei Aufnahme unter 6 Liter O_2: pO_2 56 mmHg, pCO_2 59 mmHg, SO_2 87 %). Der Patient war extrem luftnötig und musste sofort intubiert werden. Unter künstlicher Beatmung mit 80 % Sauerstoffbeimengung in der Atemluft kam es nach wenigen Stunden zu einer Besserung, ohne dass der Patient wieder kontaktfähig wurde. In dieser Situation wurde mit der Ehefrau, der Familie und dem Hausarzt Kontakt aufgenommen, die über den Progress der Erkrankung in den letzten Jahren bis Monaten drastische Schilderungen machten. Die Ehefrau sprach von einem Leben wie ein Albtraum, das Tag und Nacht durch die Angst vor dem Ersticken geprägt war, was ihren

Mann und sie ans Haus band und dazu zwang, die Notarztnummer ständig am Telefon liegen zu haben.

Nach anfänglicher Besserung kam es in der Nacht nach der Aufnahme zu einer progressiven Verschlechterung mit grenzwertigem Gasaustausch. Jetzt war auch die andere Lunge eitrig entzündet, die Bronchoskopie zeigte einen deutlichen Progress.

In dieser Situation stellten sich zwei Therapieoptionen:

(1) Fortsetzung und Steigerung der Beatmungstherapie bis zum Maximum, ggf. unter Anlage eines Luftröhrenschnittes oder Durchführung einer extrakorporalen Membranoxygenation (EKMO), in dem klaren Wissen, dass die Grundkrankheit der Lunge auch im günstigen Fall einer kompletten Ausheilung der Pneumonie nicht zu einer Entwöhnung von der Beatmung führen würde;

(2) Fortführung der konservativen Therapie unter allmählicher Reduktion der Beatmung und gleichzeitiger Analgesie und Sedierung durch Opiate, um dem Patienten das Gefühl der Luftnot zu nehmen und damit gezielt den Tod im nicht bewussten Atemversagen zu ermöglichen.

Mieth

Das Problem der Kontaktfähigkeit des Patienten ist bereits geklärt worden. Ein zweites Problem habe ich mit der Beschreibung der Option (2). Da steht: „um dem Patienten das Gefühl der Luftnot zu nehmen und damit gezielt den Tod im nicht bewussten Atemversagen zu ermöglichen". Als Ethiker hätte ich das anders formuliert: „und damit den Tod im nicht bewussten Atemversagen in Kauf zu nehmen". Denn es handelt sich um eine Handlung mit doppelter Wirkung, deren erste Intention die Verringerung des

Leidens ist und deren in Kauf genommene Zweitwirkung die Verkürzung des Sterbeprozesses ist.

Wenn Ethiker mit solchen Fällen konfrontiert werden, müssen sie zuerst die Kriterien benennen, mit denen sie an die Fälle herangehen.

In aller Kürze: Erstens, die in Frage kommenden Güter sind Lebenserhaltung, Leidensverringerung (möglicherweise mit Sterbensverkürzung) und Freiheitsentfaltung. Man würde ja gern eine Lage erreichen, in der der Patient sich selbst in Freiheit äußern kann.

Darüber hinaus stellt sich zweitens die Frage: Wie werden diese Güter abgewogen? Zu den Kriterien gehört dabei die fachliche Richtigkeit, über die aber auch unter Fachleuten gestritten werden kann. Wie wir eben gesehen haben, geht es um die Frage, wo das Problem richtig zu platzieren ist. Zur fachlichen Richtigkeit gehören sicher auch der Belastungsvergleich und die Erfolgsaussicht hinzu. Oft sind die Fälle, die wir hier verhandeln, in der kurzen Vorlage nicht in einer Ausführlichkeit beschrieben, die es Fachfremden erlaubt, einen angemessenen Einblick in fachliche Optionen zu gewinnen.

Drittens gilt selbstverständlich die informierte Selbstbestimmung.

Viertens ist kontextuelle Umsicht erforderlich. In diesem Falle ist der Kontakt mit der Ehefrau aufgenommen worden, um diesen Kontext zu erkunden.

Fünftens geht es um einen möglichst vollständigen Diskurs. Das heißt: Einzubeziehen in diesen Diskurs sind nicht nur die Ärzte und nicht nur das persönliche Umfeld des Kranken, sondern auch das Pflegepersonal. (Das ist ein Punkt, den ich in den Beschreibungen der bisherigen Entscheidungen immer wieder vermisst habe.)

Eine sechste Kontrollinstanz ist die rechtliche Angemessenheit.

Siebtens ist ein reflektierter, „schwacher" ärztlicher Paternalismus, der vor allem für die Option zugunsten des fundamentalen Gutes des Lebens steht, mit aller Vorsicht einzusetzen. „Schwach" nenne ich diesen Paternalismus deswegen, weil er unter dem Vorzeichen einer Antizipation der klärenden informierten Selbstbestimmung zu stehen hat. Er kommt zur Geltung, wenn hinsichtlich des Patientenwillens ein unerledigter Rest bleibt und wenn man zu der Einstellung gelangt, die informierte Selbstbestimmung sei entweder unzulänglich oder der Patient müsse durch eine Vorentscheidung erst einmal in die Lage versetzt werden, sie auszuüben, indem man überhaupt erst die Situation herstellt, in der entschieden werden kann.

Unter Anwendung dieser sieben Kriterien muss man prüfen, welche Güter überhaupt realisierbar sind. Es scheint mir so zu sein, dass die Leidensverringerung hier das realisierbare Gut ist. Die anderen Güter scheinen bis auf eine blinde Lebensverlängerung – eigentlich eher eine Sterbensverlängerung – unerreichbar. Infolgedessen muss man, unter Vernachlässigung eines ansonsten einschlägigen Umstandes, nämlich des Willens der Ehefrau, das kleinere Übel wählen, und das heißt: Der Vorschlag (2) ist auszuführen. Zu beachten ist dabei (wie auch in anderen Situationen), dass bei der Absicherung des Handelns durch ethische Reflexion nur eine Plausibilität erreichbar ist, welche Gegenargumente nicht völlig aufheben kann. Die ethischen Argumentationen sind hier „probabilistische" Argumentationen, d. h. man handelt mit guten und zureichenden Gründen.

Höfling

Ich möchte mich auf ein paar grundsätzliche Bemerkungen zu der aufgeworfenen Problematik beschränken.

Ich glaube, dass es in der Tat ein großes Versäumnis der Familie, aber auch der behandelnden Ärzte war, trotz der offenkundig sehr oft notwendigen Notarzteinsätze nicht rechtzeitig mit dem Betroffenen die Lage erörtert zu haben. Ein verantwortungsbewusster Hausarzt hätte möglicherweise für den nächsten Notfall das weitere Vorgehen vorab besprochen, hätte sich etwa darum gekümmert, ob in der Nähe eine palliativmedizinische Betreuungsmöglichkeit besteht. Wenn der Notarzt kommt, wird er gar nicht anders können, als erneut ins Klinikum einzuliefern.

Wenn man davon ausgeht, dass bei dem Betroffenen der Sterbeprozess noch nicht eingetreten ist, dann spricht manches für die Option (1).

Nun möchte ich noch zu einem anderen Grundsatzproblem Stellung nehmen: Aus verfassungsrechtlicher Sicht halte ich es für unzulässig, auf Lebenswertbeurteilungen Dritter abzustellen. Die Frage der Zumutbarkeit stellt sich immer nur für den Betroffenen selbst. Können wir diese Frage nicht beantworten, sei es, weil es keine Kommunikationsmöglichkeiten mehr gibt, sei es, weil kein valider Patientenwille erklärt worden ist, sei es, weil – will man tatsächlich darauf abstellen – keine konkreten Anhaltspunkte für die Ermittlung eines mutmaßlichen Willens vorliegen, dann bedeutet das für mich, dass es Drittbewertungen nicht geben kann. Grundgesetzlich spricht alles für eine Position der Lebenswertindifferenz. Das ist die zentrale Aussage der grundgesetzlichen Menschenwürdegarantie. Das ist im Übrigen (und ich sage das jetzt ohne jeden moralischen Überlegenheitsanspruch) eine spezifisch deutsche verfassungsrechtliche Ausgangsposition. Art. 1 Abs. 1 GG ist eine historische Antwort auf einen bestimmten Umgang mit Menschen. Diese Antwort ist positiviert als eine verfassungsrechtliche Garantie, und zwar als eine unmittelbar wirkende verfassungsrechtliche Garantie. Das bedeutet auch: Es ist in kein fremdes Urteil gestellt, ob ein Leben noch wert, d. h. erhaltenswert ist.

Das kann durchaus zu problematischen Konstellationen führen, wenn wir den Willen des Patienten nicht mehr ermitteln können. In solchen Situationen bleibt dann nur eine einfache Regel – mit der umzugehen indes für die Betroffenen keineswegs einfach ist: Es gilt eine Vermutungsregel zugunsten der Integrität des Betroffenen. Anderes gilt natürlich dann, wenn der Sterbeprozess irreversibel eingesetzt hat.

Auch was die Frage der Einbeziehung der Familie angeht, noch einige grundsätzliche Ausführungen. Hier sind zwei Dinge zu unterscheiden:

Es gibt keine Entscheidungsmacht der Familienmitglieder in einer solchen Situation. Allerdings spielt es für die Ermittlung des Willens des Betroffenen sehr wohl eine Rolle, wie er selbst in seiner Familie zurechtkommt. Dies ist ohne Zweifel auch ein Element seiner eigenen Willensbildung. Wenn diese Familie – wir werden gleich einen Fall haben, der so etwas anzudeuten scheint – sich ein bestimmtes Leben mit dem Betroffenen nicht mehr vorstellen kann, dann sind hieraus gezogene Schlussfolgerungen des Patienten selbst durchaus eine vom Arzt zu respektierende Willenserklärung. Insoweit gibt es keine Vernunfthoheit des Arztes. Allerdings will ich jetzt nicht missverstanden werden: Ich glaube schon, dass ich ein anderes Autonomieverständnis habe als etwa Herr Landau oder Herr Schmidt-Jortzig. Autonomie ist – nicht nur, aber vor allem im medizinischen Kontext – ein sehr voraussetzungsreiches Konzept, das an viele Bedingungen geknüpft ist.

Merks

Ich weiß nicht, ob dem Veranstalter klar war, dass zwischen dem „Sozialethiker" Dietmar Mieth und dem „Theologen" Karl-Wilhelm Merks engste fachwissenschaftliche Beziehungen bestehen, auch wenn wir manchmal eine andere Sprache reden und manchmal auch anders urteilen. Die Theologie ist inzwischen (der Vergleich sei erlaubt) in sich mindestens ebenso differenziert und anderseits aufs gleiche Ziel verpflichtet wie die Disziplinen innerhalb der Medizin. Ich kann Ihnen also nicht versprechen, dass der „Theologe" hier anders reden wird als der „Sozialethiker".

Die Fälle, die im Folgenden besprochen werden, können zugleich auch als Beispiele für eine allgemeinere Problematik gelten, die auch darüber hinaus eine Rolle spielt. Darauf will ich jeweils kurz eingehen.

Bei diesem zunächst zu besprechenden Fall ist es die Beziehung zwischen den in der Sterbehilfe-Diskussion häufig verwandten Kriterien „aktiv / passiv", „direkt / indirekt", „beabsichtigt / in Kauf genommen".

1. Mir ist aufgefallen, dass Sie bei der Wiedergabe des Falles soeben die dritte Option nicht mehr in Betracht gezogen haben, die wohl noch auf dem Papier stand, das wir zur Vorbereitung bekommen haben. Nämlich „die rasche Beendigung des Leidens durch hochdosierte Opiattherapie, so dass der Patient, ohne das Bewusstsein wiederzuerlangen, schlafend verstirbt". Ich bedauere das. Und zwar aus folgendem Grunde. Mir ist bei den gestrigen Fällen schon aufgefallen, dass häufig der Unterschied zwischen der Option (2) (die auf eine „mildere" Opiatbehandlung und Sedierung zielt) und der Option (3) nur ein gradueller ist. Man kann die Lösung (2) so weit „dehnen", dass sie an einen Punkt kommt, wo sie umschlägt in Lösung (3), das heißt, wo die *mögliche* Lebensverkürzung umschlägt in eine *wahrscheinliche* oder sogar *sichere* Lebensverkürzung.

Dazu meine ich nun doch als Theologe etwas sagen zu sollen, der ja für das Leben einstehen soll, wie wir soeben belehrt worden sind. Grundsätzlich sollten wir Theologinnen und Theologen das auch, und natürlich nicht wir allein. Und wir tun das auch. Aber das Leben „ist der Güter höchstes nicht". Da brauchen wir nicht allein auf die Freiheit zu rekurrieren, es gibt noch andere Dinge, andere Werte, die hier auch genannt werden müssen, auch wenn sie ebenso wenig scharf definiert sind wie die Freiheit: z. B. Lebensqualität, Leidensdruck und Schmerzgrenzen, Würde usw.

Kommt Lösung (3) deshalb nicht zur Sprache, weil sie als *aktive* Euthanasie angesehen werden könnte? Dann würde sich die grundsätzliche Frage stellen, ob dies zu Recht so ist. Was heißt nämlich „aktiv" dort, wo „passiv" in „aktiv" übergehen kann, wo es sozusagen eine Grenzüberschreitung gibt, die nicht genau markiert werden kann, auch wenn sie gleichwohl stattfindet? Hört die Schmerzlinderung mit Inkaufnahme der Lebensverkürzung (die ja schon durch Pius XII. für legitim erklärt wurde) dort auf, wo der – immer noch in Kauf genommene und nicht etwa als solcher intendierte – Tod rasch eintritt und wo das auch gewusst und gewollt wird? Müsste man nicht doch versuchen zu formulieren, wann eine Lösung des dritten Typs *in extremis* vielleicht doch eine verantwortbare Entscheidung ist, natürlich mit allen Kautelen umgeben?

Das heißt, wir müssen aufs Neue sprechen über Begriffe wie aktiv, passiv, direkt, indirekt usw. In extremis gehen diese Kategorien ineinander über. Dazu müssen wir stehen können. Gerade, wenn wir Euthanasie als Töten im *aktiven* Sinne nicht wollen, verdient diese Grauzone mit den schwierigen Überlegungen, die sie uns abfordert, unsere Aufmerksamkeit. Ich finde, dass auch Lösung (3) die Annahme unserer Grenzen bedeuten kann und keineswegs Ausdruck von unerlaubter Selbstverfügung sein muss. Dies scheint mir auch theologisch sehr wohl vertretbar, aus Liebe zum Leben – Leben begriffen nicht als Fortführung der physiologisch usw. noch aktiven Funktionen, sondern Leben in seiner Verschmelzung mit der Menschenwürde, als Quantität *und* Qualität.

2. Damit kann ich nun zugleich eine Brücke schlagen zu unserm Fall. In der Beschreibung von Option (2) findet sich eine Formulierung, die soeben schon von Dietmar Mieth mit einem Fragezeichen versehen wurde. Es wird davon gesprochen, durch „Reduktion der Beatmung usw. gezielt den Tod … zu ermöglichen". Was heißt „gezielt" hier? Ist damit einfach nur gemeint: „den Tod in Kauf nehmen"? Oder kann ich in einem qualifizierteren Sinne den Tod „gezielt" in Kauf nehmen, weil ich eben weiß, dass er durch die Behandlung mit Gewissheit in Kürze kommen wird? Ist hier „in Kauf nehmen" nicht doch ein *Wollen*, ein so genanntes „voluntarium in causa", d. h. ein Wollen, in das ich mit der Ursache auch die unvermeidbaren Folgen einschließe? Also: Wenn ich die Ursache setze, will ich auch die Folgen, ganz gleich, ob ich sie „eigentlich" nicht möchte, aber doch …

Sauber formuliert müsste man sagen: Wir wissen genau, dass der Tod kommen wird, und eben den Tod zielen wir (unter den gegebenen Umständen) *mit* an – sei es als Begleiterscheinung, sei es als Folge.

3. Ein weiterer Punkt, der mir auffallen ist, betrifft den Wunsch des Patienten. Darüber wird hier nichts gesagt, obwohl ich denke: Bei solch einer Krankheitsgeschichte wird er sich irgendwann doch dazu geäußert haben. Die Familie kann dieses Fehlen nicht ganz ersetzen. Sie kann natürlich bezeugen, was geschehen ist in dramatischen Situationen zu Hause. Der Patient wurde nochmals wieder kontaktfähig, steht im Bericht. Offensichtlich wurde dadurch aber nicht eine Besprechung der weiteren Behandlung möglich, jedenfalls ist davon keine Rede.

4. Alles in allem würde ich sagen: Angesichts der Tatsache, dass die Situation sich unwesentlich verbessern wür-

de, neige ich dazu, in diesem Falle die Lösung (2) als die menschenwürdigste Lösung anzunehmen.

Ich will dazu noch Folgendes anmerken: Mein Vater bekam mit etwa 70 Jahren plötzlich asthmatische Anfälle, deren Ursache rätselhaft blieb, die aber immer schlimmer wurden; nach wenigen Jahren ist er dann gestorben, wahrscheinlich an Herzversagen.

Wenn ich daran denke, sage ich mir: Diese Situation war – trotz aller Behinderung und Not – nicht unerträglich, nicht vergleichbar mit unserm Falle hier, nicht so dramatisch. Wenn aber jemand (wie der Bergarbeiter in unserm Falle) nur mit immer wiederholten Notfallbehandlungen überleben kann, und auch das nur einigermaßen und unter immer dramatischeren Umständen, muss man dann nicht sagen: Bei einer solchen Zuspitzung der Krankheitssituation soll man jemanden nicht immer wieder trotz sich verschlimmernder Umstände „ins Leben" zurückrufen?

5. Die Alternativen, die sich dann stellen, sind m. E. lediglich noch die „milderen" und „weniger milden" Formen des *gezielten* In-Kauf-Nehmens des Todes. Und dann plädiere ich für die „milderen", als deutlicheren Ausdruck dafür, dass hier etwas Unabwendbares akzeptiert wird.

Dies kann ich sehr wohl von einem theologischem Standpunkt aus verteidigen (von einem medizinischen und medizinethischen sowieso, denke ich). Diese verschiedenen Zugänge sollten ja doch miteinander kompatibel sein. Was *lege artis* medizinisch vertretbar oder sinnlos ist, bestimmt auch die medizinethische Vertretbarkeit. Und die theologische Ethik kann sich auch auf nichts anderes stützen als auf das Prinzip der Menschenwürde und die sachliche Angemessenheit. Neben „sachlichen" Theologen gibt es zum Glück auch Mediziner, die Verständnis haben für ethische und theologische Überlegungen – oh, was habe ich jetzt gesagt! Nein, das klingt negativer, als es gedacht ist. Ich wollte sagen: Ich habe große Hochachtung für die Mediziner und Medizinerinnen in den Entscheidungssituationen, in denen sie sich oft befinden. Dann soll man nicht meinen, als Theologe wüsste man es nochmals besser.

Stock

Ich bin erstaunt, dass ich hier als Journalist eine Position vertrete, die sich von der des Philosophen und des Theologen, die wir eben gehört haben, absetzt. Denn ich kann mit meiner laienhaften Kenntnis nicht erkennen, dass der Patient bereits im Sterben liegt. Ich kann auch aus der Darstellung der Therapieoption (1) nicht erkennen, dass er danach aus seiner Sicht möglicherweise kein lebenswertes Leben mehr führen könnte. Ich habe sogar die Vermutung, dass er in sein häusliches Umfeld entlassen werden könnte, auch wenn das für die Umgebung, seine familiäre häusliche Umgebung, zu einer Belastung werden könnte.

Ich kann deshalb nicht nachvollziehen, warum hier – sehr provokant formuliert – der „finale Rettungsschuss" freigeben werden sollte.

Ansonsten glaube ich nicht, dass dieser Fall aus der Sicht der Öffentlichkeit, für die ich hier als Journalist stehe, sehr interessant wäre. Ich glaube beispielsweise nicht, dass in der Schaltkonferenz des BILD-Chefredakteurs Kai Dieckmann mit seiner Regionalredaktion in Köln / Aachen dieser Fall besprochen würde. Ein „Kumpel" mit Staublunge ist ein alltäglicher Fall, obwohl man natürlich beim Alter (58 Jahre) etwas zurückschreckt, wenn man sagt, hier könne man nichts mehr machen.

Was ich für einen gesellschaftlichen Skandal halte (und da schließe ich mich Herrn Höfling ausdrücklich an) ist die Tatsache, dass hier offensichtlich ein Versagen des Hausarztes vorliegt. Ich kann überhaupt nicht nachvollziehen, dass ein Hausarzt diese entscheidende Frage nicht vorher mit dem Patienten besprochen hat und die Ärzte dadurch in eine Situation bringt, die überhaupt nicht beneidenswert ist.

Wenn ich der Kommunikationschef Ihrer Universität wäre, Herr Schumpelick, und Sie beraten dürfte, dann würde ich Ihnen vorschlagen, einen Hintergrundkreis mit Fachjournalisten zu einem Stammtisch einzuladen und die Frage der Patientenverfügung zu thematisieren, damit das ein Thema wird.

Schmidt-Jortzig

Ich mache eine Vorbemerkung, die auch für meine nachfolgenden Kommentare und Statements gilt. Es erfolgt hier nicht die Äußerung „des" Politikers, sondern nur „eines" bzw. „dieses" Politikers. Politik ist ja bekanntlich die aktive, tätige Suche nach dem Gemeinwohl bzw. nach den Gestaltungen, Problemlösungen und Ansätzen, die für gemeinwohldienlich gehalten werden. Man kann also heftig streiten über die richtige politische Sicht, und jeder, der sich in diesen Diskurs einlässt, tut dies aus seiner ganz eigenen, konkreten und selbst verantworteten Perspektive heraus.

Nun zum Fall. Die dritte Option muss auf jeden Fall ausscheiden, weil sie die Verbotsschwelle des eigenständigen Herbeiführens des Todes überschreitet. Dies nämlich kann und darf nach geltendem Recht ebenso wenig wie rechtspolitisch akzeptabel sein. Von den beiden verbleibenden Optionen wäre die erste die konsequentere, prinzipiellere, kompromissloser normgerechte Lösung, während die zweite als die mitfühlendere, menschlichere, gnädigere erscheint. Beide jedenfalls sind auch unter dem Aspekt von öffentlicher Akzeptanz oder weiter reichender Vorbildfunktion vollauf zufriedenstellend. Ich persönlich würde für die zweite Option votieren.

Allerdings hätte ich mir gewünscht, dass auf jeden Fall noch der potentielle Konsens des Patienten – vorab oder während der kurzen Besserungsphase (wenn das ging) – eingeholt worden wäre. Immerhin wird berichtet, der Patient habe wegen akuter Atemnöte bereits „zahlreiche Notarzteinsätze" hinter sich. Da müsste es für den Hausarzt doch möglich gewesen sein, die Ernsthaftigkeit der Situation mit dem Betroffenen auch im Hinblick auf künftige Entwicklungen und Handlungsempfehlungen zu erörtern. Die Wünsche des Patienten bleiben jedenfalls auch und gerade in Krisensituationen immer die entscheidende Orientierung für das Handeln des Arztes.

Wöretshofer

Im Allgemeinen gilt, dass ein Eingriff oder der Verzicht auf eine Therapie nur mit Zustimmung des Patienten geschehen darf. Die Willensäußerung des Patienten muss basieren auf einer ausreichenden Information des Patienten. Der Arzt muss also dafür sorgen, dass der Patient den Sachverhalt zu begreifen vermag.

Die Zustimmung des Patienten geschieht, wenn dieser sich äußern kann, dadurch, dass er zum aktuellen Zeitpunkt der Therapieentscheidung seinen Willen mitteilt. Ist der Patient zum Zeitpunkt der Therapieentscheidung dazu nicht in der Lage, dann kann eine von ihm früher abgegebene schriftliche Willenserklärung diese Funktion übernehmen.

Steht der Patient unter Kuratel oder hat er einen Mentor, dann ist der Kurator oder Mentor derjenige, der die Interessen des Patienten wahrnimmt.

Wenn der Patient keinen Kurator oder Mentor hat, aber sich nicht äußern kann und er auch keine schriftliche Willenserklärung aufgestellt hat, dann kann ein schriftlich durch den Patienten Bevollmächtiger die Interessen des Patienten wahrnehmen.

Wenn der Patient niemanden ermächtigt hat, dann werden seine Interessen wahrgenommen durch eine der folgenden Personen: Ehepartner, (registrierter) Partner, Elternteil, Kind, Bruder oder Schwester, und zwar in dieser Reihenfolge. Wenn keine dieser Personen die Interessen des Patienten wahrnehmen will, handelt der Arzt nach eigenem professionellem Ermessen.

Wenn der behandelnde Arzt gute Gründe hat, von der schriftlichen Willenserklärung des Patienten oder von dem Willen des durch den Patienten Bevollmächtigten abzuweichen, so darf er dies tun.

Bezogen auf unseren konkreten Fall heißt dies, dass die Behandlung nur fortgesetzt werden darf mit der Zustimmung des Patienten. Wenn der Patient sich nicht äußern kann, bestimmt das Gesetz als erste Person, die Entscheidungen über eine Behandlung treffen kann, die Ehefrau. Wenn die Ehefrau diese Verantwortung übernimmt und keine Zustimmung zur Behandlung gibt, dann muss der Arzt im Prinzip die Behandlung unterlassen – es sei denn, dass er die deutliche Überzeugung hat, als Arzt im Interesse des Patienten anders handeln zu müssen.

Wenn der Patient unter der Atemnot so sehr leidet und das Leiden nicht anders vermindert werden kann, dann darf der Arzt die lebensverkürzende Behandlung im Sinne der Therapieoption (2) vornehmen. In den Niederlanden gilt sie als normales medizinisches Handeln. Übrigens ist natürlich auch hier wieder die Zustimmung des Patienten nötig, es sei denn, dass der Patient sich nicht äußern kann. Im letzten Fall gilt wieder, dass die Zustimmung der Ehefrau nötig ist.

Der Arzt darf nur dann lebensbeendend handeln im Sinne der Therapieoption (3), wenn erstens der Patient darum ausdrücklich und freiwillig gebeten hat, wenn zweitens der Zustand des Patienten aussichtslos ist (das ist hier anscheinend der Fall) und wenn drittens das Leiden des Patienten unerträglich ist (das könnte hier der Fall sein, aber mehr Sicherheit gäbe es, wenn der Patient sich auch dazu geäußert hätte). Zudem darf es keine angemessene andere Lösung geben (das kann hier der Fall sein). Das Gesetz sieht die Ehefrau hier nicht als Rechtsvertreterin ihres Mannes. Lebensbeendendes Handeln ist kein normales medizinisches Handeln. Für ein solches Handeln gilt aber auch nicht das Melde- und Überprüfungsverfahren. Wenn der Arzt sich hierfür entscheidet, dann würde ein solches Handeln eher rechtlich gebilligt werden, wenn die Entscheidung auch unterstützt wird durch die Ehefrau – allerdings nicht, wenn sie dazu Argumente anführt, die nur sie betreffen (z. B. die Last, die sie durch die Krankheit ihres Mannes trägt). Das Leiden der Ehefrau ist begreiflich, kann aber kein Grund sein, um hier auf eine solche Weise zu handeln.

Ehe eine Lebensbeendigung ausgeführt werden darf, muss ein zweiter unabhängiger Arzt den Patienten untersucht und ein schriftliches Urteil im Hinblick auf die Sorgfaltskriterien abgegeben haben.

Zu guter Letzt muss die Lebensbeendigung natürlich medizinisch fachgerecht ausgeführt werden.

Fazit: In diesem Fall ist nicht deutlich, was der Patient will. Wenn er sich dazu nicht äußern kann, dann muss der Arzt die Ehefrau zu Rate ziehen. Diese kann sich im Sinne des Gesetzes jedoch nur zu den Optionen (1) und (2) bindend äußern. Wenn sie sich nicht äußert (und auch kein anderes Mitglied der Familie), dann darf der Arzt gemäß seinem eigenen professionellen Ermessen handeln im Sinne von Therapieoption (1) oder (2).

In einer extremen Leidenssituation, wenn das Leiden nicht auf eine der unter (1) und (2) beschriebenen Weisen vermindert werden kann, dann ist es nicht ausgeschlossen, dass lebensbeendigendes Handeln durch den Arzt gerechtfertigt ist. Voraussetzung dafür ist dann aber, dass er zumindest die übrigen Sorgfaltskriterien des Melde- und Überprüfungsverfahrens beachtet hat.[1]

Anmerkungen

1 In den Fällen Prins und Kadijk, die ich in meinem Vortrag besprochen habe, war diese Bedingung erfüllt.

5. Fall

Therapieablehnung durch Patientenverfügung bei schwerer, aber nicht infauster Erkrankung (Bauchfellentzündung bei Darmperforation)

72-jähriger, leicht übergewichtiger Patient, der im häuslichen Umfeld und unter hausärztlicher Betreuung in den letzten drei Tagen eine zunehmende Verschlechterung seines Zustandes mit Bauchschmerzen, Erbrechen und Eintrübung des Bewusstseins erfahren hatte. Er erreichte die Klinik mit dem Notarztwagen unter dem Vollbild eines septischen Schocks mit sistierender Nierenfunktion und kritischen Blutgaswerten. Bei der Untersuchung zeigte sich das Vollbild eines akuten Abdomens, dessen Ursache eine perforierte Sigmadivertikulitis mit kotiger Peritonitis war. Als Vorerkrankung bestand ein Zustand nach Herzinfarkt vor drei Jahren mit nachfolgenden Rhythmusstörungen, weshalb er kontinuierlich mit Marcumar behandelt wurde. Der Patient war zum Zeitpunkt der Aufnahme nicht mehr kontaktfähig.

In dieser Situation stellten sich zwei Therapieoptionen:

(1) Chirurgische Standardbehandlung durch Operation mit Beseitigung des Entzündungsherdes, Spülung des Bauchraums und Anlage eines künstlichen Darmausgangs (mit der Möglichkeit späterer Zurückverlegung);

(2) Fortführung der konservativen Therapie mit Antibiotika, Schmerzmitteln und Beatmung – eine Behandlung, die unweigerlich innerhalb einiger Tage zum Tod führen würde.

In dieser ansonsten – zugunsten der potentiell lebensrettenden Operation – sehr eindeutigen Entscheidungssituation ergab sich ein zusätzlicher Begleitumstand. Die fünfzehn Jahre jüngere zweite Ehefrau, die mit dem Patienten seit vier Jahren verheiratet war und durch ein elegantes Erscheinungsbild und resolutes Auftreten beeindruckte, verweigerte die Zustimmung zur Operation. Als Begründung gab sie an, dass sie und ihr Mann sich bei ihrer Hochzeit geschworen hätten, im Falle einer schweren, lebensbedrohlichen Erkrankung sich keiner verstümmelnden Operation oder einer lang dauernden Intensivbehandlung zu unterziehen. Jetzt finde sie sich in einer Situation wieder, in der man mit einem verstümmelnden künstlichen Darmausgang und möglicherweise einer mehrwöchigen Intensivbehandlung mit ungewissem Ausgang rechnen müsse. Auf Nachfrage versicherte sie, dass sie absolut davon überzeugt sei, im Sinne ihres Mannes zu handeln. Zum Beweis präsentierte sie eine vier Jahre alte handschriftliche Patientenverfügung mit folgendem Wortlaut: „Wir, die Eheleute XY, verfügen hiermit, dass im Falle einer schweren Erkrankung mit lebensbedrohlichem Ausgang und der Notwendigkeit zur Intensivtherapie oder zu einer verstümmelnden Operation wir die behandelnden Ärzte im Fall eingetretener Bewusstlosigkeit beauftragen, sämtliche lebensrettenden Maßnahmen unmittelbar zu beenden …"

Mieth

Zunächst einmal ergibt sich mit dem „Begleitumstand" ein Problem. Ich finde, dass die Bezeichnung „Begleitumstand" für die Ansicht der Ehefrau deren Bedeutung in der Situation zu sehr herunterspielt. Ich denke schon, dass man sie sehr ernst nehmen muss.

Auf der anderen Seite: Wenn die Ehefrau sagt, sie handele „im Interesse" des Patienten, ist das etwas anderes als wenn die Ehefrau sagt, sie repräsentiere den Willen des Patienten. So gesehen kommt der Patientenverfügung schon eine größere Bedeutung zu. Wenn man aber über den mitgeteilten Text der Patientenverfügung sagen muss, dass dort sowohl im Hinblick auf die Frage nach der Lebensaussicht als auch im Hinblick auf die Frage nach der Verstümmelung keine hinreichende Klarheit herrscht, muss man sich doch fragen, ob diese Patientenverfügung anwendbar ist.

Versucht man, diesen Befund zu objektivieren, kommt man letztlich zu dem Ergebnis, dass die Verfügung nicht anwendbar ist. Also muss man entweder auf eine andere Weise den mutmaßlichen Willen erkunden, oder man muss sich dazu entscheiden, das Modell des „schwachen Paternalismus" einzubringen. Das heißt: wegen der doch gegebenen Erfolgsaussichten, wie immer sie quantitativ beurteilt werden mögen, ist es notwendig, in diesem Falle die Operation durchzuführen.

Ich würde mich dieser Lösung in jedem Falle anschließen, wenn ich unter Zeitknappheit zu entscheiden hätte. Wenn man etwas mehr Zeit hätte, würde ich versuchen, noch mehr zu tun, um die Richtung des Willens zu erkunden.

Höfling

Vorweg: Die Lösung mit dem Vormundschaftsrichter scheint mir eine Scheinlösung zu sein. So wie die Patientenverfügung formuliert ist, wird der Vormundschaftsrichter wahrscheinlich nicht umhinkommen, eben die Ehefrau als Vertreterin einzusetzen. Denn das wird man der Verfügung entnehmen können: dass, wenn einer entscheiden soll, dies der dem Patienten persönlich Nächststehende sein soll. Das wird der Vormundschaftsrichter nicht ohne weiteres übergehen können, es sei denn, es ergeben sich wirklich harte Anhaltspunkte dafür, dass die „Eleganz des Erscheinungsbildes“ in der Tat klar auf Erbschleicherei hinweist. Aber das scheint mir dann doch ein bisschen weit hergeholt zu sein.

Damit sind wir aber beim eigentlichen Problem, nämlich der Validität einer Patientenverfügung. In der Tendenz würde ich mich eher Herrn Mieth anschließen. Zwar bedeutet Autonomie aus verfassungsrechtlicher Sicht auch, für die Zukunft vorsorglich eine Festlegung treffen zu können. Und prinzipielle Einwände gegen diese Möglichkeiten greifen aus meiner Sicht nicht durch, etwa: „Wir entscheiden immer unter Ungewissheitsbedingungen“, „Keiner ist der allwissende Seher“ usw. Allerdings glaube ich, dass die materiellen Bedingungen für eine valide Patientenverfügung höher anzusetzen sind, als es jedenfalls viele Formulare (auch von Ärztekammern) nahe legen. Mir scheint es sinnvoll zu verlangen, dass jemand weiß, was er tut, auch in medizinischer Hinsicht. Deshalb sollte man von einer validen Patientenverfügung jedenfalls für den Regelfall nur dann ausgehen, wenn diese nachweisbar im Kontakt mit einem Arzt erstellt worden ist. Das wäre eine der Einwilligung in eine ärztliche Behandung spiegelbildlich entsprechende Voraussetzung für eine valide Patientenverfügung. Darüber hinaus müssen weitere Bedingungen erfüllt sein. Vor diesem Hintergrund wird man kaum annehmen können, dass im Fall 5 eine solche valide Patientenerklärung vorliegt. Man könnte ja fragen, ob nicht ein Teil dessen, was dort zum Ausdruck gebracht wird, eigentlich auch schon bei dem Herzinfarkt, eine Rolle hätte spielen müssen, den er ja auch gut überstanden hat, und wohl auch im Einvernehmen mit seiner Frau. Seine Frau aber scheint – nehmen wir die Schilderungen des Äußerlichen hinzu – ja in der Tat mit einem Anus praeter ein großes Problem zu haben. Aber auch wenn man nicht von einer validen Patientenverfügung ausgeht, liefert die Erklärung immerhin Anhaltspunkte für die Ermittlung eines mutmaßlichen Willens. Der Patient dürfte hinreichend deutlich gemacht haben, dass er eine bestimmte Lebensweise nicht will. Es ist in der Tat eine ganz schwierige Situation, entscheiden zu müssen, ob das für einen Verzicht auf eine zumindest potentiell lebensrettende Behandlung reicht. Ich neige eher dazu zu sagen, Sie haben, wenn Sie operiert haben, richtig gehandelt.

Merks

Die allgemeinen Aspekte, die in diesem Fall involviert sind, scheinen mir einmal die medizinisch indizierten Grenzen einer zweifelhaften Patienten-Verfügung, und damit verquickt zum andern die Frage einer angemessenen Interessenvertretung zu sein.

1. Um es vorweg zu sagen: Ich bleibe bei der Lösung (1) (chirurgisches Vorgehen usw.) angesichts der in der Fallbeschreibung dargestellten Überlebenschance und Erfolgserwartung. Für die Option (2) scheint mir hier jede Indikation zu fehlen.

2. Eine Komplikation in diesem auch m. E. eindeutigen Fall tritt erst auf aufgrund der Patientenverfügung und der Aussagen der Ehefrau über den zu unterstellenden Willen ihres Mannes, die beide auf einen Behandlungsverzicht hinzudeuten scheinen. M. E. kann aber hier weder die Patientenverfügung noch die stellvertretende Aussage der Frau ankommen gegen das medizinisch indizierte Handeln: Die Patientenautonomie ist keine absolute, vom medizinischen Sachverhalt unabhängige, freischwebende Größe, selbst wenn man sie großzügig auslegt und respektieren will.

3. Bevor ich weiter auf den Fall eingehe, muss mir eben noch von der Seele, was mich bei der Fallbeschreibung zu-

tiefst stört: nämlich die suggestive Beschreibung der Ehefrau (fünfzehn Jahre jünger, sehr elegantes Erscheinungsbild, deutlich jüngeres Aussehen, resolutes Auftreten ...). Stellen Sie sich vor, sie wäre bleich und übel riechend, alt und unbeholfen gewesen – ja, was wäre dann geschehen? Würde dann nicht der Entscheidungsprozess ganz anders interpretiert werden, und würden wir dann der Patientenverfügung nicht doch bereitwilliger folgen wollen? Ich denke, hier muss man alle Ambiguität vermeiden.

Die Beschreibung der Frau leistet offensichtlich bestimmten Assoziationen Vorschub. Suggeriert sie nicht, die Frau wolle die Behandlung nicht, weil sie mit so einem Mann, der nicht mehr so ganz Mann ist, nicht mehr zusammenleben könne/wolle? Stellt sie damit nicht ihre eigenen Interessen in den Vordergrund? Damit wird aber von vornherein die Fragwürdigkeit der Verfügung selbst verdunkelt.

4. Zunächst frage ich mich – aber das müssen die Juristen sagen –, ob uns mit der Patientenverfügung oder dem Testament nicht etwas im Doppelpack verkauft wird, das nur als Einzelstück zulässig ist. Kann man eine Patientenverfügung überhaupt als „Wir„ machen? Ist da am Schluss noch zu unterscheiden, was Ausübung der Autonomie der jeweiligen einzelnen Person ist? Tritt nicht notwendig dann immer die Autonomie des sozusagen stärkeren Partners bei Eintreffen des Unglücksfalles praktisch unüberprüfbar an die Stelle der Autonomie des nunmehr entscheidungsunfähigen Partners? Diese Frage verstärkt sich angesichts der sehr offenen, unpräzisen Formulierung der Bedingungen (schwere Erkrankung mit lebensbedrohlichem Ausgang, Notwendigkeit zur Intensivtherapie oder zu einer verstümmelnden Operation, eingetretene Bewusstlosigkeit usw.). Auf welche durchaus sinnvollen medizinischen Eingriffe könnte nicht allemal die eine oder andere Bestimmung zutreffen?

Ich bin selbst der Meinung, dass bezüglich der Qualität der Verfügung gravierende Zweifel angebracht sind. Es ist eine Terminologie, die fast alles zulässt.

5. Im Lichte dieser Zweifel müssen dann m. E. auch die mündlichen Äußerungen der Frau bewertet werden. Kann man überhaupt von Verstümmelung reden, wenn der künstliche Ausgang in einem Vierteljahr eventuell zurückverlegt werden kann; was ist überhaupt eine „mehrwöchige Intensivbehandlung" für ein Argument? Rechtfertigt ein drohendes Nierenversagen und eventuelle Dialyse den Verzicht auf Behandlung?

Schließlich führt die Ehefrau noch ihre eigene Belastung in einem solchen Falle an. Ich glaube kaum, dass dies ernsthaft als legitime Interessenvertretung ihres Mannes betrachtet werden kann.

6. Ich denke daher, der Arzt fährt nicht nur unter moralischem, sondern auch unter medizinischem und medizinethischem Aspekt nur dann sicher, wenn er in Option (1) seine unentrinnbare ärztliche Pflicht sieht – Verfügung hin, Verfügung her. Am schönsten wäre es natürlich, die Frau würde obendrein hinterher in ihren schlimmsten Befürchtungen nicht bestätigt.

Stock

Der Hedonismus lässt grüßen! Als medizinischer Laie bin auch ich für die Option (1). Es ist relativ klar, dass hier keine schwere Erkrankung mit bedrohlichem Ausgang vorliegt. Die Symptome lassen sich durch eine Operation mit recht sicherem Erfolg beseitigen. Wenn das eine Verstümmelung wäre, dann müsste ein gezogener Zahn als Verstümmelung gelten …

Ich möchte aber als Journalist und „publizistischer Berater" Sie als Ärzte warnen, dass bei Ihnen bei einem solchen

Fall alle Alarmglocken schrillen sollte. Vielleicht haben Sie in der Fallbeschreibung übertrieben, was die Lebenslust der jungen Ehefrau betrifft – vielleicht aber auch nicht. Solche Fälle soll es ja geben.

Als Ressortleiter oder als Chefredakteur würde ich auf diesen Fall sofort einen fähigen und phantasiebegabten jungen Kollegen ansetzen, mit der Recherchethese: „Die junge Frau will, statt zu pflegen, mit der Lebensversicherung eine Weltreise machen." Das können Sie natürlich erst hinterher beweisen – insofern nützt es Ihnen als Arzt in Ihrer Entscheidungssituation nichts.

Aber wenn Sie einen solchen Konflikt erkennen, müssen Sie wissen, dass solch eine Frau – lebenslustig, resolutes, elegantes Auftreten – sich toll in einer Nachmittags-Show bei RTL oder Sat 1 machen würde. Sie als Ärzte säßen dort auf der medialen Anklagebank und hätten im Nachhinein keine Chance, sich zu verteidigen. Im Zweifelsfall wäre die Boulevardpresse sehr interessiert. Schlagzeile: „Mein Mann wurde gegen seinen Willen verstümmelt" oder: „Was ist ein Mann noch ohne ...". Dagegen kommen Sie auch mit Gegendarstellungen und fachkundigen Erklärungen kaum an.

Wenn Sie so eine Lebensbegleiterin oder sogar Ehefrau erleben, dürfte es wohl so sein, dass Sie sehr energisch beratend und leitend auftreten müssen, um diese Frau von ihrer irrigen Meinung abzubringen und sie in Ihr Behandlungskonzept zu integrieren.

Schmidt-Jortzig

Entscheidend wird sein, wie man mit einer Patientenverfügung umzugehen hat. (Der Sachverhalt könnte in einem medizinrechtlichen Seminar geradezu als Standardfall für diese Frage dienen.)

Zunächst einmal muss es dabei um die Frage des Ernstnehmens und der Gültigkeit der Willensäußerung gehen. Nach dem ja nur holzschnittartig geschilderten Szenarium kann jedenfalls an der Verbindlichkeit der schriftlich vorgelegten Erklärung nicht deshalb gezweifelt werden, weil die deutlich jüngere Ehefrau sie mit elegantem, forschem Auftreten präsentiert hat und man argwöhnen könnte, sie verfolge auch sehr handfeste, vordergründige Eigeninteressen. Auch dass die Verfügung gewissermaßen „im Doppelpack" daherkommt, also gemeinschaftlich geäußert wurde und auf Gegenseitigkeit setzt, gibt keinen Anhaltspunkt dafür ab, sie nicht ernst zu nehmen. Immerhin war die Patientenverfügung ja schon vor dem durchgestandenen Herzinfarkt verfasst worden und hätte also nach den Erfahrungen der Krise geändert werden können, ja wäre wohl auch geändert worden, wenn der Patient sich daran nicht mehr binden lassen wollte. Auch dass der Patient in den letzten drei Tagen vor der jetzigen Zuspitzung „im häuslichen Milieu unter Betreuung durch den Hausarzt" die Dinge erlebte, offenbar ohne von seiner Ablehnung einer Intensivtherapie abzurücken, spricht m. E. für die fortdauernde Gültigkeit der formulierten Erklärung. Und weitere Anhaltspunkte für ein Ignorierendürfen der Patientenverfügung sehe ich nicht.

Allerdings meine ich, dass die Bedingungen, unter welchen eine Intensivtherapie abgelehnt wird (d. h. juristisch also die Tatbestandsvoraussetzungen der Erklärung) nicht vorlagen. Dass die Ehefrau als Schreckensvision „drohendes Nierenversagen" und „jahrelange Dialysepflichtigkeit" an die Wand malt, war ja ärztlicherseits gar nicht prognostiziert. Auch könnte man Zweifel haben, ob der eingetretene Krisenzustand überhaupt schon eine „schwere lebensbedrohliche Erkrankung" darstellt. Und schließlich liegt m. E. wohl kein „verstümmelnder Eingriff" vor, wenn der vorerst anzulegende Anus praeter nach drei Monaten wieder zurückverlegt werden kann. Ich meine also: Die Bedingungen, unter denen der Patient eine Operation ablehnt, lagen realiter nicht vor, so dass man ärztlicherseits sich durch die Patientenverfügung nicht vorbestimmt fühlen musste. Die Zustimmungsverweigerung der Ehefrau jedenfalls stellt keine Sperre dar, solange sie nicht ein maßgebliches Symptom für den entsprechenden Willen des Patienten selber bedeutet.

Angesichts des grundsätzlichen Heilungsauftrags des Arztes spreche ich mich also für Option (1) aus.

6. Fall

Therapieablehnung durch Patienten bei schwerer, aber nicht infauster Erkrankung

(hoher Querschnitt, gastrointestinale Blutung)

47-jähriger Patient, der vor 25 Jahren einen schweren Motorradunfall hatte. Er erlitt dabei einen dislozierten Bruch des 6. Halswirbels mit Lähmung beider Arme und Beine sowie Stuhl- und Urininkontinenz. Seine Ehe wurde in der Folge geschieden; die pflegerische Versorgung wurde von seiner Schwester übernommen.

Die jetzige stationäre Aufnahme erfolgte wegen wiederholten Bluterbrechens. Gastroskopisch fand sich ein tumorverdächtig imponierendes Magengeschwür mit einer Sickerblutung, die endoskopisch gestillt werden konnte. Über den Befund in Kenntnis gesetzt, lehnte der Patient in Anbetracht seiner Lebenssituation eine weitere operative Therapie ab. In der Folgenacht kam es zu einer Rezidivblutung mit Kreislaufschock. Nach notfallmäßiger Intubation und Kreislaufstabilisation durch den chirurgischen Dienstarzt erfolgte eine erneute Magenspiegelung, bei der jedoch diesmal keine endoskopische Blutstillung erreicht werden konnte.

In dieser Situation stellten sich zwei Therapieoptionen:

(1) umgehende Operation mit Resektion des blutenden Geschwürs gegen den initial geäußerten Willen des Patienten;

(2) Verzicht auf eine Operation unter Inkaufnahme des Verblutungstodes des Patienten.

Mieth

Ich interpretiere das, was ich lese. Das heißt: Von der Richtigkeit meiner Interpretation hängt die Beurteilung ab. In meinem Text steht noch bei Option (1): „umgehende Operation mit Entfernen des blutenden Geschwürs gegen den initial geäußerten Willen des Patienten". Das halte ich für etwas treffsicherer als „gegen den Patientenwunsch". Und dennoch bin ich der Meinung, dass man es auch so nicht formulieren darf, wenn man den komplexen Sachverhalt beschreiben will. Denn aufgeklärt worden ist der Patient über den Befund des Tumorverdachtes und nicht den des Magengeschwürs. Das konnte er gar nicht, weil es eine Notfallsituation war. Also ist er in dieser Hinsicht ein „unaufgeklärter" Patient, über dessen Stellungnahme zu dem Befund, der sich in der Folgenacht ergeben hat, wir gar nichts wissen.

Nach meiner Ansicht muss an dieser Stelle die Option (1) eintreten, weil es ein Notfall ist, in welchem auch nicht der eingangs geäußerte Wille, der unter der Voraussetzung des Tumorverdachts geäußert wurde, entscheidend sein kann. Denn jetzt haben sich viel komplexere Informationen ergeben, die zugrunde gelegt werden müssen.

Höfling

Wenn es wirklich eine informierte Ablehnung des operativen Eingriffs war, dann hätte man sich daran halten müssen. Allerdings hätte ich an Ihrer Stelle genauso gehandelt. In unserem Fall sehe ich nicht, dass eine wirksame Ablehnung eines operativen Eingriffs vorgelegen hätte. Ich habe den Sachverhalt auch so verstanden, dass man mit dem Patienten gesprochen hat. Aber worüber hat man mit ihm gesprochen? An dieser Stelle vielleicht ein grundsätzlicher Hinweis: Die simple Vorstellung, der ja auch Juristen gerne anhängen, weil sie so einfach ist, dass man die Menschen eben nicht einteilen kann in kompetente und betreute Patienten, bildet die Lebenswirklichkeit ja überhaupt nicht ab. (Aus einem DFG-Projekt, das ich u. a. zusammen mit Herrn Westhofen in Aachen bearbeite, wissen wir eigentlich, dass 80 % der Patienten irgendwo dazwischen sich befinden.) Und in einer solchen Situation, in der einem der Verdachtsbefund eines Karzinoms mitgeteilt wird, jemandem, der bereits sei 25 Jahren einen hohen Querschnitt hat – wie soll in einer solchen Situation die dann erfolgende Erklärung wirklich schon eine verlässliche Willensäußerung sein? Die ganze kommunikative Situation müsste eine völlig andere sein als die geschilderte. Man müsste in einer solchen Konstellation auf viele Dinge aufmerksam machen. Was wäre, wenn sich der Verdacht auf ein Karzinom nicht erhärtet? Man hätte auch über die Art des Verblutens als „Therapieoption" aufklären müssen. Wie will sich denn jemand zwischen Optionen entscheiden, von denen er überhaupt nichts, aber auch rein gar nichts weiß? Darüber hinaus glaube ich, dass dann, wenn wirklich Zeit ist, ein solches Gespräch auch nicht nur von Ihnen geleistet werden kann. Dies bedürfte einer besonderen Art von Gesprächsführungskompetenz, die eigentlich einen Teil der medizinischen Ausbildung ausmachen müsste.

Fazit: Ich glaube, in dieser Situation war es richtig, den Patienten zu operieren.

Merks

Die allgemeine Problematik, die anhand dieses Falles sichtbar wird, ist die der Beziehung zwischen Berufsethos des Arztes und Autonomie, d. h. eine eventuelle Entscheidung aus medizinischen Gründen auch gegen den an sich zweifellosen Willen des Patienten.

1. Ich denke, aus medizinischer und auch aus medizinethischer Sicht spricht wenn nicht alles, dann doch vieles für die Lösung (1) (umgehende Operation mit Entfernung des blutenden Geschwürs, gegen den initial geäußerten Willen des Patienten). Angesichts der zunehmenden Aufwertung des Willens von Patienten in der medizinischen Ethik bedarf diese Entscheidung freilich einer näheren Begründung.

2. Es liegt, denke ich, in der medizinischen Logik (die dann auch in die ethische Entscheidung eingehen soll), für die offensichtlich als sicherer beurteilte Lösung (1) zu optieren. Nachdem man in jedem Falle den Willen des Patienten hier nicht zum Maßstab nehmen wollte, wäre andererseits ja theoretisch auch die vielleicht doch erfolgreiche Lösung (2) (Wiederholung der endoskopischen Blutstillung) in Frage gekommen. (In beiden Fällen wird ja der Wille des Patienten umgangen.) Aber wohl tatsächlich nur theoretisch: wenn schon ein lebenserhaltendes Eingreifen, dann sicher das mit den größeren Erfolgsaussichten. (Man könnte höchstens noch argumentieren, dass der Versuch einer endoskopischen Blutstillung das größere Risiko gewesen wäre – da sie ja bereits einmal nicht funktioniert hatte – und man damit sozusagen mehr in die Nähe des Patientenwillens gekommen wäre. Aber eine so merkwürdige Überlegung steht natürlich kaum im Ernst zur Debatte.)

3. Freilich bleibt das Problem des Patientenwillens. Natürlich kann man diesen bezüglich seiner dauerhaften Ernsthaftigkeit in Zweifel ziehen. So spricht die Fallbeschreibung von dem „initial geäußerten Willen des Patienten". Dies suggeriert zumindest, dass der Wille zum Zeitpunkt der ärztlichen Entscheidung möglicherweise schon nicht mehr fortbestand. Zudem hören wir, dass der Patient nachträglich die Therapieentscheidung akzeptiert hat. Was sich ex post leicht sagen lässt, ist aber ex ante mindestens eine gewagte Sache. Übrigens ist sie häufiger anzutreffen, etwa bei der Würdigung von Patientenver-

fügungen, wenn dazu gesagt wird: „Möglicherweise würde der Patient zum gegenwärtigen Zeitpunkt oder in der jetzigen Situation ja anders urteilen als zum Zeitpunkt der Abfassung der Verfügung …". Mit einem solchen Argument, finde ich, muss man vorsichtig sein. Bei der doch prinzipiell sich durchsetzenden Bedeutung und Anerkennung des Patientenwillens kann man nicht mit der andern Hand wieder nehmen, was man mit der einen gegeben hat. Hierdurch wird der Wunsch nach dem Recht auf Sterbehilfe geradezu gefördert und nicht zurückgedrängt.

4. Hier noch eine eher allgemeine Bemerkung. Zum konkreten Falle kann man vielleicht, wie auch von Dietmar Mieth, denke ich, richtig bemerkt worden ist, anführen, dass die Willensäußerung doch sehr allgemein und im Hinblick auf die konkreten Umstände und die reale Situation nicht präzise genug ist. Ein wichtigeres Argument scheint mir aber eine andere Überlegung, nämlich die Tatsache, dass ein Arzt neben dem Respekt vor dem Patientenwillen auch ein medizinisches Berufsethos zu vertreten hat, das von ihm verlangt, seine ärztliche Kunst nach Möglichkeit lebensermöglichend und -erhaltend einzusetzen, wofern dadurch Chancen der Besserung wahrgenommen werden, sich die Frage nach einer Verlängerung unerträglichen Leidens nicht stellt und jedenfalls nicht ein „natürlich" sich anbahnendes Ende unnötig hinausgezögert wird.

Das ist vielleicht etwas kompliziert formuliert, und ich denke auch, dass das Problemfeld der medizinischen Möglichkeiten einerseits und der Gründe für einen Verzicht auf ihre Anwendung anderseits weiter diskutiert werden muss. Doch kann die Autonomie der Patienten oder der Patientin nicht so weit gehen, dass ihr gegenüber die normale ärztliche Pflicht immer nur den Kürzeren ziehen würde.

5. Ich denke also: Alles zusammengenommen ist Lösung (1) sehr wohl vertretbar. Freilich möchte ich noch eine kurze Anmerkung machen zum Schlusssatz der Fallbeschreibung,

dass es dem Patienten nicht nur wieder gut geht, jedenfalls im Sinne der früheren Situation, sondern dass er selbst eine neue Beziehung mit einer gleichaltrigen Krankenschwester gefunden hat. Dies ist zwar erfreulich, und sicher für das Operationsteam ein beruhigendes Faktum, doch halte ich es für ein sehr gefährliches Argument, eine Art nicht unbedenklichen Nachkartens. Es gibt ja auch den umgekehrten Fall, in dem die Möglichkeit positiver Entwicklungen nicht eingetroffen ist. Deswegen sollte man sich hüten, *a posteriori* und *ex effectu positivo* ein Argument für ärztliche Entscheidungen gegen den Willen des Patienten gewinnen zu wollen. Ich finde, ein „Man weiß ja nie, ob nicht …“ darf kein Argument für schwierige Entscheidungen sein. Stattdessen plädiere ich für eine nähere Ausgestaltung der Grundsätze, nach denen einem Patienten, einer Patientin billigerweise Unerträglichkeit des Leidens oder der Situation zugestanden werden sollte, so dass eventuell auch auf mögliche Behandlungen verzichtet werden darf.

Schmidt-Jortzig

Auch dieser Fall eignet sich offenkundig für ein medizinrechtliches Seminar. An ihm wäre die Rechtsfolgenseite einer Patientenverfügung zu erörtern. Wie verbindlich ist ein geäußerter Patientenwille für den behandelnden Arzt?

Trotz des augenscheinlich rechtfertigenden guten Ausgangs der Krise vermag ich als Anhänger weitestgehender Selbstbestimmung und Selbstverantwortung des Menschen eine Ignorierung der Operationsablehnung nicht zu akzeptieren, weder als in diesem Einzelfall vertretbar noch gar als normbildend. Es darf nicht sein, dass die Achtung des Patientenwillens von der Zufälligkeit des guten Ausgangs abhängig gemacht wird und damit für eine nun einmal ex ante zu treffende und nicht ex post zu rechtfertigende OP-Entscheidung ins Belieben des Arztes gestellt werden dürfte. Auch die Härten einer Entscheidung sind vom sich festlegenden Menschen zu tragen, auch Fehleinschätzungen und Motivverirrungen gehören beim Patienten zur menschlichen Mängelbehaftung im Diesseits. Ich will hier ganz werthaft argumentieren (und da sehen Sie, dass auch Politiker sich ethisch leiten lassen). Ich bin EKD-Synodaler, lebe also – durchaus bekennend – aus einem christlichen Hintergrund, und da sage ich: Die Folgen unserer irdischen Unvollkommenheit sind uns in unsere höchst persönliche Verantwortung gegeben. Und eben dies gilt übrigens auch verfassungsrechtlich, weil Würdegarantie, Persönlichkeitsrecht und individuell bestimmter Lebensanspruch unvertretbare, vom Staat überall zu achtende Grundpositionen darstellen. In einem Fall wie dem geschilderten sich also „auf gut Glück" über den definitiven Willen des Patienten hinwegzusetzen, kann m. E. nicht zugelassen werden. Dem Versuch einer ethisch-normativen Bevormundung des Einzelnen müssen wir widerstehen. Ich votiere deshalb für Option (2).

Freilich räume ich ein, dass ich dabei den Wunsch des Patienten eben für eindeutig halte, obwohl vielleicht der Sachverhalt an diesem Punkt nicht ganz präzise ist. Dass der Patient „über den Befund in Kenntnis gesetzt" die weitere operative Therapie ablehnt, mag so ausgelegt werden können, als sei mit ihm nur über die Diagnose, nicht aber über ihre Folgen gesprochen worden. Wenn es aber in der Optionsbeschreibung gewissermaßen resümierend heißt, eine eventuelle Operation laufe dem „initial geäußerten Willen des Patienten" zuwider, fühle ich mich als Kommentator über solche Zweifel hinweggehoben. Mithin: Trotz des schönen Happyends, das man ja vorab gar nicht wissen konnte, keine OP gegen den Willen des Patienten!

Widdershoven

Was mich wundert, wenn ich so einen Fall höre, ist, warum die Entscheidung akut in einer Notfallsituation getroffen werden muss. Hätte man nicht mit dem Patienten zuvor überlegen können, wie seine Präferenzen in einer solchen Situation aussähen? Wäre es nicht möglich gewesen, innerhalb des langfristigen Prozesses der Fürsorge für diesen Patienten mehr Klarheit über seine Ansichten zu gewinnen? Dazu braucht man nicht jede mögliche zukünftige Entscheidung mit dem Patienten zu besprechen. Man könnte auch versuchen, zusammen mit dem Patienten klar zu machen, was die Erfahrungen der Krankheit über 25 Jahre für seine Lebensgeschichte bedeuten. Diese Lebensgeschichte könnte dann später behilflich sein bei schwierigen Entscheidungen, so wie sie jetzt im Fallbericht vorliegen. Dann würde man besser wissen, wie der Patient sein Leben sieht und sich seine Zukunft vorstellt. Also: Vor dem Eintreten der Notfallsituation sollten wir doch mehr wissen über die Geschichte des Patienten und über seine Lebenserfahrungen.

Wäre man diesem Weg gefolgt, dann gäbe es drei Möglichkeiten.

Erstens wäre es möglich, dass man von dem Patienten weiß, dass er auf jeden Fall weiterleben möchte.

Zweitens wäre es möglich, dass er weiterleben möchte, aber nicht um jeden Preis. Man wüsste zum Beispiel, dass der Patient, wenn es ein sehr schlimmes Problem gäbe, keine weitere Therapie möchte.

Drittens wäre es möglich, dass der Patient sagt, dass er eine bestimmte Verschlimmerung seiner Situation als unerträglich betrachten würde. Träte diese dann später ein, dann könnte eine vorher aufgestellte Patientenverfügung eine Hilfe im Entscheidungsprozess sein. In den Niederlanden wäre dann unter dem neuen Gesetz auch aktive Sterbehilfe eine Handlungsoption.

Im vorliegenden Fall ist unklar, ob die Äußerung des Patienten, dass er keine weitere Therapie möchte, wirklich in seine Lebensgeschichte hineinpasst. Einerseits könnte man diese Frage bejahen, weil der Patient auf seine Lebenssituation hinweist. Andererseits ist sein Wunsch möglicherweise eine spontane Reaktion auf die Information über seinen Befund und als solche vielleicht mehr Ausdruck seiner Angst als eine Entscheidung, die zu seiner Grundeinstellung passt. Im ersten Fall wäre die Äußerung ein Grund für einen Operationsverzicht, im letzten Fall nicht.

Zum Schluss möchte ich betonen, dass in diesem Fall, so wie er uns vorgelegt wurde, auch in den Niederlanden keine gesetzliche Grundlage für eine aktive Sterbehilfe gegeben ist. Erstens gibt es weder einen aktuellen Wunsch des Patienten noch eine Patientenverfügung. Zweitens gibt es keinen Beleg für eine Situation aussichtslosen und unerträglichen Leidens. Wenn es noch eine reale Therapiemöglichkeit gibt, ist die Situation nicht aussichtslos. Wenn der Patient bewusstlos ist, ist die Situation nicht unerträglich. Für diesen Patienten gibt es auch in den Niederlanden keine Möglichkeit der aktiven Sterbehilfe.

IV.

Perspektiven der klinischen Sterbehilfe aus der Sicht des Sozialethikers

Dietmar Mieth

1. Die Unverfügbarkeit des Sterbens

Der Tod ist ein Lebensakt. Es gibt kein Leben ohne Tod. Der Prozess des Sterbens beginnt daher mit dem Beginn des Lebens. Der Tod kann nicht in irgendeiner menschlichen Zukunft beseitigt werden.

In einem pragmatischen medizinischen Verständnis wird jedoch das Sterben eingegrenzt. Es bildet ein Stadium („terminales Stadium") nach der Diagnose und Prognose eines irreversiblen Verfallsprozesses in einem überschaubaren Zeitraum, ohne dass dieser Zeitraum generell festgelegt werden kann.

Das Sterben ist unverfügbar – heißt das nicht auch, dass man nicht immer gegen das Sterben verfügen darf, wenn dieses bereits (im terminalen Stadium) die Herrschaft an sich gerissen hat? Ist ein Verfügen gegen das Sterben immer ein Verfügen für das Leben, dessen Akt doch das Sterben ist? Heißt das nicht: Verzicht auf Lebensverlängerung, wenn diese nur für die „Wissenschaft" oder für den Ruf des Arztes einen Fortschritt bedeutet, für den Sterbenden aber einen Rückschritt in unerträgliche Qual? Erscheint es nicht als Pflicht des Helfers, Schmerzen zu lindern, auch wenn die Mittel eine gewisse (welche?) Lebensverkürzung in Kauf nehmen? Die medizinische Ethik steckt voller konkreter Wertvorzugsurteile, die notgedrungen „kasuistisch" sind und daher auch nicht ohne weiteres von einem Fall auf den anderen übertragen werden können.

Die ethischen Fragen spitzen sich heute auf ein Zentralproblem zu: Man darf keinen Menschen gegen seinen Willen töten, aber darf man einen Menschen auf seinen Willen hin töten bzw. seinen Tod nicht verhindern? Begrenzen wir die Frage auf das pragmatisch-medizinische Verständnis des Sterbens, d. h. auf den Zeitraum des terminalen Stadiums (nach Diagnose und Prognose), dann fällt die Tötung allein aus der Motivation des Leidens dahin. Es geht dann nicht um eine Abkürzung des Leidens, sondern um eine Abkürzung des Sterbens. Dagegen sind keine absoluten, sondern nur relative Gegenargumente vorzubringen: Ist ein Leidender und Sterbender zur klaren Entscheidung fähig? Wird er seinen Entschluss nicht vielleicht bereuen, wenn die Tat bereits irreversibel ist? Ist die Prognose des Arztes gewiss im Sinne einer mathematischen Sicherheit? Wie kann man sich dann noch rechtlich gegen einen Übergang von der Tötung auf Verlangen zu einer Tötung ohne Verlangen absichern? Gerät der Todkranke nicht unter einen moralischen Druck (etwa im Hinblick auf seine Familie und die Unkosten), sein Leben zu verkürzen, wenn ihm dies schon sittlich (und rechtlich) möglich erscheint? Reißt nicht ein Tabu in der Gesellschaft und Kultur ein, dessen man bedarf, damit die Unverfügbarkeit des Sterbens nicht im Ganzen fraglich wird?

R. Kautzky bemerkt dazu: Der Tod sollte so, wie es seinem Wesen entspricht, in maximaler Freiheit adaptiert werden. Die Freiheit der Annahme wird aber nicht größer, sondern kleiner, wenn wir versuchen, den Tod doch noch ein wenig in die Hand zu bekommen. Den Tod forcieren heißt ihn verfremden. Es ist ein Scheingewinn an Freiheit über einen denaturierten Tod, keine Meisterung unseres Geschicks, sondern ein Aufbegehren mit Scheinerfolg.

Freie Annahme des Todes hingegen bricht seine Macht, er schlägt sozusagen ins Leere. Vielleicht ist dieses Freiwerden von dem lebensbegrenzenden und damit den Lebenssinn in Frage stellenden Schrecken des Todes durch seine freiwillige Annahme die einzig greifbare Hoffnung christlichen Sterbens – der letzte Lebensschritt, der aus todverfallenem begrenztem Leben endgültig ewiges Leben werden lässt.[1]

Statt diese Grundpassivität anzunehmen, ist der moderne Mensch in der Versuchung, auch noch dem Tode seine Verfügungsmacht zu beweisen. Wenn er ihn schon nicht verleugnen und beseitigen kann, so will er ihm doch wenigstens sagen können, wann er einzutreten hat, wann er am „menschlichsten" (für den Sterbenden, für die Umwelt?) ist. Diese Einstellung macht jedoch möglicherweise eine Phase des Sterbens, die nicht immer die letzte ist, gewaltsam zur letzten: den physischen Trotz, das berechtigte Aufbegehren, das u. U. lebenserhaltend sein kann. Aber im Auge mit dem Tode wird dieser schließlich nicht durch die Gewalt überwunden, sondern durch eine Bereitschaft, sich zu fügen, die ihm seine Macht lässt und ihm damit keinen Angriffspunkt für seine Gewalt bietet. Die Unverfügbarkeit des Sterbens – das bedeutet freilich auch eine außerordentliche Zurückhaltung im Urteil über das Handeln derjenigen, die mit dem Sterben umzugehen haben.

Die EU-Grundrechtscharta hat, entgegen einem Vorschlag der EU-Ethikberatergruppe, der das „Recht auf Leben" durch „Respekt für das Leben" ersetzen wollte, um mit bioethischen und Euthanasie-Fragen „besser" umgehen zu können, am Recht auf Leben als Grundrecht festgehalten. Der Europarat hat in seiner Recommendation 1418 vom 25.6.1999 über „Die Rechte der Todkranken und Sterbenden", die von der parlamentarischen Versammlung mit großer Mehrheit verabschiedet worden war, zum Schutz der Menschenrechte und der Menschenwürde im

Sterbeprozess auf die Europäische Menschenrechtskonvention von 1950 hingewiesen. Dort heißt es in Artikel 2: „no one shall be deprived of his life intentionally".

In der Empfehlung des Europarates heißt es jetzt: „Ein Wunsch einer todkranken oder sterbenden Person zu sterben konstituiert niemals irgendeine rechtliche Rechtfertigung, von der Hand einer anderen Person zu sterben." Die Empfehlung favorisiert die Hospizbewegung und die Palliativmedizin und macht weit reichende Vorschläge für die Institutionalisierung der Sterbebegleitung, inklusive ihrer Etablierung in der medizinischen Ausbildung und der dazu nötigen Errichtung von Ausbildungskompetenzen und Ausbildungseinheiten.

Bevor wir uns aus der sozialethischen Perspektive mit der Spannung zwischen diesen Vorschlägen und der praktischen Euthanasieentwicklung in Europa beschäftigen, möchte ich den Hintergrund des Tötungsverbotes in der biblisch-christlichen Tradition zu erläutern versuchen, um einerseits deutlich zu machen, welche zentrale Rolle es spielt, und um andererseits aufzuzeigen, dass von daher noch nicht die Normkonflikte, welche Extremsituationen auszeichnen, geklärt sind

2. Das Tötungsverbot

Das fünfte Gebot gehört – sowohl in der Fassung Ex 20, 13 als auch in der Fassung Dtn 5, 17 – zu den überaus knappen und apodiktischen Formulierungen, die man nicht erst (wie die Güter- und Besitzstandsregel des 9. und 10. Gebotes oder das stärker einer Ackerkultur zugeordnete Sabbatgebot) einer sesshaften Zeit zuschreibt. Hier werden Urregeln einer Gemeinschaft deutlich, die auch im Nomadenleben gelten können und müssen. Die Übersetzung muss, wie es ja auch üblich ist, vom Verbot des „Mordens" reden und nicht vom

Verbot des „Tötens“. Denn Töten war ja im israelitischen Ethos in bestimmten Fällen erlaubt, sei es in der Todesstrafe, wenn jemand die Gegenseitigkeit des Lebensrechtes als Mörder verletzt hatte, sei es in der Notwehr, sei es im Krieg, der damals noch nicht aus der Notwehr allein abgeleitet wurde und den vor allem die Geschichtsbücher des Alten Testamentes oft nicht unter moralischem Blickwinkel, sondern als Naturereignis bzw. auch als göttliches Schicksalsinstrument beschreiben.

Es ist also der Mord, gegen den sich dieses zentrale Stück der Zehn Gebote vorbehaltlos ausspricht. Damit ist zweierlei festgehalten: zum einen, dass das Leben des menschlichen Lebewesens ein fundamentales *Gut* der Sittlichkeit und des Rechtes ist; zum anderen, dass es sich beim Morden um ein Töten ohne *Rechtfertigungsgrund* handelt. Ein solches Töten bietet nämlich allen möglichen willkürlichen und als solche bereits verwerflichen Motiven, mit dem Leben des anderen anders als schonend und erhaltend umzugehen, Einlass. „Du kannst nicht zulassen“, sagt Joseph in Thomas Manns großem Roman *Joseph und seine Brüder* dem romantischen Religionsreformer auf dem Pharaothron, „dass es zugehe nach den Köpfen der Mordbrenner.“ Damit wird auch die notwendige Widerstandshaltung gegen das Morden im Interesse des Gemeinwohls und der individuellen Lebenserhaltung deutlich.

Bleiben wir bei Thomas Mann, der zu denen gehörte, die Hitlers Kampf gegen die zehn Gebote – heute würden wir sagen: gegen die Menschenrechte – widerstanden. In seiner Erzählung *Das Gesetz* von 1943 hat er das Mordverbot als Tötungsverbot behandelt und, einem Aufsatz von Sigmund Freud über den „Mann Moses“ folgend, die Entstehung dieses Tötungsverbotes in die Psyche eines Menschen verlegt, die eine archetypische Struktur aufweist:

> „Er [Moses] tötete früh im Auflodern, darum wusste er besser als jeder Unerfahrene, dass Töten zwar köstlich, aber getötet zu haben höchst grässlich ist und dass du nicht töten sollst."

Thomas Mann hat hier eine andere Perspektive gewählt, als wir sie üblicherweise einnehmen. Wir denken intuitiv und spontan von außen her an die Täter und an ihre Leichen, an ihre Opfer, an Folter, Verstümmelung, Vergewaltigung, Völkermord und dergleichen. Thomas Mann steigt hier mit Freud in das Innere des Täters ein und lässt das Mordverbot aus der Gewissenserfahrung erwachsen, genauer aus der Erfahrung des negativen Gewissens, das anderen erspart werden soll.

Zwischen einer *Erklärung* (auf der einen Seite), wie vielleicht eine Einsicht in die „*Un*tat", die man sich selbst nicht zurechnen möchte und die man deshalb nicht eigentlich eine „Tat" zu nennen wagt, zustande gekommen sein könnte, nämlich aus dem Entsetzen des Menschen über sich selbst und das Grauen, das er verbreiten kann, und einer *Begründung,* warum eine Handlung verboten sein sollte (auf der anderen Seite), liegt freilich jener Unterschied, der Psychologie von Moral scheidet. Nicht, *wie* ich zu einer Einsicht gelangt bin, sondern *warum* die Untat falsch ist, ist die ethische Frage. In der Bibel lautet die Antwort: Das Gut des Lebens, das Gott geschenkt hat, indem er dem Menschen gleichsam persönlich den Atem gab und indem er ihm sein Bild einprägte, ist so grundlegend für jedes zwischenmenschliche Verhalten, dass es nur dann eingeschränkt werden kann, wenn es mit sich selbst in Widerstreit gerät. So spitzt sich im Laufe der Geschichte alles auf den Ausnahmegrund „Notwehr" zu, und wo z. B. der Staat in seiner Abwehr der Untat keine „Not" mehr hat in seiner „Wehr", da ist die Todesstrafe ethisch nicht mehr zu rechtfertigen.

Thomas Mann hat es etwas anders ausgedrückt: „Mache überhaupt nicht den dummdreisten Unterschied zwischen dir und den anderen, dass du denkst, du allein bist wirklich und auf dich kommt's an, der andere aber ist nur ein Schein. Ihr habt das Leben gemeinsam, und es ist nur ein Zufall, dass du nicht er bist. Darum liebe nicht dich allein, sondern liebe ihn gleicherweise und tue mit ihm, wie du wünschen würdest, dass er mit dir täte, wenn er du wäre" (39).

Was hier herangezogen wird, ist die so genannte goldene Regel. In ihr ist (in ganz verschiedenen Religionen und Weisheitslehren, ja auch in philosophischen Lehren vom Glücken des menschlichen Daseins) die Erfahrung gespeichert, dass ich in die Rolle des anderen geraten kann. So wird im Ersten Testament immer wieder darauf aufmerksam gemacht, dass Israel selbst ein Fremdling war, dass es aus dieser Erfahrung weiß, wie Fremden zumute ist, und deshalb den Fremden gut sein soll. Das insinuierte Gedächtnis des Rollentausches kann in der Moralphilosophie auch als Konstruktion auftreten: Ich konstruiere einen Urzustand, in welchem die Menschen eine Verfassung entwerfen, ohne von sich noch zu wissen, wer sie sein werden. Dieser „Schleier des Nichtwissens" (John Rawls) verbündet sich mit dem Gedächtnis an die zerstörerische Ungleichheit zwischen den Menschen. Wissen und Nichtwissen, wer wir sind, geben die Begründung dafür, dass wir uns alle gleiche Rechte zugestehen. Man kann aber auch davon ausgehen, dass, wenn wir uns selbst Handlungsziele zuweisen, wir diese nur erreichen können, wenn wir auch anderen Handlungsziele zugestehen, und dass aus dieser Erfahrung ein Gebot wird, wenn wir eine Regel für kontinuierliches Handeln aufstellen wollen: „Handle so, dass du die Rechte und Pflichten aller am Handlungszusammenhang Beteiligten, sowohl deiner selbst als auch aller anderen, einbeziehst" (Alan Gewirth).

In der goldenen Regel steckt eine Erfahrung, die zu einer „Hermeneutik der Furcht" (Hans Jonas) führt: Ebenso könnte es unter veränderten Umständen auch mich treffen. Diese Hermeneutik der Furcht ist in der Bibel durch die „Gottesfurcht" verstärkt worden. Nach dem 1. Johannesbrief (1 Joh 4) handeln wir jedoch nicht mehr aus der Furcht Gottes, sondern aus seiner Liebe. Schon Augustinus hat dazu gesagt: Wir fürchten uns nicht mehr *vor* Gott, sondern wir fürchten „um" Gott, dass er uns verloren gehen könnte und dass damit auch der Sinn aller Moral verloren ginge.

Religiöse Erfahrung und ethische Begründung sind zu allen Zeiten Bündnisse eingegangen. Philosophie heißt ja „Liebe zur Weisheit", und in diesem Sinne findet sich in der Bibel nicht nur das prophetische Drohwort, sondern auch das lockende Wort der Weisheit: Das Lebensdienliche ist zu fördern.

„Du sollst nicht morden" – Jesus von Nazareth vollzieht als der Gesetzgeber des Neuen Bundes, als der er in den Evangelien neben Mose gestellt wird, die resolute Entfaltung dieses Gebotes zu einem Ethos der Nächstenliebe, die er mit einigen Schulen der jüdischen Gesetzesauslegung in seiner Zeit teilte. In der von Matthäus zusammengestellten Bergpredigt sind seine Worte so überliefert: „Ihr habt gehört, dass zu den Alten gesagt worden ist: Du sollst nicht morden; wer aber mordet, der soll dem Gerichte verfallen sein. Ich aber sage euch: Jeder, der seinem Bruder zürnt, der wird des Gerichtes schuldig sein. Wer aber zu seinem Bruder sagt: du Dummkopf, der wird dem hohen Rate verfallen sein. Wer jedoch sagt: Du (gottloser) Narr, der wird dem höllischen Feuer verfallen sein." (Mt 5, 22 f) Darüber hinaus schließt Jesus die Wiedervergeltung aus und propagiert die Versöhnlichkeit mit dem hassenden Gegner (Mt 5, 38–48).

Wenn Jesus also wie der neue Moses auf dem Berg und aus der Wolke göttlicher Weisheit redet, dann wird die

Menschenachtung insgesamt zum Thema. Es geht nicht isoliert um das Leben als ein fundamentales Gut, sondern darüber hinaus um die Zuerkennung von Achtung, welche sich nicht vom Verhalten des anderen blockieren oder einengen lässt. Der andere ist im Herzen bereits eingeschlossen, bevor er unter das Maß seiner Handlungen gerät. Unser Verhalten zu anderen Menschen – und er meint alle Menschen, nicht bloß die Brüder, denn solche Einschränkungen haben ja „auch die Heiden" – ist keine Antwort auf deren Verhalten, sondern eine Antwort auf unsere eigene religiöse Identität, die den anderen von vornherein mit einschließt, so wie wir von Gott mit eingeschlossen sind: Aus dieser Erfahrung des Geliebtseins geht die Liebe hervor. Hier wird das Ethos der Gegenseitigkeit unterfangen von einem bereits vorausgehenden Ethos des Anhangens und der mich selbst erst konstituierenden Beziehung. Den anderen sehen, wie er ist, ist ein Gebot der Klugheit; dem anderen aus der Liebe entgegenzukommen, ist ein Gebot der „Einfalt" oder, wie Jesus auch sagt, der Zielgestalt unseres vollkommenen Wesens („teleios").

So führt das „Nicht-Morden" weit über Tötungsdelikte hinaus in ein Menschenbild, das sich für die „großen" christlichen Ethiken des Friedens, der neuen Gemeinschaft, der Ehrfurcht vor dem Leben, der Mitgeschöpflichkeit, des demütigen Dienstes öffnet. Die „große" Ethik, die im Liebesgebot zusammengefasst ist, das wiederum die goldene Regel in sich begreift, erspart uns aber nicht die „kleinen" Notwehrethiken, die vom Christentum nicht desavouiert worden sind.

Als ein Beispiel dafür mag die Rede des Diakons Stephanus gelten, die dieser vor seiner Steinigung – sie lieferte den Anlass dazu – über Jesus als den neuen Moses vor dem Hohen Rat gehalten hat. Sie ist eine der großen Reden, die Lukas in der Apostelgeschichte überliefert hat, und durchaus den Petrus- oder auch den Paulusreden an die

Seite zu stellen. (Und Thomas Manns Psychologisierung der Untat-Erfahrung im Gewissen des Mörders mag eher für den jungen Saulus zutreffen, zu dessen Füßen die Menschen, die zur Steinigung antraten, ihre Kleider niederlegten: eine Statue jener, die in der Haltung passiv bleiben, aber in ihrer Passivität die Gewalt ermöglichen.)

Die „Schuld" des Stephanus in den Augen seiner Ankläger, Juden aus Ägypten und Kleinasien, bestand darin, dass er gegen „Moses und Gott lästerte" (Apg 6, 11). In der Tat: Stephanus parallelisiert entschlossen Moses und Jesus, sowohl im Hinblick auf ihre Vollmacht und ihre Sendung als auch im Hinblick auf ihr Schicksal der Ablehnung, welches wiederum im Prophetenschicksal mündet: Eure Väter, sagt Stephanus, „haben die getötet, die die Ankunft des Gerechten geweissagt haben, dessen Verräter und Mörder ihr geworden seid, ihr, die ihr durch Anordnung von Engeln das Gesetz empfangen, es aber nicht gehalten habt" (7, 52 f).

Innerhalb der Neuerzählung der Geschichte Gottes mit Israel, die Stephanus vornimmt, angefangen bei Abraham, erhält die Mosesgeschichte (und damit die Gesetzesgeschichte) einen besonderen Rang. Nun ist Moses für die Juden (vor allem als Inbegriff ihrer Gesetze und Bräuche – und vor allem in der Fremde) der bindende Zusammenhalt, der unerschütterliche Bezugspunkt. Die Stilisierung Jesu als des neuen (von Moses selbst als seinen eigenen Nachfolger prophezeiten) Moses entspricht einer Vision, die den Stephanus dabei begleitet. Es ist in der Predigt des Stephanus bzw. in seiner Rechtfertigungsrede, die, statt zu besänftigen, herausfordernd wirkt, von Jesus gar nicht die Rede, wohl aber von der Art, wie er, Stephanus, diesen Moses als eine einzige Voraussage Jesu sieht. Die Legitimation Mose ist die gleiche Legitimation wie die Jesu und umgekehrt. Und in diesen Zusammenhang ist auch die Geschichte von dem Ägypter, dem Frondienst-Aufseher, eingegliedert, den Moses tötete, als dieser einen Hebräer mit seinem Stock schlug.

„Und als er sah, wie einem von ihnen Unrecht geschah, kam er dem Unterdrückten zu Hilfe und rächte ihn, indem er den Ägypter erschlug. Er dachte, seine Brüder würden begreifen, dass Gott ihnen durch seine Hand Rettung bringen wolle; doch sie begriffen es nicht. Am folgenden Tag kam er dazu, wie sie sich stritten; er versuchte, sie auszusöhnen und Frieden zu stiften, und sagte: Männer, ihr seid doch Brüder. Warum tut ihr einander Unrecht? Der Mann aber, der seinem Nächsten unrecht getan hatte, stieß ihn weg und sagte: Wer hat dich zum Anführer und Schiedsrichter über uns bestellt? Willst du uns etwa umbringen, wie du gestern den Ägypter umgebracht hast?" (7, 24–28).

Diese Stelle, die Ex 2, 11–14 entspricht, enthält bei Stephanus nicht das Motiv, dass Moses den Ägypter heimlich und mit Vorsatz erschlug, nachdem er sich „nach allen Seiten" umgesehen hatte, ebenso wenig das Motiv, dass die Sache doch „ruchbar geworden" war und dass Moses nicht geflohen wäre, hätte er die Entdeckung seiner Tat nicht fürchten müssen. Stephanus erzählt den Vorgang vielmehr ausschließlich als Notwehr- und als Befreiungstat, als ein Beispiel der – letztlich in der Vorausschau auf Jesus – miteinander parallelisierten großen Befreiungstaten. Und Moses geht auch in dem Anklagepunkt voraus, der den Grund für die Verurteilung Jesu abgab: in der Lästerung des Tempels, d. h. der Leugnung einer Ortsbindung von Gottes Gegenwart (immerhin der Grund für die Anreise und die Anwesenheit der proselytischen Juden, die Stephanus anklagten: „Doch der Höchste wohnt nicht in dem, was von Menschenhand gemacht ist" (7, 48 f).

Obwohl das Interesse dieser Rede offensichtlich nicht auf der moralischen Bewertung von Handlungen liegt, ist doch die Anklage gegen die Mitglieder des Hohen Rates als „Verräter und Mörder" Jesu im Gegenüber zu der tötenden Befreiungstat Mose zu sehen. Daran kann man erkennen, dass auch unter dem unmittelbaren Eindruck der

Bergpredigt Jesu der Gedanke an die Unterscheidung zwischen Notwehr und Mord nicht erloschen ist. Und von daher ist immer die „große" Liebes- und Friedensethik des Christentums von der „kleinen" Notwehrethik zu unterscheiden. Diese freilich steht unter dem Vorbehalt einer Verpflichtung zur Auflösung der Not, die sie hervorbringt.

Wie sollen wir heute mit all diesen Fragen umgehen, die sich im Hinblick auf Leben und Tod stellen, alten und neuen, verschärften und komplexen, unstrittigen und strittigen? Eines ist klar: die Wirkungsgeschichte des Gebotes hängt (schon bisher und mehr noch in der Zukunft) davon ab, wie sich die geschichtlichen Rahmenbedingungen und die ethischen Diskurse im gesellschaftlichen Kontext verändern.

Selbsttötung als häufige Todesursache in hochzivilisierten Gesellschaften erscheint heute eher als eine Folge der mitmenschlichen Isolation und des schwierigen Umgangs mit Scheitern. Tötung auf Verlangen (aktive Euthanasie) wird als ein Problem der lebensverlängernden Medizin angesehen. Dennoch gilt auch hier der Kern des Verbotes: das hohe Gut des Lebens und die mangelnde Berechtigung, es selbst zu beenden oder sich direkt töten zu lassen, erlauben es nicht, Extremfälle zum gesetzlich erlaubten Normalfall zu machen. Sicherlich gibt es rechtliche Regulierungen, die schwer erzwingbar sind, und (wie im Schwangerschaftskonflikt) die Abwägung, ob das wachsende Leben besser durch Strafe oder durch Entlastung der Mutter gesichert sei. Wie immer man darüber denkt: Es ist Aufgabe der Gesellschaft, durch ihre Solidarität solche Konflikte zu reduzieren, und nicht, sie chirurgisch zu beenden.

3. Der Streit um die Euthanasie

Der Streit um die Euthanasie hält in den letzten dreißig Jahren mit unverminderter Intensität an. Er wird durch folgende Elemente in Gang gehalten bzw. verschärft:

- durch die technischen Möglichkeiten der Medizin zur Lebensverlängerung und zur Wiederbelebung, zum Teil unter Umständen, die für die Patienten eine hohe Belastung bedeuten;
- damit verbunden eine geringere Akzeptanz des Leidens und eine Aufhebung der Passivität gegenüber dem Leiden, die aus religiösen Motiven gespeist war;
- die Ausdehnung einer Mentalität der Verfügbarkeit auf so genannte unverfügbare Vorgänge: Sterbeprozess und Tod;
- die Schere zwischen der Verdrängung des Todes aus der Lebenswelt einerseits und der „Nekrophilie hinter antiseptischer Fassade" (Erich Fromm / Alfons Auer) andererseits. Nekrophilie definiert Fromm als „das leidenschaftliche Angezogenwerden von allem, was tot, vermodert, verwest und krank ist ... das ausschließliche Interesse an allem, was mechanisch ist ..." (*Anatomie der menschlichen Destruktivität*, Stuttgart 1974, 301);
- den Versuch, in der Ungewissheit und Unsicherheit des Handelns in Extremsituationen über die passive Euthanasie und über die Beihilfe zur Selbsttötung hinaus angesichts von Fällen einer „Tötung auf Verlangen" für die Beteiligten mehr Rechtssicherheit zu erreichen, der in den Niederlanden zu der Regelung geführt hat: Aktive Euthanasie bleibt zwar illegal, aber Ärzte bleiben straflos unter drei Bedingungen: hartnäckiges, bewusstes und freies Verlangen; unerträgliches Leiden ohne Aussicht auf Änderung; Konsultation eines Kollegen;
- schließlich die neue Diskussion über Sterbebegleitung, vor allem über die Aufhebung der Isolierung von Ster-

benden, die durch die Hospizbewegung ein praktisches Vorbild gewonnen hat und durch die Kirchen unterstützt wird.

4. Eine sozialethische Stellungnahme

Als zentrales Argument wird sowohl von Befürwortern wie von Gegnern der aktiven Euthanasie das Prinzip „Menschenwürde" genannt. Das Menschenwürdeargument ist aber auch kontrovers. Hans Küng und Walter Jens sehen in ihrem Buch *Menschenwürdig sterben* (München 1995) die Würde vor allem als eine Verbindung von erträglichem Zustand, weiterbestehender individueller Souveränität und Lebensqualität bzw. Sterbensqualität. Dieser Blickwinkel auf die Würde ist berechtigt. Denn man kann in vielen „Würdigkeiten" die Würde auszudrücken und Entwürdigungen zu vermeiden versuchen. Auf der anderen Seite wird bei dem Philosophen Immanuel Kant deutlich, dass die Würde sich nicht in Bewertungen ausdrücken lässt und dass sie, als Einzahl verstanden, die Menschheit im Menschen achtet, unabhängig von den Qualitäten dieses Menschseins. Mag man auch Kants Argumente gegen die Selbsttötung für zu rigide halten, er sieht darin eine Unverfügbarkeit, die auch nicht von mir in Bezug auf mich selbst aufgehoben werden kann. Denn wäre meine Person mir verfügbar, dann müsste ich eine Position außerhalb ihrer selbst beziehen, und dies ist dem geschichtlichen und leiblichen Menschen nicht möglich. Marcus Düwell kritisiert deshalb an der Auffassung von Küng und Jens: „Die Diskussion über die Würde des Menschen wird unversehens zu einer Diskussion über den Wert des Lebens unter extremen Belastungen." Düwell möchte an der grundlegenden Unterscheidung „zwischen der Würde des Sterbenden und dem Wert seines Lebens" festhalten.[2] In der Tat ist hier eine Verwischung der begrifflichen Unterscheidungen im wahrsten Sinne des Wortes „tödlich“. Zudem, um das Buch von Küng und Jens von einer anderen Seite her zu kritisieren: Wenn auch die Erfahrung im Bereich des ethischen Handeln wichtig ist – und ich wäre der Letzte, dies zu bestreiten[3] – so darf man doch nicht die persönlichen Erfahrungen und die daraus erhobenen Optionen zu einem allgemeinen Urteil verlängern, sondern man muss Erfahrungen in ihrer Unterschiedlichkeit zu erfassen versuchen und erst von daher einen übergreifenden Gesichtspunkt ansteuern. Auch die Erfahrung eines Klinikchefs, der von keiner Belastung weiß, die ein aktives Tötungsverlangen als perseverante Willensäußerung hervorgerufen hat, ist hier ernst zu nehmen. Auf der Basis sehr unterschiedlicher Erfahrungen und auf dem übergreifenden Prinzip der nicht in „Würdigkeiten“ zersplitterten Menschenwürde beruhen die folgenden Thesen:

1. Die ethisch relevante Unterscheidung von aktiver und passiver, von direkter und indirekter Euthanasie sollte erhalten bleiben. Auch wenn sie in Grenzfällen unscharf wird (was von fast allen Definitionen gilt), ist sie generell hilfreich. Die Neigung, immer alles vom letzten Grenzfall her beurteilen zu wollen, halte ich für problematisch.

2. Die Perspektive, das Problem der Euthanasie vom Grenzfall her (dem Grenzfall des Verlangens nach aktiver und direkter Tötung durch den Arzt oder durch Nahestehende) zu betrachten, halte ich für falsch. Durch die Einbeziehung dieses Grenzfalles in eine Indikationenregelung, die der ethischen Legitimation oder der juristischen Entpönalisierung (Straffreiheit) dienen soll, wird dieser Grenzfall statt zur Eingrenzung zur Grenzverschiebung. Das heißt: Das menschlich verständliche Verlangen nach Beendigung des Leidensprozesses wird jedem Bewusstsein als Möglichkeit angeboten, ja aufgedrängt.

3. Die stets notwendige Abwägung zwischen Lebenserhaltung, Leidensverringerung und Freiheitssicherung (al-

les einschlägige ethische Werte) ist gerade in der Frage der Freiheitssicherung höchst gefährdet. Sozialer Druck, zumal wenn er auf subtile, unartikulierte und indirekte Weise ins Bewusstsein der Betroffenen gerät, kann kaum überprüft werden.

4. Es scheint unmöglich, jeden Einzelfall ethisch zu kodifizieren. Diese Neigung zur Perfektion wird der Endlichkeit des Menschen nicht gerecht. Der Mensch kann seine Urteile nicht im Vorhinein für jeden denkbaren Einzelfall perfektionieren. Die Illusion, dass er dies vermöge und damit zur letzten Sicherheit und Verfügbarkeit in der Rechtfertigung seines Handelns vordringen könne, ist im Fromm'schen Sinne eine nekrophile Mechanisierung des Menschlichen. Es gibt nun einmal Grenzfälle, in welchen der Handelnde in eine schuldlose Schuldhaftung oder in eine schuldhafte Schuldlosigkeit hineingerät, die er im Bewusstsein seiner Endlichkeit auf sich nehmen muss. Juristische Aufklärung bis in alle dunklen Winkel hinein ist unmöglich. Man muss Menschen im Extremfall respektieren, wenn man die Ernsthaftigkeit ihrer moralischen Entscheidung anerkennt, auch wenn man die Entscheidung selbst für moralisch unrichtig hält. Dies gilt freilich ausschließlich für den Extremfall.

5. Das Problem der aktiven Euthanasie ist weitgehend ein sozialethisches, nicht nur ein medizinethisches Problem. Die Reduktion des Lebens und der Freiheit im Leidensprozess wird durch Isolierung und durch Mechanisierung des Umfeldes erhöht. Das erste ethische Gebot im Streit um die Euthanasie ist das Gebot der menschlichen Begleitung und Solidarität in Leidens- und Sterbeprozessen.

6. Passive Euthanasie ist das Gewährenlassen von Sterbeprozessen als Prozessen des Lebens. Dabei ist es im Unterschied zu weithin üblicher ärztlicher Praxis notwendig, mehr Mut zur Wahrheit, zum Dialog mit begleitender Kon-

taktaufnahme zu entwickeln. Es darf nicht sein, dass ein Arzt sich über den Kopf einer Patientin hinweg für Maßnahmen der Lebensverlängerung entscheidet, welche die Sterbensqualität dramatisch und vielleicht bis zur Absurdität verschlechtern.

7. Auf der anderen Seite darf es auch nicht zu einem Dammbruch durch ein Gesetz kommen, das zunächst Straffreiheit und dann eine Legalisierung des Tötens ermöglicht. Diese sozialpsychologische Wertung eines Gesetzes ist inzwischen aus den Schwangerschaftskonflikten bekannt. Wer nicht nur von den Prinzipien, sondern auch von den Folgen her urteilen will, muss zur Kenntnis nehmen, dass Rechtsveränderungen auch Veränderungen des moralischen Bewusstseins erzeugen, die sie so nicht vorausgesetzt haben. Oft geschahen ja solche Veränderungen auf der Basis der Annahme, dass die Optionen der Menschen nur ernst genommen, aber nicht verändert würden. Das ist ein Trugschluss. Jede Rechtsveränderung steht vor der Aufgabe, als Folge der Veränderung die Voraussetzungen zu erhalten, unter denen die Veränderung stattgefunden hat.

5. Töten – Fremd- oder Selbstbestimmung?

Michel Foucault hat geschrieben: „Die individualistische Einstellung [ist] gekennzeichnet durch den absoluten Wert, den man dem Individuum in seiner Einzigkeit beilegt, und durch den Grad der Unabhängigkeit, der ihm gegenüber der Gruppe, der es angehört, oder den Institutionen, denen es untersteht, zugestanden wird … [durch] die Hochschätzung des Privatlebens … endlich [durch] die Intensität der Selbstbeziehungen …“[4]

Paradoxerweise gibt es ja individuelle Entscheidungen, nicht autonom sein zu wollen. Wenn z. B. eine brasilianische Frau ihrer Familie die Kompetenz in Entscheidungsfragen überlässt, stehen wir dem skeptisch gegenüber. Ist man noch selbstbestimmt, wenn man seine Selbstbestimmung nicht so wichtig nimmt? Besteht etwa ein gesellschaftlicher Zwang darin, sich selbst im Sinne einer bereits bestimmten Selbstbestimmung zu bestimmen? Dann wäre paradoxerweise der Selbstbestimmung gerade der Teil der Bestimmung genommen. In ähnlicher Weise beobachten wir, dass die Suche nach Authentizität im Leben immer wieder Mustern solcher Authentizität mit der Zugkraft der Werbung oder der normativen Kraft des Faktischen (oder gültiger Fiktionen) unterstellt wird, so dass wir, je authentischer wir zu sein wünschen, doch um so mehr einem Trend folgen, dem wir im Namen einer Heteronomie niemals zu folgen bereit gewesen wären. Es scheint aber so, als drohe die scheinbar autarke Selbstbestimmung gerade *in extremis*, d. h. je reiner sie in komplexen Lagen beansprucht wird, in Fremdbestimmung umzuschlagen. Selbstbestimmung und Instrumentalisierung (so haben z. B. die gegen die reproduktive „Selbstbestimmung" optierenden Frauen erkannt) liegen nahe (und oft bis zur Verwechslung nahe) nebeneinander.

Selbstbestimmung und Unverfügbarkeit widersprechen sich so lange nicht, als Selbstbestimmung nicht im Namen eines Unwerturteils über das Leben reklamiert wird. Dabei stellt sich gerade in der „Tötung auf Verlangen" das zusätzliche Problem, dass die Selbstbestimmung des aktiv Tötenden hier instrumentell antizipiert wird. Die Bereitschaft des selbstbestimmten Arztes zu töten ist ja ebenfalls eine Selbstbestimmung, die freilich den Akt der Bestimmung des anderen aufgrund von dessen unterstellter Selbstbestimmung einschließt. Die Bäume der Selbstbestimmung verdecken hier den Wald. Ethisch gesehen, etwa im Sinne Kants, ist Selbstbestimmung oder Autonomie zugleich Selbstverpflichtung: auf jene Maxime, die zur allgemeinen Norm gemacht werden kann. Eine Selbstbestimmung als Selbstverpflichtung vermeidet daher das Paradox der als „Autarkie" (Selbstherrschaft) missverstandenen Selbstbestimmung, die zur Instrumentalisierung entweder der eigenen oder einer fremden Person führt und Würde auf Wert reduziert.

Manche Paradoxien der Selbstbestimmung in interaktiven Zusammenhängen kann man an Peter Singers Thesen verdeutlichen:

Die Frage der *Früheuthanasie* hatte Peter Singer für eine Fernsehsendung[5] auf den Punkt gebracht: Seine Thesen lauteten:

Erstens: Entscheidungen über Leben und Tod sind in der modernen Medizin unvermeidlich.

Zweitens: Bei einer Entscheidung über Leben und Tod für ein schwerstbehindertes neugeborenes Kind sollen die Eltern und ihre Ärzte die Hauptrolle spielen.

Drittens: Wenn die Eltern und ihre Ärzte die Entscheidung getroffen haben, ein neugeborenes Kind sterben zu lassen, ist es moralisch besser, dem Kind aktive Sterbehilfe zu geben (also es zu töten), damit es nicht unnötig leiden muss.

Der Sturm der Entrüstung über diese Thesen ist bekannt. Im Wesentlichen wurde er durch die Behauptung entfacht, das Lebensrecht eines Kindes beginne erst ab einem bestimmten Alter. Existentiell schwierige und als unlösbar nachvollziehbare Situationen werden von ihm zudem zur Schwellenerniedrigung für das Tötungsverbot eingesetzt. Singer hat m. E. nicht nur in der Frage des lebenswerten Lebens und der Lebensrechte Unrecht, sondern auch insofern, als er mitleiderregende Einzelfälle, die bis zum übergesetzlichen Notstand führen können, als „Brechstange" für Mitleids- und Verlangenstötungen benutzen möchte.

Inzwischen ist ja bekannt, dass die gesetzlichen Lockerungen der Tötung auf Verlangen in den Niederlanden (die ja nicht mehr zusichern als Straffreiheit in Extremfällen) zum Türöffner für „graue" Anwendungen der Tötung auf Verlangen geworden sind, deren Anzahl höher ist als die der wirklich gesetzlichen. „Grau" nenne ich jene Fälle, in denen nicht nach dem Geist und oft auch nicht nach Buchstaben des Gesetzes (z. B. nach der Meldepflicht) verfahren worden ist. Man sieht daran, wie leicht Gesetze eine schiefe Bahn ermöglichen, wenn sie sich auf die Regelung extremer Einzelfälle einlassen wollen.

Die bereits mehrfach angesprochene sozialethische Regel lautet: keine unangemessene Verlängerung des Lebens, keine Verkürzung des Lebens durch aktive und direkte Tötung. Gewiss ist die Unterscheidung zwischen aktiv und passiv, zwischen direkt und indirekt im Einzelfall nur ein schmaler Grat. Aber an dieser Gratwanderung kommen wir nicht vorbei, und wir können uns hier in unserer moralischen Verantwortung nicht vom Recht entlasten lassen. Denn das Recht kann nur die allgemeine Grammatik zur Anwendung des Tötungsverbotes liefern, nicht aber jeden Winkel der menschlichen Not erreichen. Hier müssen Menschen in Extremfällen zusammenwirken, um die angemessene Abstimmung zwischen den Zielen der Leidensverminderung, der Lebenserhaltung und der Ermöglichung von Selbstbestimmung zu finden.

Die Selbstbestimmung am *Ende* des Lebens ist *einerseits* in der Praxis der Medizin noch zu wenig beachtet. Wenn z. B. eine krebskranke Frau, deren Sterbeprozess zeitlich absehbar ist, lieber auf einen lebensverlängernden Eingriff verzichten würde, um früher, aber sanfter sterben zu können, so muss die ärztliche Hilfe dies in Rechnung stellen und beachten. Wo dies routinemäßig um der Lebenserhaltung willen nicht geschieht, ist Umstellung und Änderung am Platz. Dies würde auch den geltenden Gesetzen entsprechen.

Andererseits gibt es, wie wir gezeigt haben, moralische Grenzen der Selbstbestimmung, die in der Selbstverpflichtung liegen. Nur philosophische Positionen, welche die Verfügungsfreiheit des Menschen über seine Würde stellen, sehen dies anders.[6] Gewiss hat die Würde des Menschen etwas mit seiner Freiheit zu tun, aber nachdem sich die Würde als Unverrechenbarkeit und Unverfügbarkeit etabliert hat, kann die Freiheit nicht mehr über sie verfügen. Freiheit kann Würde begründen, aber nicht ersetzen! Habe ich einmal erkannt und anerkannt, dass jedes menschliche Leben aufgrund der Menschheit, die in ihm lebt, über alle qualifizierten Werte hinaus bindet, dann steht meine Freiheit nicht über, sondern *unter* diesem Gesetz. So hat Immanuel Kant formuliert:

> „Die Menschheit selbst ist eine Würde; denn der Mensch kann von keinem Menschen (weder von anderen, noch sogar von sich selbst) bloß als Mittel, sondern muss jederzeit zugleich als Zweck gebraucht werden und darin besteht eben seine Würde … Gleich wie er sich selbst um keinen Preis weggeben kann (welches der Pflicht zur Selbstschätzung widerstreiten würde), so kann er auch nicht der ebenso notwendigen Selbstschätzung anderer, als Menschen, entgegen handeln, d. h. er ist verbunden, die Würde der Menschheit in jedem anzuerkennen, mithin ruht auf ihm eine Pflicht, die sich auf die jedem anderen Menschen notwendig zu erzeigende Achtung bezieht" (Metaphysik der Sitten [1797]).

Kant hat dies nicht weit entfernt von einem Zeitpunkt formuliert, an welchem der Biologe Lamarck den modernen Lebensbegriff der Biologie, der auf der Zelle als biologischem Material beruht, einführte. So schneiden sich um 1800 die Linien – einerseits der Aufbruch in die Laboratorien des biologischen Materials und andererseits die humanen, moralischen Bedingungen, die dafür zu stellen sind. Das Bündnis zwischen der Verfügbarkeit des Lebens und der individuellen Selbstbestimmung hat zu vielen moralischen Problemen am Anfang und am Ende des menschlichen Lebens geführt. Der moralische Preis dafür muss eine angemessene *relecture* des menschlichen Lebens auf der Basis einer Moral der Menschenwürde und der Menschenrechte sein.

Wir stehen heute in der großen Gefahr, die Interessen, die ein nicht mehr zu leugnender Machbarkeitsdruck und das von ihm ausgehende Angebot erzeugt, zu der größten Macht des begonnenen Jahrhunderts zu machen. Dieses Bündnis zwischen einem Angebot und einer von daher erzeugten und verstärkten Nachfrage wird das Interesse jener Menschen, die sich individuell stark artikulieren können, so öffentlichkeitswirksam machen und so wertvoll erscheinen lassen, dass es gegen dieses Interesse schließlich überhaupt kein Argument mehr gibt – außer der Wahrung von Pietäten. Der Mensch ist aber nicht nur ein Mensch, der ein Recht auf seine Interessen hat und sie auf Kosten seiner eigenen Würde und des Lebensrechts anderer durchzusetzen versucht, er ist auch ein Mensch, wenn er lacht und weint, fühlt oder spielt. Was der Mensch alles *sein* kann, ist er nicht erst, wenn er *tatsächlich* alles kann. Das wird ohnehin nie der Fall sein. Was der Mensch als Person ist, verliert er auch nicht, wenn seine Ausdrucksfähigkeit und seine Selbstbestimmung reduziert sind. Ein geradezu prophetisches Wort dazu findet sich bei Hans Jonas am Schluss seines viel beachteten Buches *Das Prinzip Verantwortung*[7]:

> „Das Paradoxe unserer Lage besteht darin, dass wir die verlorene Ehrfurcht vom Schaudern, das Positive vom vorgestellten Negativen zurückgewinnen müssen: die Ehrfurcht für das, was der Mensch war und ist, aus dem Zurückschaudern vor dem, was er werden könnte und uns als diese Möglichkeit aus der vorgedachten Zukunft anstarrt."

6. Die Idee der „unbedingten Annahme" (Hille Haker)

Religiös gesprochen, steht hinter der Menschheitsachtung, auf die auch Hans Jonas aufmerksam macht, die Annahme des Menschen durch Gott, die nicht an Zustände und Vorbehalte gebunden ist. Dieser Annahme Ausdruck zu verleihen, ist immer auch als eine religiös-praktische Pflicht verstanden worden. Damit ist nicht gesagt, dass die Verpflichtung zur unbedingten Annahme des anderen Menschen nicht unter sog. weltanschaulich neutralen Voraussetzungen (insoweit es das gibt) eingesehen werden könnte. Religiöse Praxis lässt sich stets in philosophische Ethik übersetzen, da für die Praxis die allgemeine Verpflichtung auf einsehbare ethische Standards ihrerseits ein selbstbestimmtes Kriterium ist. So lässt sich zeigen, dass die Gottesidee sich in ihrer biblischen Gestaltwerdung aus der Sehnsucht des Menschen nach unbedingter Annahme (die, z. B. in elterlicher Fürsorge, partiell erfahrbar ist) verstehen lässt. Wer sagt: „Gott ist Liebe", hat immer schon eine Idee von Liebe, die er auch unabhängig von Gott formulieren kann – sonst wäre ja diese Aussage nicht mehr prüfbar.

In der Sterbebegleitung kommt die unbedingte Annahme des Menschen durch den Menschen besonders zum Ausdruck. Diese Annahme korrespondiert mit dem Prinzip Würde in besonderer Weise, weil sie dieser Würde dient, ohne zu verfügen. Die Frage, ob neben der Inkaufnahme einer Lebensverkürzung um anderer Ziele willen auch die direkte, unmittelbare und sofort wirksame Tötung ein Ausdruck dieser unbedingten Annahme sein kann, ist vielleicht nicht für jeden denkbaren Fall mit einem kategorischen Nein zu beantworten. Aber dieses Nicht-Nein ist kein verallgemeinerungsfähiges Ja. Dies gilt auch unter den in den Niederlanden verfügten einschränkenden Bedingungen, die sich einige Fragen gefallen lassen müssen:

- Hebt die objektive Prüfung nicht den irreduzibel subjektiven und situativen Charakter wieder auf?
- Ist der Missbrauch beherrschbar, erstens angesichts des möglichen sozialen Drucks, zweitens in Ermangelung von Klägern, gegebenenfalls in Ermangelung von Richtern?
- Wirkt eine Entpönalisierung sozialpsychologisch nicht als Legalisierung?
- Ist die Verschiebung der Grenze von der Indirektheit zur Direktheit nicht ein Dammbruch hinsichtlich der Unteilbarkeit des Lebensrechtes?
- Sterbehilfe, sagt J. P. Wils[8], darf Tod im Leben nicht durch Verräumen „zum Verschwinden", sondern muss ihn „zum Erscheinen" bringen. Deshalb sei hier die von ihm zitierte Warnung vor der möglichen Entsorgungsfunktion der Euthanasie mit den Worten von Paul Virilio wiedergegeben: „Man gewinnt den Eindruck, dass die postmoderne Ära jetzt Verfahren des gezielten Verschwindenlassens entwickelt ... wobei die transpolitische Macht bestrebt ist, sich vollkommen mit der medizinischen Macht zu identifizieren ... Es ist deshalb ganz logisch, dass *der Tote* verschwindet, vor allem aber auch, dass *der Tod* nicht mehr existiert."[9]

Nun gibt es keinen Grund, den Vätern und Müttern der Gesetzgebung in den Niederlanden und in Belgien Absichten zu unterstellen, die als problematische Signatur der Zeit charakterisiert werden können. Aber in unserer Endlichkeit, die der perfekten Machbarkeit, zumal *in extremis*, entgegensteht, bedeutet Annahme auch die Annahme der Unlösbarkeit von Problemen. Denn im Übrigen gilt die Problemlösungsregel: Man soll Probleme nicht so lösen, dass die Probleme, die durch die Problemlösung entstehen, größer sind als die Probleme, die gelöst werden.

Sind wir bescheiden genug, um zu erkennen, dass wir die Probleme der Sterbehilfe weder medizintechnisch noch sozialtechnisch auflösen können? Verlangt unsere Endlichkeit nicht von uns, Dilemmata auch einmal auszuhalten, statt sie durch einen zweideutigen Schnitt nur scheinbar zu beenden? Können wir auch etwas lassen statt etwas zu tun?

Das Handeln umfasst das Unterlassen. Unterlassen ist kein Nicht-Handeln, sondern ein Handeln mit der Charakteristik, ein Eingreifen zu beenden oder nicht einzugreifen. Diese Charakteristik, welche in einer Aktivität den großen Anteil an Passivität betont, nimmt den Menschen gegenüber dem anderen Menschen zurück. Und gerade darin liegt die Achtung vor der Würde als Unverfügbarkeit und die Annahme des anderen in seiner Einzigkeit.

Literatur

Andreas Trewer-Clemens Eickhoff (Hrsg.), *„Euthanasie“ und die aktuelle Sterbehilfe-Debatte. Die historischen Hintergründe medizinischer Ethik*. Frankfurt a. M./New York 2000.

Bert Gordijn/Henk ten Have (Hrsg.), *Medizinethik und Kultur. Grenzen medizinischen Handelns in Deutschland und den Niederlanden* (= Medizin und Philosophie 5). Stuttgart-Bad Cannstadt 2000.

Hille Haker, *Ethik der genetischen Frühdiagnostik*. Paderborn 2002.

Adrian Holderegger (Hrsg.), *Das medizinisch assistierte Sterben. Zur Sterbehilfe aus medizinischer, ethischer, juristischer und theologischer Sicht*. Freiburg i. Br./Freiburg (Schw.) 1999.

Rita Kielstein/Hans Martin Saas, *Die persönliche Patientenverfügung. Ein Arbeitsbuch zur Vorbereitung mit Bausteinen und Modellen*. Münster 2001.

Thomas Mann, *Das Gesetz, Dichtung und Wirklichkeit* (Mit ei nem Essay von Käte Hamburger). Frankfurt a. M./Berlin 1964. (Das Buch enthält biblische, jüdische und islamische Erzählungen zu Moses und dem Mordverbot.).

Günter Virt, *Leben bis zum Ende. Zur Ethik des Sterbens und des Todes*. Innsbruck / Wien 1998.

Jean-Pierre Wils, *Sterben. Zur Ethik der Euthanasie*. Paderborn/ München 1999.

Markus Zimmermann-Acklin, *Euthanasie. Eine theologisch-ethische Untersuchung*. Freiburg i. Br. / Freiburg (Schw.) 1997.

Anmerkungen

1 Vgl. *Technischer Fortschritt und ethische Problematik in der modernen Medizin*, in: Concilium 5 (1969), 371–378.

2 Universitas 51 (1996), 620.

3 Vgl. D. Mieth, *Moral und Erfahrung*. 2 Bde. Freiburg i. Br./Freiburg (Schw.) 1998/99.

4 *Die Sorge um sich* (*Sexualität und Wahrheit*, Bd. 3), Frankfurt a. M. 1986, 59.

5 Die Diskussionssendung mit Peter Singer, an der außer Peter Singer und mir Helmut Holzhey und Susanne Schriber teilnahmen, wurde im DRS am 1. und 2. September 1991 ausgestrahlt. Man beachte an der Formulierung der Thesen insbesondere, dass von den Eltern und „ihren" Ärzten die Rede ist. Wo sind die Ärzte des Kindes?

6 Vgl. dazu Anne Langlois, *Dignité humaine*, in: G. Hottois/J.-N. Missa, *Nouvelle encyclopédie de bioéthique*, Brüssel 2001, 281–283.

7 Frankfurt a. M. 1978.

8 1999, 245 f.

9 Aus: P. Virilio, *Der negative Horizont*, München/Wien 1989, 237 f.

Perspektiven der klinischen Sterbehilfe aus der Sicht des katholischen Moraltheologen

Karl-Wilhelm Merks

In den folgenden Überlegungen[1] geht es mir nicht in erster Linie um eine direkte moralische Beurteilung der Gesetzesnovellen in Sachen Sterbehilfe in den Niederlanden oder Belgien. Auch betrachte ich die gesetzlichen Veränderungen nicht primär unter dem Gesichtspunkt der Gefahr eines internationalen Dammbruchs, dem es zu wehren gilt, sondern eher als ein Experimentierfeld im Umgang mit einem hochexplosiven Material. Zwar erscheint die Aufweichung des öffentlichen (insbesondere des rechtlichen) Urteils über Euthanasie – oder, wenn man den weniger belasteten, aber auch weniger präzisen Begriff vorzieht, Sterbehilfe – als eine unerhörte Neuerung, doch wird eine rückwärts gewandte Disqualifizierung der eingeführten Gesetze wenig bringen. Es geht vielmehr darum, hieraus („de lege lata") Lehren zu ziehen für zukünftige Entwicklungen und so zwar vielleicht auch indirekt beizutragen zu eventuellen Modifikationen der bisher vorliegenden gesetzlichen Neuregelungen, aber vor allem auch („de lege ferenda") Einfluss zu nehmen auf die zu erwartenden Regelungen in anderen Ländern. Denn eines scheint mir sicher: Wir werden, ob wir dies wollen oder nicht, nicht nur nicht darum herumkommen, mit derartigen Gesetzen in unserer Nachbarschaft zu leben (und zu sterben). Ich gehe vielmehr davon aus, dass auch in Deutschland – und darüber hinaus – das letzte Wort über Sterbehilfe noch nicht gesprochen ist. Wir werden uns, unter dem Druck des je nach Standpunkt positiv oder negativ beurteilten Beispiels unserer niederländischen und belgischen Nachbarn, weiterhin mit der Forderung nach einer Öffnung in der Gesetzgebung auch der übrigen europäischen Länder konfrontiert sehen.

Wie soll die Theologie, spezifischer gesprochen die Moraltheologie, in dieser Lage agieren? Ich sage bewusst agieren, denn ich meine nicht, dass wir uns mit einer Art vergleichender Bestandsaufnahme begnügen können, sondern halte eine Ethik für erforderlich, die nach dem Guten und Rechten fragt und sich darüber eine verbindliche Meinung bilden will, die auch über den eigenen Kreis hinaus kommunikabel sein soll, ja bis in die Rechtsordnung hinein ihre Auswirkungen haben darf. Eine solche normative Ethik wird heutzutage nicht mehr daran gemessen werden können, dass alle ihr theoretisch und eventuell praktisch zustimmen. Ein solches Ideal ist im Pluralismus unserer Zeit kaum zu erreichen. Unsere Gesellschaft lebt nicht aus kommunitarischen Norm- und Werte-Evidenzen, sondern aus ständig neu zu vollziehenden Norm- und Wertevergewisserungen.

Die Frage ist eher, wie wir Aspekte in die öffentliche Debatte einbringen können, die die Chance haben, als gültiger Beitrag zu gesellschaftlichen Problemen (in unserem Falle dem der Sterbehilfe) Gehör zu finden und akzeptiert zu werden, nicht nur in individueller, sondern auch in sozialer und politischer Hinsicht, als Beitrag zur Gestaltung einer sinnvollen und gerechten politischen Ordnung mit ihren Gesetzen und Institutionen. Im Falle der Sterbehilfe sind ja unmittelbar beide Dimensionen betroffen. M. E. ist das nur möglich, wenn unser moralisches Sprechen nicht in der Verkündigung (Paränese) stecken bleibt, sondern versucht, sich auf die Wandlungen im Wissens- und Wertebewusstsein der Gegenwartsgesellschaft einzulassen. Einige

Überlegungen hierzu will ich kurz darlegen, die naturgemäß weiter entfaltet werden müssten. Ich fasse sie in sechs Stichworten zusammen. Fünf davon sind von allgemeinerer Art, sie gelten einer politischen Ethik überhaupt, und in einem letzten Schritt komme ich zu einigen Folgerungen für die Sterbehilfe.

Die Stichworte sind:

1. Gegen die These von einer „Kultur des Todes"
2. Prinzipientreue und Konkretisierung
3. Wertewandel, Zeitgemäßheit, Zeitkritik
4. Individuelle Moral, öffentliche Moral und Strafrecht
5. Paradigmenwechsel im Strafrecht
6. Eckdaten einer Ethik der Sterbehilfe.

1. Gegen die These von einer „Kultur des Todes"

Jede Zeit zeigt eine Mischung aus Lebensbedrohlichem und Lebensförderlichem. Das gilt erst recht, wenn wir das Wort Tod nicht nur auf die Phasen des Lebensanfangs und des Lebensendes beziehen, sondern auf all das, was dazwischen dem Leben Gewalt antut. In diesem Sinne enthält jede Kultur lebensbedrohende und lebensvernichtende Tendenzen. Dies zu sagen ist aber etwas anderes als von einer „Kultur des Todes" – eine Lieblingsformel mancher römischer Dokumente – als einem Charakteristikum einer Gesamtkultur zu sprechen. Eine solche Charakterisierung unserer Zeit erscheint mir reichlich pauschal.

Menschen leben nicht nur miteinander, sie sollen auch füreinander einstehen, einander helfen: Das ist eine fundamentale sittliche Forderung und auch eine Forderung, die in unserer Rechtsordnung vielfältig ihren Ausdruck findet. Und lassen wir uns, trotz mancher gegenteiligen Erfahrung, nichts weismachen: Es ist nicht nur eine *Forderung* von Recht und Moral, sondern auch eine *Tatsache*: Menschen helfen einander, wollen einander helfen im individuellen wie im sozialen Leben – auch in unserer Zeit.

Das kann sich in rechtlich verankerten Pflichten ausdrücken oder auch darüber hinaus in dem, was ich als moralische Pflicht erfahre oder gar als Möglichkeit, die in Kategorien von Recht und Pflicht nicht mehr zu erfassen ist. Je nachdem sprechen wir dann von Gerechtigkeit, Solidarität, Mitmenschlichkeit, Barmherzigkeit.

Besonders in Extremsituationen des Lebens erfahren wir, dass wir auf gegenseitige Hilfe angewiesen sind: am Lebensanfang, in Notsituationen, bei Krankheit, am Lebensende. Soll das alles nunmehr für unsere Kultur nicht mehr gelten? Das kann ich nicht glauben. Die Frage ist eher, und sie muss immer wieder beantwortet werden: Was heißt aber nun Gerechtigkeit, Solidarität, Mitmenschlichkeit, Barmherzigkeit, zwischenmenschliche Hilfe? Und was heißt es, wenn das Leben zu Ende geht, beim Sterben?

Mir scheint es (gerade für einen Theologen) wichtig, das Thema Sterbehilfe – Sterbebegleitung – Euthanasie nicht unter einem primären Verdacht, sondern mindestens *auch* in diesem Kontext zwischenmenschlicher Hilfsbereitschaft und Hilfsmöglichkeiten zu sehen. Wir haben diese Frage in der Regel unter dem Aspekt der unerlaubten, verwerflichen oder gar kriminellen Handlung gesehen – als Fall, als Beispiel von Tötung oder gar Mord – und von daher versucht, möglichst genau und allgemein gültig festzulegen, was erlaubt ist und was nicht. Diese Frage bleibt natürlich gültig.

Aber eine nähere Einsicht in die Situationen, in denen der Wunsch nach Sterbehilfe und Euthanasie auftaucht, stellt uns inzwischen auch noch andere Fragen: Konfrontiert uns die medizinische Entwicklung nicht mit Situationen, die ein derartig eindeutiges und strenges Gesetz als brüchig erscheinen lassen, als zu allgemein, als ergänzungsbedürftig? Kann man überhaupt für alle Fälle mit einer generellen Regel kommen, oder spielen die Situation und der Einzelfall gegenüber dem Gesetz auch noch eine Rolle? Und zwar nicht aus geringerem Respekt vor dem Leben, sondern gerade aus Achtung vor dem Leben, vor dem Leben dieses konkreten Mitmenschen?

Ein solche Erwägung scheint mir aus zwei Gründen wichtig:

Zum einen geht es darum, das Thema von Sterbehilfe bzw. Euthanasie aus der Sphäre des Generalverdachts herauszuholen, es handele sich hier um eine lebensverachtende Haltung und Praxis bzw. eine auf Lebensschutz verzichtende Gesetzgebung, eben um eine Kultur des Todes, die den Wert Leben relativiere. Man kann die Sterbehilfedebatte auch verstehen als den Versuch, *einen* Versuch, die Frage nach der zwischenmenschlichen Hilfe in Extremsituationen des Lebens zu beantworten. Euthanasie ist kein Ziel in sich, sondern ein Mittel. Und die Frage stellt sich natürlich, wie wir dieses Mittel beurteilen sollen.

Zum anderen müssen wir uns aber auch dessen bewusst sein, dass auch mit einer Ablehnung von Euthanasie erst der Beginn einer Antwort gegeben ist. Pointiert könnte man sagen: Ein einfaches Nein zu aktiver Sterbehilfe oder Euthanasie ist nur das Spiegelbild eines einfachen Ja.

Es kommt vielmehr darauf an, den Zwischenraum zwischen Ja und Nein mit solidarischer Mitmenschlichkeit zu füllen. Zwischen Sterbehilfe und Sterbebegleitung, zwischen Hilfe zum Sterben und Hilfe beim Sterben gibt es ja vielfältige Übergänge: Wo fängt das eine an, wo hört das andere auf? Welche Hilfe beim Sterben, welche Hilfe zum Sterben können Menschen füreinander bedeuten?

Diese Frage wird mit großer Dringlichkeit durch Gesetzesnovellen wie die in den Niederlanden und Belgien herausgefordert.

2. Prinzipientreue und Konkretisierung

Hier will ich zunächst feststellen, dass ein einfaches Insistieren auf der Norm „Du sollst nicht töten" weder hilfreich noch angemessen ist. Diese Norm hat in der Geschichte des Christentums nie ohne Ausnahmen gegolten; bekannt sind Todesstrafe, Selbstverteidigung und Krieg. Und wenn Sterbehilfe bisher nicht als Ausnahme galt, ist das an sich noch kein Argument, dass dies immer so bleiben muss.

Auch wenn wir es sinnvoll finden zu sagen, dass Gott der Herr über Leben und Tod ist, dass der Mensch kein absolutes Verfügungsrecht über sich selbst, über sein Leben und Sterben hat[2] – und ich kann diesen Aussagen sehr wohl einen guten Sinn abgewinnen –, selbst dann ist ja nicht deutlich, ob denn Gott nicht dem Menschen solch ein Verfügungsrecht in bestimmten Situationen zugesteht.

Anstelle positivistischer Auffassungen von Gottes Willen dürfen wir doch schon zurückfragen, wie denn ein solches Gebot und in welchen Grenzen ein solches Gebot in Beziehung steht zum Wohle des Menschen. Denn daraufhin ist nach guter katholischer Moralauffassung die Moral orientiert; sie ist nicht einfachhin eine Übung im Gehorsam gegen einen völlig unverständlichen Willen des göttlichen Gesetzgebers. Für Thomas von Aquin ist deutlich: Gott wird von uns auf keine andere Weise beleidigt, als dass wir gegen unser eigenes Gut handeln.[3]

Gleichzeitig ist es für Thomas (und mit ihm weithin für die Moraltheologie) eine feststehende Sache, dass allgemeine Normen immer nur im Allgemeinen gelten, im konkreten Einzelfall aber auch unzutreffend sein können. Wie gesagt, bildet das Tötungsverbot darin keine Ausnahme. Gilt das möglicherweise auch – traditionell war das nicht der Fall – für Sterbehilfe, wenigstens im extremen Einzelfalle, und damit als wenn auch beschränkte, so doch grundsätzlich gegebene Möglichkeit? Ist auch hier eine

Öffnung unseres Verständnisses von zwischenmenschlicher Hilfe auf den Einzelfall hin denkbar, die sich nicht einfach mit dem Gebot „Du sollst nicht töten" erschöpft, sondern die durch dieses Gebot bzw.Verbot hindurch den jeweiligen Menschen sieht, um den es letztlich geht?

Wenn wir sagen, eine Norm, die die Tötung ächte, diene dem Leben, ist das zwar grundsätzlich plausibel. Aber auf Dauer überzeugt es uns nur, wenn wir diese wohltätige Absicht auch konkret bestätigt sehen, wenn wir den Segen solcher Normen einsehen können – bis in den Einzelfall hinein.

Nun, die Frage der Sterbehilfe kann man genau in dieser Spannung angesiedelt sehen. Auf der einen Seite eine allgemeine, auch weiterhin nicht unsinnige und weithin anerkannte Regel – Nicht töten! – und auf der andern Seite die Situation von Menschen, deren Leben zu Ende geht, und vor allem Situationen, in denen die allgemeine Regel wenig hilft oder zur Qual wird.

3. Wertewandel, Zeitgemäßheit, Zeitkritik

Wenn ich die Meinung vertrete, dass gegenüber den aktuellen Gesetzesnovellierungen ein Frontalangriff oder eine Totalverweigerung nicht die passende Antwort ist, dann nicht aus Resignation oder Anpassungselastizität, wie der Moraltheologie bisweilen von den Ungebildeten unter ihren Verächtern nachgesagt wird.

Selbstverständlich gehört zur Moraltheologie die Zeitkritik; daneben aber hat sie auch zeitgemäß zu sein. Vor allem bedarf es eines feinen Gespürs für Veränderungen in den Lebensbedingungen und von dort aus im Wertebewusstsein einer Gesellschaft. Ohne Bezug hierzu hängt alles normative Sprechen in der Luft.

Ich gehe zunächst davon aus, dass hinter dem Wunsch nach Sterbehilfe und entsprechenden Gesetzesänderungen nicht ein Verfall moralischer Werte, sondern schmerzliche Erfahrungen im Umgang mit der Wirklichkeit des Sterbens in unserer Zeit und Kultur stehen.

Hierbei ist es wenig hilfreich, auf andere Zeiten zu verweisen, die doch auch die Aussichtslosigkeit von schmerzhaften Sterbesituationen gekannt haben, in denen aber die Menschen sich gleichwohl dem Wunsch oder der Zumutung einer aktiven Lebensbeendigung verweigert haben. Wobei natürlich die Frage kaum beantwortbar ist, ob es nicht auch hier schon Grenzen einer solchen Weigerung gab, so dass Sterbehilfe häufiger vorkam und vorkommt, als die Statistiken sichtbar machen.

Das Argument anderer oder gar besserer Zeiten ist kein Argument. Auch dürfte es schwer fallen, diesen anderen Zeiten einfachhin einen höheren Moralstandard im Umgang mit dem Leben zuzusprechen. Die Geschichte lehrt uns anderes.

Ein moralisches Urteil kann nur nach einer sorgfältigen Analyse der jeweiligen kulturellen Lage im weitesten Sinne versucht werden, das heißt unter Berücksichtigung der materiellen, sozialen, politischen, gesellschaftlichen und auch der geistigen Möglichkeiten, wie sie Ort, Zeit und Kultur einer Gesellschaft bestimmen. Nur wo dies geschieht, gibt es auf die Dauer Möglichkeiten, zur Gesellschaftsgestaltung beizutragen. Ich weise auf einige mir relevant erscheinende Faktoren hin.

- Bei der Frage nach der Sterbehilfe handelt es sich nicht um eine spezifische Problematik der Niederlande oder Belgiens. Nach K.-H. Peschke[4] zeigt sich in einem viel größeren Bereich in den letzten Jahren eine stetig wachsende Tendenz zu einer Zustimmung zur Euthanasie in verzweifelten, hoffnungslosen Fällen. 1973 sprachen sich in Deutschland 53 % der Bevölkerung für aktive Euthanasie aus, 1977 55 % und 1984 66 %. In England und Frankreich lagen die Prozentzahlen 1987 bzw. 1988 bei 72 % und 76 %. Inzwischen dürften die Zahlen noch höher liegen.

- Vor allem die Entwicklungen der modernen Medizin konfrontieren uns mit den zweifelhaften Möglichkeiten einer Lebensverlängerung wenn nicht um jeden, so doch um einen sehr hohen Preis; sie zwingen uns damit zum Nachdenken über ein sinnvolles Umgehen mit diesen Möglichkeiten.
- Auch die gesellschaftlichen Ideal- und Wertvorstellungen – wiederum nicht spezifisch für die Niederlande und Belgien – spielen hierbei eine Rolle: Der Stellenwert der Lebenserwartung und die Bedeutung der Lebensqualität verändert sich mit dem Gesamt der gesellschaftlichen Erwartungen, Wünsche und Wertungen. Diese sind auch unabdingbar der Rahmen, innerhalb dessen sich die Fragen nach den Maßstäben für den Umgang mit Sterbenden nun einmal stellen: die medizinischen Entwicklungen, die die Möglichkeiten des Lebenserhalts bis ins Unsinnige erweitert haben; die anthropologischen Fragen, welches nun die Bedeutung des Lebens, welches denn der Sinn des Leidens und des Akzeptierens unserer Endlichkeit und unseres Todes ist; die moralische Frage nach den Grenzen des uns zugemuteten Leidens und des uns zukommenden Handelns in Fragen von Leben und Tod; die gesellschaftspolitische Problematik einer ja nicht von vornherein als illegitim abzuqualifizierenden Pluralität von Wertungen und Einschätzungen; schließlich die Frage des Glaubens, wie wir denn diese uns zugemutete Welt in Eigenverantwortung und in Verantwortung vor Gott zugleich ertragen und doch auch selbst gestalten sollen.
- Zu den kulturellen Veränderungen gehören auch die zwei weiteren Fragen, auf die ich im Folgenden eingehe: zum einen die Nichtidentität von individueller und öffentlicher Moral bzw. Moral und Recht, zum andern die

rechtstheoretische Frage nach dem Stellenwert gesetzlicher Regelungen, insbesondere des Strafrechts, im Verhältnis zu anderen gesellschaftlichen Steuerungsmöglichkeiten.

4. Individuelle Moral, öffentliche Moral und Strafrecht

Die Frage der Sterbehilfe stellt sich nicht nur als individualethisches Problem, sondern auch als ein Problem der Rechtsordnung, genauer des Strafrechtes. Ist eine Lebensverkürzung in jedem Falle ein strafbares Vergehen, oder kann sie als etwas angesehen werden, das zwar unerwünscht, aber doch der Freiheit des Einzelnen zu überlassen ist?

Auch gläubige Menschen, die ihre eigenen Einsichten in die politische Ordnung einbringen wollen, wissen, dass die staatliche Ordnung und unsere eigenen Ideale nicht per se identisch sind. Der ehemalige niederländische CDA-Justizminister Hirsch Ballin (in dessen Amtszeit die erste Reform der Euthanasieregelung stattfand) schrieb hierzu:

> „Die Frage, vor der der christliche Politiker steht, lautet nicht, ob es aus dem christlichen Glauben kommende Gründe gibt, dass auch ein die äußerste Not leidender Patient alles akzeptiert, was da kommen mag. Die Bereitschaft, eine Rechtsordnung zu akzeptieren, in der man sich unter solchen Umständen auf höhere Gewalt berufen kann, kommt aus dem Abstand, den das Recht wahren muss im Hinblick auf die sich hier zeigenden letzten Lebensfragen."

Damit stehen wir vor der Frage, wo nun in der Sterbehilfedebatte präzise die öffentliche, auch durch das Strafrecht geregelte Verantwortung anfängt und aufhört. Dies ist nicht nur eine moralische Frage, sondern auch eine nach den Aufgaben der Rechtsordnung und selbst nach deren Durchsetzbarkeit.

Denn gesetzliche Regelungen – das lässt sich in der niederländischen Euthanasiedebatte deutlich zeigen – stehen nicht in einem luftleeren Raum. Sie hängen von dem gesellschaftlichen und politischen Kräftespektrum ab, in dem schließlich entschieden wird. Ist das für die moraltheologische Beurteilung ein relevantes Faktum?

Man muss die Sterbehilfegesetzgebung jedenfalls als einen Versuch sehen, in einem hochkomplexen Problemfeld eine rechtliche Ordnung zu schaffen.[5]

Sterbehilfe hat also sowohl eine privatmoralische Seite, wie sie eine öffentliche Angelegenheit ist. Ich beschränke mich hier auf diesen letzten Aspekt.[6] Denn um diesen geht es bei unserer öffentlichen Debatte vorrangig.

Hier will ich nun auf die beschränkte Funktion des Rechtes hinweisen. Übrigens ging auch schon das oft als finster und barbarisch hingestellte Mittelalter von einer *beschränkten* Funktion der Rechtsordnung aus. Der Staat ist nicht für alles verantwortlich, was eventuell moralisch wünschenswert ist. Das Recht ist strikt bezogen auf seine Ordnungsfunktion im menschlichen *Zusammen*leben. So hat bereits Augustinus in seiner Schrift *De libero arbitrio* gesagt, dass es die Funktion des Gesetzes ist, eine Friedensordnung unter den Menschen zu garantieren. Daher regelt das Gesetz allein dasjenige, was für die Erhaltung des Friedens erforderlich ist.

Auch Thomas von Aquin[7] diskutiert die Frage, ob es die Aufgabe des menschlichen Gesetzes ist, alle Fehler und Vergehen zu verbieten und zu verhindern. Seine Antwort ist deutlich negativ. Das Gesetz verbietet allein das, was von Wichtigkeit ist; von dem man obendrein erwarten kann, dass die Mehrheit es wird erfüllen können; dasjenige, was andere schädigen würde und was verboten werden muss, wenn man ein menschliches Zusammenleben garantieren will.

Ziel des menschlichen Gesetzes ist also ein Leben in Ruhe und Frieden in der staatlichen Gemeinschaft, ist das gemeinsame Gut von Frieden und Gerechtigkeit.

Hierbei ist es für Thomas selbstverständlich, dass das Gesetz manche Dinge ungestraft lassen kann, um größere Übel zu verhindern. Das klassische Beispiel ist die Frage der Duldung von Prostitution auch in einem christlichen Staat. Hierüber schreibt Thomas: Zu Recht lässt die Obrigkeit bisweilen etwas Schlechtes zu, um nicht ein Gut zu verhindern oder um größere Übel zu vermeiden, so wie z. B. bei der Prostitution, die sich über die ganze Stadt ausbreiten würde, wenn sie nicht in Bordellen kanalisiert würde. Als Beispiele für ein notwendiges Engagement der Rechtsordnung nennt Thomas Mord, Diebstahl und andere Dinge dieser Art.

Wer nun freilich vermuten würde, dass wir damit einen guten, katholisch akzeptierten Einstieg in eine liberale Euthanasieregelung hätten, wird enttäuscht. Zweifelsohne gehört für Thomas Euthanasie unter die Kategorie Mord, ebenso wie Suizid (Selbstmord!). Auch der Wunsch der getöteten Person macht da einen Mord nicht zum Nicht-Mord!

Wenn wir uns vor diesem Hintergrund fragen, ob Sterbehilfe überhaupt zu den Sachen gehört, um die sich der Staat kümmern muss, so kann die Antwort nur „Ja" lauten. Es würde die Problematik verfälschen, wenn man in einem solchen Standpunkt allein ein religiöses Relikt sehen würde. Ein solcher Vorwurf verhindert eher eine seriöse und nuancierte Auseinandersetzung, als dass er ihr förderlich ist.

Ich denke, auch heute noch lässt sich die These sehr wohl vertreten, dass die „Obrigkeit" sich um Fragen wie Euthanasie und (Hilfe bei) Suizid kümmern darf, ja sogar muss.

Denn erstens ist die Rechtsordnung keine moralfreie Angelegenheit, und zweitens kann sie sich nicht (wie häufig gerade im Zusammenhang mit der Frage der Sterbehilfe behauptet wird) darauf beschränken, die freie Selbstbestimmung jeder Person zu garantieren.

Euthanasie ist mehr als nur eine Sache der individuellen Person und ihrer Moral. Gewiss ist es nicht (mehr) Aufgabe der Rechtsordnung, die Privatmoral der Bürger(innen) zu garantieren. Die Rechtsordnung verbleibt aber damit nicht außerhalb der Moral, sondern konzentriert und beschränkt sich auf bestimmte Fragen der öffentlichen Moral, Fragen nach gut und schlecht, die das Wohl der Gemeinschaft betreffen.

Diese Aufgabe der Rechtsordnung können wir immer noch charakterisieren als die Herstellung einer Freiheits- und Friedensordnung, in der Gerechtigkeit in der Gemeinschaft ermöglicht und im Maße des Möglichen realisiert wird.

Das impliziert aber nun zweitens: Die Bedeutung des Rechts ist nicht lediglich auf die Verteidigung der Freiheit eines und einer jeden beschränkt: Das Gesetz muss die fundamentalen Werte schützen, die ein Zusammenleben ermöglichen, und zugleich die Entfaltung eines jeden Mitglieds der Gesellschaft unter Respektierung der Rechte der andern nach Möglichkeit fördern. Für das Strafrecht wird damit die Frage der „Sozialschädlichkeit" zum Kriterium. Selbstverständlich spielt hierbei auch die Frage des „Ultra posse nemo obligatur" eine Rolle.

Angewandt auf die Frage der Sterbehilfe: Die Bedeutung des Lebens als eines fundamentalen Rechtsgutes macht dessen Antastung in jedem Falle zu einem Gegenstand der Rechtsordnung. Verschiedene Aspekte sind hierbei zu nennen, etwa:

- der Schutz gegen die Bedrohung durch Dritte;
- das Einstehen für die, die nicht für sich selbst einstehen können;
- die Gewährleistung von Bedingungen, die ein menschliches Leben für alle ermöglichen;
- die Förderung einer Atmosphäre, in der das Leben als ein zentrales Gut und als Wert plausibel bleibt, das heißt:

die Sorge für ein lebensfreundliches Klima und eine entsprechende Kultur.

Dies alles hat, wie man leicht sieht, auch Bedeutung für die Frage der Sterbehilfe.

Diese Sorge um das Leben kann auch in einem modernen durchorganisierten Staat – insbesondere wo wir ihn als sozialen Rechtsstaat verstehen – nicht dem freien Spiel der Kräfte und der Privatinitiative allein überlassen bleiben. Es ist eine Frage der Rechtsordnung – nicht der Rechtsordnung allein, aber doch auch der Rechtsordnung. Freilich ist damit noch nicht automatisch entschieden, ob und wie damit auch das Strafrecht behaftet werden muss.

5. Paradigmenwechsel im Strafrecht

Die Frage, die sich nunmehr anschließt, ist also die, ob sich denn der Staat hier auch mit dem Strafrecht, also mit einem relativ schweren Mittel, engagieren muss.

In einem allgemeinen Sinne wird kaum jemand abstreiten, dass der Staat auch mit dem Strafrecht das Leben, und vor allem das Leben in seinen verletzlichsten Phasen, umfassend schützen muss.

Freilich ist dieser Schutz nicht notwendig eine Sache des Strafrechtes. Auch eine Sozialgesetzgebung kann z. B. Kriminalität und Lebensbedrohung verhindern oder mindern helfen. Gerade der moderne Staat hat mehr Mittel zur Verfügung als allein das Strafrecht. Auch ist ja die Einsicht gewachsen, dass die Taten von Menschen nicht allein dem freien Willen entspringen, sondern auf vielerlei Weise konditioniert sind und häufig aus komplexen Situationen heraus geschehen, denen man mit einer einfachen Verurteilung nicht beikommt.

Doch käme kaum ein vernünftiger Mensch auf die Idee, dies als grundsätzliches Argument gegen das Strafrecht zu verwenden. Wohl aber führt es zu einem nuancierten Umgang mit dem Strafrecht anstelle eines ungebrochenen Vertrauens in seine Legitimität und Effektivität. Das alles gilt auch für die Sterbehilfe.

Über Wirkung und Wirkungslosigkeit strafrechtlicher Sanktionen im Allgemeinen gibt es eine rege Debatte, die hier nicht wiederholt werden soll. Auf einen Aspekt will ich hinweisen: Eine strafrechtliche Regelung mag vielleicht keine sitten*bildende* Kraft haben, doch kann sie m. E. für eine ständige Besinnung sorgen. Die tiefer liegenden Wertefragen werden durch das Strafrecht nicht gelöst, doch als Probleme im Bewusstsein und in der öffentlichen Debatte gehalten.

So kann auch die prinzipielle Strafbarkeit aktiver Sterbehilfe das Problematische von Euthanasie bewusst halten. Für die nähere Ausgestaltung freilich darf der Gesetzgeber wohl der Komplexität der Situationen Rechnung tragen. Zwischen einer maximalen Strafbarkeit und der Abschaffung von Sanktionen sind manche Zwischenformen denkbar, die sich alle von zwei Gesichtspunkten leiten lassen: der Schutzfunktion des Rechtes einerseits, der Akzeptabilität und Durchsetzbarkeit des Rechtes anderseits. Die niederländische und belgische Neuregelung können als *eine* solche Form gesehen werden. Angesichts der deutlich gewordenen Nichtdurchsetzbarkeit einer strengen Sanktionierung wird hier der Versuch gemacht, wenigstens eine soziale und rechtliche Kontrolle für diesen sensiblen Bereich menschlicher Existenz und Existenzbedrohung zu schaffen. Die Gültigkeit diese Modells hängt m. E. davon ab, ob es dazu beiträgt, menschliches Leben in seiner Endphase *besser* mit dem *Schutz* zu umgeben, den wir moralisch erforderlich finden.

Die Frage ist, ob man dies von der niederländischen und belgischen Regelung sagen kann. M. E. tragen beide weniger zur Zurückhaltung in Euthanasiefragen als zu einem

Abbau von Hemmungen und Schwellen bei, wodurch Euthanasie zu einer stets normaleren Form von Sterben wird.

Gleichwohl, das Strafrecht ist (wie gesagt) nicht das einzige Mittel, und in unserer Gesellschaft keineswegs immer das effektivste. Man kann hierzu die Diskussion um die Schwangerschaftskonfliktberatung vergleichen, in der entschieden auf Beratung statt Strafe (Albin Eser) als Mittel gesetzt wird. Dies ist ein interessanter Fall.

Ganz abgesehen von der konkreten Problematik – der Frage der Abtreibung – denke ich, dass wir hier mit sehr bedeutsamen Veränderungen in unserer Rechtskultur konfrontiert sind.

In einer liberalen Gesellschaft funktionieren obrigkeitliche Regelungen weniger selbstverständlich. Neben dem Strafrecht wirken besser (oder mindestens ergänzend) andere Steuerungsmechanismen. Diese müssen vor allem der mit der Individualisierung einhergehenden Autonomie der Subjekte Rechnung tragen. „Beratung statt Strafe" ist solch ein Modell.

Hierbei müssen wir fairerweise derartige neue Wege in der Strafrechtsgesetzgebung mit denselben Maßstäben messen wie die traditionellen Regelungen. Ein klassisches Abtreibungsverbot ist eben nicht besser als neue Wege, wenn es den Schutz werdenden Lebens nicht besser garantieren kann. Ebenso ist ein strenges Verbot aktiver Sterbehilfe, das in der Praxis durch allerlei Tricks umgangen wird, nicht besser als ein dem Anschein nach freizügiges Gesetz, das zu einer dauernden gesellschaftlichen Selbstbesinnung herausfordert.

Als solch ein neuer Weg zur Ergänzung bzw. Erneuerung des Strafrechts könnte es gesehen werden, wenn in der Rechtssystematik der Sterbehilfe eine Beratungspflicht bezüglich der palliativen Sorge einen festen Platz hätte und wenn das wirkliche Angebot palliativer Möglichkeiten ausgeweitet würde.

Denn mit einem einfachen „Nein" gegenüber den gesetzlichen Öffnungen für eine Sterbehilfe ist es nicht getan. Diese Gesetzgebung ist eine Antwort auf Fragen, die wirklich gestellt werden; sie will Hilfe sein im zwischenmenschlichen Umgang miteinander. Wenn wir die gegebene Antwort für falsch halten, müssen wir uns auf die Suche machen nach Alternativen – und hierbei können wir durchaus (ich wiederhole es) von der niederländischen und belgischen Regelung lernen. Diese Alternativen können auf verschiedenen Niveaus entwickelt werden, sie können in anderen Ausgestaltungen der Rechtsordnung bestehen, ferner in alternativen, das Strafrecht ergänzenden Maßnahmen oder Angeboten, vor allem aber auch in einer ständigen kritischen, aber auch selbstkritischen Arbeit an unserm gesellschaftlichen Bewusstsein. Denn unsere Werte, unsere Einsichten sind ja der tragende Grund für unsere gesellschaftlichen Institutionen und unsere rechtliche Ordnung.

Damit komme ich zu einigen Eckdaten für eine weitere Diskussion um die Sterbehilfe. Sie schließen an bei den Bedenken[8] gegenüber den Gesetzen in den Niederlanden und Belgien.[9]

6. Eckdaten einer Ethik der Sterbehilfe

Ich nenne vier Forderungen, die m. E. in diesem Zusammenhang besondere Aufmerksamkeit verdienen:

(1) Ein reifes Verständnis von Autonomie.

(2) Keine strafrechtliche Regelung ohne flankierende Maßnahmen und Gesetze (besonders im Bereich der Palliativ-Medizin).

(3) Eine gründliche Reflexion über den Unterschied von „aktiv" und „passiv", von „direkt" und „indirekt" im Zusammenhang mit der Sterbehilfe.

(4) Mehr Raum für den Gedanken der Fürsorglichkeit als Kernbegriff der Gesellschafts- und Rechtsordnung.

(1) Ein reifes Verständnis von Autonomie

Die Entscheidung über Euthanasie dem Subjekt selbst zu überlassen, scheint in erster Linie genau das Remedium zu bieten gegenüber einer überdominanten Rolle des Arztes und der Entscheidung über unser Schicksal durch andere. Genau diesem Bedürfnis entsprang ursprünglich die Forderung nach der Autonomie des Patienten. Inzwischen hat aber die Autonomieforderung einen anderen Charakter bekommen: An Stelle der berechtigten Forderung, bei Entscheidungen in eigener Sache nicht übergangen zu werden, geht es nunmehr um das alleinige Recht, in eigenen Sachen zu entscheiden. An die Stelle der subjektiven Verantwortlichkeit tritt so die Privatisierung der Entscheidung.

Abgesehen davon verbirgt sich hinter der öffentlichen Forderung nach und dem Zugestehen von Selbstbestimmung aber auch noch allzu leicht ein gesellschaftlicher Verdrängungsmechanismus. Es ist wahr, über unsere eigene Entscheidung dürfen andere nicht einfach hinweggehen. Das ist aber nur eine erste, negative Grenzziehung, der Schutz vor fremder Gewalt. Als positives Kriterium, um Euthanasie zu legitimieren, ist Selbstbestimmung keineswegs hinreichend.

Hierbei denke ich nicht allein an die Tatsache, dass wirkliche Freiheit der Selbstbestimmung in der extremen Situation des Sterbensprozesses eine schwer einzuschätzende Sache ist. Bevor wir selbst entscheiden, hat die Gesellschaft immer schon Einfluss auf unsere Freiheit ausgeübt. Unsere Freiheit und unsere Wertungen sind immer schon auf vielerlei Weise konditioniert. Wie leicht können Menschen sich unter dem sozialen Druck überflüssig finden! Die gängigen Auffassungen über den Sinn des Lebens, den Sinn von Leiden und Sterben beeinflussen auch uns, üben einen gewaltigen Druck auf uns aus. Passen wir uns nicht an, dann werden wir marginalisiert, marginalisieren uns selbst, und wer kann dem auf die Dauer standhalten? Euthanasie und Sterbehilfe werden so – während wir behaupten, ein gesellschaftliches Problem zu lösen – gerade aus ihrem sozialen Kontext herausgeholt. Die umfassende Frage nach einem guten Leben, worin Freiheit sicher ein wichtiger, vielleicht der wichtigste Wert ist, aber eben nicht der einzige Wert, kommt nicht zur Sprache.

Der Gesetzgeber darf sich daher nicht einfach zurückziehen auf das Kriterium der Eigenentscheidung, sondern muss der Tatsache Rechnung tragen, dass sich im Kontext der Sterbehilfe noch eine Reihe anderer Fragen stellt. Diese aber drohen verdrängt zu werden. Die juristisch sauberste Lösung ist eben längst nicht immer die beste; oft ist sie lediglich die simpelste.

Für einen theologischen Beitrag wäre es freilich nicht angemessen, das ganze Übel nun in der Frage von Selbstbestimmung und Autonomie anzusiedeln. Dies ist nicht nur aus pragmatischen, sondern bereits aus moralischen Gründen unzulässig. Vielmehr sollte es darum gehen, den Begriff der Autonomie von simplistischen Vereinseitigungen zu säubern. Nicht gegen Autonomie, sondern im Bunde mit Autonomie müssen Entscheidungen zur Sterbehilfe entstehen. Vom Gedanken der durch Gott geschenkten und gewollten Würde des Menschen her darf, ja muss die theologische Ethik die Autonomie der Person verteidigen und zugleich versuchen, sie vor Verengungen zu schützen, Verengungen nicht nur durch Egozentrik,[10] sondern auch durch Missachtung der Freiheit und Eigenverantwortung, die der Person zukommen.

(2) Keine strafrechtliche Regelung ohne flankierende Maßnahmen und Gesetze

Wichtig erscheint es vor allem, Alternativen zur vermeintlichen Problemlösung durch Euthanasie zu entwickeln sowie darauf hinzuarbeiten, dass derartige Alternativen gesellschaftlich akzeptiert werden. Akzeptanz heißt vor allem auch: Bereitstellung öffentlicher Mittel hierfür. Für solche Alternativen stehen vor allem Begriffe wie Hospizbewegung („Hospiz" nicht nur als Ort stationärer Betreuung, sondern vor allem als Konzept) und Schmerztherapie (Palliativmedizin), die erst allmählich, in den letzten Jahren aber zunehmend in ihrer Bedeutung gesehen werden.

Dergleichen Alternativen müssen von Anfang an den Umgang mit der Euthanasiefrage begleiten und nicht erst nachträglich überlegt werden, nachdem man es erst einmal mit der Legalisierung von Euthanasie versucht hat. M. E. liegt in den Niederlanden die Ursünde darin, dass man einerseits eine juridisch perfekt ausformulierte Euthanasie-Regelung hat, die Alternative der Palliativmedizin sich aber erst nachträglich mühsam ihren Platz erobern muss.

Es hat den Anschein, dass die lange vernachlässigte Frage der Palliativmedizin in verstärktem Ausmaß auch die Aufmerksamkeit der Politiker findet. In der belgischen Euthanasiedebatte wurde meines Wissens schon länger eine Art Doppelstrategie diskutiert. Übrig geblieben davon ist nun allerdings nur eine eher allgemeine Besprechung der palliativen Möglichkeiten in den beim Euthanasie-Ersuchen erforderlichen Gesprächen zwischen Arzt und Patient.[11] Auch in der jüngeren niederländischen Debatte gewinnt die Palliativfrage an Raum.

Freilich sind die Möglichkeiten vergleichsweise gering. A. v. Heijst weist zu Recht darauf, dass sie viel zu spät und viel zu wenig von der Obrigkeit zur Hand genommen und gefördert werden. Prozedurale Regeln bzgl. der Sorgfaltskriterien sind in Fülle vorhanden, dagegen fehlen in großem Ausmaß die (Für-)Sorge-Einrichtungen für Menschen, die strukturell abhängig sind und/oder sich in ihrer letzten Lebensphase befinden.[12] Überall wird vielmehr die Sorge rationiert.

Hierbei ist es völlig verfehlt, die Palliativmedizin sozusagen als letztes Mittel der Euthanasiegegener zu sehen.[13] Auch mit der Palliativmedizin wird sich nicht ausschließen lassen, dass es Fälle geben wird, in denen sich wegen der Hilflosigkeit palliativer Möglichkeiten die Frage der Euthanasie stellen wird (vgl. die Stellungnahme der Caritas Vlaanderen zum belgischen Gesetz).[14] Palliativmedizin von einer derartigen Unterstellung her *a limine* abzuweisen oder zu verdächtigen, wird jedoch dem Ernst der Frage nach dem Umgang mit Leben und Tod nicht gerecht.

(3) Eine gründliche Reflexion über „aktiv" und „passiv", über „direkt" und „indirekt" in Fragen der Sterbehilfe

Die vielfältigen Möglichkeiten von Sterbehilfe machen es erforderlich, eine nuancierende gesetzliche Ordnung für diesen Bereich zu schaffen und sie jeweils neuen Entwicklungen anzupassen. Hierbei sollte man m. E. erneut nachdenken über einen sinnvollen Gebrauch von traditionellen Unterscheidungen wie aktiv und passiv, direkt und indirekt.[15]

In der niederländischen Diskussion ist diese Frage so gut wie verschwunden – von einem Denken her, dass doch das Ergebnis schließlich dasselbe sei, nämlich der Tod des Patienten. Demgegenüber muss man an dem Sinn der Unterscheidung festhalten. Töten und Sterbenlassen sind nicht dasselbe, das sagt der einfache Menschenverstand.

Insofern sind jene Unterscheidungen keineswegs unsinnig. Zwar sind die Grenzen zwischen aktiv und passiv unscharf geworden. Angesichts dieser Entwicklungen bedarf es eines gewissen juristischen Spielraumes für Entscheidungen (des Arztes, aber vielmehr noch aller Betroffenen), die als vertretbar durch die Rechtsgemeinschaft akzeptiert werden, ohne dass man sie stets in universellen Regeln verallgemeinern könnte.

Eine scharfe Grenzziehung ist nicht immer möglich. Aber auch eine unscharfe Abgrenzung kann davor bewahren, falsche Konsequenzen zu ziehen – sei es die Konsequenz, im Grunde seien alle Handlungen mit gleichem Effekt gleich, sei es die Konsequenz, dass man alles unterlässt, was die Grenze vom passiven Geschehenlassen zum aktiven Tun hin eventuell zu überschreiten droht. Zum Beispiel: Man vermeidet Unterlassungen medizinischer Behandlung, weil dies als verweigerte Hilfeleistung interpretiert werden könnte.

Vor allem in Deutschland scheint diese Furcht sehr lange das ärztliche Berufsethos mit beeinflusst zu haben. Ein deutliche Änderung zeichnet sich m. E. ab mit den neuen Richtlinien der Bundesärztekammer zur ärztlichen Sterbebeleitung vom 11. September 1998.

In derartigen Überlegungen zeigt sich ein Wandel im ärztlichen Berufsethos an, der übereinstimmt mit der Sichtweise weiter Kreise der Gesellschaft: Die ärztliche Begleitung und Hilfe endet nicht vor der Grenze des Sterbens, sondern gehört auch in den Sterbensprozess hinein. Sie ist nicht allein der Lebenserhaltung gewidmet, sondern kann ihre aktive Aufgabe auch im Sterbenlassen haben.

Es ist deutlich, dass hier die Grenzen von aktiv und passiv nicht mehr allein technisch abgesteckt werden können, sondern sich von der Zielsetzung her jeweils mitbestimmen müssen. Eine Beatmung abzustellen, ist technisch aktiv, aber eine Aktivität, die durch die Passivität der Situation bestimmt wird!

(4) Mehr Raum für den Gedanken der Fürsorglichkeit als Kernbegriff der Gesellschafts- und Rechtsordnung

Der Gedanke, den ich abschließend zur Sprache bringen will, lässt sich in der Formel fassen: „dem Gesellschaftsmodell von Rechten und Pflichten eine neue Einbettung geben vom Gedanken der Fürsorglichkeit her". Namentlich von feministischen Überlegungen her wird versucht, der Ethik der Gerechtigkeit eine Sorge- oder Fürsorgeethik (*ethic of care*) gegenüber- oder (so würde ich lieber sagen) zur Seite zu stellen. Mit diesem Versuch werden Grundeinstellungen unseres gesellschaftlichen Zusammenlebens zur Sprache gebracht und in Frage gestellt.

Die beiden Extreme: eine obrigkeitliche Ordnungsidee – der von oben verordnete „gemeinsame Nenner" für alle – einerseits und die liberale Idee einer Gesellschaft, die alles gewähren lässt, anderseits kommen in einem überein: Im Grunde haben sie kein Auge für die wirklichen Nöte und die Hilflosigkeit des einzelnen Menschen; aber sie kennen auch keine wirkliche Einsicht in die strukturellen Aspekte und Bedingungen solcher Not und ihrer Linderung und damit kein wirkliches Engagement im Tragen und Mittragen dieser Not.

Es geht also darum, über eine liberale Gesellschaft des Ego hinaus, die vor allem den Schutz vor der Gewalt anderer Egos als ihre Aufgabe sieht, hinauszugehen, sie zu integrieren in eine Gesellschaft des Wir.

Erst in einer daraus entstehenden Grundhaltung des Offenstehens für die andern und der sich daraus nährenden Idee des Füreinander-Verantwortlichseins entsteht die Sensibilität dafür, welche Hilfe wir voneinander erwarten können und welche wir einander geben können oder gar schulden.[16]

Ich denke, in einer Atmosphäre, in der wir uns auf diese Weise geborgen wissen, gerade auch in den verletzlichsten Momenten unseres Lebens, kann ein gesundes und menschliches Urteil entstehen: nicht nur darüber, wie Menschen leben sollen, sondern auch darüber, wie sie sterben dürfen sollen und welche Hilfe wir dabei füreinander bedeuten können.

Ich glaube, hierbei ist nicht auszuschließen, dass dies im Einzelfall auch unser negatives Urteil über aktive Sterbehilfe auf den Prüfstand stellen wird.[17] Auch wenn dies im Extremfall als Angelegenheit allein zwischen den Gewissen von Arzt und Patient, von Ärztin und Patientin sein mag, wird man hierfür eine Raum gewährende rechtliche Regelung haben müssen.

Zum Schluss

Ich ende mit einigen Fragen, die ich schon bei der ersten Gesetzesnovellierung in den Niederlanden gestellt habe und die mir auch weiterhin zu gelten scheinen: Fragen, die sich uns gerade als Christen angesichts der Sterbehilfeproblematik aufdrängen und die wir nicht mit einem Verweis auf eindeutige Katechismusantworten als gelöst betrachten können.

1. Christen fühlen sich von ihrer Tradition her verantwortlich für die Gestaltung auch der gesellschaftlichen und staatlichen Ordnung – zu Recht. Diese Aufgabe haben wir oft so verstanden, dass wir so viel wie möglich von unsern eigenen Vorstellungen in dieser Ordnung realisieren sollten. Müssen wir aber nicht noch besser lernen, dass diese Ordnung nicht der Durchsetzung christlicher Ideen, sondern dem Zusammenleben vieler verschiedener Menschen verpflichtet ist?

2. Die Tradition belastet uns mit der Verantwortung für den Schutz des Lebens, unseres eigenen wie fremden Lebens – sehr zu Recht. Müssen wir aber nicht auch das Sterben, unser eigenes wie das anderer Menschen, noch mehr als Gegenstand unserer Verantwortung sehen lernen?

3. Die Tradition geht in der Frage unserer Verfügungsgewalt über das Leben aus von dem Prinzip, dass Gott der Herr über Leben und Tod ist – sehr zu Recht. Müssen wir aber bei unserm Verständnis dieses Prinzips nicht stärker mit in Betracht ziehen, dass sich die Frage nach dem moralischen Verfügungsrecht und der moralischen Verfügungspflicht mit der Erweiterung der Verfügungsmacht je auf neue Weise stellt?

Also nicht nur: Darf die Medizin, was sie kann? Sondern auch: Tut sie alles, was sie darf? Und: Tut sie alles, was sie kann und darf?

Anmerkungen

1 Der Beitrag ist eine erweiterte Fassung des in Cadenabbia gehaltenen Vortrags.

2 Zur Kritik an diesem Argument vgl. B. Schüller, *Die Begründung sittlicher Urteile*, Düsseldorf [2]1980, 238 ff; ferner umfassend zum Thema: W. Wolbert, *Du sollst nicht töten. Systematische Überlegungen zum Tötungsverbot*, Freiburg i. Br. 2000.

3 Non enim Deus a nobis offenditur nisi ex eo, quod contra nostrum bonum agimus (*Summa contra gentiles* III, 122).

4 K.-H. Peschke, Christliche Ethik: spezielle Moraltheologie, Trier 1995, 167; im Übrigen vgl. zum Folgenden: K.-W. Merks, *Tod auf Verlangen? Moraltheologische Anmerkungen zum niederländischen Sterbehilfegesetz*, Erwachsenenbildung 40 (1994), 125–130.

5 Namentlich was diese letzte Überlegung betrifft, sind für die niederländische Gesetzgebung einige Fakten sehr relevant, die man vielleicht bedauern, aber nicht aus der Welt schaffen kann: dass aktive Euthanasie in der Praxis bereits vielfältig vorkam; dass die Rechtsprechung hierbei ziemlich offen eine Duldungspolitik betrieb; und schließlich, dass auch die rechtstheoretischen Diskussionen und vor allem die parlamentarische Diskussionslage einer liberalen Regelung bereits ziemlich zugetan waren.

6 Vgl. zum Folgenden Karl-Wilhelm Merks, *Euthanasie – een vraagstuk waar de staat zich buiten dient te houden?* (Debat TFT, 29.1.2001 – Internet-Publikation auf der website der Fakultät: www.uvt.nl/faculteiten/tft)

7 Vgl. *Summa theologiae* I-II q. 96, a. 2; I-II q. 98, a. 1; I-II q. 96, a. 3; I-II q. 101, a. 3 ad 2; II-II q. 10, a. 11; *De regimine principum* IV, 14.

8 Vgl. K.-W. Merks, a.a.O. (Anm. 6).
„1. De wet vooronderstelt een *subjectieve vrijheid, die kennelijk vaak zo niet bestaat.*
2. Door euthanasie voor een aantal gevallen uit de strafbaarheid te halen suggereert de wet dat *euthanasie soms een min of meer normaal handelen* is: voor de burger die haar opeist, voor de arts die haar uitvoert en tenslotte ook voor de samenleving, waarin euthanasie als een gewoon geval wordt gezien, hetgeen voor het waardenbewustzijn en de houding t.o.v. dood en leven niet zonder gevolgen zal zijn.
3. De wet zal bijdragen tot het idee dat *euthanasie een normale doodsvorm is*. Daarmee wordt het actieve tot stand brengen van de dood in plaats van een zich schikken in een onontkoombare overmacht steeds meer vanzelfsprekend.
4. En tenslotte: De euthanasie-wet zal op verschillende niveaus en terreinen *het onderlinge vertrouwen* in de samenleving, dat toch de basis van een samenleving is, aantasten. Het vertrouwen in de artsen, het vertrouwen in het medisch bedrijf, het vertrouwen in de beschermende functie en kracht van de rechtsorde, en misschien zelfs het vertrouwen in familie, vrienden en het vertrouwen in jezelf.
Naar mijn opvatting mag de staat als degene die toeziet op de respectering van het leven van iedereen, zich uit die functie niet terugtrekken; en er ook geen twijfel over laten opkomen, dat hier een ernstig conflict bestaat tussen datgene wat werkelijk wenselijk moet worden geacht en wat in de praktijk gebeurt.
Ik heb de indruk dat men er nu blij mee is, om van die taak van toezicht af te komen. Het gedeeltelijke legaliseren van euthanasie is op een bepaalde manier de makkelijkste oplossing van een niet oplosbaar probleem."

9 Vgl. auch J. Jans, *Sterbehilfe in den Niederlanden und Belgien. Rechtslage, Kirchen und ethische Diskussion*, in: ZEE 46 (2002), 281–298.

10 Vgl. die Ausführungen über Autonomie als „relationale Autonomie" bei Chr. Gastmans, Zorg voor een menswaardig levenseinde in het christelijk ziekenhuis. Ethische oriëntaties bij de euthanasiewet, in: Collationes 32 (2002), 227–242.

11 Diese Lösung ist nach B. Broeckaert (und anderen) nicht befriedigend; sie halten den Einbau einer Art „palliativen Filters" für er-

forderlich: Konsultation durch wirklich erfahrene Palliativ-Spezialisten bei der Besprechung der – bezüglich der konkreten Patientinnen und Patienten – verbleibenden Möglichkeiten (De Standaard Online, 21.5.2002); vgl. auch Chr. Gastmans, aaO., 234 f.

12 A.van Heijst: Euthanasie – Verschil tussen zorgen voor en zorgvuldig omgaan met ... (Debat TFT, 29.1.2001, Internet-Publikation auf der website der Fakultät: www.uvt.nl/ faculteiten/tft).

13 Vgl. R. Herzinger, in: Die Zeit vom 23.5.2002, 1.

14 Für eine umsichtige Diskussion des Umgangs mit Sterbehilfe in christlichen Krankenhäusern im Rahmen eines palliativen Gesamtkonzeptes vgl. Chr. Gastmans, aaO.; ferner: H. Nys, Euthanasie in de Caritasziekenhuizen: Een juridische verheldering, in: Ethische perspectieven 12 (2002), 1, 29–31; P. Schotsmans, Verbiedt Caritas euthanasie in haar ziekenhuizen?, ebd. 31–33; id., Wat na de legalisering van euthanasie?, ebd., 33–38.

15 Vgl. F.-J. Bormann, Töten oder Sterbenlassen, in: ThPh 76 (2001), 63–99 mit einer ausführlichen Diskussion der Argumente gegen und für die Unterscheidung. Die Argumentation bezüglich der Pflicht (gegenüber sich selbst) zu einem „natürlichen Tod" überzeugt freilich nicht, gewiss nicht als ausnahmslose Regel.

16 Diese Fürsorglichkeit gilt z. B. auch den Ärztinnen und Ärzten, denen die Gesellschaft gleichsam die Verantwortung für die Euthanasie zuschiebt. In einem sehr nachdenklich stimmenden Vortrag über „unerträgliches Leiden" hat die Tilburger Kollegin Annelies van Heijst auf die Ambivalenz einer vielleicht „rational"-ethischen Akzeptanz von Euthanasie bei einem gleichzeitigen ethisch relevanten spontanen „Gefühl" der Zumutung, die in der Forderung von Euthanasie gelegen ist, hingewiesen.

17 Vgl. z. B. die Erklärung von Caritas Vlaanderen nach der Abstimmung zur belgischen Gesetzgebung; Erklärung der Universitätskliniken der Universität Leuven (22.5.2002: De Standaard Online); ferner die in Anm. 14 genannten Beiträge.

Perspektiven der klinischen Sterbehilfe aus der Sicht eines evangelischen Theologen

Martin Hein

1. Es gibt keinen Diskurs ohne Voraussetzungen

„Klinische Sterbehilfe und Menschenwürde": Bei diesem Thema stehen uns Menschen vor Augen, die an einer schweren Krankheit leiden. Barmherzigkeit, Erbarmen – manchmal scheint nichts anderes angesagt. Wenn dann ein Patient um eine „erlösende" Spritze bittet, muss es geradezu schwerfallen, ihm diese zu versagen. Denn wäre die Erfüllung solch eines Wunsches nicht ein Akt der Nächstenliebe?

Freilich kann es nicht Aufgabe einer evangelischen Ethik sein, Einzelschicksale zum generalisierenden Maßstab für alle Entscheidungsfälle zu nehmen! Evangelischer Ethik geht es vielmehr darum, auf der Basis der Heiligen Schrift und unter Heranziehung der reformatorischen Überzeugungen von deren Zentrum, nämlich Jesus Christus, her Kriterien zu entwickeln, die uns in die Lage versetzen, mit schwerer Krankheit oder mit leidenden Menschen *gewissenhaft* umzugehen. Bildung und Schärfung des Gewissens stehen im Mittelpunkt – und das meint keineswegs individuelle Beliebigkeit, sondern Orientierung des in Gott gebundenen Gewissens. Ziel dieser Bemühungen ist es demnach nicht, einfach Normen zu benennen, deren Befolgung eingefordert und durchgesetzt würde, sondern wir sollen in die Lage kommen, verantwortete Entscheidungen zu treffen und unter Umständen lebensdienliche Alternativen zu suchen, die in der Perspektive des Evangeliums grundsätzlich das Leben stärken.

Dabei ist mir bewusst, dass jedes Reden von Gott stets unter einem bestimmten Blickwinkel geschieht: Es ist *menschliches* Reden von Gott. Die Wirklichkeit Gottes kann ich nur vermittels unserer Sprache ausdrücken. Bei aller daraus sich ergebenden Beschränkung betrachte ich dies vorab als Chance: Ich benenne in der notwendigen, möglicherweise auch kontroversen Diskussion deutlich die Voraussetzungen meines Beitrages. Für eine ehrliche Auseinandersetzung ist dies unerlässlich. Positionalität verhindert nicht den Diskurs, sondern eröffnet ihn! Zugleich mache ich damit deutlich, dass ich für meine Auffassung zwar eine prononcierte, aber keine höhere Wertigkeit oder gar Letztgültigkeit erheischende Position beanspruche.

Im Unterschied zum römischen Katholizismus haben wir in der evangelischen Kirche kein im Papstamt gebündeltes Lehramt. Allerdings legen die Grundordnungen evangelischer Kirchen Verfahren fest, wie wir zu verbindlichen Lehrentscheidungen gelangen. Dies bedingt eine größere Vielfalt an Meinungen, denen dennoch die Tendenz zum Konsens innewohnt. Nach evangelischem Verständnis ergibt sich die Verbindlichkeit einer ethischen Haltung daraus, dass sie vom Menschen in einer Entscheidungs- oder Konfliktsituation als das Gewissen orientierend und darin als unbedingt geltend erlebt wird.

2. Ebenbild und Kreatur: Das christliche Menschenbild als Voraussetzung evangelischer Ethik

Evangelische Ethik geht vom christlichen Verständnis des Menschen aus. Diesem Verständnis steht als grundlegende Bedingung voran, dass Gott der Schöpfer allen Lebens ist.

Die naturwissenschaftlichen Forschungsergebnisse der Biologie und Medizin verstehen wir nicht als Widerspruch zu diesem Bekenntnis. Vielmehr sind solche Erkenntnisse ein Verweis auf den Modus, in dem Schöpfung geschah und geschieht. Gerade die enorme Ausweitung unseres Wissens über die Natur verstärkt den Eindruck, dass das Entstehen von Leben ein Wunder ist, ein Akt liebender Zuwendung Gottes zu dieser Welt. Kurz gefasst: Wir begreifen Leben an sich als ein Geschenk, auch das einzelne menschliche Leben, bei dem die liebende Zuwendung ja eine ganz besondere Rolle spielt. Weil es geschenkt ist, bleibt es eigenmächtiger oder fremder Verfügung an seinem Beginn und seinem Ende weitestgehend entzogen. Gott schenkt das Leben und ruft aus diesem Leben ab.

In ihrem ersten Kapitel nennt die Bibel den Menschen „Ebenbild Gottes" (Gen 1, 27). Diese Gottebenbildlichkeit des Menschen ist die Basis für Würde und Rechte jedes einzelnen Menschen – auch für sein Lebensrecht. Damit ist der Maßstab zur Beurteilung menschlichen Lebens gegeben. Es ist nicht möglich, zwischen wertvollem und weniger wertvollem oder gar unwertem Leben unterscheiden zu wollen. Die Würde des Menschen ist mit seinem Menschsein gegeben. Besondere Leistungen, Fähigkeiten oder Charaktereigenschaften steigern diese Würde nicht, ebenso wie ihr Fehlen sie nicht mindert. Darum ist sie jeder einzelnen Phase menschlichen Lebens zu Eigen, auch wenn das volle menschliche Potential – wie etwa die Sozialität – noch nicht vollends ausgebildet ist (wie beim Embryo) oder durch Krankheit oder Behinderung nicht mehr realisiert werden kann. Die Würde des Menschen ergibt sich aus seinem Gegenüber zu Gott, ganz gleich, ob ihm dies bewusst ist oder nicht.

Nach der Bibel ist der Mensch aber auch „Geschöpf". Er ist endliche Kreatur, mit Fehlern behaftet, dem Leid und dem Schmerz unterworfen – und nicht zuletzt sterblich.

Genau in dieser Spannung von Ebenbildlichkeit und Geschöpflichkeit liegt die Fruchtbarkeit seiner Existenz. So nimmt evangelische Ethik auch die Möglichkeit seines Scheiterns und seiner Begrenztheit ernst.

Die Wesensbestimmung des Menschen lässt sich zusammenfassen in dem Begriff „Person", im Faktum seiner grundlegenden Beziehung zu Gott, in der „vorbehaltlosen Anerkennung durch Gott, die zur wechselseitigen Anerkennung der Menschen untereinander verpflichtet"[1]. Diese Bestimmung als Person bleibt damit jeder biologischen oder medizinischen Verifikation entzogen. Das Personsein kann keinem Menschen genommen werden, wohl aber kann ihm die geschuldete Achtung verwehrt oder abgesprochen werden. Wer seinem Gegenüber diese Wertschätzung als Person allerdings verweigert, verletzt nach christlicher Anschauung auch seine eigene Würde.

Deutlich möchte ich darauf hinweisen, dass diese Vorstellung von „Person" sich erheblich unterscheidet von Auffassungen des Begriffs „Person", die sich vor allem im angelsächsischen Denken finden. Dort ist das Person-Konzept verbunden mit der Zuschreibung bestimmter Qualifikationen: Es werden zum Beispiel Eigenschaften wie Rationalität, Selbstbewusstsein, Beziehungsfähigkeit, Selbstkontrolle, Neugier oder das Vorhandensein von Interessen genannt, die einen Menschen erst zur Person werden ließen. Allein der so aufgefassten Person schulde man Respekt. Wer diese Qualifikationen nicht erreiche, sei lediglich Mitglied der Gattung „Homo sapiens". Daraus resultiere aber nicht der Respekt, den man einer Person schuldig sei. Ein solches Verständnis des Begriffs „Person" ist mit dem christlichen Glauben kaum zu vereinen.

3. Selbstbestimmung an der Schwelle zum Tod

In der Debatte um die Tötung auf Verlangen, die aktive Sterbehilfe oder die Hilfe zur Selbsttötung wird immer wieder auf den Wunsch des betreffenden Menschen, auf sein Selbstbestimmungsrecht abgehoben. Die Sorgfaltskriterien, auf die ein Arzt im niederländischen „Gesetz über die Überprüfung von Lebensbeendigung auf Verlangen und Hilfe bei Selbsttötung" verpflichtet wird, sehen vor, dass der Arzt zu der Überzeugung gelangt sein muss, dass „der Patient freiwillig und nach reiflicher Überlegung um Sterbehilfe gebeten hat" (Art. 2 Ziffer 1 b).

Nach meiner Auffassung kann allerdings das Verlangen eines Patienten oder sein Selbstbestimmungsrecht keine absolute Geltung haben. Ich erinnere nur an die Situation von Menschen, die sich aus einer akuten Krise heraus zum Selbstmord entscheiden. Manche werden gegen ihren Willen davon abgehalten. Meistens können sie nach ihrer Rettung ihre Situation neu bewerten und sind dankbar für ihre Bewahrung. Dafür wurde ihr Selbstbestimmungsrecht allerdings vorübergehend verletzt.

Zur Selbstbestimmung, wenn sie wirklich ernst gemeint ist, gehört eine echte Wahlmöglichkeit. Ein Patient, dessen Zustand aussichtslos und dessen Leiden unerträglich ist, hat diese kaum. Um so unausweichlicher wird sich ihm das Verlangen nach Lebensbeendigung als einzig gangbarer Weg aufdrängen. Wie würde er sich aber entscheiden, wenn sein Zustand zwar aussichtslos bliebe, sein Leiden aber erträglich wäre?

Schließlich muss gefragt werden, inwiefern das Selbstbestimmungsrecht eines schwer kranken Menschen frei ist von unausgesprochenen Erwartungen und verborgenem Druck, die auf ihn einwirken. Wir wissen alle, wie sehr Erwartungshaltungen aus unserem sozialen Umfeld unsere Entscheidungen beeinflussen können oder wie stark ein gesellschaftliches Klima auf sie durchschlagen kann. Wie frei ist meine Entscheidung tatsächlich, wenn ich die Angehörigen unter der Last meiner Krankheiten leiden sehe, auch wenn sie mir ein anderes Bild zu vermitteln suchen? Es hat Wirkungen, wenn Zuwendung fehlt oder wenn ständig die hohen Sozialversicherungsbeiträge beklagt werden. Hier entsteht ein Druck zur „Selbstentsorgung", dem man sich nur mit Mühe entziehen kann. Könnte es nicht auch sein, dass das Verlangen nach Lebensbeendigung oder Hilfe bei der Selbsttötung ein heimlicher Hilfeschrei nach Zuwendung und Liebe ist, nach weitgehender Schmerzfreiheit und einer Geborgenheit in tragfähigen sozialen Beziehungen, nach seelischem und spirituellem Beistand auf dem schwersten, dem letzten Weg des Lebens?!

Umfrageergebnissen in Deutschland, die eine hohe Zustimmung zu lebensbeendenden Maßnahmen signalisieren, begegne ich skeptisch. Eine deutliche Befürwortung von lebensverkürzenden Handlungen erhält man immer dann, wenn als einzige Alternative allein das Ertragen der „unheilbar qualvolle[n] Krankheit" genannt wird.[2] Solche Befragungen haben darum in meinen Augen nur eine sehr begrenzte Aussagekraft.

Nach niederländischer Gesetzgebung soll der Arzt prüfen, ob dem Verlangen nach Lebensbeendigung eine freiwillige und reifliche Überlegung vorausgegangen ist. Kann er wirklich ermessen, was bei einem Menschen zu diesem Verlangen geführt hat? Müsste nicht die eindeutige Verweigerung, an Lebensbeendigungen beteiligt zu sein, die klare Konsequenz sein? Schnell könnte man (als Kehrseite) auch in den Geruch geraten, Handlanger anderer – und verborgener! – Interessen zu sein. Damit ist die Frage des eigenen Berufsethos angesprochen.

4. Die Kultur der Lebensdienlichkeit stärken: Palliativmedizin und Hospizbewegung

In Deutschland wird gegenwärtig indirekte und passive Sterbehilfe praktiziert. Beide Formen sind nach christlichen Maßstäben ethisch legitim, weil dem christlichen Grundgedanken Rechnung getragen wird, dass der Tod eines Menschen abgewartet werden muss und nicht unmittelbar herbeigeführt werden darf. Ethisch nicht zulässig ist aus dieser Perspektive die gezielte Herbeiführung des Todes, weil sie diesen Grundsatz verletzt und den Geschenkcharakter des Lebens leugnet. Darum darf es aus meiner Sicht keine gesetzliche Regelung geben, die eine Lebensbeendigung auf Verlangen straffrei stellt!

Vielmehr müssen die lebensdienlichen Alternativen entwickelt und gestärkt und in die öffentliche Diskussion eingebracht werden. Damit meine ich konkret die Verbesserung der Möglichkeiten der *Palliativmedizin* und der *Hospizarbeit*.

a) Ein zentraler Auslöser für das Verlangen nach lebensbeendenden Maßnahmen ist der unerträglich gewordene Schmerz. Wenn die medizinischen Möglichkeiten mit dem Ziel einer Heilung erschöpft sind, muss das Therapieziel „Linderung der Schmerzen" als eine lebensdienliche Alternative mit gleicher Intensität verfolgt werden.

Mir ist es unverständlich, warum die medizinische Forschung in unserer hoch entwickelten Gesellschaft nicht besser dafür Sorge tragen kann, dass Menschen ihre Krankheit weitestgehend unter erträglichen Schmerzen erleben können. Vielleicht liegt das weniger an den medizinischen Möglichkeiten als an den gesellschaftlichen Rahmenbedingungen, die einen solchen umfassenden Einsatz der Palliativmedizin aus Gleichgültigkeit oder aus Kostengründen nicht nahelegen. Erst an einer einzigen Universität (Bonn) existiert in Deutschland ein Lehrstuhl für Palliativmedizin. Eine reguläre Weiterbildung zum Palliativmediziner gibt es bei uns nicht. Nach Meinung des Präsidenten der Bundesärztekammer, Professor Jörg-Dietrich Hoppe, ist zu wenig bekannt, dass „die moderne Palliativmedizin schon heute in der Lage ist, Schmerzen und andere Symptome auf ein erträgliches Maß zu reduzieren und damit unnötiges Leiden zu verhindern“[3].

b) Die Stärkung der Hospizarbeit hat eine Reihe wichtiger Konsequenzen. Ich will nur einige andeuten: Sie hebt stärker ins gesellschaftliche Bewusstsein, dass Sterben und Tod als Teil des Lebens aufgefasst werden und mehr bedeuten als das Ende medizinischer Behandlungsmöglichkeiten. In Hospizen steht ein qualifiziertes Team zur Verfügung. Es macht – über Pflege und medizinische Betreuung hinaus – auch spirituelle Angebote, stellt sich den Fragen und Ängsten der Patienten und vermittelt so Geborgenheit und – sofern es sich dem christlichen Glauben verbunden weiß – Hoffnung über den Tod hinaus. Angehörige werden ermutigt, sich dieser Situation eines Sterbenden bewusst zu stellen.

Wenn es gelingt, den Patienten fast schmerzfrei zu stellen und ein soziales Netz aufzubauen, das ihn trägt, stellt sich nach allen Erfahrungen der Wunsch nach lebensbeendenden Maßnahmen in der Regel nicht mehr ein. Andererseits schafft das Vorhandensein eines Gesetzes, das Lebensbeendigungen straffrei stellt, einen gesellschaftlichen Sog in Richtung einer Entsorgungsmentalität, die nach meiner Einschätzung weder mit den Maßstäben der christlichen Ethik noch mit dem hohen Niveau unserer wissenschaftlichen, kulturellen und finanziellen Möglichkeiten zu vereinbaren ist.

Mir ist bewusst, dass wir uns mit den angeschnittenen Problemen in einem wirklichen Grenzbereich ethischer Fragestellungen befinden. Darum möchte ich abschließend betonen, dass die Rechtfertigung des Sünders, die in der liebenden Annahme durch Gott ihren Ausdruck findet, jedem Menschen gilt – auch dann, wenn er nach reiflicher Prüfung der Umstände und seines Gewissens zu einer anderen Auffassung gelangen sollte. Insofern steht jede evangelische Stellungnahme unter einem einschränkenden Vorbehalt. Sie ist ein Beitrag zur Versachlichung, zur Klärung und zur Urteilsbildung – nicht mehr, aber eben auch nicht weniger!

Anmerkungen

1 Kirchenamt der Evangelischen Kirche in Deutschland (Hrsg.), *Im Geist der Liebe mit dem Leben umgehen. Argumentationshilfe für aktuelle medizin- und bioethische Fragen* (EKD-Texte 71), Hannover 2002, 18.

2 Umfrage der Deutschen Gesellschaft für humanes Sterben: www.dghs.de./presse.

3 Pressemitteilung der Bundesärztekammer vom 10. April 2001.

Perspektiven der klinischen Sterbehilfe aus der Sicht des Verfassungsrechtlers

Wolfram Höfling

I.

Als Verfassungsrechtler kann ich – unter der Prämisse, dass eine gesetzliche Regelung der Sterbehilfe in Deutschland weder wünschenswert noch überhaupt politisch realisierbar ist – nur auf einige normative und rechtsethische Orientierungsgrößen verweisen, die aus meiner Sicht den Entscheidungsprozess der im klinischen Alltag Handelnden steuern sollten. Anlage und Struktur einer angemessenen klinischen Entscheidungspraxis sollte dabei einer *Strategie risikoarmen Handelns* im Interesse des verfassungsrechtlichen Integritätsschutzes folgen, die zugleich gekoppelt ist mit einer Strategie der Ermöglichung von Patientenautonomie. Ein solcher Ansatz, der auch den „vor-klinischen" bzw. nicht-klinischen Bereich des Gesundheitswesens einbeziehen muss, zielt auf einen Reflexionsprozess, der sich an folgenden Maßstabsgrößen orientiert:

1. Beachtung der moralischen und normativen Asymmetrie von Töten und Sterbenlassen;
2. Anerkennung der Bedingung eines validen Patientenwillens als Voraussetzung jedes „Sterbehilfe-Handelns" von Ärzten und Pflegepersonal;
3. Skepsis gegenüber der Figur des mutmaßlichen Willens;
4. Respektierung einer Vorrangregel „im Zweifel für den grundrechtlichen Integritätsschutz" und Absage an jede fremdbestimmende Lebenswertdifferenzierung.

II.

1. Ausgangspunkt aller Überlegungen sollte die Einsicht in die immer noch[1] handlungskategoriale Unterscheidung von Töten und Sterbenlassen sein. Nun ist nicht zu bestreiten: Das juristische „Kategoriengeplapper"[2] um passive Sterbehilfe, quasi-passive Sterbehilfe, aktiv-indirekte oder aktiv-direkte Sterbehilfe usw. ist sowohl für die existentiell betroffenen Patienten wie für die ebenfalls ganz extensiv einbezogenen Ärzte und Pflegekräfte wenig hilfreich, ihnen vermutlich gar schlicht zuwider. Die Grenzen scheinen so fließend, dass sich eine genauere terminologische Unterscheidung weitgehend erübrigt.[3] Indes: Bei allen Abgrenzungsschwierigkeiten im Einzelnen sollte die Asymmetrie zwischen Töten und Sterbenlassen und die *These von der moralischen Signifikanz dieses Unterschieds* unterstrichen werden.[4]

Zwar kann allein die phänomenologische Unterscheidung von Tun und Unterlassen keine materiell ausschlaggebende Bedeutung haben; es kann auch nicht darauf ankommen, dass die verwendete Begrifflichkeit einmal mit positiver Konnotation – „Sterbenlassen" als etwas Menschliches – und einmal mit negativer Konnotation – „Töten" als etwas schlechthin Unmenschliches – verknüpft wird.[5]

Doch gibt es durchaus sachliche Ansatzpunkte für eine tragfähige Begründung der ethischen Differenz zwischen sog. passiver und sog. aktiver Sterbehilfe:[6]

(1) Zunächst: Zwischen aktivem Eingreifen und Geschehenlassen besteht ein wichtiger Unterschied im verschieden hohen Risiko von Fehleinschätzungen. Die Bewertung, dass der Leidenszustand eines Patienten irreversibel ist, kann in einzelnen Fällen falsch sein. Aktive Sterbehilfe ist strikt unumkehrbar und nimmt damit dem Patienten die Chance, eine in diesem Fall objektiv mögliche Besserung seines Zustandes noch zu erleben. Bei lediglich passiver

Sterbehilfe dagegen wird ihm diese Chance gelassen, zumindest dann, wenn sie auch ohne Weiterbehandlung eintreten würde. Das Blatt kann sich auch nach einem Abbruch der Behandlung noch einmal wenden.[7]

(2) Sodann: Zwischen aktiver und passiver Sterbehilfe besteht eine weitere Differenz in der unterschiedlich bedrohlichen Gefahr eines „Dammbruchs". Bei aller Problematik der Verwendung der Dammbruch-Metapher bzw. des Arguments des *slippery slope* bzw. der schiefen Ebene[8] kommt ihr bzw. ihm für die vorliegende Problematik doch eine beträchtliche Überzeugungskraft zu. Der Düsseldorfer Philosoph Dieter Birnbacher hat von einem durchaus nuancenreichen und differenzierten Ansatz aus[9] insoweit ausgeführt: „Es ist nicht nur nicht auszuschließen, sondern eher wahrscheinlich, dass die Zivilisationsdecke dünner ist, als es dem vorherrschenden kulturellen Selbstverständnis entspricht. Dass die menschlichen Tötungswünsche ernst zu nehmen sind, legen z. B. Befragungsergebnisse nah, die auf eine erschreckend hohe Akzeptanz von Mitleidstötungen und sozial-darwinistischen „Euthanasie"-Aktionen hinweisen.[10]

Auch das kleine Risiko eines Dammbruchs sollte deshalb zur Vorsicht mahnen. Es ist nicht auszuschließen, dass die Gegner der aktiven Sterbehilfe Recht haben und dass eine weitgehende Liberalisierung in der Tat die Hemmschwelle gegen die Mitleidstötung senkt ... Immerhin dürfte eine mögliche Praxis der Mitleidstötung noch bedeutend unakzeptabler sein als eine mögliche Praxis der passiven Sterbehilfe ohne ausdrückliches Verlangen."[11]

(3) Schließlich: Wichtige Unterschiede kennzeichnen die passive und aktive Sterbehilfe auch, wenn man die Sinnstruktur ärztlichen Handelns im Blick auf Kausalität, Intentionalität und Motivation näher betrachtet.[12] Namentlich in ersterer Hinsicht ergeben sich Differenzen. Handlungen des Arztes vollziehen sich an einem Organismus als einem teleologisch verfassten und sich selbst er-

haltenden Ganzen. Gerät der Organismus, dem die Tendenz innewohnt, seine Teile und Subsysteme fortwährend zu einer Einheit zu integrieren, in einen Prozess innerorganismischer Auseinandersetzungen und tritt dieser Prozess schließlich ein in die Phase der irreversiblen Desintegration des Organismus als Ergebnis eines solchen inneren Prozesses, so spricht man von „Sterben". Von „Tötung" kann man demgegenüber dort sprechen, wo der Organismus von einer äußeren Einwirkung oder Noxe gleichsam „überwältigt" wird. „Die Negativität tritt hier dem Organismus von außen entgegen und wirkt unmittelbar tödlich, ohne von ihm noch in die ‚innere Negativität' der Krankheit verwandelt zu werden".[13]

Sterben lassen heißt demnach, einem bereits begonnenen, innerorganismischen Desintegrationsprozess seinen Lauf zu lassen, ohne ggf. die zentralen Lebensfunktionen zu stützen bzw. zu substituieren. Demgegenüber bewirkt aktive Sterbehilfe die Abkopplung des ärztlichen Handelns vom Krankheitsprozess und bedeutet insoweit eine Wendung gegen den Organismus als ganzen.[14]

Auch die Fälle der sog. indirekten Sterbehilfe sind kein durchschlagendes Argument gegen die Differenz-These. Hier wendet sich die ärztliche Intervention gerade nicht gegen den Organismus als ganzen, sondern setzt gerade an der Krankheit und ihren Symptomen an und ist insoweit unmittelbar therapeutisch motiviert. Mehr noch: Das Zurückbleiben hinter einer wirklich kunstgerechten Schmerztherapie kann den Tatbestand der Körperverletzung erfüllen.

2. Ein valider Patientenwille ist grundsätzlich notwendige Voraussetzung für alle Formen der „Sterbehilfe" unterhalb der Schwelle aktiver Tötung.

Verfassungsrechtlich gewährleistet Art. 2 Abs. 2 Satz 1 GG nicht nur das Grundrecht auf Leben als Integritätsschutzgarantie, sondern auch – so das Bundesverfassungsgericht – das „Selbstbestimmungsrecht des Menschen über seinen Körper".[15] „In diesem Bereich ist er" – der Einzelne – „aus Sicht des Grundgesetzes frei, seine Maßstäbe zu wählen und nach ihnen … zu entscheiden"[16]. Mit all diesen Aspekten stellt Art. 2 Abs. 2 Satz 1 GG „eine besondere Verbürgung der in Art. 2 Abs. 1 GG gewährleisteten freien Entfaltung der Person" dar.[17]

Die vorstehend vorgenommene „Verortung" der individuellen Befugnis zu Entscheidungen im Grenzbereich von Leben und Tod in der grundrechtlichen Garantie des Art. 2 Abs. 2 Satz 1 GG ist allerdings nicht unbestritten. Zum Teil wird auch vertreten, die Patientenautonomie wurzele im allgemeinen Persönlichkeitsrecht des Art. 2 Abs. 1 GG (ggf. i. V. m. Art. 1 Abs. 1 GG).[18] Dass die Befugnis zur selbstbestimmten Lebens- und Sterbensgestaltung verfassungsrechtlich verbürgt ist, wird aber jedenfalls heute kaum noch bestritten.

In der Debatte um Sterbehilfe ist darüber hinaus vielfach vom Recht des Patienten auf einen menschenwürdigen Tod die Rede.[19]

Bei dieser Redeweise muss indes näher geklärt werden, ob damit im eigentlichen Sinne die verfassungsrechtliche Garantie des Art. 1 Abs. 1 GG zum zentralen Maßstab der Konfliktentscheidung im Grenzbereich zwischen Leben und Tod gemacht werden soll. Ihren Gewährleistungsdimensionen nach garantiert der Menschenwürdesatz des Art. 1 Abs. 1 GG in der Tat fundamentalen Schutz der körperlichen Integrität gleichermaßen wie Wahrung personaler Identität.[20] Allerdings ist bei der Auslegung des grundgesetzlichen Würdesatzes dessen spezifische Normstruktur und sein Konkurrenzverhältnis zu den übrigen grundrechtlichen Gewährleistungen der Verfassung zu beachten: Der erstere Umstand spricht für ein in normativer Hinsicht restriktives Verständnis der Menschenwürdegarantie in dem Sinne, das die Verfassungsbestimmungen lediglich vor schweren, fundamentalen Beeinträchtigungen elementarer Persönlichkeitskomponenten schützt. Zum zweiten steht Art. 1 Abs. 1 GG in einem Verhältnis der partiellen Spezialität und Subsidiarität zu den übrigen Grundrechten, namentlich auch zur Gewährleistung des Lebensgrundrechts.[21]

Dies schließt nicht aus, dass ein medizintechnischer Apparat „alles Machbare unter Verletzung der Menschenwürde ... umsetzen will"[22] und dann auch die Verfassungsgarantie des Art. 1 Abs. 1 GG verletzt. Indes: Grundsätzlich gilt, dass eine intensivmedizinische Lebenserhaltung – erst recht: das Nicht-Verhungern- und Nicht-Verdursten-Lassen von Apallikern – keineswegs bereits das Recht auf einen menschenwürdigen Tod beeinträchtigt.[23] Die Menschenwürdegarantie ist erst dann tangiert, wenn der moribunde Mensch zum erniedrigten Objekt medizinischer Behandlung wird.[24]

Der menschenfreundliche Umgang mit Kranken und Sterbenden wahrt allerdings die Würde des Menschen allemal besser als die schnelle Beendigung seines Lebens.[25]

Indes ist die Realität des Sterbens oftmals durch Konfliktkonstellationen gekennzeichnet, in denen der einzelne Patient glaubt, seine Vorstellungen vom „würdigen Tod" nicht oder nicht mehr hinreichend deutlich in konkrete Entscheidungsvorgaben ummünzen zu können. Die Voraussetzung einer autonomen Willensentscheidung und Willensäußerung – nämlich ein einsichts- und urteilsfähigen Subjekt, das eine hinreichend informierte Entscheidung zu treffen vermag – ist gerade im intensivmedizinischen Kontext, aber zunehmend auch in der Geriatrie nicht mehr gegeben. Hier greift nun die „Zeitdimension" des Selbstbestimmungsrechts über die körperliche Integrität. Geschützt ist auch die Freiheit zur „Selbstbestimmung durch zukunftswirksame Festlegung(en)".[26]

Der Einzelne ist danach in entscheidungsfähigem Zustand von Grundrechts wegen (Art. 2 Abs. 2 Satz 1 GG) befugt, „für Situationen kommender Entscheidungsunmündigkeit (etwa des irreversiblen Bewusstseinsverlustes nach Aufnahme künstlicher Ernährung) Vorsorgedispositionen zu treffen ... Das Verfassungsrecht leistet seinen Freiheitsdienst gerade dadurch, dass es dem Einzelnen auch die Freiheit garantiert, vor solcher Verfallssituation vorsorglich über die zulässigen oder unzulässigen Eingriffe in die körperliche Integrität zu disponieren und so durch konditioniertes oder unbedingtes Behandlungsveto eigenes Sterben sicherzustellen."[27] Es geht – mit anderen Worten – um die grundrechtlich geschützte „Zukunftssorge durch fallvorgreifliche Gestattungen, Festlegungen oder Verbote ärztlicher Maßnahmen lebensverlängernder Art".[28]

Der Patient konkretisiert in solchen Konstellationen eine von vornherein im Behandlungsverhältnis angelegte immanente Grenze beziehungsweise dem Patienten zugewiesene Kompetenz: es geht um eine „Behandlung", also um ein auf die Behebung und Linderung von gesundheitlichen Leiden (von denen sein Körper erfasst ist) gerichtete Tätigkeit (ärztliche Tätigkeit).[29] Der Patient hat hier ein Definitionsprimat: Er muss entscheiden, welche Behandlung – welche therapeutischen Bemühungen, seinen kranken Körper zu stabilisieren – er sich zumuten (lassen) will. Insofern hat er ein „Direktionsrecht gegenüber dem Arzt".[30]

3. Die Hervorhebung der Bedeutung eines validen Patientenwillens ist gekoppelt mit einer *Skepsis gegenüber der Figur des mutmaßlichen Willens*. Auf diese nur „scheinbar harmlose Figur" (Roxin) wird regelmäßig dort rekurriert, wo eine Erklärung des Patienten nicht vorliegt. Doch kann dieser Rückgriff nicht selten in ein Labyrinth ungelöster Probleme führen.[31] Wird nämlich nach einer mutmaßlichen Einwilligung des Patienten in den Behandlungsabbruch ge-

forscht, stellt sich die Frage, ob damit nicht der falsche Ansatzpunkt gewählt, das „Pferd quasi vom Schwanz her auf[ge]zäumt" wurde.[32] Man könnte nämlich auch fragen, ob eine mutmaßliche Einwilligung in die Fortsetzung einer Behandlung vorliegt. Einwilligungsbedürftig ist nämlich grundsätzlich der ärztliche Eingriff und nicht sein Unterbleiben. Die „logisch vorrangige Frage nach dem mutmaßlichen Willen zur Behandlung"[33] ist dabei keineswegs nur eine akademische. Dies zeigt sich an den Konsequenzen der durchaus typischen Situation einer Entscheidungsunsicherheit oder eines sog. „non liquet", von der ja auch der BGH im sog. Kemptener Fall[34] ausging. Fehlen nämlich hinreichende Anhaltspunkte für einen mutmaßlichen Patientenwillen zum Abbruch, dann ist die Weiterbehandlung geboten und nach Auffassung des BGH auch durch den Totschlagsparagraphen des § 212 StGB strafbewehrt. Fehlen solche Anhaltspunkte hingegen im Blick auf die Weiterbehandlung und kommt es hierauf entscheidend an, dann ist deren Abbruch geboten, diesmal strafbewehrt durch das Körperverletzungsdelikt des § 223 StGB. „Da aber die beiden ‚non liquet'-Situationen sich umgekehrt proportional zueinander verhalten – je wahrscheinlicher der Wille ‚pro Abbruch', desto unwahrscheinlicher der ‚pro Behandlung', und vice versa –, entsteht die Gefahr einer strafrechtlich paradoxen Konstellation: Je mehr an Sicherheit man für die mutmaßliche Einwilligung in die eine der beiden Alternativen verlangt, um eine diesbezügliche Strafbarkeit auszuschließen, desto sicherer erzwingt man geradezu die Strafbarkeit nach der anderen Alternative. Am Beispiel unseres Falles: Der *Senat* postuliert in seinem zweiten Leitsatz ‚*strenge* Anforderungen' für die Annahme eines mutmaßlichen Einverständnisses mit dem Behandlungsabbruch. Er verlangt also jedenfalls eine deutlich höhere als bloß 50 %ige Wahrscheinlichkeit dieses Einverständnisses; fixieren wir sie der Einfachheit halber (und eher vorsichtig) bei

80 %. Dann reicht alles im Bereich zwischen 50 und 80 % nicht aus. Aber in diesem Bereich ist jedes *Ansteigen* der Wahrscheinlichkeit ‚pro Abbruch' (wiewohl dafür noch nicht ausreichend) mit einem gleichen *Abnehmen* der Wahrscheinlichkeit ‚pro Behandlung' identisch. 70 % für den Abbruch bedeuten 30 % für die Weiterbehandlung; sie reichen aber nach den ‚strengen' BGH-Anforderungen für jenen nicht aus. Dann ist freilich rätselhaft, wie die bloß 30 %ige Wahrscheinlichkeit ‚pro Weiterbehandlung' für *diese* ausreichen sollte. Und eine weitere Alternative gibt es nicht."[35]

Soll der mutmaßliche Wille mehr sein als ein Freibrief für fremdbestimmende Mutmaßungen über den „Wert" des Lebens, mehr auch als ein Appell an das ärztliche Ethos, dann kann er nur dort eine Rolle spielen, wo konkrete Anhaltspunkte für den Willen des Patienten vorliegen, die einerseits zwar unterhalb des Niveaus einer validen Erklärung liegen, andererseits aber – etwa auch in Kombination mit Auskünften des Hausarztes oder/und von Familienangehörigen – hinreichende Kriterien für eine „Richtungsentscheidung" liefern. Allenfalls dann wird der mutmaßliche Wille das kommunikative Vakuum (Robert Leicht) teilweise füllen können.

4. Für die durchaus häufigen Konstellationen von normativer und moralischer Entscheidungsunsicherheit halte ich schließlich aus verfassungsrechtlicher Sicht zwei Aspekte für handlungsleitend:

(1) Der erste betrifft die These vom Lebenwollen als der „fundamentaleren Tatsache" menschlichen Lebens.[36] Für sie spricht aus verfassungsrechtlicher Sicht die Garantie des Lebensgrundrechts durch Art. 2 Abs. 2 GG, die ihrerseits durchaus als Antwort auf historische Erfahrungen konzipiert ist. Von diesem Ausgangspunkt her ist die Annahme einer mutmaßlichen Einwilligung in die (Weiter-)Behandlung die Regelvermutung.

In einer solchen Konstellation tritt der Selbstbestimmungsaspekt des Lebensgrundrechts – der ja nicht „aktiviert" werden kann – zurück und der integritätsschützende Hauptaspekt des Art. 2 Abs. 2 Satz 1 Variante 1 GG tritt in den Vordergrund. Es gilt dann eine Vermutung dafür, dass der Grundrechtsinhaber ein unbeeinträchtigtes Fortdauern seines Lebens will. Dies ist die mit der Statuierung von Art. 2 Abs. 2 Satz 1 GG getroffene Grundentscheidung des Grundgesetzes: dass typischerweise lebende Menschen ihr Leben, die Lebendigkeit des Körpers, geachtet wissen wollen. Nur dies wird dem Charakter der Abwehrrechte gerecht: dass Eingriffe prinzipiell nicht im Interesse des Grundrechtsinhabers liegen. Nur eine solche Vermutungsregel „pro vita" vermag auch jener gleichsam systemimmanenten Logik entgegenzuwirken, die darin besteht, dass einer Gesellschaft, die den Integritätsschutz – oder philosophisch-traditionell gesprochen: die Heiligkeit des Lebens – eintauscht gegen das Prinzip der Freiheit, das Leben der Unfreien schwerlich heilig sein kann.[37]

(2) Der Integritätsschutz ist dabei auch resistent gegen „Lebenswert-Differenzierungen". Keine „allgemeinen Wertvorstellungen" – wie der BGH im Kemptener Fall meinte – über das scheinbar sinnlose Dasein eines Appallikers rechtfertigen eine Relativierung des Lebensgrundrechts. Dieses in Verbindung mit der Würdegarantie des Art. 1 Abs. 1 GG enthält als Kernaussage geradezu das strikte Gebot der Lebenswert-Indifferenz. Dies mag auch ein spezifisch deutscher Aspekt unseres Themas sein. Die Würdegarantie und das Lebensgrundrecht grundgesetzlicher Prägung sind Antworten auf historische Erfahrungen und speichern insoweit ein besonderes Menschenbild. Das gelegentlich leichtfertige Urteil, die intensivmedizinische Aufrechterhaltung des Lebens sei eine würdeverletzende Manipulation des Patienten, spielt die beiden grundgesetzlichen Zentralkategorien unzulässig gegeneinander aus.

III.

Mit dem Bemühen um relative analytische Klarheit und normative Differenzierung kann es indes nicht sein Bewenden haben. Damit wird man der Verunsicherung der Menschen, ihrer Angst vor einer technikzentrierten Übermedikalisierung von Sterben und Tod nicht begegnen können. Ein Gemeinwesen, das durch die Verfassung auf den wirksamen Schutz von Integrität und Würde verpflichtet ist, hat Verantwortung für die Voraussetzungen und Bedingungen zur Realisierung eines menschenwürdigen Lebens und Sterbens. Hierzu möchte ich abschließend in meiner Funktion als stellvertretender Vorsitzender der Deutschen Hospiz Stiftung noch einige Überlegungen vortragen.[38]

Dass es um diese Bedingungen nicht zum Besten, nicht einmal einigermaßen erträglich bestellt ist, das ist nun aber kein Schicksal, sondern das Resultat politischer Entscheidungen zur Ressourcenallokation im Gesundheitswesen. Nichts macht dies deutlicher als der Blick auf einige wenige Zahlen und Fakten. Trotz gewisser Fortschritte seit den 90er Jahren:

- Auf eine Million Einwohner kommen sieben Palliativbetten bei einem Bedarf von mindestens 30.
- Ähnlich sieht es auch bei den stationären Hospizbetten aus. Hier steht ebenfalls einem Bedarf von ca. 25–30 Betten ein Angebot von etwa 7–8 Betten gegenüber.
- Trotz großen Bedarfs existieren bundesweit lediglich 15 ambulante palliativmedizinische (Konsiliar-)Dienste.
- Palliativmedizinische Lehrstühle sind immer noch seltener als selten, obwohl weite Bereiche der Palliativmedizin noch ein erhebliches Forschungsdefizit aufweisen.
- Vor diesem Hintergrund ist zwangsläufig auch die Aus-, Fort- und Weiterbildung völlig unzureichend.

Die sich hieraus ergebenden Forderungen drängen sich geradezu auf:

– Der Ausbau des palliativmedizinischen und palliativpflegerischen Angebots im stationären wie ambulanten Bereich muss eine hohe Priorität bekommen.
– Die Finanzierung von Palliative Care in Deutschland muss gesichert werden – etwa durch Tagesbudgets für Schwerstkranke und Sterbende, aber auch durch die explizite Berücksichtigung der Palliativmedizin in den Fallpauschalen bzw. bei den Diagnosis Related Groups.
– Qualitätssicherungsmaßnahmen müssen hinzutreten, etwa Palliative Care als Fachqualifikation für Pflegekräfte und für die psychosozialen Berufe, aber auch Palliative Care als Facharztausbildung; Pflichtfortbildung in Palliative Care; Einrichtung von Palliative-Care-Zentren an jeder medizinischen Universitätsklinik. Einhergehen muss dies mit der Sicherung auch ethischer Standards durch interdisziplinäre Supervision und Ethikkonsile jedenfalls an den größeren Einrichtungen.
– Ein Informationsaustausch zwischen den Palliative-Care-Diensten und deren Vernetzung untereinander müssen ebenfalls etabliert werden.
– Ganz besondere Aufmerksamkeit aber verdient die geriatrische Palliativmedizin, ein nahezu völlig ignorierter Bereich.[39]

Es liegt auf der Hand: Der würdige Umgang mit Schwerstkranken und Sterbenden ist allemal aufwendiger als der schnelle Tod durch aktive Formen der Sterbehilfe.[40] Doch diesen Aufwand schuldet das Gemeinwesen den Betroffenen. Werden wir dem nicht gerecht, so sind wir mitverantwortlich für das Entstehen einer Atmosphäre, die es Sterbenden und Schwerstkranken als ein Zeichen von Freiheit nahe bringt, in niemandes Schuld mehr zu stehen.[41] Das aber wäre das Scheitern einer humanen Rechts-und Moralordnung.

Anmerkungen

1 Siehe auch Frank Saliger, Sterbehilfe ohne Strafrecht? Eine Bestimmung des Anwendungsbereichs von Sterbehilfe als Grundstein für ein intradisziplinäres Sterberecht, KritV 2001, 382 (433).

2 Karl Engisch, Konflikte, Aporien und Paradoxen bei der rechtlichen Beurteilung der ärztlichen Sterbehilfe, in: FS Dreher zum 70. Geburtstag, Berlin u. a. 1977, S. 309 (314 f).

3 Beispielhaft hierfür Walter Jens/Hans Küng, Menschenwürdig sterben, München 1995, 56; kritisch hierzu Adolf Laufs, Selbstverantwortetes Sterben?, NJW 1996, 763 f (763).

4 Sechs Asymmetrien benennt Anselm W. Müller, Tötung auf Verlangen – Wohltat oder Untat?, Stuttgart 1997, 95 ff; zur Gegenposition, dort auch zum Begriff von der moralischen Signifikanz: Jean-Claude Wolf, Aktive und passive Euthanasie, ARSP 1993, 393 ff.

5 Dazu zu Recht D. Birnbacher, Recht auf Sterbehilfe – Pflicht zur Sterbehilfe?, in: G. Orsi, K. Seelmann (Hrsg.), Medizin-Recht-Ethik, Rechtsphilosophische Hefte VIII, Frankfurt a. M. u. a. 1998, S. 75–88, 75 ff. (75).

6 Zum folgenden Wolfram Höfling, „Sterbehilfe“ zwischen Selbstbestimmung und Integritätsschutz, JuS 2000, 111 ff.

7 Zu diesem Argument etwa P. L. Beauchamp, Antwort auf Rachels zum Thema Euthanasie, in: Sass (Hrsg.), Medizin und Ethik, Stuttgart 1989, S. 265 (271); Birnbacher, Recht auf Sterbehilfe – Pflicht zur Sterbehilfe?, a.a.O., S. 82.

8 Vgl. hierzu die Bestandsaufnahme der Diskussion bei Barbara Guckes, Das Argument der schiefen Ebene, Stuttgart 1997.

9 Siehe auch Dieter Birnbacher, Tun und Unterlassen, Stuttgart 1995; zum hier interessierenden Problemkreis Christian Schneider, Tun und Unterlassen beim Abbruch lebenserhaltender medizinischer Behandlung, Berlin 1997.

10 Vgl. insoweit auch die amerikanische Studie von D. Lamb, Down the slippery slope, London u. a. 1988.

11 D. Birnbacher, Recht auf Sterbehilfe – Pflicht zur Sterbehilfe?, a.a.O., S. 83. Vgl. zur Mitleidstötung auch Klaus Dörner, Tödliches Mitleid, Güterloh 1993.

12 Näher hierzu Thomas Fuchs, Was heißt „töten“?, Die Sinnstruktur ärztlichen Handelns bei passiver und aktiver Euthanasie, Ethik in der Medizin 1997, 78 ff.

13 So Fuchs, a. a. O., S. 83 f.

14 Siehe Fuchs, a. a. O., S. 84, der zugleich auf D. Callahan, When self-determination runs amok, Hastings Center Report 22 (1992), 52 ff verweist, der den Unterschied der Kausalität wie folgt demonstriert: Die tödliche Injektion beendet das Leben des Kranken ebenso wie die des Gesunden; der Behandlungsabbruch aber führt nur beim Sterbenskranken zum Tod, hätte beim Gesunden dagegen keine Auswirkung.

15 So der Bundesgerichtshof in BGHSt 11, 111 (114) – „Myom-Fall".

16 BVerfGE 52, 131 (175).

17 BVerfGE 52, 131 (175).

18 Dazu siehe exemplarisch BVerfGE 52, 131 (168) – Mehrheitsmeinung; siehe auch die Diskussion des Problems unter dem speziellen Aspekt der Selbsttötung bei Udo Fink, Selbstbestimmung und Selbsttötung, Köln u. a. 1992, S. 50 ff.

19 Siehe etwa Fritsche/Goullon/Eser/Braun/Riquet, Das Recht auf einen menschenwürdigen Tod?, Karlsruhe 1977; Franz Böckle, Menschenwürdiges Sterben, Zürich u. a. 1979; M. Burkhart, Das Recht, in Würde zu sterben – ein Menschenrecht, Zürich 1983; Wilhelm Uhlenbruck, Der Rechtsanspruch des Patienten auf einen menschenwürdigen Tod, in: Therapie der Gegenwart, Heft 1/1974, S. 127 ff; H.-D. Hiersche, Das Recht des Menschen auf seinen würdigen Tod, MedR 1987, 83 ff; H. Wilms/Y. Jäger, Menschenwürde und Tötung auf Verlangen, ZRP 1988, 41 ff.

20 Näher zu dieser Würdekonzeption Höfling, in: Sachs (Hrsg.), Grundgesetz-Kommentar, 2. Aufl. München 1999, Art. 1 Rdn. 19 ff mit zahlreichen Nachweisen.

21 Siehe hierzu näher Höfling, a. a. O., Art. 1 Rdn. 7 ff, 17 f, 57 ff.

22 So die Formulierung in: Deutsche Hospiz Stiftung, Medizinische Patientenanwaltschaft und Betreuungsverfügung, Dortmund 1999, S. 3.

23 Siehe auch Achenbach, in: Ochsmann (Hrsg.), Lebens-Ende, Heidelberg, 1991, S. 137 (152).

24 Kritisch zum Rückgriff auf den Menschenwürdebegriff auch W. Uhlenbruck, Selbstbestimmtes Sterben durch Patiententestament, Betreuungsverfügung, Vorsorgevollmacht, Berlin 1997 , S. 251 ff.

25 So zu Recht Bernsmann, ZRP 1996, 87 (91); dort, FN 66, heißt es weiter: „‚Würdige' Lebensverlängerung ist jedenfalls aufwendiger als der schnelle Tod. Das sollte in Zeiten, in denen fast alles un-

ter dem Diktat der Kostenminimierung steht, zum Nachdenken anhalten". Zu Recht weist Bernsmann, a. a. O., darauf hin, dass die Möglichkeiten der Würdebewahrung durch Pflege und Zuwendung derzeit auch nicht nur annähernd ausgeschöpft seien.

26 M. Sachs, in: Stern, Staatsrecht, Bd. III/1, München 1988, S. 642.

27 W. Bottke, Strafrechtliche Probleme am Lebensbeginn und am Lebensende – Bestimmungsrecht versus Lebenserhaltung?, in: Deutsche Sektion der Internationalen Juristen-Kommission (Hrsg.), Lebensverlängerung aus medizinischer, ethischer und rechtlicher Sicht, Heidelberg 1995, S. 35 (99 f).

28 W. Bottke, a. a. O., S. 101.

29 Zur Definition von „Behandlung" vgl. W. Uhlenbruck, Der Inhalt des Arztvertrages, in: A. Laufs u. a., Handbuch des Arztrechts, 2. Aufl. München 1999, § 44 Rn. 1–3.

30 W. Uhlenbruck, Die Pflicht zum Behandlungsabbruch, a. a. O., § 58 Rn. 6.

31 So etwa Merkel, ZStW 107 (1995), 545 (558).

32 So Scheffler, Sterbehilfe mit System, in: Joerden (Hrsg.), Der Mensch und seine Behandlung in der Medizin, Heidelberg 1999, S. 249 (269).

33 So Scheffler, in: Joerden (Hrsg.), a. a. O., S. 249 (269).

34 BGHSt 40, 257.

35 So Merkel, ZStW 107 (1995), 545 (560).

36 In diesem Sinne Hans Thomas, Begründbarkeit des Selbstverständlichen?, ZfL 1999, 23 (25) in seiner Rezension der eine vergleichbare Position vertretenden Studie von Anselm W. Müller, Tötung auf Verlangen – Wohltat oder Untat?, a.a.O., S. 61 ff; vgl. auch Klaus Bernsmann, Der Umgang mit irreversibel bewusstlosen Personen und das Strafrecht, ZfL 1996, 87 (91).

37 So der Strafrechtler Günther Jakobs, FAZ vom 23. Juli 1996, S. 33; siehe auch Jan Ross, FAZ vom 10.8.1996, S. 1, der davor warnt, dass die Freiheit zu einem Selektionsinstrument wird.

38 Zu folgendem Wolfram Höfling, Palliativmedizin und Sterbebegleitung: Überlegungen aus rechtswissenschaftlicher Sicht, in: Staatsbürgerliche Stiftung Bad Harzburg e. V., Jahrbuch 2002, S. 17 (21 f).

39 Zur Palliativmedizin in der Geriatrie siehe etwa Bettina Sandgathe Huseb, in: Huseb/Klaschik, Palliativmedizin, Berlin u. a. 2000, S. 335 ff.

40 Siehe auch Klaus Bernsmann, ZRP 1996, 87 (91 mit FN 66).
41 Siehe auch Assheuer, Die Zeit Nr. 52 vom 19.12.2001, S. 33 im Blick auf die Niederlande.

Perspektiven der klinischen Sterbehilfe aus der Sicht des Mediziners

Erland Erdmann

1. Einleitung

Das Sterben beendet unser weltliches Leben. Wir alle müssen durch diesen Prozess hindurch. Den meisten von uns macht vor allem das *fremdbestimmte* Sterben Sorgen, besonders der Gedanke, dass wir unseren diesbezüglichen eigenen Willen nicht mehr äußern können. Ich werde im Folgenden versuchen, aus internistischer Sicht zu den Möglichkeiten der klinischen Sterbehilfe einige Gedanken zu formulieren, dabei aber weniger auf theoretische Aspekte als auf die klinische Praxis eingehen. Aus den dargelegten Ansichten und Beispielen zur Sterbehilfe wird sich schließlich auch ein Vorschlag zur praktischen Umsetzung ergeben.

2. Exemplarische Falldarstellungen

Fall 1
Eine 89-jährige geistig völlig gesunde und verständige Patientin wird in die Klinik gebracht, weil sie mehrfach Ohnmachtsanfälle gehabt hat, in deren Verlauf sie gestürzt ist und sich eine Oberarmfraktur zugezogen hat. Sie klagt über ausgeprägte pektanginöse Beschwerden bei körperlicher Belastung und starke Luftnot schon bei geringen Betätigungen wie z. B. beim Toilettengang. Sie hat geschwol-

lene Beine und kann wegen Atemnot keinen Satz zu Ende bringen. Bei der körperlichen Untersuchung findet sich eine schwerste Aortenklappenstenose, die zu einer ausgeprägten Herzinsuffizienz geführt hat. Ein längeres Weiterleben unter konservativer, medikamentöser Therapie erscheint nicht möglich. Der hinzugezogene Herzchirurg hält eine Operation für technisch möglich und trotz des Alters der Patientin für erwägenswert. Man bespricht sehr genau das direkte Operationsrisiko (20–40 Prozent), aber auch die sich dann ergebenden Folgen. In diesem Alter erscheint eine postoperative Rehabilitation nicht nur langwierig, sondern auch nicht immer erfolgreich. Es ist damit zu rechnen, dass die geistige Kapazität durch die Operation an der Herz-Lungen-Maschine altersbedingt stark eingeschränkt bleiben wird. Auch die Fähigkeit, sich selbst weiter zu versorgen, wird wahrscheinlich in Frage gestellt sein. Die Familienangehörigen sind der Meinung, dass die Patientin hier selbst entscheiden muss. Die Patientin spricht sich eindeutig gegen eine Operation aus und meint, dass sie lieber sterben möchte als sich einem in ihrem Alter derart riskanten Eingriff zu unterziehen. Sie bittet darum, in der Klinik bleiben zu dürfen, und sagt, dass sie ihr Leben eigentlich gelebt habe. Medikamente möchte sie nicht mehr einnehmen. Man pflegt und versorgt sie in einem Einzelzimmer trotz zunehmender Lungenstauung, auftretenden Fiebers und dementsprechender Luftnot konservativ. 10 Tage später verstirbt die Patientin im Beisein ihres Sohnes.

Fall 2

Ein 94-jähriger Patient wird wegen ausgeprägter Angina pectoris nach zwei Ohnmachtsanfällen in die Klinik gebracht. Bei der körperlichen Untersuchung zeigt sich eine Herzfrequenz von 40 pro Minute. Das EKG spricht für einen frischen kleineren Infarkt und einen AV-Block dritten

Grades. Die sofort durchgeführte Herzkatheteruntersuchung zeigt eine schwere koronare Dreigefäßerkrankung ohne Möglichkeit einer Intervention mit Hoffnung auf Heilung. Die Familienangehörigen sprechen sich nachhaltig dafür aus, „alles dafür zu tun, das Leben des Großvaters zu erhalten." Der Patient selbst meint, dass er „so nicht mehr weiterleben kann", trifft aber keine konkrete Entscheidung. Daraufhin entschließt man sich, wegen des kritisch langsamen Herzschlages einen Herzschrittmacher zu implantieren. Nach der relativ kleinen Operation steht der Patient nachts auf, um zur Toilette zu gehen. Dabei stürzt er und macht anschließend einen sehr verwirrten Eindruck. Er wird bettlägerig, bekommt eine Lungenentzündung und erklärt, dass er müde sei. In dieser Situation erscheint es vernünftig, den Patienten nur noch symptomatisch zu behandeln. Jetzt sehen auch die Angehörigen das nahende Lebensende. 14 Tage später verstirbt er an Herzkreislaufversagen.

In unserem Beispiel hat die 89-jährige Patientin durch ihre Entscheidung gezeigt, dass sie sterben möchte. Sie hat die mögliche komplizierte medizinische Intervention abgelehnt und um eine einfache Pflege und Hilfe zum Sterben gebeten. Allen Beteiligten erschien dieser Weg sinnvoll und würdig. Die Hilfe bestand lediglich darin, der Patientin ihren Willen zu lassen. Im Fall des 94–jährigen Patienten waren Angehörige und Patient sich noch nicht darüber im Klaren, dass das Ende nahe war und medizinische Interventionen letztlich fruchtlos bleiben würden. Man kam dem Wunsch der Angehörigen bei Passivität des Patienten nach und implantierte (im Nachhinein sinnlos) wegen der ausgeprägten Bradykardie bei kleinem Infarkt einen Schrittmacher. Wäre der Patient in der Lage gewesen, sein nahes Ende einzusehen, wären diese letztlich frustranen medizinischen Interventionen unterblieben.

Natürlich ist es auch bei sehr alten Kranken nicht immer sofort offensichtlich, dass der Sterbeprozess begonnen hat. Häufig weiß man das erst im Nachhinein. Angehörige möchten für ihre Eltern zumeist alles tun, um das Leben zu erhalten. Die Erfüllung dieses verständlichen Wunsches mündet oft in einer mehr oder weniger würdelosen Verlängerung der Leidenszeit. Dies ist selbst erfahrenen Ärzten am Anfang häufig nicht klar.

3. Die Bedeutung der Angehörigen

Es entspricht der heutigen medizinischen Erfahrung, dass Angehörige den beginnenden oder zeitlich bald zu erwartenden Tod als Diagnose nur selten akzeptieren. Gerade in der Laienpresse wird häufig darüber berichtet, dass medizinische Eingriffe das Blatt oft noch wenden können, so dass mancher Sohn und manche Tochter selbst im Falle eines sehr betagten Elternteils die Ärzte ersucht, „alles Mögliche" zu unternehmen, um das Leben zu verlängern. Es erfordert größtes Fingerspitzengefühl, Angehörige darauf vorzubereiten, dass in solchen Fällen auch komplexe medizinische Maßnahmen in der Regel erfolglos sein werden. Der erfahrene Arzt weiß, dass die Krankheit meist weiter fortgeschritten ist und eine ernstere Prognose hat, als man es im ersten Augenblick vermutet. Kommt man dem Wunsch der Angehörigen nicht nach und beschränkt sich auf die ordentliche, aber einfache Versorgung und Pflege des Patienten, passiert es immer häufiger, dass Angehörige wegen vermeintlich unterlassener Hilfeleistung einen Anwalt bemühen, sich in dieser Angelegenheit an die Klinikleitung wenden oder gar über den Staatsanwalt ein Ermittlungsverfahren in Gang setzen. Deshalb bedarf es in der Regel eines größeren Zeitaufwandes, den Zustand des gefährdeten Patienten zu besprechen und die Diagnosen –

auch in Hinsicht auf den vielleicht unvermeidlichen Tod – im Detail zu erklären.

Junge Ärzte erzählen den Angehörigen gelegentlich sprachlich ungeschickt, dass sie wegen Aussichtslosigkeit etwa die Katecholamininfusionen „abstellen" oder die Dialyse „nicht mehr durchführen" werden. Das kann zu leicht nachvollziehbaren Irritationen bei Angehörigen führen, ist aber in der Regel so auch falsch formuliert. Eine derartige lebens- und leidensverlängernde Therapie ist nicht mehr indiziert, wenn der Sterbeprozess begonnen hat. Es bedarf natürlich sehr großer Erfahrung, diesen Wendepunkt des Lebens zu erkennen und ebenso offen wie einfühlsam mit allen Beteiligten zu besprechen. Vor allem sollten Ärzte niemals missverständliche Formulierungen gebrauchen, etwa die, dass sie auf „eine bestimmte Therapie verzichten". Man kann auf ein Glas Wein oder ein Stück Schokolade verzichten, oder auch – als Patient! – auf eine angebotene Therapie. Wenn ein Arzt aber „auf eine Therapie verzichtet", so setzt er sich dem Verdacht aus, dass er durch medizinisches Handeln selbst eine Befriedigung erfährt und das Unterlassen der Eingriffes für ihn Verzicht bedeutet. Ärzte wollen Leben erhalten und freuen sich, wenn sie aktiv dazu beitragen können. Die Rolle des Arztes – wie ich sie verstehe – besteht aber auch (und besonders in ernsten Situationen) darin, nach genauer Besprechung mit dem Patienten seine Hilfe *anzubieten*. Wenn bestimmte Therapiemaßnahmen im Hinblick auf das nahende Ende überflüssig oder unsinnig werden, sind sie nicht indiziert. Mit „Verzicht" hat dies natürlich nichts zu tun.

Wenn eine gründliche Aufklärung der Angehörigen eines Schwerstkranken aus welchen Gründen auch immer unterbleibt, leiden diese an ihrer Ohnmacht und fühlen nur ihre Hilflosigkeit. Da sie den wahren Sachzusammenhang nicht erkennen, sind Fehlreaktionen oft nicht zu vermeiden.

Selten (aber dann oft latent aggressiv!) fordern Angehörige die Einstellung maschineller Unterstützungsmaßnahmen bei intensivmedizinisch behandelten Kranken. Erfahrungsgemäß ist dies jedoch nur dann ein wirkliches Problem, wenn kein kompetenter Arzt zuvor ausführlich mit allen Beteiligten gesprochen hat.

In dem Zwiespalt zwischen dem Versuch, ein Weiterleben zu ermöglichen, auf der einen Seite und der Notwendigkeit, die Unausweichlichkeit des Sterbens zu akzeptieren, auf der anderen Seite wird es nie eine eindeutige, für jedermann nachvollziehbare Entscheidung geben. Da das medizinische Personal häufig auch an mögliche juristische Folgen denkt, wagt es nur selten, was eigentlich geboten wäre, nämlich der Natur ihren Lauf zu lassen. Gerade dies würde aber in den meisten Fällen dem ernsthaften Wunsch des sterbenden Patienten entsprechen. Wer möchte schon das Versagen eines Organs nach dem anderen bewusstlos, eventuell künstlich beatmet und ohne die Möglichkeit, selbstbestimmt zu handeln, erdulden müssen? Hier bedarf es wirklicher ärztlicher Kunst, aber ebenso auch klarer Verfügungen von Patienten, die optimal schon lange vorher überlegt und geäußert werden sollten. Die öffentliche Diskussion dieser Thematik ist nach wie vor dringend erforderlich.

4. Die lediglich symptomatische Therapie als eine Form der Sterbehilfe

In einer Klinik kann es Sterbehilfe nur als Therapiebeendigung geben, die aber nicht mit dem Behandlungsende gleichzusetzen ist. Für eine aktive Sterbehilfe gibt es in Deutschland keine gesetzliche Grundlage. In den Niederlanden ist das anders. So stirbt dort auf eigenen Wunsch jeder fünfte Patient im Endstadium der ALS unter aktiver Mitwirkung eines Arztes.[1]

Wenn bei uns ein Patient sein Recht auf Selbstbestimmung ausübt, dann muss er die gewünschte Behandlung ohne Einschränkung (jede Form aktiver Tötung durch den Arzt natürlich ausgeschlossen) erhalten. Das gilt selbstverständlich auch für die Unterlassung lebensverlängernder Maßnahmen. Dies bedeutet natürlich, dass er vorher entweder eine Patientenverfügung schriftlich formuliert und optimalerweise auch seinen Angehörigen mitgeteilt hat oder sich, wie im Fall unserer Patientin, klar geäußert hat. Gegen diesen Willen darf und wird vernünftigerweise kein Arzt handeln. Auch die Unterlassung lebensverlängernder oder eingreifender intensivmedizinischer Maßnahmen muss vom Patienten selbst gefordert worden sein. Wir Ärzte sollten besonders bei ernsthaften Krankheiten bzw. Eingriffen versuchen, unseren Patienten den Gedanken an einen möglichen Tod, aber auch ihr diesbezüglich bedeutsames Selbstbestimmungsrecht nahe zu bringen. Liegt eine derartige Verfügung mündlich oder schriftlich bereits vor, muss sie befolgt werden. Aus meiner Sicht ist es nicht statthaft, sich über den Willen des Patienten hinwegzusetzen mit dem Argument, dass er die konkrete Situation bei Abfassung seiner Verfügung nicht übersehen konnte oder etwa mit dem Hinweis, dass manche Kranken hinterher zufrieden waren, wenn sie gegen ihren Willen intensivmedizinisch behandelt und so in Einzelfällen gerettet wurden. Das sind häufig Schutzbehauptungen paternalistischer Ärzte, die nicht einsehen wollen, dass zum einen der Tod zum Leben gehört bzw. an dessen Ende steht und zum anderen der Wille eines Menschen, seinen eigenen Tod würdig und selbstbestimmt zu erleben, Respekt verdient.

Natürlich ist vor komplexen medizinischen Eingriffen auch eine detaillierte Aufklärung erforderlich, die den Fall des Scheiterns und die Möglichkeit anschließender Reanimationsmaßnahmen und intensivmedizinscher Behandlungen einbezieht. Dann sollte der Patient dezidiert gefragt werden, wie er in diesem Falle behandelt werden möchte. Viele Eventualitäten sind ja doch immerhin so weit absehbar, dass sie – wenn wirklich eine sorgfältige Aufklärung des Patienten stattfindet – schon vorher zwischen Arzt und Patient besprochen werden können.

Die Rolle des Arztes als Begleiter und Berater des Patienten schließt es aus meiner Sicht aus, sich über dessen Willen hinwegzusetzen, wenn Komplikationen auftreten, die tödlich enden können. Häufig ist das Stolpern von einer Komplikation in die nächste die Ursache für langwierige intensivmedizinische Behandlungen mit Organersatz (künstliche Beatmung, Dialyse), die letztlich frustran bleiben, für alle Beteiligten aber unnötiges Leiden zur Folge haben und in der Regel auch nicht dem Willen des Patienten entsprechen. Unerträglich ist es, wenn die Grundkrankheit unheilbar ist – was auch heute leider noch oft vorkommt! – und dennoch wegen einer therapiebedingten Komplikation nach der Devise „Daran darf der Kranke nun nicht sterben" lediglich leidensverlängernde Maßnahmen mit großem Aufwand, aber in der Regel vorhersehbarem unguten Ausgang initiiert werden. Selten ist es unmenschlich, wie man schon in der Antike erkannte, der Natur ihren Lauf zu lassen.

5. Das Unbehagen an der heutigen Medizin

> „Der Geist der Medizin ist leicht zu fassen,
> Ihr durchstudiert die groß' und kleine Welt,
> Um es am Ende gehen zu lassen,
> Wie's Gott gefällt."

Als Goethe vor 200 Jahren diese Zeilen Mephisto in den Mund legte, galt es uneingeschränkt, dass der Arzt am Ende des Lebens machtlos und eher der Priester gefragt war. Seit der Mitte des 19. Jahrhunderts, vor allem aber in den letzten 50 Jahren hat sich das Blatt gewendet. Die Dialyse, der Organersatz, die Antibiotikatherapie, der Herzschrittmacher oder Zytostatika sind allgemein verfügbar geworden. Die künstliche Beatmung ermöglicht extrem komplizierte Operationen. Alle diese Maßnahmen wurden ursprünglich für vorübergehende Erkrankungen eingesetzt mit der Möglichkeit, das Leben sinnvoll zu verlängern, ja eine Heilung herbeizuführen. In den letzten Jahren ist zunehmend zu bemerken, dass die allgemeine Verfügbarkeit lebensverlängernder technischer Maßnahmen dazu führt, dass diese auch bei Finalzuständen in Anspruch genommen werden. Man akzeptiert die Chance zur Lebensverlängerung selbst mit sehr geringer Aussicht auf Erfolg (und sogar dann, wenn dadurch ein späteres, teilweise schlimmeres Leiden bewirkt werden kann!). Die Gesellschaft (und das sind wir alle!) halten ein längeres Leben schon grundsätzlich für erstrebenswert. Aus dieser Haltung heraus werden von Arzt und Patient hochriskante Eingriffe gewagt, die im Falle des Scheiterns nicht mit dem Tod enden – das wäre vielleicht noch hinnehmbar –, sondern eher mit dem Verlust eigenverantwortlicher und selbstbestimmter Lebensführung. Nicht selten geschieht es nämlich, dass nach einer sehr komplizierten Operation bei hochbetagten Kranken anschließend ein mehr oder weniger großer Ausfall der geistigen Fähigkeiten festzustellen ist. In den meisten Fällen nimmt man solche Konsequenzen eines medizinischen Aktionismus billigend in Kauf. Natürlich ist hinterher guter Rat teuer, und nicht selten kommen Vorwürfe wegen einer vermeintlich mangelnden vorherigen Aufklärung auf. Die heute zur Verfügung stehenden medizinischen Techniken sind zwar häufig, jedoch nicht immer erfolgreich und wollen deshalb sehr kritisch angewendet werden.

Auf der einen Seite lesen und hören wir gerne etwas über die Erfolge der modernen Medizin. Andererseits sind sie dem Laien, der noch nicht einmal die rein biologischen menschlichen Abläufe versteht, kaum verständlich. Zudem werden die Nebenwirkungen und Misserfolge nicht mit derselben Ausführlichkeit in der Öffentlichkeit mitgeteilt. Selbst viele Ärzte, die von dem Nutzen ihrer Behandlungstechnik überzeugt sind, sprechen nur verklausuliert von den manchmal gar nicht so erfreulichen Folgen ihres Handelns. Die Öffentlichkeit könnte sich zwar ein einigermaßen genaues Bild von den unerwünschten Neben- und Folgewirkungen medizinischer Eingriffe machen, wünscht dies aber offensichtlich nicht und unternimmt hierzu auch (außer in Einzelfällen und dann oft durch sensationslüsterne Journalisten) kaum ernsthafte Anstrengungen.

Andererseits scheint ein schwer zu fassendes Gefühl verbreitet zu sein, dass die gewünschte Therapie im Falle von Komplikationen gar nicht so selten (durch den Ehrgeiz unbarmherziger Ärzte mit dem Anspruch auf Lebensverlängerung um jeden Preis) in einer unnötigen Leidensverlängerung endet, der man dann ohnmächtig und hilflos gegenübersteht. So ist es verständlich, wenn insbesondere ältere Kranke Angst davor haben, dass ihr Leiden dann unnötig verlängert wird, wenn sie nicht mehr Herr ihres Willens sind oder andere über sie in kaum nachzuvollziehender Weise bestimmen.

In diesem Zusammenhang erscheinen auch immer wiederkehrende Presseberichte vielen Menschen als völlig unverständlich, in denen berichtet wird, dass Juristen und medizinisches Personal sich gemeinsam über den Willen von Patienten hinwegsetzen, wie im Fall des seit einem Selbstmordversuch vor vier Jahren im Koma liegenden Patienten, der weiter von Pflegern gegen seinen Willen zwangsernährt wird. Das Landgericht Traunstein wies die Klage des 37-Jährigen ab, mit der er über seinen Vormund den Anspruch auf seinen eigenen Tod geltend machte. Das Gericht nannte den Anspruch des 37–Jährigen auf den eigenen Tod zwar rechtens. Daraus könne aber keine Verpflichtung für das Pflegepersonal abgeleitet werden …

Solche Fälle sind von Nichtjuristen schwer nachzuvollziehen. Auch stellen Journalisten den Zusammenhang nicht immer korrekt dar. Dennoch sind solche Berichte geeignet, das Unbehagen an, ja die Empörung über die „unnötig leidensverlängernde Medizin" zu nähren.

Die Gesellschaft wünscht eigentlich den mitfühlenden und „menschlich entscheidenden" Arzt. Im Augenblick besteht die Sorge, dass Mediziner ausgebildet werden, die, *technisch* auf der Höhe ihrer Zeit, in einer verrechtlichten medizinischen Umgebung arbeiten. Noch ist es nicht lange her, dass der Slogan „Mein Bauch gehört mir" dazu führte, dass werdendes Leben straffrei getötet werden kann. Längst wird auch der Eid des Hippokrates nicht mehr geschworen – sonst könnte man die Abtreibung ja auch nicht zur Dienstaufgabe erklären. Man kann so leicht den Eindruck gewinnen, dass ein ethisch fundiertes Konzept für den Gebrauch der inzwischen ungeheuer weit reichenden medizinischen Möglichkeiten fehlt. Zu viele Unstimmigkeiten bei fehlendem gesellschaftlichen Konsens verhindern zuweilen die Freude über die durchaus vorzeigbaren medizinischen Erfolge. Auch vor diesem Hintergrund muss die uns aktuell beschäftigende Frage gesehen werden.

6. Perspektiven zur klinischen Sterbehilfe

Eine detaillierte Aufklärung über die Folgen medizinischen Tuns ist eigentlich selbstverständlich. Hierüber braucht in diesem Zusammenhang nicht mehr gesprochen zu werden. Doch auch eine Aufklärung über eventuelle Komplikationen und das darauf folgende Handeln muss diskutiert werden. Das Problem ist besonders dann relevant, wenn der Kranke an einer schweren, oft nicht mehr heilbaren Erkrankung leidet oder hochbetagt ist. In diesen Fällen sollten hochriskante Eingriffe tunlichst vermieden werden oder sie sollten mindestens – im Falle des Scheiterns – nicht in leidensverlängernde Maßnahmen münden.

Am wichtigsten erscheint mir jedoch die konsequente Erfüllung des vorher eingeholten Patientenwunsches. Man könnte in der alten Regel „salus aegroti suprema lex" das Wort „salus" durch „voluntas" ersetzen. Wenn wir unsere Patienten in dieser Hinsicht beraten und sie grundsätzlich dazu auffordern, sich schon in gesunden Tagen bzw. vor notwendigen Eingriffen zu äußern, wären manche Probleme eher regelbar. Ein Arzt, der sich als Berater und Begleiter seines Patienten versteht, wird sich über dessen Willen jedenfalls nicht hinwegsetzen. Ich kann mir sehr gut vorstellen, dass dieser auch die passive Sterbehilfe einschließt.

Wie wichtig dieser Punkt gerade dann ist, wenn man seinen Willen nicht mehr äußern kann, ersieht man aus der Formulierung über die Selbstbestimmung am Ende des Lebens in der Patientencharta[2]: „Bei Patienten, die nicht entscheidungsfähig sind, muss auf ihren mutmaßlichen Willen abgestellt werden. Zur Ermittlung des mutmaßlichen Willens sind insbesondere frühere schriftliche oder mündliche Äußerungen des Patienten und seine sonstigen erkennbaren persönlichen Wertvorstellungen zu berücksichtigen. Eine wesentliche Rolle nimmt dabei die Befragung von Ehepartnern oder Lebensgefährten, Angehörigen und Freunden sowie von anderen nahestehenden Personen über die mutmaßlichen Behandlungswünsche des Patienten ein. Patienten können für den Fall, dass sie nicht mehr entscheidungsfähig sind, vorsorglich im Rahmen einer sog. Patientenverfügung auf lebenserhaltende oder lebensverlängernde Maßnahmen verzichten. Der in einer Patientenverfügung niedergelegte Wille ist für den Arzt im Grundsatz bindend." Bis hierhin ist dem aus meiner Sicht uneingeschränkt zuzustimmen. Doch fahren die Autoren dann fort: „Bei einer Patientenverfügung muss der Arzt im Einzelfall jedoch genau prüfen, ob die konkrete Situation derjenigen entspricht, die sich der Patient beim Abfassen der Verfügung vorgestellt hatte, und ob der in der Patientenverfügung geäußerte Wille im Zeitpunkt der ärztlichen Entscheidung nach wie vor aktuell ist."

Dieser Satz legt die Entscheidung realiter wieder in die Hände des Arztes. Offensichtlich besteht eben doch großes Vertrauen zu uns Ärzten, wenn es um Leben und Tod geht.

Anmerkungen

1 Veldink J et al.: *Euthanasia and Physician-Assisted Suicide Among Patients With Amyotrophic Lateral Sclerosis in the Netherlands*. NEJM 2002; 346: 1638.

2 www.bmj.bund.de.

Perspektiven der klinischen Sterbehilfe aus der Sicht der Deutschen Gesellschaft für Chirurgie

Hartwig Bauer

In der Betreuung schwerstkranker und sterbender Menschen ist das Erkennen des „point of no return" mit Beginn der Sterbephase wichtig. Übertherapie im Sinne unnützer, vermeintlich kausaltherapeutischer Handlungen ist ebenso wenig ethisch vertretbar wie lebensverkürzende Maßnahmen [8].

Der Arztberuf steht unter dem ethischen Imperativ des Helfens und Heilens und ist insofern auf Handlung und Aktivität ausgerichtet [2]. Unser insbesondere auch durch die klinische Ausbildung geprägtes Denken und vor allem das Handeln im klinischen Alltag läuft dabei in aller Regel unter sog. „Wenn-Dann-Bedingungen". Das bedeutet, dass befundorientiert bei Vorliegen einer (wenn möglich durch sog. harte Daten belegten) Störung, also einer Abweichung vom Normalbefund, folgerichtig eine Kette von Handlungen ausgelöst wird, um diese Störung zu beheben bzw. deren Ursachen zu beseitigen. Unterlassung oder auch nur Begrenzung von Handeln und die „nicht intervenierende Akzeptanz eines natürlichen Krankheitsverlaufes" [2] sind eher die Ausnahme. Die Abwägung dessen, was bezüglich der Intervention nicht nur wirksam, sondern vor allem für den Patienten von Nutzen ist, erhält vor allem in terminalen Krankheitsphasen gerade auch unter Berücksichtigung der Selbstbestimmung des Patienten eine besondere Bedeutung. Die ärztliche Verpflichtung zur Lebenserhaltung besteht dabei nicht unter allen Umständen. Es gibt Situationen, in denen eine sonst angemessene Diagnostik und Therapie nicht mehr indiziert ist, sondern Begrenzung geboten sein kann [4].

Klinische Entscheidungsprozesse werden von Faktoren wie Ausbildung, eigene Erfahrung und die von Kollegen, klinikinterne Standards und, möglicherweise zunehmend, auch von ökonomischen Aspekten beeinflusst. Rechtliche Gesichtspunkte nehmen ebenfalls an Bedeutung zu, therapeutische und diagnostische Verfahren werden teilweise nur aus „forensischen Gründen" durchgeführt [2]. Bis heute findet diese Problematik in der Ausbildung unserer Studenten und während der Weiterbildung zum Chirurgen nicht die notwendige Berücksichtigung. Diesbezügliche Defizite – gerade auch was die Orientierung am Patientenwillen ausmacht – werden bei uns zunehmend artikuliert und auch öffentlich diskutiert [3, 5, 8]. Die gesellschaftliche Auseinandersetzung mit diesen Fragen hat während der letzten 10 Jahre auch in unserem Lande erheblich zugenommen. Das öffentliche Meinungsbild zur aktiven Sterbehilfe hat sich dabei zunehmend gewandelt [1, 7]. Aktuell wurde die Diskussion wieder verstärkt aufgenommen durch die neuen Gesetze in unseren Nachbarländern Belgien und Niederlande – wo der gesetzlichen Regelung ein jahrzehntelanger Diskussionsprozess in der Gesellschaft vorausging, der übrigens ebenso wie in Deutschland nicht von den Ärzten initiiert war [6]. Bahnbrechend war hier der Autonomiegedanke, wobei die öffentliche Diskussion um die aktive Sterbehilfe aus einem gewissen Widerstand gegen die Macht der Ärzte (Intensiv- und Apparatemedizin) erwachsen ist.

Zunehmende Diskussionen in der Öffentlichkeit über „humanes Sterben" bzw. „Nicht-sterben-Lassen auf den Intensivstationen", über mögliche Grenzen intensivierten Therapieeinsatzes bis hin zu Fragen der passiven oder gar aktiven Sterbehilfe haben die Deutsche Gesellschaft für Chirurgie Mitte der 90er Jahre unter ihrem damaligen Präsidenten R. Pichlmayr veranlasst, sich mit den Fragen möglicher Therapiebegrenzung und vor allem der ärztlichen Sterbebegleitung intensiver auseinander zu setzen. Ziel war es, eine Leitlinie zum Umfang und zur Begrenzung der ärztlichen Behandlungspflicht in der Chirurgie zu erarbeiten [9], die insbesondere unseren Ärztinnen und Ärzten auf Intensivstationen eine Handlungshilfe sein sollte. Neben der Definition des ärztlichen Behandlungsauftrages und seiner Grenzen wurde die Bedeutung des Willens des Patienten für den individuellen ärztlichen Behandlungsauftrag und seine Grenzen herausgestellt. Kernstück war der Versuch, Situationen zu beschreiben, bei den Therapiebegrenzung in Betracht kommen kann. Gerade dieser Teil hat zu kritischen Diskussionen innerhalb der medizinisch-wissenschaftlichen Fachgesellschaften geführt und nicht zuletzt auch dazu beigetragen, dass die Bundesärztekammer ihre Position überdacht und sie nicht als Leitlinie, sondern als neu formulierte Grundsätze herausgegeben hat.

Das Leitlinienpapier der Deutschen Gesellschaft für Chirurgie ist somit streng genommen über einen breit angelegten Diskussionsvorschlag nicht hinausgekommen. Aus heutiger Sicht sind sicher auch verschiedene Handlungsempfehlungen, insbesondere bei den Situationsbeschreibungen, bei denen Therapiebegrenzung in Betracht kommen kann, in der vorliegenden Form kaum haltbar. Es besteht deshalb innerhalb der Deutschen Gesellschaft für Chirurgie kein konsentiertes Papier, auf das hier Bezug genommen werden könnte. Vor dem Hintergrund der derzeitigen Entwicklungen und vor allem auch der sich wiederum verstärkenden öffentlichen Diskussion sollte dieses Thema jedoch auch in der Fachgesellschaft wieder verstärkt aufgegriffen werden. Denn nur so wird es möglich sein, einerseits die erwähnten Defizite in der Aus- und

Weiterbildung unserer Mitarbeiterinnen und Mitarbeiter abzubauen als Voraussetzung für problem- und vor allem patientenorientiertes und dadurch angemessenes Handeln in der Sterbephase unserer Patienten. Und nur so wird es möglich sein, Entwicklungen in Richtung einer freiwilligen aktiven Sterbehilfe vorzubeugen, die andernorts aus einer sich verselbständigenden öffentlichen Diskussion heraus zu Lösungen geführt haben, die sich nicht im Einklang mit unserem ärztlichen Selbstverständnis befinden.

Literatur.

1. Ärztezeitung 7.6.2000: Sterbehilfe ist für die meisten Deutschen kein Tabu. Forsa-Umfrage im Auftrag der Deutschen Gesellschaft für Humanes Sterben.
2. Baberg HT, Kielstein R, de Zeeuw J, Sass HM. Behandlungsgebot und Behandlungsbegrenzung: Einflussfaktoren klinischer Entscheidungsprozesse. Dtsch Med Wochenschr 2002; 127: 1633–1637.
3. Baberg HT, Kielstein R, de Zeeuw J, Sass HM. Behandlungsgebot und Behandlungsbegrenzung: Einfluss des Patientenwillens und Prioritäten in der palliativen Versorgung. Dtsch Med Wochenschr 2002; 127: 1690–1694.
4. Bundesärztekammer. Ärztliche Sterbebegleitung. Grundsätze der Bundesärztekammer. DtÄrzteBl 1998; 76: A 2366–2367.
5. Christakis NA, Lamont ED. Extent and determinants of error in doctor's prognoses in terminally ill patients: prospective cohort study. BMJ 2000; 320: 469–473.
6. Gordijn B. Freiwillige aktive Sterbehilfe in den Niederlanden. Von der Duldung zur gesetzlichen Regelung. Dtsch Med Wochenschr 2001; 126: 1307–1309.
7. Helou A, Wende A, Hecke T, Rohrmann S, Buser K, Dirks ML. Das öffentliche Meinungsbild zur aktiven Sterbehilfe. Ergebnisse eines Pilotprojektes. Dtsch Med Wochenschr 2000; 125: 308–315.
8. Klaschik E. Behandlungsmaßnahmen bei Sterbenden. Chir Praxis 2002; 60: 379–384.
9. Pichlmayr R. Einführung zur Stellungnahme: „Therapiebegren-

zung und ärztliche Sterbebegleitung". Entwurf einer Leitlinie zum Umfang und zur Begrenzung der ärztlichen Behandlungspflicht in der Chirurgie. Langenbeck's Arch Chir Suppl II (Kongressbericht 1996): 681–693

Perspektiven der klinischen Sterbehilfe aus der Sicht des Journalisten

Wolfgang Thielmann

„Warum gibt Gott das Licht dem Mühseligen und das Leben den betrübten Herzen – die auf den Tod warten, und er kommt nicht, und nach ihm suchen mehr als nach Schätzen, die sich sehr freuten und fröhlich wären, wenn sie ein Grab bekämen – warum gibt Gott das Leben dem Mann, dessen Weg verborgen ist, dem Gott den Weg ringsum verzäunt hat?" (Hiob 3, 21–23).

Vermutlich kennen eine Reihe von Ihnen dieses Sätze, vielleicht auch in der aufwühlenden Vertonung durch Felix Mendelssohn-Bartholdy, der diesen Aufschrei musikalisch gestaltet hat. Ich wähle diesen Einstieg, um daran zu erinnern, dass es trotz moderner Intensivmedizin sehr alte Fragen sind, die uns bewegen, und dass etwa der medizinische Fortschritt vielleicht ein Anlass, aber nicht der Grund ist, warum wir uns hier mit ihnen beschäftigen.

Es geht um klinische Sterbehilfe. Lassen Sie mich daran erinnern, dass Krankenhäuser – zunächst in Form einer systematischen, organisierten Krankenpflege seit dem 4. Jahrhundert – einen zentralen, vielleicht sogar den grundlegenden Beitrag der Christen zur Kultur der westlichen Welt und darüber hinaus darstellen, der bis heute ein Charakteristikum einer christlich geprägten Kultur ist. Und schon in den ersten Jahrhunderten nannte ein antiker Schriftsteller es als Kennzeichen der Christen, dass bei ihnen niemand ungetröstet stirbt.

Die Frage nach dem Warum fand auch bei ihnen keine Antwort, aber einen Adressaten und damit eine Hoffnung auf und einen Glauben an einen Sinn auch des Leidens, auch wenn es wie bei Hiob als dauerhaft untragbar, ernst und aussichtslos erlebt wird und man selber diesen Sinn nicht sehen kann; denn man kann sich an den wenden, aus dessen Händen man sein Leben als Geschenk und Aufgabe erhalten hat. Das hat die westlichen Kulturen bis vor zwei Generationen geprägt, eine starke, vom gesellschaftlichen Konsens getragene und damit für den Einzelnen plausibel zu übernehmende Begründung. Dieser Zusammenhang hat sich aufgelöst. Neu sind nicht die Argumente, neu aber ist zum Beispiel, dass wir inzwischen Mühe haben, gesellschaftliche Konsense überhaupt noch zu formulieren. Vom Wertebewusstsein können wir eigentlich nur im Plural reden.

Wir brauchen Grundwertedebatten und Ethikkomitees, die schon mit ihrer Existenz ein Defizit anzeigen. Mit den Worten von Ulrich Körtner: „Der gesellschaftliche Pluralismus zieht einen Pluralismus von Moral und Ethik nach sich, der die medizinethische, aber auch die politische und juristische Konsenssuche erheblich erschwert" (135).

Trotzdem gibt es so etwa wie das, was ich die Oberfläche des gesellschaftlichen Bewusstseins nennen möchte, etwas, das in Form von massiver, selbstbestimmter Hilflosigkeit beim Arzt ankommt und was sich auf einer anderen Seite in einem „tödlichen Mitleid" – auf die Formel hat es Klaus Dörner gebracht – manifestiert.

Der Adressat, den Hiob kannte, ist nicht verfügbar. „Den Sinn seines Lebens stiftet jeder selbst", lautete 1998 ein Satz in einem Programmentwurf der FDP, den Herr Schmidt-Jortzig damals verhinderte. Er spricht – nach meinem Eindruck paradigmatisch – eine Befindlichkeit aus. Eine, die das Heil hier und jetzt und bei sich selbst suchen muss, die andere, mitunter kurios anmutende Werte etabliert, darunter als zentralen die Gesundheit, das Heil als

Heilung – diesen Gedanken kann man deftig, prall und polemisch bei dem Kölner Psychiater Manfred Lütz lesen (in einem Buch namens *Lebenslust*) – die Gesundheit also, der man in den Krankenhäusern Kathedralen baut und in vielfältiger Form Opfer bringt. Leiden, Behinderung, Sterben zumal werden rigide weggeschoben, verdrängt, bis es nicht mehr geht, und dann endlich (nicht, wenn es einen selbst ankommt, sondern wenn man es über die Medien vermittelt mitbekommt) dann reifen die Einstellungen, die sich an der gesellschaftlichen Oberfläche zeigen. Die Frage des Hiob wird gestellt – ohne den Adressaten – und findet die gegenteilige Konsequenz: Leiden muss vermeidbar sein, unter allen Umständen und mit allen Mitteln, die zu Gebote stehen, und wenn es nicht mehr vermeidbar ist, dann steht der Sinn in Frage, dann ist die Würde gefährdet, dann soll es wenigstens schnell zu Ende gehen.

Das Ja auch zur aktiven Sterbehilfe, das in der deutschen Bevölkerung nach allen Umfragen eine wachsende Zustimmung findet, das Recht auf das selbstbestimmte Ende des Lebens, ist nach meiner Einschätzung auch ein Angst- und Verdrängungsreflex. Das Bild wird durch weitere Faktoren ergänzt – etwa durch die Zurkenntnisnahme der Regelungen in den Niederlanden und in Belgien, die, wie ich hier gelernt habe, zu einem Teil praktisch zu ähnlichen Konsequenzen führen wie in Deutschland. In der öffentlichen Wahrnehmung stellt sich das anders dar: da entsteht der Eindruck, dort gäbe es ein geraumes Maß an Möglichkeiten, die einem hier verschlossen bleiben.

In Frankreich soll eine ähnliche Regelung in der Vorbereitung stecken. Die Praxis in der Schweiz stellt sich um vieles offener dar als hierzulande. Wir sehen uns umgeben von liberaleren, offeneren Regelungen. Und entscheidend und damit wohl auch politikgestaltend sind nicht die Fakten, sondern die Wahrnehmung. Und: Sterbehilfe ist billiger – das wurde schon angesprochen. Es braucht nicht viel Phantasie, um sich auszumalen, welches Gewicht ein solches Faktum gewinnt, wo die Dominanz wirtschaftlicher Argumente wächst – es sind nicht allein die leeren öffentlichen Kassen. Aus meiner Sicht ist deshalb eine Entwicklung gut denkbar, die schon in wenigen Jahren Wege zu einer aktiven Sterbehilfe, zu einer Tötung auf Verlangen bahnt, liberaler und weitgehender, als wir es uns jetzt vorstellen können. Über die Autonomie des Patienten, wird man argumentieren, wird die Entscheidung des Einzelnen offen gehalten.

Gleichzeitig gibt es – auch das kennzeichnet postmoderne Gesellschaften – Gegenbewegungen. Der Ausbau der Palliativmedizin ist einer, die Entwicklung der Hospizbewegung ebenfalls. Ich belasse es bei der Erwähnung. Bei Markus von Lutterotti und Johann Christoph Student habe ich erfahren, dass im Kontext von Hospizen die Frage nach Hilfe zum Sterben praktisch keine Rolle mehr spielt. Sie ist dort kein relevantes Phänomen mehr, selbst wenn solche Hilfe zu Anfang begehrt wird. Eine weitere Gegenbewegung: Der Deutsche Evangelische Krankenhausverband hat sich im Jahr 2000 in dem Sinne festgelegt, dass es zum *common sense* evangelischer Krankenhäuser gehört, jede Form der Hilfe zum Sterben abzulehnen und damit verbundene Leistungen nicht im Angebot zu führen. Und es gibt die ersten Hospizgründungen aus Krankenhäusern heraus. Katholische Krankenhäuser halten es, soweit meine Kenntnis reicht, ebenso, so dass diese Position ökumenisch gilt.

Zur Zeit befindet sich jedes dritte Krankenhaus in Deutschland in kirchlicher Trägerschaft. Nach einer Prognose der Unternehmensberatung Arthur Andersen werden bis 2015 die freigemeinnützigen Krankenhäuser, unter denen die konfessionellen mit Abstand die Mehrheit stellen, aus der Umgestaltung des Krankenhauswesens als größte Trägergruppe (noch vor den privaten) hervorgehen. Es sieht also so aus, als bekämen die Kirchen auf ihrem ureigenen

Feld die Möglichkeit, eine gar nicht so einflusslose Gegenkultur zu etablieren. Sie brauchen allerdings die Möglichkeit, dieses Angebot im Rahmen des öffentlichen Gesundheitswesens zu erbringen. Ich wüsste nicht, wie man das aus eigenen wirtschaftlichen Kräften bewerkstelligen könnte. Und da lauert eine Gefahr, wenn etwa eine gesellschaftliche Mehrheit verlangt, dass Krankenhäuser, die in den öffentlichen Versorgungsauftrag eingebunden sind, auch den öffentlich oder mehrheitlich gewünschten Leistungskatalog vorhalten, der Schwangerschaftsabbrüche ebenso umfasst wie eben Euthanasie.

Die konfessionellen Krankenhäuser sind dabei, sich darauf vorzubereiten, Sie haben gerade ein Qualitätssicherungsverfahren etabliert, das die Standards der KTQ umfasst, aber darüber hinaus die spezifisch christliche Qualität eines konfessionellen Hauses ausmacht. Dort wird sozusagen definiert, was das Christliche an einem christlichen Krankenhaus ist. Im Zuge dieser Entwicklung können sich diese Krankenhäuser auch in der Frage der klinischen Sterbehilfe noch klarer positionieren. Ich schildere dies, weil ich darin einen Beitrag sehe, um mit Hilfe der Etablierung von Gegenkulturen die Diskussion um Werte auf neue Weise mitzugestalten, die sich wieder auf den klinischen Alltag auswirken.

Dazu braucht es eine Reihe flankierender Maßnahmen; es bedarf vor allem einer Kirche, die sich ihrer Botschaft – von dem Gott, der das Leben gibt und nimmt – ebenso gewiss ist wie ihres Auftrages zum Krankenhaus, und dann auch einer gewissen Akzeptanz in der Öffentlichkeit und, wie gesagt, der Einbindung in den Versorgungsauftrag. Doch in Entwicklungen wie diesen liegen meiner Ansicht nach Module der Hoffnung, Zeichen, die dann auch die öffentliche Wahrnehmung erreichen. Wenn die Zielsetzung, dass keiner ungetröstet stirbt, überall wahrgenommen würde – das wäre ja schon unendlich viel.

Perspektiven der klinischen Sterbehilfe aus der Sicht der gesetzlichen Krankenversicherung

Gert Nachtigal

Der Wunsch nach aktiver Sterbehilfe ist häufig eng verknüpft mit der Angst vor einem menschenunwürdigen Sterben. Es ist die Befürchtung, am Ende des Lebens ohnmächtig einem langen und schmerzhaften Sterbeprozess bei schlechter medizinischer Versorgung – vielleicht sogar aus Kostengründen – ausgeliefert zu sein. Die in unserer Verfassung verankerte Unantastbarkeit und Unverfügbarkeit des Lebens jedes Menschen, die uneingeschränkt auch für die letzte Lebensphase gelten, machen die Pflege und Versorgung schwerstkranker und sterbender Menschen daher zu einer wichtigen sozial- und gesundheitspolitischen Herausforderung unserer Gesellschaft.

Als Solidargemeinschaft haben wir Kassen durch das Sozialgesetzbuch den Auftrag, den Versicherten alle Leistungen zu bieten, die medizinisch notwendig sind. Das schließt aus, dass Patienten aus ökonomischen Gründen Leistungen vorenthalten werden. Einer Rationierung von Leistungen haben die gesetzlichen Krankenversicherungen in Deutschland immer eine deutliche Absage erteilt. Und das gilt selbstverständlich, vielmehr gerade auch für Schwerstkranke und Sterbende.

Im Folgenden möchte ich Ihnen daher die Ansätze und Rahmenbedingungen der letzten Jahre in Deutschland vorstellen, die eine verbesserte medizinische und psychosoziale Versorgung sterbender Menschen zum Ziel haben und die von den Krankenkassen unterstützt und mitfinanziert werden.

Ausgangspunkt für eine Verbesserung der Situation von Sterbenden ist die Forderung nach einer qualifizierten Sterbebegleitung. Sie meint eben nicht die Hilfe zum Sterben durch Töten, sondern die Begleitung des Sterbenden bis zu seinem Tod. Sie ist darauf ausgerichtet, dem Patienten durch Linderung von Schmerzen oder anderer Beschwerden so viel Lebensqualität wie möglich zu erhalten. Der sterbenskranke Mensch und seine Angehörigen sollen umfassende Hilfe in körperlichen, emotionalen, sozialen und spirituellen Fragen erhalten. Dies ist natürlich nicht vordringlich eine Aufgabe der Kassen, sondern eine gesamtgesellschaftliche. Die Krankenversicherung unterstützt dies jedoch durch Mitfinanzierung.

Sterbebegleitung hat nicht das Ziel, dem Leben bei fortgeschrittener Erkrankung mehr Zeit, sondern der verbleibenden Zeit mehr Leben zu geben. Dies beinhaltet auch eine Veränderung der Therapie in Richtung palliativmedizinischer Maßnahmen: Ziel der medizinischen Behandlung ist nicht mehr die Heilung, sondern die bestmögliche Lebensqualität für den Patienten.

Sterbebegleitung gibt also eine Antwort auf den Wunsch nach menschenwürdigem Sterben. Sie ist dort besonders vonnöten, wo bloße Schmerzbehandlung nicht hinreicht oder wo eine Technologisierung der Medizin einen menschlichen Umgang mit dem Sterben zurückgedrängt hat.

Eine wesentliche Rolle bei der Entwicklung und der konkreten Umsetzung der Idee einer Sterbebegleitung kommt der Hospizbewegung zu. Inzwischen gibt es in Deutschland ein Netz von ca. 900 ambulanten Hospizdiensten und ca. 80 stationären und teilstationären Hospizen, die sich um sterbende Menschen kümmern.

Die ambulante Hospizarbeit unterstützt den Wunsch vieler Menschen, zu Hause zu sterben. Daher gehört es zum Grundsatz der Hospizarbeit, vor allem Möglichkeiten der ambulanten Betreuung von Sterbenden aufzubauen. Die ambulanten Hospizdienste ergänzen die Pflegedienste vor Ort, insbesondere durch eine psychosoziale Begleitung der Sterbenden in ihrer häuslichen Umgebung und durch Beratung und Unterstützung der Angehörigen. Sie sind außerdem ein unverzichtbarer Knotenpunkt für die regionale Vernetzung von palliativen Versorgungsangeboten, ambulanten und stationären Pflegeeinrichtungen sowie niedergelassenen Ärzten.

Die ambulante Hospizarbeit wird zum weitaus größten Teil von Ehrenamtlichen geleistet. Durch ihr qualifiziertes Engagement leisten sie einen für unsere Gesellschaft unverzichtbaren Beitrag, Sterbende und ihre Angehörigen in ihrer Situation zu unterstützen.

Die stationären Hospize ergänzen die ambulante Hospizarbeit. Ihnen kommt vor allem bei der Versorgung von Schmerzpatienten eine besondere Rolle zu. Bei den stationären Hospizen handelt es sich um kleine Einrichtungen mit familiärem Charakter, die auf die besonderen Bedürfnisse schwer kranker und sterbender Menschen ausgerichtet sind.

Die gesetzliche Krankenversicherung unterstützt die qualifizierte Versorgung von Sterbenden maßgeblich: Die Behandlungs- und Pflegeleistungen werden durch die Kassen insbesondere im Rahmen der ärztlichen Behandlung und der häuslichen Krankenpflege sowie durch die Pflegeversicherung finanziert.

Seit Juli 1997 haben Versicherte einen gesetzlich verankerten Anspruch auf einen Zuschuss zu vollstationärer oder teilstationärer Versorgung in Hospizen, in denen palliativmedizinische Behandlung erbracht wird, wenn eine ambulante Versorgung im Haushalt oder in der Familie nicht möglich ist. Der Zuschuss beträgt derzeit mindestens 140,70 Euro pro Tag. Zumeist sind die Versicherten, die in einem Hospiz versorgt werden, auch pflegebedürftig. Dadurch erhalten sie zusätzliche Leistungen aus der Pflegeversicherung (SGB XI). Ist das Hospiz zugleich als Pflegeheim zugelassen, liegen die Pauschalbeträge je nach Pflegestufe zwischen 1.023 und 1.432 Euro pro Monat. Ist das Hospiz nicht als Pflegeheim zugelassen, können die Patienten Pflegegeld (je nach Pflegestufe zwischen 205 und 665 Euro) beantragen. Die AOKs beraten Betroffene und suchen mit ihnen gemeinsam nach einem geeigneten Hospiz, das auch als Pflegeheim zugelassen ist.

Die gesetzliche Krankenversicherung hat allein an Zuschüssen für die Versorgung von Versicherten in stationären Hospizen im Jahr 2000 rund 38 Mio. DM ausgegeben.

Die rund 80 Einrichtungen mit etwa 700 bis 800 Plätzen decken weitgehend den Bedarf an stationären Hospizen ab. So werden in den städtischen Räumen Nordamerikas 25 Betten auf eine Million Einwohner als ausreichend erachtet. In den ländlichen Gebieten werden weit weniger Betten benötigt.

Seit Januar 2002 fördern die Krankenkassen auch die Arbeit ambulanter Hospizdienste mit einem Pauschalbetrag. Er beträgt 0,15 Euro pro Versichertem im Jahr 2002 und erhöht sich jährlich um 5 Cent bis auf 0,40 Euro im Jahr 2007. Auf der Basis von ca. 71 Mio. Versicherten liegt das Finanzvolumen im Jahr 2007 bei ca. 28 Mio. Euro. Die Förderung ist ein Zuschuss zu den Personalkosten der professionellen Hospizfachkraft, die die Ehrenamtlichen qualifiziert ausbildet und ihren Einsatz koordiniert und begleitet.

Gefördert werden soll ein ambulanter Hospizdienst mit qualifizierter ehrenamtlicher Sterbebegleitung, der zugleich mit palliativmedizinisch erfahrenen Pflegediensten und Ärzten zusammenarbeitet und die ehrenamtlichen Mitarbeiter auch palliativpflegerisch beraten kann.

Da die Angehörigen und die Bezugspersonen des Sterbenden so weit wie möglich in die Begleitung mit einbezogen werden sollen, bezieht sich das Beratungsangebot neben dem Patienten auch auf diese Personengruppe. Auch ambulante Hospizdienste verstehen sich als Teil einer vernetzten Versorgungsstruktur im regionalen Gesundheits- und Sozialsystem und arbeiten im lokalen und kommunalen Verbund mit Initiativen des sozialen Engagements eng zusammen.

Die finanzielle Förderung ambulanter Hospizdienste durch die Kassen ist ein Beitrag zur Unterstützung des ehrenamtlichen Engagements der Hospizgruppen.

Wo sehen wir noch Bedarf, um die Situation von Sterbenden weiter zu verbessern?

Im Gegensatz zu den stationären Hospizen sind Krankenhäuser und andere Einrichtungen, die auch sterbende Menschen versorgen, oftmals nicht auf das palliativmedizinische Behandlungsspektrum ausgerichtet. Das derzeitige Regelversorgungsangebot von ca. 60 Palliativstationen deutet vor dem Hintergrund einer relativen Häufung dieser Einrichtungen in drei Bundesländern (Baden-Württemberg, Bayern, NRW) darauf hin, dass von einer flächendeckenden Versorgung noch keine Rede sein kann. Dies erfordert ein Umdenken sowohl der Einrichtungsträger als auch der Personen, die in den Einrichtungen arbeiten. Gerade in den Häusern, in denen der Tod zum Stationsalltag gehört, ist es wichtig, dass der Hospizgedanke mehr berücksichtigt wird.

Aus eigener Erfahrung weiß ich, dass dieser Gedanke in der Ärzteschaft noch nicht durchgängig ins Bewusstsein gerückt ist. Medizinischer Taten- und Forschungsdrang muss aber unbedingt hinter Patienteninteressen zurückstehen. Nicht alles, was medizinisch machbar ist, ist auch sinnvoll oder notwendig. Patiententestament und Vollmacht für die Vertrauensperson können hier wichtige Hilfestellung bieten. Ich verkenne nicht, dass die konkrete Situation den Arzt überfordern kann. Er ist zum Heilen ausgebildet, und es wird häufig ein Gefühl des Versagens aufkommen, wenn es nichts mehr zu heilen gibt. Deshalb muss dem Hospizgedanken bereits im Studium Raum gegeben werden.

Auch die ambulante palliativmedizinische Versorgungsstruktur ist – trotz erkennbarer Bemühungen zur Verbesserung – derzeit noch nicht ausreichend. Das betrifft insbesondere die Versorgung von Patienten mit starken Schmerzen, denen oft nur die adäquate Therapie fehlt. Deshalb muss es Ziel sein, die Palliativmedizin an den medizinischen Fakultäten und in den Pflegewissenschaften in Forschung und Lehre zu etablieren und sie zum verpflichtenden Bestandteil des Examens und der Weiterbildung zu machen.

Wir sehen es als Aufgabe an, uns mit den anderen Partnern im Gesundheitswesen, vor allem auch mit den Hospizdiensten, um die Pflege und Versorgung von Sterbenden zu kümmern. Doch das geht nicht ohne die Gesamtgesellschaft. Denn es muss Aufgabe einer solidarischen Gesellschaft sein, Sterbende und ihre Angehörigen nicht allein zu lassen und für Rahmenbedingungen zu sorgen, die menschenwürdiges Leben bis zuletzt ermöglichen.

Perspektiven der klinischen Sterbehilfe aus der Sicht des Politikers

Edzard Schmidt-Jortzig

Als Erstes ist zu betonen, dass die im Titel stehende Bestimmung „aus der Sicht des Politikers" nicht bedeuten kann, man könne Positionierungen für die Politik schlechthin vornehmen. Immer geht es um ganz individuelle Einschätzungen „eines" Politikers. Er mag sich allerdings von seinem weltanschaulichen Hintergrund und/oder seiner Programmatik in übergreifende Zusammenhänge einordnen lassen und findet seine Bewertungen auch von dort wieder mitgeprägt, aber seine entsprechende Äußerung ist immer die des konkreten, einzelnen Politikers, der ja auch nach der Verfassung allein „seinem Gewissen unterworfen" und „an Aufträge und Weisungen nicht gebunden" ist.

Dies vorausgeschickt, sehe ich die geforderte Beschreibung und Artikulierung von „Perspektiven" klinischer Sterbehilfe als Frage nicht nur der faktischen Entwicklung, sondern auch der Beeinflussbarkeit und Gestaltungswürdigkeit. Was kann man von den beobachteten Symptomen und Erscheinungen beibehalten und bestärken? Was soll man aussortieren und ausschließen? Was darf man erneuern oder ergänzen?

Maßstab für die Beantwortung ist dabei – wie ich es nenne – das „Kant-Kriterium". Richtschnur muss also die Verallgemeinerungsfähigkeit von Zuständen und Verhaltensweisen unter normativen Gesichtspunkten sein. Was kann und soll als Element einer allgemeinen Ordnung gelten, wie man sie auch für sich selber als erstrebenswert ansähe? Und für das politische Tagesgeschäft kommt dann hinzu: Wie gestaltet man es aus?

I.

Für die Adaption solcher Ordnungselemente gibt es indessen im entwickelten, verfassten Gemeinwesen schon Vorgaben. Sie geben Eckwerte ab, auf die man sich bereits geeinigt hat und/oder die sich als unabdingbare Voraussetzungen gedeihlichen Zusammenlebens einfach bewährt haben. Im deutschen Staat der Gegenwart ist dafür getrost das Grundgesetz heranzuziehen. Denn es formuliert ja nicht nur die rechtlich tatsächlich zwingenden Vorgaben, sondern ist auch in der Bewährung und Akzeptanz seiner Normen – jedenfalls im hier interessierenden Bereich – unumstritten. Für das Feld der klinischen Sterbehilfe sind insoweit zwei Grundvorgaben maßgeblich.

1. Zum einen geht es um das Verbot der aktiven und finalen Fremdtötung. Dieses ist eherne Grundregel einer zivilisierten Ordnung und rührt aus der Respektierung jedes Menschen – auch gerade des Gegenübers – als eines autonomes Einzelwesens, das würdebehaftet und mit dem gleichen Lebensrecht ausgestattet ist wie man selbst. Das Verbot der Fremdtötung ist demgemäß auch biblische Ur-Regel und hat sich seither als Grundlage jedes friedlichen, toleranten Zusammenlebens bestätigt. Es stellt das Fundament der personalen Freiheit dar. Zugleich ist es Ursprung, Basis und Substrat des staatlichen Gewaltmonopols, mit welchem der innere Friede des Gemeinwesens gewährleistet und notfalls durchgesetzt wird. Das Fremdtötungsverbot und seine Sicherstellung offenbart sich damit als ein Legitimationsfundus und ausdrücklicher Zweck moderner Staatlichkeit überhaupt.

Das Tötungsverbot markiert aber auch den ärztlichen Auftrag und das ärztliche Berufsethos. Heilen statt vernichten, Schmerzen lindern statt verschlimmern ist das Gebot, welches schon der hippokratische Eid aufstellt. Und selbst wenn dieser von den Ärzten heute nicht mehr geschworen werden muss, formuliert er doch die Grundlage ihrer Mission. Es ist also keine Frage, dass das Fremdtötungsverbot den Ausgangspunkt aller Erwägungen zum richtigen Verhalten bei physischen Existenzkrisen Dritter abgeben muss.

2. In Konflikt geraten kann dieser Topos freilich mit ausdrücklichen Gegenwünschen des Patienten oder Lebensmüden. Und für deren Maßgeblichkeit streitet das Gebot, personale Selbstbestimmung zu achten – ein Gebot, dem im Grundgesetz der Würdeschutz und die Freiheit der Persönlichkeitsentfaltung entsprechen. Allgemeinpolitisch wie christlich aber wird dieses Prinzip auch aus der Achtung des Anderen, des Nächsten als einer autonomen Person gespeist. Das verfasste Gemeinwesen rechtfertigt sich überhaupt nur vom einzelnen Menschen her, in seiner Individualität wie in Gemeinschaft. „Der Staat ist um des Menschen willen da, nicht der Mensch um des Staates willen", hieß es als Eingangsnorm des Grundgesetzentwurfes, und der Satz gilt heute noch ganz genau so, selbst wenn die Verfassung gewordenen Vorschriften diesen Tatbestand dann anders ausgedrückt und diversifiziert haben.

Die Selbstbestimmung, Selbstverpflichtung und Selbstverantwortung des Einzelnen muss zudem der anthropologisch fundamentale Ausgangspunkt der Betrachtungen sein. Vernunftbegabtheit, Rationalität, Geistigkeit des Menschen machen ihn zur autonomen Person. Und alle emotionale Ansprechbarkeit und Verletzlichkeit ändert hieran nichts. Auf das Ernstnehmen des jeweils eigenen Wünschens und Wollens gründet sich schließlich auch das Vertrauen zwischen den Menschen. Wer ignoriert oder missachtet wird, verkümmert als soziales Wesen. Gerade beim so empfindsam gewordenen kranken Menschen ist dieses Ernstnehmen die Grundlage seiner ganzen psychischen Befindlichkeit: Voluntas aegroti lex suprema. Und das gilt unabhängig von der Form der Willensäußerung, sei es in einer förmlichen Patientenverfügung (Patiententestament), sei es in nur noch geflüsterter Bitte oder bloßer Körpersprache.

II.

Zwischen den herausgestellten beiden Eckwerten spielt sich nun der normgeleitete Alltag ab. Immer ist ein Ausgleich zwischen ihnen gefordert, weil sie in einem natürlichen Spannungsverhältnis stehen. Zumeist wird einem das Einerseits – Andererseits wohl gar nicht bewusst, wenn man intuitiv seine Entscheidungen trifft. Aber in zugespitzten Situationen, bei wirklich folgenschweren Fragen also, wird man von dem Dilemma eingeholt und muss es verantwortlich lösen. Für die Zukunftsgestaltung ergeben sich daraus m. E. dreierlei Folgerungen.

1. Zunächst und vor allem muss es darum zu tun sein, die verantwortliche, gewissenhafte Entscheidung des Arztes zu stärken. Die verbreitete Unsicherheit, wie sie auch im Gespräch der vergangenen Tage immer wieder deutlich wurde (und die wir Juristen wohl nicht unmaßgeblich verursacht haben), muss neuer Selbstgewissheit und Zuversicht weichen. Nur die fachlich verantwortete Entscheidung im Rahmen klarer und nicht zu eingehender Rechtsvorgaben kann dem sensiblen Verhältnis am Krankenbett gerecht werden. Nur so wächst auch das Vertrauen der Patienten wieder, ohne welches der hilflose Mensch in seiner physischen Krisensituation nicht auskommen kann.

In dem schwierigen Verhältnis zwischen Arzt und Jurist, zwischen Medizin und Recht, Therapienotwendigkeiten und normativen Vorgaben muss daher auch der Verständigungsgraben überbrückt werden. Dass wir Juristen wacker erklären, die Rechtslage sei doch ganz eindeutig (und uns im Übrigen im gleichen Atemzug darüber streiten), die Mediziner dies jedoch nur mit Unverständnis und Resignation quittieren können – das ist eine Situation, die überwunden werden muss. Die scheinbar eindeutigen Rechtsvorschriften sind eben in ihrer Anwendung viel zu häufig durch Präzedenzien ausgefranst und durch rechtswissenschaftliche Ausziselierungen vernebelt worden. Die Diskussion mit den niederländischen Kollegen hat für mich zudem ergeben, dass unsere beiden Systeme, was die tatsächlichen Verhältnisse in Sachen Sterbehilfe betrifft, gar nicht mehr so unterschiedlich sind: Die Niederländer haben unter Aufgabe eines durchlöcherten Prinzips augenscheinlich Eindeutigkeit und Transparenz gewonnen, während wir Deutschen vordergründig an Prinzipien festhalten, diese im Alltag aber immer mehr zerfasern sehen und dadurch die Dinge unsicherer werden lassen.

2. Als wichtigste Forderung folgt für mich aus den anfangs genannten Grundsätzen, dass es keine gesetzliche Zulassung irgendwelcher Formen der Fremdtötung geben darf, unter welchen Bedingungen auch immer. Es wird ja eine solchermaßen ausgerichtete Rechtsordnung immer Verständnis aufbringen für die im Einzelfall bei tiefster Gewissensnot getroffene Entscheidung *contra legem*, und zwar durch Zugestehen eines übergesetzlich entschuldigenden oder rechtfertigenden Notstandes. Aber diese höchstpersönliche, extreme Sonderlage des Täters – und das konkrete transitivische Zu-Tode-Bringen eines um Tötung bittenden anderen bleibt immer eine Fremdtötung, bei noch so altruistischer Motivation – nun irgendwie gesetzlich festmachen zu wollen, ist und bleibt inakzeptabel.[1]

Jede Normierung des unermesslichen, unvertretbaren Extremfalles zerschneidet das höchstpersönliche Band zwischen Handelndem und Lebensmüdem, zerstört das Geheimnis ihrer Beziehung und macht sie zur Schablone. Man entwürdigt das Einmalige, das Beispiellose wird zum Exempel, das Unersetzliche zum Ersetzbaren. Der subtile Ausnahmefall einer Entschuldbarkeit ist einfach nicht abstraktionsfähig. Im Übrigen muss die normative Verallgemeinerung zu Intitutionalisierung und Standardisierung führen. Es entstehen Normalisierungstendenzen und Gewöhnung. Man wird sich beruflich darauf einstellen und den amtlich zugelassenen Sterbebegleiter schaffen. Im Endeffekt wird das Unvergleichliche eines Gewissenskampfes zur Tagesware, die man geschäftig und routinemäßig verwaltet.

Schließlich bedeutet die in jeder Gesetzeserfassung liegende staatliche Absegnung auch einen unannehmbaren Paradigmenwechsel. Es ist eben das eherne Zivilisationsgesetz unseres Gemeinwesens, dass ein Staat niemals erlauben darf, dass jemand – und sei er fachberuflich noch so qualifiziert – unter bestimmten (wie eng auch immer gefassten) Bedingungen einen anderen Menschen vom Leben zum Tode bringt. Hier gilt es, der wohlfeilen Prinzipienauflösung und -durchlöcherung zu wehren. Nicht gesetzgeberische Akzeptanz der schleichenden Aushöhlung, sondern entschiedenes Entgegentreten an dieser grundsätzlichen Stelle ist meine Devise.

3. Im Übrigen muss der selbstbestimmende Wille des Patienten gestärkt und in seiner grundlegenden Verbindlichkeit klargestellt werden. Bis zur Grenze der Fremdtötung durch den helfenden Dritten muss dieser sich, soweit es medizinisch irgend vertretbar ist, an die Wünsche des ihm anvertrauten Pfleglings bzw. Sterbenden halten. In der Zusicherung solcher Willensverbindlichkeit, aber auch in der Eindeutigkeit der Grenzwahrung liegt die Wurzel des Patientenvertrauens.

Als Erstes gilt es deshalb, Form und Verfahren valider Patientenverfügungen festzulegen, so wie es der Deutsche

Juristentag 2000 gefordert hat. Hier mag dann – was im Laufe unserer Diskussion ja zur Sprache kam – vorgeschrieben werden, dass bestimmte Konsulenten herbeigezogen werden müssen oder eine vormundschaftsgerichtliche Genehmigung zu erfolgen hat. Ich selber freilich würde vor allzu viel Konditionierung warnen, denn jede Sonderauflage oder Bedingung provoziert wieder ein schwieriges Fehlerfolgenreglement und beschneidet damit die Autonomie.

Zum Zweiten wäre unmissverständlich die definitive Verbindlichkeit des erklärten Patientenwillens herauszustellen. Das schon skandierte „Voluntas aegroti lex suprema" muss die eindeutige Regel sein. Und die wenigen unvermeidlichen Ausnahmen dürfen nur als Einschränkungen möglich sein, die vom Vorbringenden darzulegen und zu beweisen sind. „Im Zweifel" also hat es immer bei der Verbindlichkeit des Patientenwillens zu bleiben. Die nahe liegenden Einwände aus der Unüberschaubarkeit der Verhältnisse für den Patienten und der Fehlsamkeit seiner Einschätzungen kommen mir viel zu paternalistisch daher. Sie missachten seine Autonomie und säen Misstrauen in sein Befinden, das er in Übereinstimmung mit seinem Willen sonst friedlich, gefasst und mit sich im Reinen erleben würde.

III.

Zum Schluss nur noch gewissermaßen ein „Prozesshinweis": Die in der abgelaufenen Legislaturperiode des Deutschen Bundestages eingesetzte Enquete-Kommission „Recht und Ethik der modernen Medizin" hat sich mit den Fragen der Sterbehilfe nicht mehr befassen können; zu sehr war sie in ihrer nur zweijährigen Arbeitszeit mit den Problemen von Biopatenten und Stammzellforschung beschäftigt. Im Schlussbericht aber wird eine ausdrückliche

Desideratenliste aufgemacht und darin als eines von vier Regelungsfeldern auch der Komplex „Sterbebegleitung und Sterbehilfe" benannt. Zugleich geht damit die Empfehlung zur Wiederkonstituierung der Enquete-Kommission in der neuen Legislaturperiode einher. Dass also die diskursive, wissenschaftliche Begleitung des Gesetzgebungs- und Entscheidungsverfahrens in irgendeiner Form institutionalisiert werden soll, scheint mir demgemäß politisch ausgemacht zu sein, gleichgültig ob man ein entsprechendes Gremium wieder beim Parlament anbindet oder unter Auflösung des „Nationalen Ethikrates" beim Bundespräsidenten einrichtet.

Und was die inhaltlichen Gestaltungen anbetrifft, kann ich mir tatsächlich nicht vorstellen, dass man in dem jetzt abgesteckten Vier-Jahres-Zeitraum der 15. Legislaturperiode zu einer wie auch immer gearteten Legalisierung der aktiven Sterbehilfe kommt.

Anmerkungen

1 Zum Folgenden ausführlich *Schmidt-Jortzig*, Die Entpersönlichung des Sterbens. Das Dilemma staatlicher Regelungsambitionen, in: Zeitschrift für Evangelische Ethik 2002, S. 20 ff.

Perspektiven der klinischen Sterbehilfe aus der Sicht des Politikers

Dagmar Schipanski

Leben und Sterben erscheinen vielen Menschen in unserem Land vornehmlich als Privatangelegenheit, in die der Staat möglichst wenig eingreifen sollte. Gerade beim Thema Sterben sehen sich viele in der Hand Gottes, der über Leben und Tod bestimmt. Das Thema „Der Tod als letzte Stufe der Selbstbestimmung?" wird im Moment immer mehr diskutiert. Sterbehilfe rückt in den Blickpunkt der Öffentlichkeit.

Das Thema Sterbehilfe ist jedoch keine reine Privatangelegenheit. Schließlich geht es hier auch um die juristische Frage nach Umfang und Grenzen des Rechtes auf Selbstbestimmung, nach dem von Rechts wegen zu erlaubenden oder zu verbietenden Handeln an der Schwelle zwischen Leben und Sterben.

In den Niederlanden und in Belgien wird das Selbstbestimmungsrecht des Menschen sehr weit gefasst.

Das zeigt das erst im vergangenen Jahr verabschiedete niederländische „Gesetz zur Überprüfung der Lebensbeendigung auf Verlangen und der Hilfe bei der Selbsttötung". Diese gesetzliche Regelung erweitert das individuelle Selbstbestimmungsrecht dahingehend, dass es auch das Recht einschließt, das Ende des Lebens selbst festzulegen, wenn dessen Fortsetzung unerträgliches Leiden bedeuten würde. Zwar bleibt die Beihilfe zur Selbsttötung weiterhin strafbar. Es gibt jedoch ergänzende Ausnahmeregelungen, die Straffreiheit garantieren:

- So muss u. a. die Beendigung des Lebens von einem Arzt vorgenommen werden.
- Der Todeswunsch des Patienten muss freiwillig sein und deutlich artikuliert werden.
- Der Arzt muss überzeugt sein, dass es für den Patienten keine Aussicht auf Heilung gibt und dass sein Leiden unerträglich ist.

Diese Regelung wird von 90 Prozent der niederländischen Bevölkerung befürwortet. Sie ist Spiegel einer Auffassung von Leben und Tod, in der das Selbstbestimmungsrecht des Menschen Priorität hat und in jeder Lebenssituation über allen anderen Erwägungen steht.

Viele sehen die Niederlande und Belgien als besonders liberale und fortschrittliche Länder an, weil hier die Säkularisierung konsequent zu Ende gedacht wurde und Gott als letzte Entscheidungsinstanz über Leben und Tod vollständig abgelöst wird durch die individuelle Entscheidungsfreiheit des Einzelnen.

Kritiker sehen hinter der gesetzlichen Regelung das Bestreben nach der Aussortierung „unwerten Lebens" und befürchten eine manipulative Einflussnahme auf den Patienten. Sie sehen die Gefahr, dass Kranke freiwillig in den Tod gehen aus Angst, zur Last zu fallen oder Kosten zu verursachen. Könnte damit nicht aus dem Recht auf Selbstbestimmung plötzlich eine unrechtmäßige Fremdbestimmung werden?

Und wie steht es mit dem Recht auf Selbstbestimmung des Arztes? Würde er nicht zum Befehlsempfänger werden, der anstatt zu heilen die Todessehnsucht todkranker Menschen erfüllen muss? Lässt sich die aktive Sterbehilfe überhaupt mit der Autonomie eines Arztes und seinem Berufsethos vereinbaren?

Diese Fragen müssen in der jetzt laufenden Diskussion beantwortet werden.

Laut einer Untersuchung des Allensbacher Instituts vom vergangenen Jahr befürworten 64 Prozent der Westdeutschen und 80 Prozent der Ostdeutschen die aktive Sterbehilfe. Sie stimmten dem Standpunkt zu:

> „Ein schwer kranker Patient im Krankenhaus soll das Recht haben, den Tod zu wählen und zu verlangen, dass der Arzt ihm eine todbringende Spritze bringt." Lediglich 19 Prozent in den alten Bundesländern und nur sechs Prozent in den neuen Bundesländern lehnten eine solche Forderung ab.

Obwohl die Kirchen in unserem Land übereinstimmend die aktive Sterbehilfe ablehnen, fühlen sich die Christen beider Konfessionen an das unaufkündbare Bekenntnis zum Leben nicht gebunden. Für 60 Prozent der Protestanten und 68 Prozent der Katholiken steht bei der Bejahung der Sterbehilfe vielmehr der Wunsch im Vordergrund, unerträgliches Leiden zu verkürzen.

Was aber steckt hinter diesem Wunsch, sein Leben oder das Leben eines nahen Angehörigen vorzeitig zu beenden? Viele Menschen, die eine aktive Sterbehilfe befürworten, haben Angst vor unerträglichen Schmerzen und unnötig verlängertem Siechtum. Sie fürchten sich vor einem würdelosen Lebensende, das von Geräten und Maschinen hinausgezögert wird, während der Sterbende nur noch als ein hilfloses Objekt der medizinischen Technik erscheint. Vor ihren Augen steht das Zerrbild eines durch Krankheit entstellten und zu einem Schatten seiner selbst gewordenen Menschen.

Hinter dem Ruf nach aktiver Sterbehilfe steckt vielfach auch die Phantasie von einer allmächtigen Medizin, die sich selbstherrlich über das Individuum Patient hinweg setzt und in Ausübung ihrer Kunst Leben so lange als möglich verlängert. Dahinter schwelt die typische Angst des modernen Menschen, der die Risiken naturwissenschaftlicher Entwicklungen überbetont und ihre segensreichen Anwendungen gänzlich ausblendet, auch solch segensreiche Anwendungen, wie sie etwa die Palliativmedizin ermöglicht.

Diese Ängste sind weit verbreitet, und keiner von uns ist davon wirklich frei. Müsste der Staat sie deshalb nicht anerkennen? Und noch mehr: Haben die Bürger nicht sogar einen Anspruch darauf, dass der Staat ihnen die Angst vor einem subjektiv als würdelos empfundenen Lebensende nimmt?

Ich denke, der Staat muss diese Ängste in der Tat sehr ernst nehmen. Den frei und ohne Zwang artikulierten Sterbewunsch gilt es immer zu respektieren.

Aber dennoch sollte es dem Staat nicht gestattet sein, eine ausdrückliche Ermächtigung zur Tötung von Menschen zu geben. Das ist das Credo einer Gesellschaft, die die Humanität zu ihrer Daseinsberechtigung gemacht hat.

Das Recht auf Leben ist in unserem Grundgesetz verankert. Schließt dieses Recht ein, ebenfalls über Anfang und Ende des Lebens frei zu verfügen? An dieser Frage scheiden sich bekanntlich die Geister. Die Befürworter der Sterbehilfe glauben, die Verfügungsgewalt über das eigene Leben sei unbegrenzt. Ihnen kann man entgegnen: Solange der Grundsatz des Rechts auf Leben gilt, kann es kein Gesetz geben, dass die Tötung eines Menschen zulässt – und sei es auch nur in Ausnahmefällen.

„Ein Recht auf Freitod gibt es nicht." So lautet die Urteilsbegründung des Europäischen Gerichtshofs für Menschenrechte in dem bekannten Fall der Britin Diane Pretty. Die Straßburger Richter haben sich bei ihrem Urteil auf die Europäische Menschenrechtskonvention gestützt. Die Konvention aber garantiert für alle „nur" ein Recht auf Schutz des Lebens.

Wenn die Unverfügbarkeit des menschlichen Lebens als

Rechtsgrundsatz gilt, dann gilt sie natürlich auch in der letzten Lebensphase eines Menschen.

Das Grundgesetz oder die Europäische Menschenrechtskonvention kann man ändern, natürlich. Sollte der Staat, die Politik einer solchen Verfassungsänderung nachgeben?

Der Schutz des Lebens stellt ein universal gültiges Gebot dar, das unabhängig von den verschiedenen philosophischen oder religiösen Auffassungen vom Sinn des Lebens existiert. Wenn also der Staat dic aktive Sterbehilfe ablehnt, dann nicht etwa auf Grund religiöser oder ethischer Erwägungen, sondern weil wir ein universales Gesetz respektieren.

Wenn aber der Staat todkranken Menschen die Möglichkeit eines aktiv herbeigeführten Freitodes nicht zugestehen kann und darf, was dann? Der Wunsch der Menschen nach einem schmerzfreien und würdevollen Tod ist stark und berechtigt, ja sogar machbar angesichts der riesigen Fortschritte in der Medizin.

Wir können heute in vielen Fällen dem Patienten seine Würde zurückzugeben, wenn er sie in Siechtum und unendlichem Leid untergegangen glaubt. Ich bin der festen Überzeugung, dass eine qualitativ hochwertige Palliativmedizin den Ruf nach aktiver Sterbehilfe verhallen lässt.

Die Palliativmedizin ist eine wirkliche Alternative zur Sterbehilfe. Denn im Rahmen dieses Therapiekonzeptes werden selbst stärkste Schmerzen in den meisten Fällen erfolgreich behandelt und ein Sterben in Würde ermöglicht. Ärzte, die auf Palliativstationen tätig sind, haben mir immer wieder bestätigt: Viele Krebspatienten im finalen Stadium sind von ihrem Wunsch nach aktiver Sterbehilfe abgekommen. Nachdem sie palliativmedizinische Behandlungen erfahren haben, spielte die Angst vor dem Prozess des Sterbens und vor starken Schmerzen kaum noch eine Rolle.

Ich bin deshalb sicher: Die Niederlande und Belgien sind nicht auf dem richtigen Weg. Gerade in den Niederlanden gibt es bis heute kein adäquates palliativmedizinisches Angebot. Die Zahl der palliativmedizinischen Einrichtungen ist sehr gering: Es gibt dort nur ein einziges Hospiz und eine an ein Krankenhaus angegliederte Palliativstation. Andere palliativmedizinische Einrichtungen sind nur in Altersheimen angesiedelt.

Angesichts der geringen Verbreitung palliativmedizinischen Gedankengutes drängt sich die Frage auf, ob die Menschen in den Niederlanden hinreichend über Alternativen zur aktiven Sterbehilfe informiert sind. Oder ist der hohe Anteil der Befürworter der Sterbehilfe eher Ausdruck eines Menschenbildes, das der Selbstbestimmung alles und der Verantwortlichkeit des Einzelnen für den anderen nicht genug zutraut?

Auch in Deutschland haben nicht alle Ärzte, die mit unheilbar kranken Patienten konfrontiert sind, das Wissen und die Einsicht, dass stark beeinträchtigende Symptome bei schwerstkranken Menschen behandelt werden müssen und können. Sie reagieren häufig macht- und hilflos.

Doch gerade wenn eine Heilung nicht mehr möglich ist, muss der Arzt vom Heiler zum Helfer werden und seinen schwerstkranken Patienten so versorgen, dass dieser die ihm verbleibende Zeit als lebenswert empfindet – das ist die zentrale Aufgabe der Palliativmedizin!

Die Palliativmedizin widmet sich der Behandlung von Patienten mit einer nicht heilbaren und weit fortgeschrittenen beziehungsweise fortschreitenden Erkrankung mit begrenzter Lebenserwartung. Ihr Hauptziel ist es, die Lebensqualität des Betroffenen zu verbessern.

Doch das, was sich so selbstverständlich und nahe liegend anhört, stieß in Deutschland lange Zeit auf Ablehnung. Und bis heute ist der angemessene Umgang mit Schwerstkranken und Sterbenden in Deutschland kein selbstverständlicher Bestandteil der medizinischen Versorgung.

Diese ablehnende Haltung ist nicht ohne Auswirkungen auf die Praxis geblieben. Palliativpatienten müssen oft lange auf ein Bett in einer Palliativeinrichtung warten. Für die stationäre Behandlung stehen in Deutschland derzeit 580 Betten auf 70 Palliativstationen und 830 Betten in 93 stationären Hospizen zur Verfügung. Damit ist eine ausreichende stationäre und ambulante Versorgung bei weitem nicht gewährleistet.

Die Schätzungen für den Bedarf an Palliativ- und Hospizbetten liegen bei etwa 30 bis 50 pro eine Million Einwohner.

Ende letzten Jahres standen in Deutschland lediglich 17 Betten pro eine Million Einwohner zur Verfügung. Das heißt: Für eine flächendeckende palliativmedizinische Versorgung brauchen wir in Deutschland wenigstens das Doppelte bis Dreifache an Kapazitäten. Hier sehe ich einen Punkt, an dem wir ansetzen müssen. Die Deutsche Krebshilfe kämpft schon lange in diesem Sinne. Sie hat den Gedanken der Palliativmedizin in der Bundesrepublik in den letzten Jahren entscheidend gefördert und aktiv vorangetrieben.

So fordern wir seit geraumer Zeit, dass die Palliativmedizin Teil der Medizinerausbildung wird. Inzwischen ist ein Prozess in Gang gekommen, der für die weitere Entwicklung der Palliativmedizin in Deutschland hoffen lässt: So verständigten sich im Juni 2002 die Gesundheitsminister der Länder darauf, Palliativmedizin, Palliativpflege und Sterbebegleitung in die Aus- und Weiterbildung von Medizinern und Pflegekräften aufzunehmen.

Das ist ein wichtiger Schritt, dem weitere folgen müssen. Ich denke da etwa auch an eine Neuordnung des Gesundheitssystems, das schon seit längerer Zeit unter dem enormen Kostendruck kaum noch agieren kann. Da bleibt wenig Raum und Zeit für menschenwürdige Betreuung und einfühlsame Begleitung beim Sterben.

Aber gerade das brauchen die Patienten: Ihnen steht nicht nur die bestmögliche medizinische Betreuung zu, sondern auch jede psychologische und theologische Unterstützung. Es gilt, der Vereinsamung des Menschen im Sterben entgegenzuwirken.

Es ist aber nicht nur eine dringende Aufgabe, die Ärzte in unserem Land palliativmedizinisch kompetent zu machen. Vielmehr müssen wir auch den finanziellen Freiraum schaffen für palliativmedizinische Behandlungen.

Die Palliativmedizin muss integraler Bestandteil unseres Gesundheitssystems werden. Dabei geht es nicht darum, alle Patienten auf Palliativstationen zu betreuen, sondern darum, ein Sterben dort zu ermöglichen, wo die Menschen es wünschen. Arbeiten wir alle gemeinsam daran, dass jeder schwerstkranke und sterbende Mensch eine umfassende Versorgung und Betreuung bekommt. Aktive Lebenshilfe statt aktive Sterbehilfe – diesen Gedanken müssen wir in der Gesellschaft verankern.

V.

Menschenwürde und Sterbehilfe
Die Bedeutung des christlichen Menschenbildes für die Entscheidungen der Politik

Christoph Böhr

I.

Wenn Politik – ihrem Selbstverständnis nach – einem wertgebundenen Maßstab folgen will, dann muss sie zunächst Auskunft geben, welches Menschenbild ihren Entscheidungen zugrunde liegt. In der Frage nach dem Menschenbild gipfelt die Frage nach dem wertgebundenen Maßstab von Politik. Werte sind Abstraktionen handlungsleitender Überzeugungen. Diese Abstraktionen werden greifbar und bestimmt in der Antwort auf die entscheidende Frage, die aller Politik vorangeht, der Frage nämlich: Was ist der Mensch?

Jede Politik wurzelt in einer Anthropologie. Bevor politisch entschieden werden kann, ist die Frage nach dem Menschenbild zu klären, das der Politik die Richtung weist. Es geht um nicht mehr und nicht weniger als um die Bestimmung der Stellung des Menschen in der Welt, seines Verhältnisses zu sich selbst und seiner Beziehung zu seinen Mitmenschen.

Das Menschenbild der christlichen Demokratie speist sich aus verschiedenen Quellen: In ihm vereinigen sich antike und jüdische Vorstellungsweisen, die schließlich in das christliche Menschenbild Eingang gefunden haben und bis in die Gegenwart nachwirken.

Heute leben wir in Gesellschaften, die sich weithin schwer tun mit einem christlich geprägten Menschenbild.

Zwar sind die Verfassungen vieler westeuropäischer Staaten von eben diesem Menschenbild beseelt, aber die Säkularisierungsschübe der letzten Jahrzehnte haben die Quellen dieses Menschenbildes in weiten Teilen versiegen lassen. Um so wichtiger ist es, nicht zuletzt um der Rettung dieses Bildes vom Menschen willen und unter Beibehaltung seiner christlichen Prägung, die Antwort auf die alles entscheidende Frage nach dem Menschen in einer verallgemeinerungsfähigen Form zu geben. Nur so wird das christliche Menschenbild zustimmungsfähig auch für die vielen, die sich selbst längst von einer christlichen Prägung gelöst haben. Für eine politische Partei, eine Volkspartei zumal, die nach Mehrheiten strebt und streben muss, bleibt dies eine unverzichtbare Aufgabe: Um der Rettung des christlichen Menschenbildes willen muss sie sich auf verallgemeinerungsfähige Grundlagen berufen.

Das ist einer der Gründe, warum im Folgenden gelegentlich eine Analogie zur Philosophie Immanuel Kants aufleuchtet. Er hat das, was wir bis heute als christliches Menschenbild wiedererkennen, in einen Begründungszusammenhang gestellt, der auch in den Augen derjenigen schlüssig erscheint, die sich selbst von ihrer christlichen Herkunft losgesagt haben.

Bei einer Erörterung wie der über das Problem der Sterbehilfe ist dieses Bemühen, das christliche Menschenbild in einer verallgemeinerungsfähigen Form darzustellen, von besonderer Bedeutung. Denn Politik zielt auf verbindliche Regeln, die von allen Bürgerinnen und Bürgern hinzunehmen sind. Ein Gesetz verlangt uneingeschränkte Geltung. Dieser allgemeine, ausnahmslose Zwang, der jedem Gesetz zu eigen ist, hat immer wieder Anlass gegeben, von der Politik eine weltanschauliche Unverbindlichkeit zu verlangen. Dabei wird übersehen, dass eine solchermaßen geforderte Unverbindlichkeit gar nicht möglich ist. Wie immer Politik entscheidet, sie tut das auf der Grundlage eines jeweils verschiedenen Bildes vom Menschen. Dieses Menschenbild muss sich, wenn man es zur Grundlage verbindlicher politischer Entscheidungen nimmt, im Blick auf seine Verallgemeinerungsfähigkeit rechtfertigen. Von seinen Ergebnissen im Politischen, seinen Handlungsfolgen also, muss das christliche Menschenbild eben diesen Nachweis führen, dass es aus nachvollziehbaren Gründen als Grundlage von Entscheidungen dienen kann, die für alle gleichermaßen Verbindlichkeit beanspruchen dürfen.

II.

Das christliche Menschenbild ist die axiomatische Voraussetzung für drei Teilantworten, die auf die aller Politik vorangehende Frage nach dem Menschen und seiner Stellung in der Welt zu geben sind.

Zunächst ist festzuhalten: Der Mensch ist, nach den genannten axiomatischen Voraussetzungen, Person von seinem Anfang bis zu seinem Ende, also immer Subjekt und niemals nur Objekt. Seine Personalität ist nicht geknüpft an bestimmte Existenzformen oder Seinsmerkmale. Sie ist ganz unabhängig von möglichen Interessen Dritter, der Frage nach seiner Brauchbarkeit, seinem Bewusstseinszustand und seinen intellektuellen oder emotionalen Fähigkeiten. Von seinem Anfang bis zu seinem Ende ist jeder Mensch ohne jede Einschränkung Person, folglich unverfügbar nicht nur für Dritte, sondern auch in seinem Verhältnis zu sich selbst.

Jeder Mensch besitzt sodann als Person eine uneingeschränkte Würde. Diese Würde ist ihm von Anfang an zu Eigen. Weder Dritte noch er selbst dürfen über diese Würde verfügen. Die personale Würde übersteigt die menschliche Natur, obwohl sie doch immer an diese menschliche Natur gebunden ist. Indem sie unlösbar der menschlichen Natur beigeordnet ist, begründet sie deren Unverfügbarkeit. Hier gründet das Verbot des Selbstmordes, mehr noch: Hier liegt der Grund dafür, dass kein Mensch sein Leben auch nur leichtfertig aufs Spiel setzen darf. Es gibt nur einen einzigen Grund, den ansonsten unlösbaren Zusammenhang von personaler Würde und menschlicher Natur in seiner Geltung einzuschränken: Um die Würde eines anderen Menschen zu retten, hat jeder Mensch das Recht, sein eigenes Leben aufs Spiel zu setzen.

Die personale Würde des Menschen beinhaltet den uneingeschränkten und unbedingten Schutz seiner physischen und moralischen Integrität. Selbst unverfügbar – ja Ausdruck des Unverfügbaren schlechthin –, begründet diese Würde durch ihre Bindung an die menschliche Natur deren ebenfalls zugeeignete Unverfügbarkeit.

Schließlich und drittens ist jeder Mensch zu jeder Zeit Zweck an sich. Damit nimmt er eine einzigartige Stellung in der gesamten Schöpfung ein. Als Zweck an sich ist er geschützt vor jeglichem Anspruch der Verzweckung durch Dritte. Er ist sittliches Subjekt und besitzt das Vermögen, sich selbst Zwecke zu setzen.

Diese Einsicht gewinnt ein Mensch nie als Ergebnis einer theoretischen Erkenntnis, sondern immer nur als eigene praktische Gewissheit. Die Überzeugung, Zweck an sich zu sein, gewinnt ein Mensch nur in der Vergewisserung seiner Subjektivität. Diese Subjektivität aber bleibt der feststellenden Erkenntnis der anderen immer verschlossen und damit der verfügenden Beurteilung durch einen Dritten ausnahmslos entzogen.

Demnach gibt es keine Möglichkeit, die personale Würde eines Menschen in noch so gut gemeinter Absicht einzuschränken. Der Mensch bleibt unverfügbar und seine Integrität unantastbar. Dieser Satz gilt universal, ganz unabhängig von verschiedenen sozialen, kulturellen oder religiösen Prägungen und Lebensumständen. Die Würde, die jedem Menschen zu eigen ist, setzt allem Handeln und Entscheiden eine unverrückbare Grenze. Sie äußert sich in der Achtung nicht vor den Wünschen anderer, sondern allein vor der Unantastbarkeit und Unverletzlichkeit der Person.

„Würde" in diesem Sinne bedeutet also nicht, dem Wunsch nach dem schnellen Tod des unheilbar Kranken nachzugeben, sein Leiden zu verkürzen und seinem Leben ein vorschnelles Ende zu setzen. So verständlich diese Wünsche im Einzelfall sein mögen – ihnen nachzugeben bedeutet, die personale Würde zu verletzen. Denn Würde ist keine Frage von Gesundheit oder Krankheit, von Wohlbefinden oder Missbehagen, Glück oder Unglück. Auch kein noch so weit vorangeschrittener physischer Verfall kann der Würde eines Menschen Abbruch tun.

In manchem Diskussionsbeitrag zum Problem der Sterbehilfe kündigt sich eine Veränderung der Semantik an. Die Rede vom „menschenwürdigen Tod" meint gelegentlich das Gegenteil, nämlich: dem Wunsch eines unheilbar Kranken nach vorzeitiger Beendigung seines Lebens nachzugeben. Dabei verkennt diese Redeweise, dass dann, wenn diesem Wunsch nachgegeben wird, der Verfügbarkeit über das Unverfügbare Tür und Tor geöffnet wird. Den vermeintlichen Rechtfertigungsgründen im Einzelfall wird eine Flut weiterer Rechtfertigungsgründe im Blick auf andere, mehr oder weniger vergleichbaren Fälle folgen. Diese werden dann nicht mehr abzuwehren sein. Wenn dem unheilbar Kranken das Leben zu einer unerträglichen Last geworden ist, gilt das dann nicht auch für den Lebensmüden, den vom Leben Enttäuschten, den wegen einer zerbrochenen Beziehung gekränkten oder im Beruf gescheiterten, von Todessehnsucht erfüllten Menschen?

Nicht die Erfüllung des Wunsches nach einer vorzeitigen Beendigung des Lebens macht unsere Welt menschlicher. Vielmehr könnte es sein, dass wir unsere Einstellung zum leidenden Menschen überdenken müssen. Ist der Mensch in der Not seines Leidens tatsächlich eine Schwundstufe des Lebens? Oder ist es nicht vielmehr so, dass der Mensch in der Hinfälligkeit seines Leidens erst ahnen lernt, was es bedeutet, eine unantastbare Würde zu besitzen?

Jeder ahnt, dass es leicht ist, im Allgemeinen über diese Fragen zu reden. Und keiner kann für sich selbst bürgen, wie er denkt und fühlt, wenn der Arzt ihm die Diagnose einer unheilbaren Krankheit eröffnet. Niemand weiß wirklich und im Vorhinein, was er empfindet, wenn er selbst als unheilbar Kranker den Tod herbeisehnt. Und doch gilt, dass wir der Heiligkeit des menschlichen Lebens Ehrfurcht bis zum Ende schulden. Uns steht es nicht zu, über Leben und Tod zu entscheiden oder auch nur mitzuentscheiden.

Die Ehrfurcht vor der Geschöpflichkeit des Menschen bedeutet, dass wir die Grenzen unserer eigenen Gestaltungsmacht anerkennen, und zwar im Sinne des lebensverlängernden wie des das Sterben beschleunigenden Tuns. Vielleicht müssen wir wieder lernen, die Natur in ihr Recht zu setzen. Dieses Recht der Natur verlangt von uns die Fähigkeit und die Bereitschaft, einen Menschen sterben zu lassen – oder vielleicht besser: Verlangt wird von uns die Tugend der Tapferkeit, die man braucht, um einen Menschen dem Tod zu überantworten, auch wenn wir diesen Menschen mit allen uns verfügbaren Kräften im Leben festhalten wollen.

III.

Für den Alltag deuten sich damit eine Reihe von Schlussfolgerungen an. Zunächst gilt, dass unter der Voraussetzung des christlichen Menschenbildes aktive Sterbehilfe unter allen Umständen verboten ist und verboten bleiben muss. Hingegen ist passive Sterbehilfe zumindest erlaubt –

vielleicht sogar in einer größeren Zahl von Fällen geboten. Wenn wir wieder lernen, der Natur ihr Recht zu belassen, dann verbietet es sich, lebensverlängernden Maßnahmen um jeden Preis das Wort zu reden.

Wer aber hat in jedem einzelnen Fall diese Entscheidung zu treffen, was zu tun oder zu lassen ist – eine Entscheidung, um die niemand zu beneiden ist? Es gibt wohl nur eine Person, die in ihrer Verantwortung zur Entscheidung berufen ist: nämlich der Arzt. Gesetzgebung und Rechtsprechung können zwar einen Rahmen setzen, innerhalb dessen eine Entscheidung zu treffen ist. Am Ende aber bleibt die Urteilskraft des Arztes gefordert. Er allein kann die zahllosen Einzelgesichtspunkte, die in eine solche Entscheidung einfließen müssen, überblicken.

Was aber kann die Ethik dem Arzt an die Hand geben, das seine Urteilskraft stützen könnte? In diesem Zusammenhang ist an die Tugendlehre zu erinnern. Zwei Tugenden sind es vor allem, die mir maßgeblich zu sein scheinen: die Tugend des Maßes und die Tugend der Tapferkeit. Welches Handeln verlangt die Tugend des rechten Maßes in der jeweiligen Lage, in der sich ein Patient befindet? Eine allgemeine, unter allen Umständen verbindliche Antwort auf diese Frage gibt es nicht, ja kann es nicht geben. Zu viele Gesichtspunkte fließen in die Urteilsbildung des Arztes mit ein: der Wille des Patienten, seine Prognose bezüglich der Krankheit, die Verhältnismäßigkeit bei der Wahl seiner Mittel, sein Mitgefühl mit dem leidenden Menschen, nicht zuletzt das Alter des Patienten. All das – und wohl noch viel mehr – muss und wird in die Gesamtabwägung, die ein Arzt zu treffen hat, einfließen. Nur ein Arzt ist in der Lage, sich ein Urteil darüber zu bilden, ob der am Ende verzweifelte Kampf um Leben und Gesundung verloren ist oder vielleicht noch gewonnen werden kann.

Manche meinen, letztentscheidend müsse der Wille des Patienten sein. Ich habe da meine Zweifel. Was verstehen wir unter einer Willensäußerung im Angesicht des Todes? Entweder äußert sich der Wille lebensbejahend, oder er äußert sich lebensverneinend. Sollte das der letzte, am Ende entscheidende Maßstab sein, unabhängig von der ärztlichen Prognose, den Lebensumständen, dem Alter und den therapeutischen Möglichkeiten? Auch hier ist die Urteilskraft des Arztes gefordert. Aber kann der Arzt dem Willen des Patienten folgen, wenn es aus seiner Sicht keine Wahrscheinlichkeit gibt, dass der Wunsch des Patienten dem angenommenen natürlichen Verlauf der Krankheit und den Möglichkeiten der ärztlichen Kunst entspricht?

Ich vermute, dass am Ende die Letztentscheidung beim Arzt liegt – und liegen muss: im Sinne einer verantwortlichen Abwägung und nicht zuletzt der eigenen moralischen Intuition folgend. Diese Letztentscheidung erfordert ein kluges und bedachtes Urteil; man kann sie nicht vorab bis ins Letzte durch Vorschriften regeln. Die immer weiter voranschreitende Verrechtlichung dort, wo ein Mensch, dem Gang der Natur folgend, die Grenze zwischen Leben und Tod überschreitet, bringt uns keiner Lösung näher.

Vielmehr scheinen mir Regeln notwendig, die möglichst unanfällig sind gegenüber jeder Form der Verzweckung. So muss beispielsweise ausgeschlossen bleiben, dass Gesichtspunkte der Kosteneinsparung das Urteil des Arztes beeinflussen.

Wichtig ist zudem eine neue Definition dessen, was wir unter „Sterben" verstehen: Das Sterben eines Menschen setzt früher ein, als es einem Arzt heute festzustellen gestattet ist.

Schließlich und letztlich plädiere ich für eine kulturelle Enttabuisierung des Sterbens. So sehr jeder Tod die Katastrophe unseres Lebens ist, so wenig macht es Sinn, den Tod aus unserem Leben zu verbannen. Nur wenn wir Leiden, Sterben und Tod nicht verdrängen und in unser Leben zurückholen, werden wir die Urteilskraft entwickeln können, die wir so dringend benötigen, um in Grenzsituationen unseres Lebens bestehen zu können. Der Ausbau der Palliativmedizin und die Unterstützung der Hospizbewegung sind entscheidende und wichtige Schritte auf dieses Ziel hin.

Das christliche Menschenbild, das Ausgangspunkt der Überlegungen war, verpflichtet uns gar nicht so sehr auf Normen, Gesetze und Verbote. Aber es mahnt uns, um alles in der Welt die Unantastbarkeit der Würde eines jeden Menschen zu achten und zu wahren. Das macht die Einzigartigkeit dieses Menschenbildes aus. Wie kein anderes Bild vom Menschen gibt es einen Schutz vor der Verfügbarkeit durch Dritte. Der einzige Preis, den diese Zusicherung des Schutzes verlangt, besteht darin, dass der Mensch sich selbst die Unantastbarkeit seiner Würde zugesteht und sie nicht missachtet.

Sterben in einer humanen Gesellschaft oder: Wem gehört das Sterben?

Jürgen Mittelstraß

Vorbemerkung

Ich bin im disziplinären Spektrum der Philosophie kein Anthropologe und kein Ethiker, also eigentlich ganz ungeeignet, am Ende einer Tagung, auf der viel Professionalität im Medizinischen, Ethischen und Politischen zusammenkam, über das Sterben in einer humanen Gesellschaft zu sprechen. Weder vermag ich dem ethischen Disput über die Grundlagen der Moral, auch und gerade diejenigen, die das Ende des Lebens betreffen, noch dem medizinischen Disput über den Umgang mit Sterbenden noch dem politischen Disput über die Verrechtlichung des Todes und des Sterbens aus professioneller Perspektive etwas wirklich Substantielles beizufügen. Die Experten haben gesprochen, und ich habe gelernt.

Dennoch will ich es versuchen, nicht aus Übermut, der die Frage nach den eigenen Kompetenzen außer Acht lässt, oder aus Naivität, die eigentümlicherweise auch ein Geschwister der Philosophie ist, sondern angesichts der Tatsache, dass das Sterben in Wahrheit gar kein professioneller Gegenstand ist – mit entsprechenden disziplinären Zuständigkeiten. Zwar ist die Medizin dem Sterben näher als jede andere Disziplin, insofern das Sterben das definitive Ende aller medizinischen Professionalität und medizinischer Sinngebung, nämlich der des Heilens, ist, und ist die Ethik (im philosophischen wie im theologischen Sinne) in ihrem Element, wenn es um das „humane Wie" des Sterbens geht, doch ist das Sterben als äußerste Wirklichkeit der *conditio humana*, der menschlichen Befindlichkeit, nichts, das einer Disziplin gehörte wie die Sterne der Astronomie, das Wirtschaften den Wirtschaftswissenschaften, das Rechtsprechen den Rechtswissenschaften und die Geschichte den Geschichtswissenschaften. Wenn am Ende gar das ganze menschliche Leben, nicht nur die allerletzte Lebensphase, ein, wie Heidegger sagt, „Vorlaufen in den Tod" ist, ist auch jeder einzelne Mensch in gewissem Sinne, wenn er sich denn, wie es so schön heißt, Gedanken macht, „zuständig". Denn es geht um sein Leben und Sterben, um Erfahrungen, die im strengen Sinne nicht geteilt werden können, um Vorstellungen, die nicht verallgemeinerbar sind, um eine „Geschichte", die so individuell ist wie das menschliche Leben selbst. Während das Allgemeine den Wissenschaften gehört – auch das Allgemeine im medizinischen und gesellschaftlichen Sinne –, gehört das Besondere dem Leben selbst, insofern sich dieses nicht nur in den Instanzen des wissenschaftlich Allgemeinen, sondern auch in den Instanzen des lebensweltlich Besonderen individuellen Ausdruck verschafft.

In diesem Sinne im Folgenden einige kurze Überlegungen zwischen den Disziplinen, Überlegungen, die wohl philosophisch heißen dürfen, aber keinen Anspruch auf wirkliche Professionalität (die es auch in der Philosophie gibt) erheben. Meine Stichworte sind: anthropologische Grundlagen, Alter als Lebensform, das Verfügbare und das Unverfügbare und schließlich: Wem gehört das Sterben?

1. Anthropologische Grundlagen

Moderne anthropologische Forschungsprogramme, in deren philosophischen Teilen es um die Bestimmung derjenigen anthropologischen Konstanten geht, die unabhängig von konkreten historischen und kulturellen Entwicklungen im Sinne konstitutiver Elemente des Menschseins die Natur des Menschen ausmachen, lassen sich noch immer als Varianten zweier älterer, einander entgegengesetzter Konzeptionen verstehen, nämlich derjenigen Max Schelers[1] und derjenigen Helmuth Plessners[2]. Nach Scheler ist die philosophische Anthropologie nichts anderes als der Inbegriff der Philosophie selbst, nach Plessner folgt sie dem Aufbau der empirischen Wissenschaften vom Menschen in Form einer „integrativen" Disziplin. Scheler knüpft damit an die traditionellen Bestimmungen des Menschen als *animal rationale* an, Plessner an den Stand der biologischen, medizinischen, psychologischen und im weiteren Sinne sozialwissenschaftlichen Forschung, und dies mit dem konzeptionellen Ziel einer *Strukturtheorie* des Menschen. Gemeinsam ist beiden bei der Charakterisierung des Menschen der Begriff der *Weltoffenheit*, der den Aspekt der Offenheit der menschlichen Entwicklung einschließt.

Für Scheler ist der Mensch das „X, das sich in unbegrenztem Maße „weltoffen" verhalten kann"[3]; für Plessner zeichnet den Menschen eine „exzentrische Positionalität"[4] aus, wobei seine exzentrische, keine feste Mitte besitzende Existenz als Einheit von vermittelter Unmittelbarkeit und natürlicher Künstlichkeit beschrieben wird. Dem entspricht bei Plessner die Formulierung so genannter anthropologischer Grundgesetze, nämlich des Gesetzes der „natürlichen Künstlichkeit", des Gesetzes der „vermittelten Unmittelbarkeit" und des Gesetzes des „utopischen Standorts".[5] Ähnlich lautet Arnold Gehlens These, dass der Mensch von Natur ein Kulturwesen ist[6], wobei seine kulturellen Leistungen als Organersatz – der Mensch definiert als ein Mängelwesen – angesehen werden.[7]

Es sind der Aspekt der Weltoffenheit und, damit verbunden, der Aspekt der *Bedürftigkeit*, die die anthropologische Grundsituation des Menschen, die *conditio humana*, ausmachen. Der Mensch ist, eben weil seine Natur nicht ein für allemal (wie beim Tier) festliegt, ein bedürftiges Wesen, und dieses Wesen findet in den Begriffen der Endlichkeit und der Sterblichkeit seine abschließende anthropologische Bestimmung. Altern und Alter sind in diesem Sinne neben Krankheit, aber auch neben allen Formen der Kontingenzerfahrung, Ausdruck der Endlichkeit des Menschen, Sterben und Tod deren äußerste Wirklichkeitsform.[8] Deshalb war in der Antike auch nicht die Existenzform eines Gottes Wunschbild des Menschen, sondern Achill, der bis zu seinem Tode Junge. Nicht die Endlichkeit wurde verneint, verneint wurden die Prozesse der Krankheit und des Verfalls, des Alterns und des Altwerdens.

Wo die Griechen über die Endlichkeit des Menschen nachdachten und für ihre Träume Achill erfanden, stehen heute gelegentlich Alpträume. Sie werden vor allem im Umfeld der KI-Forschung, der Forschung über künstliche Intelligenz, geträumt und handeln von der Ablösung der natürlichen durch eine künstliche Intelligenz. Unter Hinweis auf die Fortschritte von Gen- und Informationstechnologie, Robotik und Hirnforschung wird von selbst ernannten Propheten die Ablösung des Menschen durch die künstliche Intelligenz von Maschinen geweissagt. Da meint der eine, der Mensch sei auf dem besten Wege, sich selbst überflüssig zu machen.[9] Ein anderer stellt in merkwürdiger Selbstverleugnung fest, dass selbstreproduktive Maschinen über die erbärmlichen Formen menschlicher Selbstreproduktion und schwächer werdende Regieformen herrschen werden.[10] Ein dritter vermutet, dass sich der Mensch nur dadurch gegenüber den Robotern wird behaupten können, dass er selbst zum Roboter wird.[11] Hier triumphiert, von den Medien lustvoll unterstützt, der Sonntag der Phantasie über den Alltag der wissenschaftlichen Arbeit, science fiction in ihren weniger sympathischen Teilen über anthropologische Einsichten.

Ein Maschinenbild des Menschen stand, nicht zufällig, schon einmal am Anfang einer (sehr erfolgreichen) Entwicklung, nämlich der neuzeitlichen medizinischen Entwicklung. Den bildete der Cartesische Substanzendualismus. In der von Gesichtspunkten einer mechanistischen Physiologie beherrschten Zerlegung des Menschen in eine Gliedermaschine[12] und ein denkendes Wesen zerbricht bei Descartes die ursprüngliche, in der griechischen Philosophie von Aristoteles begründete Einheit von Leib und Seele, die auch die mittelalterliche Philosophie- und Medizinentwicklung noch festgehalten hatte. In der neuzeitlichen Medizin führt dies einerseits zur „Mechanisierung" des Menschen, andererseits zu seiner „Psychiatrisierung". Noch in der Beschwörung einer „psychosomatischen" Medizin ist dieses cartesische Erbe erkennbar;[13] es wird in einer High-Tech-Medizin, die ihre wirkliche Leistungsfähigkeit noch lange nicht erreicht hat, sogar noch verstärkt. Krankheit erscheint wie ein Defekt am „biologischen Körper", der sich mit technischen Mitteln beheben lässt. Bereits 1927 hatte Viktor v. Weizsäcker, weit vor aller High-Tech-Medizin, bemerkt: „Es ist eine erstaunliche, aber nicht zu leugnende Tatsache, dass die gegenwärtige Medizin eine eigene Lehre vom kranken Menschen nicht besitzt. Sie lehrt Erscheinungen des Krankseins, Unterscheidung von Ursachen, Folgen, Heilmitteln der Krankheiten, aber sie lehrt nicht den kranken Menschen."[14] Vielleicht geht es auch gar nicht um eine Lehre vom kranken Menschen, gewiss aber (noch immer) um den Abschied von der Vorstellung vom defekten Menschen.

Eher zu den Alpträumen gehört wohl auch die Vorstellung von einem ewigen Leben, einem Leben ohne Ende, bewirkt durch die Errungenschaften einer künftigen Biologie und Medizin. Hier wäre es nicht die Maschine, der wartungsfreie Roboter, der an die Stelle des (sterblichen) Menschen tritt, sondern ein Leben ohne „Lebenszeiten", gemeint sind die zeitlichen Gestalten der Kindheit, der Jugend, des Erwachsenseins und des Alters, ohne Krankheit und Verluste an „Lebenskraft", ohne, damit verbunden, die Erfahrung der Kontingenz, die immer auch, im Sinne des Heideggerschen „Vorlaufens" oder „Seins zum Tode", Erfahrung des Todes ist, und insofern ohne die Erfahrung der Endlichkeit, die den Grund aller unserer Erfahrungen ausmacht. Ein Leben ohne Tod, ein unsterbliches Wesen wäre, noch einmal, „ein Wesen ohne Lebensphasen, ohne Lebensgeschichte, ohne Identität durch die Differenz des Wandels. Ein unsterblicher Mensch wäre ein Nicht-Mensch. Deswegen wäre es nicht nur unrealistisch, sondern vor allem widermenschlich, wenn die Visionen von einem Leben ohne Krankheiten oder einem menschenwürdigen hohen Alter sozusagen unmerklich überglitten in die Vision eines endlosen, durch keinerlei Kontingenzerfahrungen angefochtenen Lebens. Ein endloses Leben wäre ein Leben, in dem alle Erfahrungen immer noch gemacht werden könnten – also nie gemacht würden –, ein Leben, in dem alle Entscheidungen immer noch getroffen werden könnten – also nie getroffen würden."[15] Der Mensch wäre weder Maschine noch Gott, und doch hätte er sein Wesen verloren.

Die anthropologischen Einsichten, von denen zuvor die Rede war, betreffen denn auch nicht die Überwindung der menschlichen Endlichkeit, sondern einen vernünftigen Umgang mit dieser, ein gelingendes Leben nicht jenseits aller Endlichkeit, sondern als bejahenden Ausdruck eben dieser Endlichkeit. Zu einem gelingenden Leben aber gehört auch das Sterben. Bevor jedoch von diesem die Rede sein soll, zunächst einige kurze Bemerkungen über das Alter als Lebensform.

2. Alter als Lebensform

Vom Sterben sprechen, heißt auch, vom Alter, vom Alterungsprozess, der zum Tode führt, sprechen. Und hier herrscht, scheinbar unausrottbar, noch immer die Auffassung vor, es handle sich beim Alter um die Schwundstufe des Lebens, das Alter sei im Wesentlichen durch Verlust und Verfall charakterisierbar. Wer so denkt, vermag zwar auf unbestreitbare (biologische) Einschränkungen zu verweisen, übersieht aber, dass das Alter, auch das hohe Alter, eine eigene *Lebensform* darstellt, die sich von den anderen Formen des Lebens – Kindheit, Jugend, Erwachsensein – nicht, jedenfalls nicht in erster Linie, als Menschsein im defizienten Modus unterscheidet, sondern als eine andere Form des Menschseins.[16] Jugend, Alter, aber auch Abschied und Glück, sind nicht Eigenschaften des (individuellen) Lebens, sondern Formen, Gestalten, Zeiten, unter die ein Leben tritt. Aus der „Natur" des Lebens bestimmt sich seine Zeit; das Leben ist nicht einfach ein zeitlicher Prozess. Oder anders formuliert: Die Zeit des Lebens sind seine Zeiten. Das Leben schafft sich unterschiedliche Gestalten; das Alter ist eine dieser Gestalten.[17]

Tatsächlich sind wir weit davon entfernt, das Alter in diesem Lichte zu sehen.[18] Auch stehen sich in der Alternsforschung noch immer im wesentlichen naturwissenschaftliche und geistes- bzw. sozialwissenschaftliche Perspektiven unverbunden gegenüber. Die Unterscheidung selbst liegt nahe, da am Altern nicht nur unsere biologische Natur, sondern auch unsere psychische oder kulturelle Natur teilhat. Naturwissenschaftliche und geistes- bzw. sozialwissenschaftliche Disziplinen stellen das Altern und das Alter in unterschiedlicher Weise dar, wobei sich eine naturwissenschaftliche, im engeren Sinne biologische Forschungsperspektive üblicherweise auf *Abbauprozesse*, d. h. auf Gesichtspunkte schwächer werdender biologischer Kapazitäten und Funktionsfähigkeiten, sowie auf den postreproduktiven Teil des Lebens bezieht. Alterns- und Altersforschung werden so zur Mortalitätsforschung, zur Erforschung des Vergehens, im Unterschied zu der des Werdens, d. h. der Entwicklung, die, wie in Kindheit und Jugend, zukunftsorientiert ist, ohne Zukunft zu verlieren. Eben dagegen wendet sich eine ihrer Herkunft nach geistes- bzw. sozialwissenschaftliche Forschungsrichtung, insofern sie, ohne biologische Abbauprozesse zu leugnen, solche Aspekte des Alterns und des Alters hervorhebt, die Ausdruck ganz anderer Prozesse sind. Damit ist die Welt des Geistes, der Gefühle, aber auch eine Handlungswelt gemeint, deren physische Grenzen wohl enger, deren kulturelle Grenzen aber durchaus weiter werden können. Hier werden Besonderheiten ins Auge gefasst, die deutlich machen, dass Entwicklung kein exklusives Moment der Jugend ist. Kulturanthropologisch stellen Entwicklung und Mängel eben keine sich ausschließenden Gegensätze dar, im Gegenteil, es ist, wenn man Gehlen[19] folgt, gerade die Wahrnehmung des Mangels, der Einschränkung, die Entwicklung und Fortschritt vorantreibt. „Biologisches Mängelwesen" ist der Mensch eben nicht nur im Alter, auch wenn diese Seite unseres Wesens im Alter ihre definitive Bestimmtheit gewinnt.

Das bedeutet nicht, dass biologisch-medizinische und geistes- bzw. sozialwissenschaftliche Sichtweisen auseinander fallen müssen, die gegenwärtige Forschungslage den zu erforschenden Sachverhalt angemessen wiedergäbe. Dies macht einerseits das zunehmende Interesse der Medizin an präventiven Forschungsstrategien und Gesichtspunkten aktivierender Rehabilitation deutlich, andererseits der Umstand, dass es ein unterschiedliches („differentielles") Altern gibt und dieses sowohl biologische als auch psychische und soziale Strukturen betrifft. Ein Beispiel dafür ist der Entwicklungsverlauf der Intelligenz, der selbst für das hohe Alter noch ein (individuelles) Leistungswachstum nachweisen lässt. Nach einer bekannten Studie (Seattle-Längsschnittstudie) zeigten mit 78 Jahren noch acht Prozent der Untersuchten in Intelligenztests ein Leistungswachstum, 52 Prozent waren in ihren Leistungen im Vergleich zum letzten Erhebungszeitpunkt stabil, 40 Prozent zeigten einen Abbau.

Mit anderen Worten: Es gibt offenbar kein einheitliches genetisches Programm, das das Altern zu erklären vermag und differentielles Altern verhindert, weshalb im Übrigen auch von biologischer Seite schon geäußert wurde, dass die entscheidende Frage nicht die nach dem Tod, sondern die nach den Ursachen des langen Lebens sei[20], d. h. nach der Existenz einer postreproduktiven Phase, die sich im Genom der folgenden Generation nicht niederschlagen kann. Evolutionäre Gesichtspunkte sprechen also eher gegen das Phänomen des Alterns, die (bisherige) Suche nach postreproduktiven genetischen Selektionsprogrammen bleibt unbefriedigend. Dies ist denn auch die allgemeine Situation, vor der biologisch orientierte Alternstheorien heute stehen. Das Altern bzw. das Alter erscheint wie ein evolutionsbiologisch nicht vorgesehener Zustand oder allenfalls als ein solcher, der sich aus den Defiziten der eigentlichen Lebens- und Entwicklungsprozesse ergibt. Ein Beispiel dafür ist die These von spät wirkenden und vom Leben zu spät erkannten, daher durch Mutation und Selektion nicht eliminierten schädlichen Genen.[21] Für eine geistes- bzw. sozialwissenschaftlich orientierte Analyse des Alterns und des Alters öffnet sich damit ein weites Feld. Die Biologie, die selbst noch mit sehr unterschiedlichen Alternstheorien arbeitet, wird nicht außer Geltung gesetzt, aber sie erklärt nicht alles.

Im Übrigen gehen – und damit wären wir wieder bei der Frage nach der *conditio humana*, aber auch ein wenig in der Nähe unserer Alpträume – optimistische Annahmen davon aus, dass sich Krankheiten in Zukunft derartig „verlangsamen" bzw. verschieben lassen, dass sie erst jenseits des biologischen Maximalalters „auftreten" werden, also nicht mehr innerhalb der üblichen Lebenszeit liegen. Das Alter verlöre seine Krankheit und seine Angst vor der Krankheit.[22] Wir wären alle Achill (oder Helena) bis zu unserem Tod. Pessimistische Annahmen verknüpfen gerade das (wachsende) Alter mit (wachsender) Morbidität.[23] Jedes gesunde Jahr des verlängerten Lebens würde durch viele kranke Jahre erkauft.[24] Vermutlich wird keine dieser Annahmen „rein" bestätigt werden. Die einen nicht, weil sie nicht mit der natürlichen Evolution rechnen, die noch manche böse Überraschung (Stichwort z. B. Aids) für uns bereithalten wird, die anderen nicht, weil sie den wissenschaftlichen Fortschritt, z. B. im Bereich der Alzheimer-Demenz, wohl zu gering einschätzen. Doch auf Klarheit auf diesem (oft prognostischen) Felde kommt es ohnehin nicht an. Entscheidend ist vielmehr, dass das Alter (auch in wissenschaftlicher Hinsicht) wieder als eine Lebensform in den Blick tritt, die sich nicht allein als Ausbleiben von „Wachstum" und als Eintritt von „Verfall" definieren lässt.

Für das Sterben in einer humanen Gesellschaft bedeutet dies, dass mit einer sich wandelnden Sicht des Alters auch das Sterben eine andere Einschätzung gewinnt. Es wäre dann nicht mehr das Ende einer speziellen, allein auf den Tod hin angelegten Lebensphase, sondern das Ende eines Lebens, in dem jede Phase ihre eigene, positive Wirklichkeit besitzt. Noch einmal: Das Leben realisiert sich in zeitlichen Gestalten; die Zeit des Lebens sind seine Zeiten. Zugleich ist der Tod, und mit ihm das Sterben, etwas, um das das ganze Leben weiß – in der Heideggerschen emphatischen Dramaturgie als „Sein zum Tode", in der lebensweltlichen Perspektive als Erfahrung der Endlichkeit und des Unverfügbaren.

3. Das Verfügbare und das Unverfügbare

Verfügen ist das geheime Stichwort der modernen Welt, die ich die *Leonardo-Welt* nenne. Es ist eine Welt, in der der Mensch seine und die Evolution seiner Umwelt in die eigene Hand, in seine wissenschaftliche und technische Hand genommen hat. Längst haben wir uns – auch jenseits der erwähnten Alpträume – an den Gedanken gewöhnt, dass sich – Stichworte sind etwa Gentechnik und Reproduktionsmedizin – die (biologische) Natur des Menschen ebenso verändern lässt wie die physische und die gesellschaftliche Welt. Alles scheint zu etwas Verfügbarem zu werden.

Dies aber ist ein Irrtum, der sich zu einem anthropologischen Irrtum auszuweiten beginnt. Tatsächlich siedelt auch in einer Leonardo-Welt neben allem Verfügbaren das dem Menschen nicht Verfügbare, das Unverfügbare. Damit ist nicht gemeint, dass wir vieles nicht können und wohl auch in Zukunft nicht können werden, z. B. die 100 Meter unter acht Sekunden laufen oder die Gedanken anderer lesen, sondern dass wir niemals alle Bedingungen unseres Seins und unseres Handelns so in der Hand haben werden, dass sie sich in das Verfügbare verwandelten. Im Gegenteil, die Wirklichkeit, „von der unser Handeln jeweils seinen Ausgang nimmt, ist stets unverfügbar so, wie sie ist"[25]. Dass der Mensch niemals alle Bedingungen seines Handelns in der Hand hat, schließt eben auch die Faktizität, die sein Leben, seine Gegenwart, seine Vorstellungen, Wünsche und Hoffnungen ausmacht, ein. Die Leonardo-Welt, die das Werk des Menschen ist, durchdringt zwar auch die individuelle Existenz, sie gehört zu den Bedingungen, unter denen der moderne Mensch lebt, doch bedeutet auch das nicht, dass sich das Unverfügbare in Verfügbares – eben Machbares – auflöst. An die Stelle eines als naturhaft empfundenen und gedeuteten Bedingungsgefüges ist lediglich (partiell) ein artifizielles Gefüge getreten. Die Grundsituation des Menschen, die sich vor allem in seinen Kontingenz- und Endlichkeitserfahrungen spiegelt, hat sich damit nicht verändert.

In diesem Zusammenhang empfiehlt sich – auch und gerade im Hinblick auf das Sterben als das Ende aller Verfügbarkeiten – die Unterscheidung zwischen einer absoluten und einer kontingent gegebenen Unverfügbarkeit. Während eine absolut gegebene Unverfügbarkeit den genannten Umstand bedeutet, dass eine gegebene Wirklichkeit zugleich die Grenze einer (theoretisch durchaus vorstellbaren) absoluten Verfügbarkeit darstellt, bestehen kontingent gegebene Unverfügbarkeiten in der Abhängigkeit allen menschlichen Handelns von selbst nicht herstellbaren Bedingungen seines Gelingens. Auch eine zweckrational geplante Handlungsstruktur[26] ist davon abhängig, dass eine gegebene Wirklichkeit „Raum gibt", dass sie „mitspielt", dass das als verfügbar Geplante sich nicht einer in der Planung liegenden Rationalität entzieht. Das (dem Willen und der Intention nach) Verfügbare verhält sich in diesem Falle wie etwas Unverfügbares, der geplante Handlungszusammenhang kommt nicht zustande. Das ist im Übrigen der Punkt, an dem z. B. Kants Begriff des vernünftigen Glaubens[27] ansetzt. Dieser bildet nach Kant die Grundlage aller Moral. Er ist verfügbar in dem Sinne, dass er tatsächlich moralische Überzeugungen („moralische Gewissheit") trägt, unverfügbar in dem Sinne, dass er nicht selbst auf den Wegen und mit den Mitteln eines zweckrationalen Handelns herstellbar ist.

In der Philosophie tritt hier an die Stelle eines Willens zur unbedingten Verfügbarkeit der nunmehr auf die Vernunft bezogene Begriff der *Gelassenheit*: „Vernunft wird ... *gelassen* dadurch, dass sie sich auf das hin orientiert, was, indem wir es tun, bereits gelungen und insofern unenttäuschbar ist, *auf das je gegenwärtig mögliche vernünftige*

Handeln."[28] Das vernünftige Leben, das einem vernünftigen Glauben folgt, ist insofern immer das Leben „in der Gegenwart", nicht das sich seiner Zukunft sichere Leben. Verwiesen sei in diesem Zusammenhang auf klassische Positionen wie die Ethik des Aristoteles, in der derjenige vernünftig handelt, der in seinem Handeln – ganz gleich, wie es um dessen Erfolgsaussichten bestellt ist – einer ethisch bestimmten Klugheit folgt, oder das Handeln desjenigen, der „Gott vertraut" und insofern zwar (in einem konkreten Handlungskontext) enttäuscht, nicht aber in seinem das eigene Leben tragenden Glauben erschüttert werden kann.[29] Gelassen ist in diesem Sinne ein Leben, das in seinem gelingenden Charakter nicht von dem Gelingen seines Zukünftiges (in einem zweckrationalen Sinne) intendierenden Handelns abhängig ist, oder, in den Worten Friedrich Kambartels: „In einer *gelassenen* Praxis sind wir der unendlichen vergeblichen Anstrengung enthoben, über die unabänderlichen Bedingungen unseres Lebens (Handelns), über die anderen und über uns selbst zu verfügen."[30]

Es ist klar, dass dies in einem eminenten Sinne auf eine Situation, nämlich die des Sterbens, zutrifft, in der alle Verfügbarkeiten zurücktreten und es nur noch eine „unabänderliche Bedingung" des Lebens gibt, den Tod – es sei denn, wir meinten, dass wir mit unseren Apparaten auch jenseits aller Grenzen, die das sterbende Leben durch sich selbst deutlich macht, Verfügbarkeiten aufrechtzuerhalten hätten. Das wäre dann in Wahrheit nicht die Verfügung des Sterbenden über das Leben, sondern die Verfügung der Welt über den Sterbenden.

4. Wem gehört das Sterben?

Der verfügende Gestus, mit dem die Welt über den Sterbenden zu herrschen sucht, kommt auch in der Verwandlung der Medizin zur High-Tech-Medizin zum Ausdruck. Diese folgt dem Gesetz der Leonardo-Welt, und sie hat ihren Preis. Er lautet Spezialisierung, Apparatisierung und Entpersönlichung des Arzt-Patienten-Verhältnisses. Spezialisierung führt aus der Sicht des Arztes in die „Zerlegung" des Patienten in seine Leiblichkeitsteile, aus der Sicht des Patienten in eine Aggregatvorstellung seiner selbst. Apparatisierung führt aus der Arzt- und Patientenperspektive noch einmal zu einem Maschinenbild des Menschen, in dessen Rahmen sich auch der gesunde Mensch nur noch als eine gut gehende Maschine versteht. Entpersönlichung folgt dieser Entwicklung und führt in die Anonymisierung von Krankheit, Heilung und Tod.

Am unbarmherzigsten kommt dies in der *Intensivmedizin* zum Ausdruck, insofern hier die Überantwortung des Patienten an den wissenschaftlichen und technischen Fortschritt, an die Leonardo-Welt, ihren definitiven Ausdruck findet. In der Intensivmedizin kompensiert die medizinische Technik den Ausfall lebensnotwendiger organischer Funktionen wie Herz-Kreislauf, Atmung und Niere. Sie überbrückt, wo diese Funktionen nur auf Zeit ausfallen, d. h. durch und nach der Intensivtherapie wieder aufgenommen werden können; sie wird zum tragischen Verlust aller Menschlichkeit der Medizin, wenn bereits irreparable Schäden eingetreten sind. Wo Letzteres vorliegt, verliert die Medizin ihren Sinn, der im Begriff der *Heilung* liegt, mehr noch, sie wendet sich gegen natürliche Prozesse, die in diesem Falle dem Menschen gegenüber nicht feindlich, sondern barmherzig wirken. Die Medizin berührt, anders als dies in ihrem Alltag der Fall ist, den Tod, indem sie diesem sein Recht verweigert – und dem Kranken, der eigentlich schon ein Toter ist, auch. Intensivmedizin und das Recht auf den eigenen Tod, über das allein wissenschaftlich oder medizinisch nicht entschieden werden kann, verbinden sich miteinander. Zugleich wird in dieser Verbindung die Menschlichkeit der Medizin auf eine dramatische, das Maschinenparadigma einer High-Tech-Medizin weit hinter sich lassende Weise angemahnt.

Der Autonomiegedanke, den wir der Aufklärung verdanken und der ein Recht auf Selbstbestimmung bedeutet, schließt auch das *Recht auf den eigenen Tod* ein. Das ist z. B. von dem Freiburger Mediziner Wolfgang Gerok prägnant und eindringlich hervorgehoben worden: „In einer freien Gesellschaft muss jeder frei sein, eine ärztliche Behandlung zu suchen, und ebenso frei, eine geplante oder begonnene Behandlung abzulehnen. Wenn ein unheilbarer, entscheidungsfähiger Patient durch therapeutische Maßnahmen nur eine Lebensspanne gewinnen kann, die er für nicht mehr lebenswert erachtet, so hat niemand das Recht, geschweige denn die Pflicht, ihm diese Selbstbestimmung zu verweigern und ihm das verweigerte Leben durch ärztliche Maßnahmen aufzuzwingen. Dies setzt freilich eine freie Entscheidung des vollständig informierten, d. h. über seinen Zustand aufgeklärten Patienten voraus. Es ist das Recht des Patienten, dem herannahenden Ende mit der Würde des Wissenden entgegenzutreten. Es ist sein Recht auf den eigenen Tod, das dem Grundrecht zum Leben komplementär ist."[31] Zum eigentlich *ethischen* Problem wird dieses Recht, wenn es von den Betroffenen nicht mehr wahrgenommen werden kann, also etwa dem unheilbaren Kranken im irreversiblen Koma. Das sensible Stichwort lautet „passive Euthanasie".

Doch auch hier, auf dem vielleicht schwierigsten Felde der Medizin, auf dem sich Wissenschaft, Medizin und Ethik konflikthaft begegnen und häufig Glaubens- und Weltanschauungskriege ausgefochten werden, ist mittlerweile, nicht nur im Blick auf das Sterbehilfegesetz in den Niederlanden, größere Klarheit eingekehrt. So erfolgt z. B. in den im Juli 1995 veröffentlichten Schweizer „Medizinisch-Ethischen Richtlinien für die ärztliche Betreuung sterbender und zerebral schwerstgeschädigter Patienten" eine Rechtfertigung passiver Euthanasie im Hinblick auf das Unterlassen nicht mehr gebotener, da unverhältnismäßiger ärztlicher Maßnahmen zur Lebenserhaltung. Dies schließt auch einen Behandlungsabbruch im so genannten vegetativen Zustand ein. Die Bedeutung dieses Schrittes wird erkennbar, wenn man sich klarmacht, dass in der Regel noch immer der Eintritt des Hirntods die Rechtfertigungsbasis für einen Behandlungsabbruch darstellt. Das aber ist für den „behandelnden" Arzt eine wenig hilfreiche Regelung; sie lässt ihn mit dem bewusstlosen, nicht-regenerierfähigen Patienten allein.[32] Und dieses Alleinsein kann mit den wachsenden Möglichkeiten und Fähigkeiten der technischen Medizin lange währen. Der Arzt fragt und die Gesellschaft schweigt, weil sie sich in vieler Hinsicht als unfähig erweist, den ethischen Dialog mit der Wissenschaft und der Medizin zu führen.

Das betrifft im Grunde schon die Unterscheidung zwischen aktiver und passiver Sterbehilfe. Diese Unterscheidung schafft nur eine Scheinklarheit. So hat Dieter Birnbacher darauf aufmerksam gemacht, dass auf der einen Seite „nicht alle Formen von passiver Sterbehilfe, d. h. Sterbehilfe, die im wesentlichen auf Verzicht oder auf Beendigung von lebensverlängernden Maßnahmen beruhen … per se ethisch unproblematisch [sind], vor allem dann nicht, wenn sie erfolgen, ohne dass der Patient seine Zustimmung gegeben hat", und dass auf der anderen Seite „nicht alle Formen der Lebensverkürzung, die ein Tun auf Seite eines Arztes oder eines Helfers beinhalten, als von vornherein unzulässig [gelten], insbesondere dann nicht, wenn die Leidenslinderung nicht auf die Beschleunigung des Todes zielt, sondern diesen nur billigend in Kauf nimmt", was seit langem zulässig ist.[33] Das Gleiche gilt für die Unterscheidung zwischen Palliativmedizin und Sterbehilfe, insofern auch palliative Maßnahmen zur Sterbehilfe werden, wenn sie den Verzicht auf lebensverlängernde Maßnahmen nach sich ziehen, und Sterbehilfe in den meisten Fällen doch nichts anderes als eine andere Form der Leidensminderung ist.[34] Dabei rede ich hier nicht einer sich aufdrängenden und verführerischen Analogie zwischen Geburtshilfe und Sterbehilfe das Wort. Damit würde nicht nur eine falsche Symmetrie zwischen Auf-die-Welt-Kommen und Aus-der-Welt-Gehen eingeführt, sondern auch das Expertenmodell, dem unsere Gesellschaft so bereitwillig auf allen Ebenen des privaten und des öffentlichen Lebens folgt und das Ausdruck einer technischen Kultur ist, in die sich die modernen Gesellschaften zunehmend verwandeln, unüberlegt auf Leben und Sterben übertragen. Anders ausgedrückt: Der gute Geist schütze uns vor Experten des Sterbens, also säkularisierten Todesengeln und ihren Handbüchern.

Recht auf den eigenen Tod, das heißt auf dem Hintergrund der Idee eines selbstbestimmten Lebens immer: Recht auf einen *selbstbestimmten* Tod. Recht hier nicht im rechtlichen, kodifizierten oder (im engeren Sinne) ethischen Sinne verstanden, sondern als Konsequenz aus dem Begriff der Selbstbestimmung selbst. Dieser bezieht sich – ganz gleich, ob man dabei z. B. an Sokrates oder Kant und damit an die anthropologischen Imperative der griechischen oder der europäischen Aufklärung denkt – auf das ganze Leben; er bezeichnet das, was uns als vernünftige Wesen ausmacht. Und dies nicht partikular, als Maxime von eingeschränkter Gültigkeit, und nicht auf Zeit in dem Sinne, dass Selbstbestimmung selbst eine zeitliche Grenze hätte, sondern universell, als Ausdruck des universellen Wesens des Menschen.

Das Recht auf den selbstbestimmten Tod, fundiert im Begriff der Selbstbestimmung, wäre so verstanden das Recht auf den *eigenen* Tod. Auch dieser ist Ausdruck des selbstbestimmten Wesens des Menschen, in letzter Konsequenz. Denn Selbstbestimmung bedeutet immer auch Grenzen, selbstbestimmte Grenzen setzen; und der Tod ist die äußerste Grenze. Der selbstbestimmte Wille begrenzt sich selbst. Der Gegensatz eines selbstbestimmten Willens aber ist die *Natur*. Wir wählten, wenn wir uns nicht auch in dieser äußersten Situation selbst bestimmten, nicht uns selbst, sondern die Natur. Der Mensch hörte auf, Mensch zu sein, nicht weil er die Ethik hinter sich ließe, aufhörte, ein moralisches Wesen zu sein, sondern weil er sich als selbstbestimmtes Wesen aufgäbe. Und zu diesem Recht auf den selbstbestimmten Tod gehört auch die Entscheidung, sich *helfen* zu lassen. Eine derartige Entscheidung kann selbstverständlich auch vorweggenommen werden, d. h. hier: dem Sterben vorweggenommen, wirklich selbstbestimmt getroffen werden. Im Eintrittsfalle, das wissen wir alle (und darauf macht auch Gerok aufmerksam), ist sie oft nicht mehr möglich oder wird sie als freie Entscheidung unerkennbar.

Was heißt Helfen, wo Heilen nicht mehr möglich ist? Es ist allemal ein *Helfen zum Tod*, ganz gleich, ob es den Tod noch einmal, für begrenzte Zeit, aufzuhalten sucht oder ihn näher bringt, d. h. sein Eintreten beschleunigt. In beiden Fällen – und das wird zur entscheidenden ethischen Frage – kann dieses Letzte, das die Medizin für den Sterbenden zu tun vermag, aus der Sicht des Sterbenden selbstbestimmt oder fremdbestimmt sein. *Selbstbestimmt*, das heißt: Was immer der Arzt in dieser Situation tut – Aufhalten oder Beschleunigen –, stimmt mit seinem Willen, dem Willen des Sterbenden überein. *Fremdbestimmt*, das heißt: Es gilt nur noch der Wille des Arztes oder – und darauf wird sich der Arzt im Regelfalle beziehen – der Wille des Gesetzgebers. So ist der Sterbende in seiner letzten Stunde (und den Stunden davor) in doppeltem Sinne allein: entweder mit seinem Willen, den nun andere realisieren, oder mit einem fremden Willen, der handelt, ohne zu fragen.

Und das, weil er oft auch gar nicht fragen kann bzw. sein Fragen ohne Antwort bleibt. Ohne Antwort, weil der Sterbende nicht mehr zu antworten vermag, weil er aufgehört hat, ein *dialogisches Wesen*, dieses definiert über symmetrische Verhältnisse in Kommunikationszusammenhängen, zu sein. Der Sterbende schweigt, weil seine Natur, die er als vernünftiges Wesen ist, schweigt. In diesem Falle ist Fremdbestimmung unvermeidlich. Die ethische Situation wechselt von der Seite des Sterbenden auf die Seite der das Sterben Begleitenden. Das ist der Arzt, das ist die ärztliche Kunst, das sind alle, vor allem die Angehörigen, die dem Sterbenden nahe sind. Hilfe wird hier zum letzten Dienst des Lebens am fremden Tod.

Welche Regeln, welche Normen, welche Moral und, mittelbar, welche Ethik sollen hier gelten? Im Grunde geht es hier immer auch um die Alternative zwischen dem allgemeinen und dem individuellen Tod. Welcher Tod wird hier gestorben? Wem gehört das Sterben?

Die Frage so stellen, bedeutet, sie – wenn nicht in jenem allgemeinen Sinne, in dem hier von Selbstbestimmung die Rede war – unbeantwortbar machen. Deshalb ist sie aber nicht sinnlos. Sie macht deutlich, dass es hier nicht nur einen Aspekt gibt. *Das Sterben gehört dem Sterbenden?* Damit ist gemeint, dass das Sterben Teil eines individuellen Lebens ist. Im Tod sterben nicht alle, sondern stirbt der Einzelne. Er stirbt seinen eigenen Tod. Deshalb gehört ihm auch sein Sterben. *Das Sterben gehört der Medizin?* Damit ist gemeint, dass es kein medizinfreies Sterben mehr gibt. Der Arzt ist, wenn es dem Ende zugeht, allgegenwärtig, und die medizinische Kunst auch. Man muss nicht gleich an die moderne Apparatemedizin (vor allem, wie zuvor erwähnt, im Intensivfalle) denken, um zu wissen, was hier gemeint ist. Die Medizin wirft einen langen Schatten, unter dem alles Sterben steht. *Das Sterben gehört der Gesellschaft?* Die Gesellschaft regelt mit ihren Gesetzen nicht nur das Leben, sondern auch den Tod, damit auch das Sterben. Sie hat Institutionen geschaffen, denen niemand entgeht, auch nicht im Sterben. Sie macht die ethische Frage zur rechtlichen Frage und nimmt ihr damit alle Spielräume, auch die eines individuellen selbstbestimmten Wesens. Die gesellschaftliche Selbstbestimmung, die in der Demokratie zu ihrem Wesen findet bzw. diesem Ausdruck verschafft, wendet sich im Falle des Todes und des Sterbens zum Tode gegen das selbstbestimmte Individuum. Die Gesellschaft lässt nicht los, auch nicht den Sterbenden. *Das Sterben gehört Gott?* Damit ist gemeint, dass das Sterben niemandem gehört, weder dem Sterbenden noch der Medizin noch der Gesellschaft. Das Sterben steht am Rande der Welt, es ist – in jedem individuellen Fall – das Ende der Welt. Deshalb gehört es der Welt nicht, weder dem Sterbenden, noch der Medizin, noch der Gesellschaft. Das Sterben ist Ausdruck des schlechterdings Unverfügbaren. Dafür aber sagen wir Gott; dafür steht Gott.

Das Sterben gehört dem Sterbenden, ohne den Charakter der Unverfügbarkeit, des Unverfügbaren zu verlieren. Die Medizin und die Gesellschaft sind dem Sterbenden nah, aber dieser gehört ihnen nicht. Das ist vielleicht der äußerste Ausdruck der Idee der Selbstbestimmung, und es ist wohl die einzig angemessene Weise, die Würde des Menschen und sein Sterben zusammenzudenken. Es wäre fatal und verkehrte den Würdebegriff geradezu in sein Gegenteil, wenn der Wunsch, in Würde zu sterben, als krankhafter Wille zur Selbsttötung gedeutet und damit – im Sinne einer Herrschaft der Gesellschaft über den Sterbenden – am Ende noch kriminalisiert würde.[35] Die Menschenwürde wird schließlich nicht dadurch verletzt, dass ein Mensch, Träger dieser Würde, in Würde sterben will, sondern dadurch, dass man ihm diesen würdevollen, nämlich Würde bewahrenden Wunsch bzw. dessen Realisierung verweigert. Sterben in einer humanen Gesellschaft – das ist so verstanden ein Sterben in Würde in einer Gesellschaft, die sich weder an die Stelle des selbstbestimmten Willens des Sterbenden noch an die Stelle des Unverfügbaren zu setzen sucht und eben darin ihren humanen Charakter gewinnt.

Anmerkungen

1 M. Scheler, Die Stellung des Menschen im Kosmos, Darmstadt 1927.

2 H. Plessner, Die Stufen des Organischen und der Mensch. Einleitung in die philosophische Anthropologie, Berlin/Leipzig 1928.

3 M. Scheler, a.a.O., 49.

4 H. Plessner, a.a.O., 362 ff.

5 H. Plessner, a.a.O., 309–346. Vgl. K. Lorenz, Einführung in die philosophische Anthropologie, Darmstadt 1990, 102 f.

6 A. Gehlen, Anthropologische Forschung. Zur Selbstbegegnung und Selbstentdeckung des Menschen, Reinbek b. Hamburg 1961, 78.

7 A. Gehlen, Der Mensch. Seine Natur und seine Stellung in der Welt (1940), Wiesbaden [9]1972, 37.

8 Vgl. Th. Rentsch, Philosophische Anthropologie und Ethik der späten Lebenszeit, in: P. B. Baltes/J. Mittelstraß (Eds.), Zukunft des Alterns und gesellschaftliche Entwicklung, Berlin/New York 1992 (Akademie der Wissenschaften zu Berlin. Forschungsbericht 5), 283–304.

9 B. Joy, Warum die Zukunft uns nicht braucht. Die mächtigsten Technologien des 21. Jahrhunderts – Robotik, Gentechnik und Nanotechnologie – machen den Menschen zur gefährdeten Art, Frankfurter Allgemeine Zeitung (FAZ), 6.6.2000, Nr. 130, 49–51.

10 R. Kurzweil, Der Code des Goldes, Frankfurter Allgemeine Zeitung (FAZ), 17.6.2000, Nr. 139, 49.

11 R. A. Brooks, Das Fleisch und die Maschine. Wie die neuen Technologien den Menschen verändern werden, Frankfurter Allgemeine Zeitung (FAZ), 4.9.2000, Nr. 205, 49.

12 Vgl. R. Descartes, Oeuvres, I–XII, ed. Ch. Adam/P. Tannery, Paris 1897–1910, XI, 120.

13 Vgl. C. F. Gethmann, Heilen: Können und Wissen. Zu den philosophischen Grundlagen der wissenschaftlichen Medizin, in: J. P. Beckmann (Ed.), Fragen und Probleme einer medizinischen Ethik, Berlin/New York 1995, 86–90.

14 V. v. Weizsäcker, Der Arzt und der Kranke. Stücke einer medizinischen Anthropologie, ed. P. Achilles u. a., Frankfurt a. M. 1987 (= Gesammelte Werke V), 12.

15 C. F. Gethmann, Anthropologische und ethische Grundlagen (mit J. Mittelstraß), Kapitel I einer Studie über Gesundheitsstandards (erscheint 2004).

16 Vgl. C. F. Gethmann, Phasenhaftigkeit und Identität menschlicher Existenz. Zur Kritik einiger Visionen vom Altern, in: Biomolecular Aspects of Aging – The Social and Ethical Implications (Max-Planck-Gesellschaft/Ernst Schering Research Foundation: Forum im Harnack-Haus, Berlin 8.–9. Dezember 2000), München 2002 (Max Planck Forum 4), 50–61.

17 Vgl. J. Mittelstraß, Zeitformen des Lebens, in: P. B. Baltes/J. Mittelstraß (Eds.), Zukunft des Alterns und gesellschaftliche Entwicklung (vgl. Anm. 8), 386–407.

18 Vgl. zum Folgenden J. Mittelstraß, The Future of Ageing, European Review. Interdisciplinary Journal of the Academia Europaea 10 (2002), 345–355.

19 A. Gehlen, Urmensch und Spätkultur. Philosophische Ergebnisse und Aussagen, Bonn 1956.

20 L. Hayflick, Biological Aging Theories, in: G. L. Maddox (Ed.), The Encyclopedia of Aging, New York 1987, 64–68.

21 Vgl. C. E. Finch, Longevity, Senescence, and the Genome, Chicago 1990.

22 Vgl. E. Fries, The Compression of Morbidity, The Milbank Quarterly 61 (1983), 397–419.

23 L. Schneider/J. M. Guralnik, The Aging of America. Impact on Health Costs, Journal of the American Medical Association 263 (1990), 2335–2340.

24 Vgl. I. C. Siegler, Developmental Health Psychology, in: M. Storandt/G. R. VandenBos (Eds.), The Adult Years. Continuity and Change, Washington D.C. 1989, 120.

25 F. Kambartel, Über die Gelassenheit. Zum vernünftigen Umgang mit dem Unverfügbaren, in: F. Kambartel, Philosophie der humanen Welt. Abhandlungen, Frankfurt a. M. 1989, 92.

26 Vgl. F. Kambartel, a.a.O., 92 f.

27 I. Kant, Was heißt: sich im Denken orientieren? A 319 f., Werke in sechs Bänden, ed. W. Weischedel, Darmstadt 1958, III, 277; vgl. Kritik der reinen Vernunft B 856, Werke II, 693.

28 F. Kambartel, a.a.O., 96.

29 F. Kambartel, ebd.

30 A.a.O., 99.

31 W. Gerok, Erkenntnissuche und Handeln in der Medizin – Möglichkeiten und Grenzen, in: Berlin-Brandenburgische Akademie der Wissenschaften. Jahrbuch 1995, Berlin 1996, 215.

32 Vgl. H.-B. Wuermeling, Zuletzt ist der Arzt immer allein, Frankfurter Allgemeine Zeitung (FAZ), 10.8.1995, Nr. 184, 27.

33 Probleme um die Sterbehilfe. Eine Diskussion zwischen Dieter Birnbacher und Anselm W. Müller, Information Philosophie 30 (2002), H. 2, 116.

34 D. Birnbacher, ebd.

35 Vgl. W. Uhlenbruck, Der Wille des Sterbenden, Frankfurter Allgemeine Zeitung (FAZ), 3.4.2002, Nr. 77, 13.

Schlusswort

Gauke Kootstra

Wir sind jetzt am Ende des wissenschaftlichen Teiles unseres Symposiums angekommen. Ich habe meinen sehr verehrten Kollegen Professor Schumpelick gebeten, mich entweder an den Anfang oder an das Ende zu stellen. Wenn man kein Experte ist, ist dies die beste Stelle.

Ich habe damals zugesagt, das Symposium mit zu veranstalten, weil ich dachte, hier sei eine schöne Möglichkeit zu zeigen, dass wir in den Niederlanden nicht verrückt sind mit unserem Gesetz zur Lebensbeendigung auf Verlangen und zur Hilfe zur Selbsttötung. Ein Amerikaner hat mich einmal auf einem internationalen Meeting über Transplantation angesprochen und gesagt: „Ich verstehe nicht, dass Sie in den Niederlanden so wenige Organe zur Transplantation haben: Sie töten ja Ihre Patienten" – und verschwunden war er wieder! Ich war tief beleidigt!

Als es dann die Möglichkeit gab, diese Konferenz auszurichten, habe ich sofort zugesagt und ein Team niederländischer Experten zusammengestellt, und ich darf jetzt schon sagen, dass es gelungen ist: Wir haben bis tief in die Nacht hinein diskutiert – und wie! Professor Schumpelick hat mir bei der Einladung gesagt: Wenn es in Deutschland so wie heutzutage bleibt mit der Sterbehilfe, wird es eine Zeit geben, dass ich meine Patienten nach Holland überweisen werde. Jetzt weiß ich, dass es so eine Überweisung nicht geben wird: Der Wunsch nach Lebensbeendigung setzt eine langfristige Verbindung zwischen Arzt und Patient voraus.

Anderseits kann man in der Schweiz, in Zürich, sofort die verlangte Euthanasie erhalten durch die „Dignitas", eine Stiftung die „menschwürdig leben, menschwürdig sterben" auf ihre Fahnen geschrieben hat. Zwei Drittel der Patienten dieser Stiftung sind Deutsche.

Diese Konferenz hat auch die Möglichkeit gegeben, aus der Sicht des niederländischen Juristen klar zu machen, dass dieses Gesetz immer noch in das Strafgesetzbuch aufgenommen worden ist, dass es Sorgfaltskriterien und fünf regionale Kontrollkommissionen gibt, die mit Juristen, Ethikern und Ärzten besetzt sind. Es hat mich enttäuscht zu hören, dass in Holland vielleicht nur in der Hälfte der Fälle eine Meldung erfolgt, weil es zu viel bürokratischen Aufwand erfordert, das ganze Verfahren durchzuführen.

Interessant ist, dass es zuletzt in Potsdam eine deutsch-niederländische Konferenz gegeben hat unter dem Titel „Beginn und Ende des menschlichen Lebens". Der Bericht dieser sechsten Deutsch-Niederländischen Konferenz enthält wichtige Beiträge zu unserem Thema.[1] Der in Holland sehr geschätzte Otto von der Gabelentz stellt u. a. fest, dass auch in Deutschland Bedarf an einer Debatte über Sterbehilfe bestehe. Es gebe noch zu viele Tabus und Unklarheiten.

Diese Konferenz hat die Tabus nicht gemieden, und unser Gastgeber hat sich in den Falldarstellungen verletzbar gemacht – alle Achtung! Der Konrad-Adenauer-Stiftung danken wir für die hervorragende Gastfreundschaft und für den Mut, eine Tagung über einen so schwierigen und komplizierten Themenkreis durchzuführen.

Anmerkungen

1 Bericht der sechsten Deutsch-Niederländischen Konferenz: Beginn und Ende des menschlichen Lebens (zu beziehen über: Ministerie van Buitenlandse Zaken, Postbus 20061, NL-2500 EB Den Haag).

Autorenverzeichnis

Prof. Dr. med. Hartwig Bauer, Generalsekretär der Deutschen Gesellschaft für Chirurgie, Berlin.

Prof. Dr. med. Eggert Beleites, Präsident der Landesärztekammer Thüringen.

Prof. Dr. med. Dr. phil. Klaus Bergdolt, Direktor des Instituts für Geschichte und Ethik der Medizin, Universität Köln.

Prof. Dr. jur. Klaus Bernsmann, Lehrstuhl für Straf- und Strafprozessrecht, Universität Bochum.

Dr. phil. Christoph Böhr, MdL, Vorsitzender der rheinland-pfälzischen CDU; stellvertretender Vorsitzender der CDU Deutschlands.

Prof. Dr. med. Erland Erdmann, Direktor der Klinik III für Innere Medizin (Kardiologie), Universität Köln.

Tobias D. Gantner, Arzt im Praktikum im Institut für Medizinmanagement und Gesundheitsökonomie der Universität Bayreuth.

Dr. theol. Martin Hein, Bischof der Evangelischen Kirche von Kurhessen-Waldeck.

Dr. theol. Guido Heinen, Redakteur bei „Die Welt", Berlin.

Prof. Dr. jur. Wolfram Höfling, M.A., Direktor des Instituts für Staatsrecht, Universität Köln.

Prof. Dr. phil. Dr. h.c. Ludger Honnefelder, Geschäftsführender Direktor des Instituts für Wissenschaft und Ethik, Universität Bonn.

Thomas Hürlimann, Schriftsteller, Berlin.

Prof. Dr. med. Gauke Kootstra, Dekan der Medizinischen Fakultät Maastricht; em. Direktor der Chirurgischen Universitätsklinik Maastricht.

Klaus Kutzer, Vorsitzender Richter am Bundesgerichtshof a. D.

Herbert Landau, Staatssekretär, Hessisches Ministerium der Justiz, Wiesbaden.

Prof. Dr. phil. habil. Birgit Lermen, Seminar für Deutsche Sprache und Literatur, Universität Köln.

Prof. Dr. theol. Karl-Wilhelm Merks, Professor für Katholische Moraltheologie, Universität Tilburg/NL.

Prof. Dr. theol. Dietmar Mieth, Lehrstuhl für Theologische Ethik unter besonderer Berücksichtigung der Gesellschaftswissenschaften, Universität Tübingen.

Prof. Dr. phil. Dr. h.c. mult. Jürgen Mittelstraß, Lehrstuhl für Philosophie und Wissenschaftstheorie. Direktor des Zentrums Philosophie und Wissenschaftstheorie, Universität Konstanz.

Prof. Dr. phil. Anselm Winfried Müller, Professor für Philosophie und Leiter der „Forschungsstelle für aktuelle Fragen der Ethik" an der Universität Trier.

Gert Nachtigal, Verwaltungsratsvorsitzender des AOK-Bundesverbandes, Berlin.

Prof. Dr. med. Dr. phil. Eckhard Nagel, Stellv. Vorsitzender des Nationalen Deutschen Ethikrates. Direktor des Instituts für Medizinmanagement und Gesundheitswissenschaften der Universität Bayreuth.

Prof. Dr.-Ing. Dagmar Schipanski, Ministerin für Wissenschaft, Forschung und Kunst des Landes Thüringen.

Prof. Dr. jur. Edzard Schmidt-Jortzig, MdB, Bundesminister a. D.; Professor für Öffentliches Recht an der Universität Kiel.

Prof. Dr. med. Dr. h.c. Volker Schumpelick, Direktor der Chirurgischen Universitätsklinik Aachen.

Prof. Dr. theol. Josef Schuster SJ, Professor für Moraltheologie an der Philosophisch-Theologischen Hochschule Sankt Georgen.

Prof. Dr. med. Cornelis Spreeuwenberg, Dekan der Fakultät Gesundheitswissenschaft in Maastricht.

Prof. Dr. phil. Wolfgang Stock, Ressortleiter Innenpolitik und Geschäftsführender Redakteur der „Welt am Sonntag", Berlin.

Wolfgang Thielmann, Leiter des evangelischen Ressorts „Christ und Welt" beim Rheinischen Merkur.

Priv.-Doz. Dr. med. Andreas Tittel, Chirurgische Klinik, Universitätsklinikum der RWTH Aachen.

Prof. Dr. med. Gerrit Van der Wal, Medical Inspector and Professor of Quality of Care. Institut for Research in Extramural Medicine, Universität Amsterdam.

Prof. Dr. phil. Guy A. M. Widdershoven, Professor für Ethik und Philosophie an der Universität Maastricht.

Priv.-Doz. Dr. med. Stefan Willis, Chirurgische Klinik, Universitätsklinikum der RWTH Aachen.

Dr. jur. Jürgen Wöretshofer, Dozent an der Fernuniversität der Niederlande in Maastricht.

Dr. phil. Bernhard Vogel, Ministerpräsident a. D. von Rheinland-Pfalz und Thüringen. Ehrenamtlicher Vorsitzender der Konrad-Adenauer-Siftung e.V.